E. de Marcère

Une Ambassade
à Constantinople

La Politique orientale
de la Révolution française

TOME I

LIBRAIRIE FÉLIX ALCAN

UNE AMBASSADE A CONSTANTINOPLE

Photo Meyroud.

DESCORCHES DE SAINTE-CROIX
(Marie-Louis-Henri)
Ambassadeur de la République française près la Porte Ottomane
1793-1795

UNE AMBASSADE A CONSTANTINOPLE

LA POLITIQUE ORIENTALE DE LA RÉVOLUTION FRANÇAISE

PAR

E. DE MARCÈRE

✳

TOME I

PARIS

LIBRAIRIE FÉLIX ALCAN

108, BOULEVARD SAINT-GERMAIN

1927

AVANT-PROPOS

Ayant eu entre les mains les papiers de Descorches de Sainte-Croix qui m'ont été donnés par l'une de ses descendantes, Mme O'Kerrins, née de Nollent, j'ai pu, en y ajoutant les extraits des documents qui existent au Ministère des Affaires étrangères, reconstituer l'histoire d'une ambassade peu connue et qui, néanmoins, a une place importante dans les événements de la Révolution accomplis de 1793 à 1795. La plupart des auteurs qui ont écrit sur la Révolution française n'en font que de courtes mentions : Albert Sorel lui consacre quelques lignes. Or, c'est à Constantinople que la diplomatie française a eu peut-être à cette époque le plus d'activité; non seulement avec la Porte ottomane, mais aussi avec les autres Etats neutres, parce que la Turquie était la seule grande puissance qui fût restée en relation avec le Gouvernement révolutionnaire et que celui-ci, désireux de trouver un point d'appui qui lui manquait partout ailleurs, chercha à entraîner la Turquie dans une alliance et d'en faire le pivot d'un groupement d'autres nations contre la coalition si menaçante pour l'existence du nouveau régime.

C'est un fait remarquable et qui est à leur honneur que, dans leur politique extérieure, les hommes de la Révolution suivirent les traditions de la Monarchie, non seulement pour revendiquer la ligne du Rhin qu'ils finirent par donner à la France, mais aussi pour pratiquer en Orient le système de coopération avec l'Empire ottoman qui avait assuré aux Français, dans le cours des siècles, la prédominance dans le Levant.

Même en matière religieuse, alors que l'Église catholique

était proscrite en France, les autorités révolutionnaires donnaient l'ordre à leur représentant en Turquie de protéger les établissements ecclésiastiques, parce que le maintien du prestige et de l'influence de la nation française en dépendait.

Toutefois, si les intentions du Gouvernement français étaient excellentes, le but à poursuivre, qui était l'alliance ottomane, ne fut pas atteint, par suite des fautes commises, des hésitations, des tergiversations, des contradictions de ce Comité de Salut public dont l'énergie si vantée ne parut guère dans sa politique extérieure. Son ambassadeur est abandonné, on ne lui donne ni instructions, ni subsides, ni moyens d'agir efficacement sur le Gouvernement ottoman.

Bien qu'il jouisse en apparence de la confiance de ses chefs, on nomme auprès de lui des agents successifs chargés de le contrôler, de se surveiller les uns les autres et dont la présence n'a d'autre résultat que de contrarier son action. On laisse auprès de lui un de ses subordonnés, Hénin, qui ne cesse de le dénoncer et qui se met à la tête d'un parti dont la principale occupation sera de poursuivre de ses attaques le représentant officiel de la France dans tout le cours de sa mission. Le Comité de Salut public paraît se complaire dans ces mœurs gouvernementales qui répondent à son esprit inquiet et soupçonneux, prêt à voir des traîtres dans tous ses agents.

Cette incohérence, jointe aux dispositions des Turcs peu portés à courir les chances d'une nouvelle guerre, alors que les précédentes leur avaient été si funestes, aura pour conséquence de faire échouer les efforts persévérants et multipliés de Descorches de Sainte-Croix.

D'ailleurs, le Comité de Salut public varie dans ses intentions. Après avoir poussé les Turcs à déclarer la guerre à la Russie, c'est à des hostilités contre l'Autriche qu'il voudrait ensuite les amener. Enfin Descorches est rappelé au moment même où il va être reconnu officiellement par la Porte et peut-être obtenir cette alliance si vainement et si longuement désirée. L'histoire de cette ambassade est remplie d'incidents et de faits curieux qui montrent le Gouvernement révolutionnaire sous son vrai jour.

On y verra le rôle des agents secrets, la participation de la Société des Jacobins aux affaires du Gouvernement, les interventions de Mme Descorches auprès des hommes au pouvoir, quelques lueurs sur les trahisons des dirigeants de l'époque qu'on a souvent soupçonnées, sans qu'aucune preuve précise ait pu être fournie.

On pourra enfin se rendre compte par les manifestations des sentiments des Turcs de la place importante que la France avait encore dans ce pays, de l'influence qu'elle y exerçait pour le plus grand profit de son commerce, de son crédit dans ces régions et de sa puissance dans le monde.

Si ce récit, en montrant les fautes commises par la versatilité de notre action dans le passé, pouvait avoir pour résultat d'éclairer dans l'avenir la marche de notre politique extérieure, l'auteur serait satisfait d'avoir pu ainsi servir la Patrie française.

CHAPITRE PREMIER

VOYAGE A CONSTANTINOPLE

Les origines de Descorches de Sainte-Croix. — Ses services antérieurs à l'ambassade de Turquie. — Son voyage pour se rendre
à son poste. — Son arrêt forcé à Trawnick. — L'arrivée à
Constantinople.

Dès le lendemain de l'exécution de Louis XVI, le 22 janvier 1793, le marquis Descorches de Sainte-Croix, devenu le
simple citoyen Descorches, prenait la route de Constantinople en qualité d'envoyé extraordinaire de la République
française auprès de la Sublime-Porte et de commissaire civil
chargé de la réorganisation de l'administration du Levant.

Descorches de Sainte-Croix (Marie-Louis-Henri), appartenait à une ancienne famille de la noblesse de Normandie
où il possédait le château d'Osmont, à Aubry-le-Panthou,
commune du département de l'Orne, et celui de Sainte-Croix,
à Survie, d'où son père était originaire.

Né à Sainte-Croix-du-Ménil-Goufroi, le 17 septembre 1749,
de Descorches, seigneur de Sainte-Croix et du Ménil-Defray,
et d'Aimée-Jeanne d'Osmont, il avait été attaché d'abord à
la cour en qualité de gentilhomme du comte d'Artois. Entré
en 1761 dans l'armée avec le grade de sous-lieutenant au
régiment de Bourbon-Infanterie, il passa en 1767 comme
officier aux gardes françaises. Mais, en raison de sa mauvaise vue, il dirigea bientôt ses études vers la diplomatie,
travailla pendant plusieurs années dans les bureaux des
Affaires étrangères et après avoir fait divers voyages à
l'étranger et avoir obtenu en 1780 un brevet de colonel d'infanterie, il fut nommé en 1781 ministre plénipotentiaire à
Liége.

Il devait y rester près de dix ans, ayant déplu, prétendait-il, à Marie-Antoinette pour avoir triomphé d'intrigues autrichiennes à l'occasion de l'élection du Prince-Evêque. « Il s'en ressouviendra, aurait dit Antoinette lorsqu'elle le sut. Il restera longtemps à Liége ou je ne pourrai... (1) » Etait-ce là le motif de la haine qu'il avait vouée à cette infortunée princesse et qui contribua peut-être à en faire un fougueux partisan de la Révolution ?

Lorsque le Gouvernement français pensa à renouveler avec la Pologne des relations rompues depuis plusieurs années, il pensa à Descorches pour remplir ce poste particulièrement délicat à la veille d'un nouveau partage de ce malheureux pays.

« Connaissant le zèle et l'application dont le sieur de Sainte-Croix a donné des preuves dans la place de ministre plénipotentiaire à Liége, disait l'instruction qu'il reçut à cette époque, Sa Majesté a pensé qu'en passant à une mission plus importante, il redoublerait d'efforts pour justifier la confiance dont elle lui donne une nouvelle preuve (2). »

C'est ainsi que Descorches fut désigné en mars 1791 comme ministre plénipotentiaire de France auprès du roi et de la République de Pologne. Le comte de Montmorin-Saint-Hérem était alors ministre des Affaires étrangères.

Chevalier de Saint-Louis en 1784, maréchal de camp en 1792, Descorches était en outre rompu depuis plusieurs années à son métier de diplomate quand éclata la Révolution qui allait lui confier l'ambassade de Turquie.

Descorches de Sainte-Croix, ainsi qu'on vient de le voir par son passé, n'avait pas eu trop à se plaindre de cet ancien régime pour lequel il devait se montrer si sévère. Cependant à l'exemple de tant de nobles qui trahirent leur cause sous l'influence de la philosophie du XVIII siècle et des idées

---

(1) Paris, le 24 pluviôse l'an IV de la République une et indivisible. Marie Descorches au citoyen ministre des Relations extérieures. Correspondance ministérielle.

. (2) Recueil des instructions données aux ambassadeurs et ministres de France depuis les traités de Westphalie jusqu'à la Révolution française. Instruction du 2 mai 1791. Pologne.

politiques américaines, nouveautés alors très en faveur, il embrassa avec ardeur le parti de la Révolution. Aussi ses opinions lui avaient valu, à une époque où les services publics étaient désorganisés et où les diplomates de carrière se faisaient rares, d'être désigné pour cette mission de Constantinople sur laquelle la Convention fondait les plus grandes espérances.

On ne voyageait pas aussi facilement que de nos jours. L'Orient-Express ne transportait pas en quelques heures les voyageurs à Constantinople. Ce fut dans une berline qui lui appartenait que Descorchès entreprit ce long voyage sur une route semée de difficultés et où il risquait d'être arrêté en traversant des pays hostiles à la France. S'il prenait la voie de terre, c'était pour se conformer à l'ordre du Conseil exécutif afin que son arrivée ne fût pas subordonnée aux hasards et aux lenteurs d'une traversée qu'une rencontre possible de vaisseaux anglais rendait particulièrement périlleuse.

Il était urgent qu'un représentant de la France parût à Constantinople. Le dernier ambassadeur, Choiseul-Gouffier, était passé dans le camp contre-révolutionnaire. Il avait livré au Gouvernement ottoman les archives de l'ambassade quand il avait été obligé d'abandonner ses fonctions, après une manifestation de la colonie française dirigée contre lui le 8 septembre 1792. Il était l'objet d'un décret d'accusation.

Dès les débuts de la mission de Descorches, se manifestait l'incohérence des mesures prises par le Conseil Exécutif. Sémonville avait été choisi pour remplacer Choiseul-Gouffier. Mais, chargé aussi d'une mission à Gênes, il attendait dans cette ville qu'il pût la remplir. Enfin, comme il était devenu suspect depuis la découverte dans l'armoire de fer de papiers qui le compromettaient, on lui avait adjoint une sorte de surveillant dans la personne de Descorches chargé, avant son arrivée, de préparer les Turcs au rôle que la France attendait d'eux. Le Gouvernement révolutionnaire, en confiant la même mission à deux agents différents, employait un procédé dont il devait user plus d'une fois et qui avait pour but de rassurer son caractère soupçonneux et méfiant. La suite de ce récit montrera que Descorches n'échappa pas, lui non plus, à cette surveillance.

Descorches n'est qu'au commencement de son voyage et déjà les difficultés se multiplient pour lui. Il les fait connaître dans sa correspondance avec Lebrun, le ministre des Affaires étrangères. Il lui écrit de Belfort, le 26 janvier 1793, qu'il n'est encore que dans cette ville, bien qu'il ne se soit pas couché depuis son départ de Paris. Il y est retenu par un accident de voiture. C'est pour la seconde fois qu'un des arcs de sa berline s'est cassé. Il s'excuse de n'être encore qu'à Belfort, mais il a pour réconfort de se trouver chez un maître de poste qui paraît bon patriote. *Ses réflexions très saines sur l'événement de lundi* ont rendu sa conversation très intéressante. Il y voit un acte de vigueur et de puissance nationale dont l'impression ne sera pas au dehors ce que les ennemis voudraient et qu'il croit capable « de rallier au dedans en détruisant le principe de bien des espérances ». Quant aux troupes, elles ne se montreront pas moins soumises à la loi dans cette circonstance qu'elles ne l'ont été à l'époque bien autrement importante de la déchéance. La garnison ne chante que de plus belle le *Ça ira* et l'*Hymne des Marseillais* depuis la découverte de l'exécution.

Descorches, qui parlait ainsi du jugement et de la mort d'un roi auquel il devait tant de faveurs, ajoutait, n'ayant pas oublié tout à fait le langage des courtisans qu'il avait connu à la Cour : « Encore, s'il vous plaît, un trait de mon hôte ; il intéresse trop particulièrement ma satisfaction personnelle pour que votre modestie même ne me le pardonne pas. Il me faisait des questions sur le ministère. Je répondais, comme vous le présumez, vaguement, c'est-à-dire rien qui pût le mettre au courant de nos rapports. Votre nom n'avait pas été prononcé. « Je vois, dit-il, passer beaucoup de monde de tout état, de toute doctrine et chacun s'accorde à parler avec estime du ministre des Affaires étrangères. » Dieu sait si j'ai fait chorus au fond de mon cœur (1) »

----

(1) Au citoyen Lebrun, ministre des Affaires étrangères. Belfort, le 26 janvier 1793, l'an II de la République. Correspondance ministérielle.

Il est intéressant, à l'occasion de la mort de Louis XVI, de voir reproduits, par un maître de poste, écho de l'opinion publique de l'époque, les arguments qu'ont fait valoir les régicides de la Convention pour justifier leurs votes. Il fallait donner l'impression au dehors de la puissance de la Révolution et détruire à l'intérieur les espérances des contre-révolutionnaires. Mais les événements démontrèrent que ces calculs étaient faux. L'exécution de Louis XVI, loin d'inspirer la crainte à l'étranger, détermina une coalition formidable contre la République et vingt-deux années de guerres terribles à la suite desquelles les frontières de la France se trouvèrent ramenées en deçà de leurs limites de 1789, de celles que la Monarchie lui avait données. Sa puissance en Europe s'en trouva singulièrement diminuée. De plus, cette destruction de tant de vies humaines porta un coup fatal à la race.

Tels furent les résultats négatifs de l'acte dominant de la Révolution française et d'une mort qui en engendra des milliers d'autres.

Dans la vie des peuples comme dans celle des particuliers, les actes contraires à la morale publique et à la justice se retournent contre leurs auteurs.

Dès cette époque, on ne professait pas à l'étranger sur Louis XVI la même opinion que la majorité de ses anciens sujets.

Un personnage important du XVIII° siècle, qui avait joué un rôle considérable dans l'histoire de la Prusse et dirigé la politique de ce pays sous le règne de Frédéric-le-Grand, l'ancien ministre Hertzberg, envoyait à Descorches, le 1er février 1793, cette curieuse appréciation sur le roi de France :

« Je trouve que votre nation agit injustement et même avec cruauté contre Louis XVI. Il a été le meilleur de vos roys depuis Charlemagne, quoique faible, ce qui devait lui être mis en ligne de compte ainsi que d'avoir donné naissance aux États qui l'ont condamné, non selon les règles d'une stricte justice, mais d'une fausse politique.

« J'ai eu l'idée, et je l'ai proposée, que le roy (de Prusse) devait envoyer un officier éloquent, comme héraut et comme ambassadeur, et comme Pyrrhus envoya Cinéas au Sénat romain, pour demander par une harangue pathétique en plein Sénat la vie et la liberté du malheureux roy en offrant des conditions honnêtes ; mais on n'y a pas fait plus d'attention qu'aux propositions que vous m'avez faites lorsque, dans ce temps-là, on aurait pu conserver le roy de France avec votre nouvelle Constitution. » Et il ajoutait : « Nous venons d'apprendre aujourd'hui que Louis XVI a été guillotiné *en présence de la reine*. J'avoue que cela me fait une peine infinie et que je regarde cette exécution comme un véritable meurtre d'un homme faible qui a été peut-être le meilleur roy de France et qui a dû expier les fautes de ses prédécesseurs (1). »

Hertzberg est un aristocrate, le ministre d'une monarchie absolue. Mais, dans un camp opposé, celui des admirateurs de la Révolution, un Polonais qui signe : « Votre Frère en démocratie et un révolutionnaire sarmate ennemi des rois, des bonzes et des aristocrates, » écrit de Pologne à Descorches, le 25 novembre 1792 :

« Quoique partisan zélé du républicanisme raisonnable, mon cœur se soulève à la vue des événements désastreux et multipliés qui se passent en France et je ne sais si je dois me réjouir des glorieux succès de vos armes ou m'attrister davantage sur les intrigues, les manœuvres criminelles de vos Thersites, de vos Catilinas intérieurs...

« A propos de M. Capet, faites-en un Denis à Corinthe et pas un Charles Ier, c'est-à-dire détenez-le en prison jusqu'à la conclusion de la paix. Alors laissez-le aller où bon lui semblera en lui donnant même une pension si vous le jugez à propos ; car sans son imbécillité (il n'est donc pas criminel), vous ne seriez pas encore libres. Ne vous acharnez donc pas contre lui, il n'en mérite pas la peine ; cela diminuerait votre dignité à laquelle vous vous êtes élevés par sa faute. Pensez que vous êtes au XVIIIe siècle, siècle des lumières, qui ne peut être que celui des vertus, de l'héroïsme et de l'huma-

____

(1) Papiers de Descorches.

nité magnanime et pas celui de la barbarie déshonorante et d'une vile vengeance (1). »

Cette lettre si clairvoyante d'un étranger devançait le jugement de la postérité. Ainsi de deux points opposés de l'opinion la même note arrivait en France. Le Prussien dévoué à la Monarchie et adversaire de la Révolution française et le révolutionnaire polonais se rencontraient pour blâmer la direction violente que le parti jacobin donnait aux événements.

Louis XVI mieux connu alors eût été mieux apprécié. On peut lire, dans les intéressants mémoires du Dr Poumiès de la Siboutie, le jugement de Chambon, maire de Paris pendant la détention et le procès de Louis XVI et qui accompagnait le roi dans son trajet en voiture du Temple à la Convention. Lui aussi avait eu des préventions contre l'infortuné monarque; mais elles disparurent bientôt quand il vit dans le roi un homme simple, bon, affectueux, n'ayant jamais dans la bouche un mot de haine pour ses ennemis, sachant rendre justice à tout le monde et parlant de la marche des événements comme y étant complètement désintéressé.

Cette indifférence sur son sort, grand défaut chez un prince qui se trouva désarmé devant la Révolution, ne justifiait pas le traitement qui lui fut réservé. Il disait à Chambon qu'une retraite agréable, au milieu de sa famille, de ses livres, lui avait toujours paru le bonheur parfait. « Ah ! disait Chambon, si vingt ans de ma vie avaient pu le sauver, je les aurais donnés (2). »

On peut utilement rapprocher de l'opinion d'Hertzberg celle de M. Frantz Funck Brentano dans l'analyse qu'il a faite d'un livre du marquis de Ségur : *Au Couchant de la Monarchie, Louis XVI et Turgot.* « Le règne de Louis XVI, dit-il, a été l'un des plus remarquables de notre histoire; époque de prospérité matérielle, de prestige et de réformes... Selon une erreur très répandue, le règne de Louis XVI

---

(1) Papiers de Descorches.

(2) Poumiès de la Siboutie. Souvenirs d'un médecin de Paris (1789-1855). *Revue hebdomadaire* du 7 août 1909.

n'aurait plus été qu'une époque d'alanguissement et d'inertie ; à l'étudier de près, on est au contraire étonné d'y trouver tant de vigueur, d'énergie, d'entrain et d'ardeur (1). »

Cette opinion que l'Europe avait aussi de la personne et du règne de Louis XVI explique l'effet désastreux produit au dehors par l'événement du 21 janvier, ainsi que Descorches de Sainte-Croix n'allait pas tarder à le constater dans le cours de sa mission.

L'exécution de Louis XVI vint, en effet, augmenter les dangers qui menaçaient la République. Les souverains relevèrent le défi qui leur était jeté par crainte de la contagion révolutionnaire qui mettait en péril les institutions monarchiques. « Le supplice du roi fut donc une faute à l'égard de l'étranger. Il cimenta l'union de tous les rois contre la France. La croisade contre la République devint générale (2). »

. L'histoire impartiale est plus juste pour Louis XVI que ses contemporains. Que la Convention n'a-t-elle pas écouté les conseils du révolutionnaire sarmate ! Elle n'eût pas ajouté à l'Histoire de France une page qui pèsera éternellement sur elle! Quant aux conséquences matérielles de *l'acte national* du 21 janvier, on put les mesurer en 1815.

La France fut ramenée en deçà de ses limites de 1789 et des milliers d'existences fauchées pendant les guerres de la Révolution et de l'Empire furent la rançon de cette tête tombée !

Cependant Descorches poursuivant son pénible voyage avait quitté Belfort et arrivait à Bâle le 27 janvier « avec sa maudite voiture plus endommagée que fortifiée par les réparations qu'elle avait reçues ». Il avait constaté que les habitants portaient des cocardes tricolores et entendu plusieurs personnes s'exprimer hautement, librement et fort républicainement sur l'exécution du 21 janvier (3).

---

(1) Frantz FUNCK-BRENTANO : « Au travers de l'Histoire. Au déclin de l'ancienne France », *Revue hebdomadaire* du 29 octobre 1910.

(2) Ernest LAVISSE et Alfred RAMBAUD : *Histoire générale du IVe siècle à nos jours*, Armand Colin et Cie, éditeurs, t. VIII, p. 248.

(3) Au citoyen Lebrun, ministre des Affaires étrangères, Basle, le 28 janvier 1793, l'an II. Correspondance ministérielle.

Il n'avait pu remettre à M. Ochs, chancelier de cet État, parti quelques jours auparavant pour Paris où il devait sans doute rendre visite au ministre Lebrun, la lettre dont ce dernier l'avait chargé, mais il avait vu chez lui, suivant ses expressions où l'on retrouve le langage du XVIIIe siècle tout imprégné des théories sentimentales de Rousseau, « le tableau toujours infiniment intéressant d'une bonne mère de famille, Mme Ochs », à qui il avait confié la missive ministérielle, pour qu'elle la fît parvenir à son mari.

A Baden, où il se trouvait le 31 janvier, il avait reçu le meilleur accueil de Barthélemy, l'ambassadeur de la République française, appelé un peu plus tard à jouer un rôle si important dans les négociations qui précédèrent la paix avec la Prusse. Barthélemy l'avait accueilli « avec la cordialité et l'empressement d'un confrère dont le zèle était le même pour les intérêts communs ».

Il avait été décidé entre eux qu'il ne passerait pas par la Souabe et le Tyrol à cause des dispositions hostiles de ces pays et qu'il lui fallait éviter à tout prix le territoire autrichien et par conséquent le Milanais. Il devait donc abandonner sa voiture à quelques lieues de Baden pour prendre des chevaux de selle, des mulets, des bateaux. « Il n'en aura pas plus chaud pour cela, écrit-il. N'importe. Lui et ses compagnons se sentaient au fond du cœur un feu, un ressort capables de surmonter toutes les neiges et tous les obstacles. Ce ne sont que les ailes qui leur manquent (1). »

Aucun voyageur n'était encore, à la connaissance de Barthélemy, passé par la Valteline pour se rendre directement sur les terres vénitiennes. On consulta des cartes ; elles indiquaient des frontières contiguës. On releva une route au jugé et Descorches prit cette direction dans un pays difficile, peu sûr, ouvrant ainsi la voie dont on se servit depuis, « voie très précieuse puisqu'elle était la seule porte ouverte aux communications indépendantes entre les États affranchis du joug et du système monarchiques de la partie occidentale de

____

(1) Au citoyen Lebrun, ministre des Affaires étrangères. Baden, le 31 janvier 1793, l'an II de la République. Correspondance ministérielle.

l'Europe et ceux de l'Est. Aussi la cour de Vienne n'avait-elle cessé de convoiter la possession de la Valteline (1). »

Le 16 février 1793, Descorches écrit à Lebrun qu'il n'est encore qu'à Venise où il est logé « à l'Ecu de France ». Il n'a pas dépendu de lui qu'il en fût autrement.

« Pourquoi de si terribles montagnes ! Pourquoi plus de poste depuis Basle ! Je suis passé immédiatement de la République des Grisons sur les terres vénitiennes, sans obstacles, à l'aide des précautions du citoyen Barthélemy et des passe-ports suisses qu'il m'a procurés (2). »

Sur ces routes difficiles, bordées de précipices, une des voitures verse par l'imprudence d'un postillon et le domestique de Descorches a un bras cassé.

Descorches trouve à Venise le ministre de France, le citoyen Hénin, qu'il retrouvera plus tard à Constantinople et avec lequel il aura de graves démêlés. Mais, pour le moment, il n'a qu'à se louer de son zèle.

Hénin avait reçu une lettre du ministre des Affaires étrangères lui annonçant la mission de Descorches « chargé de s'assurer des dispositions réelles de la République vénitienne et de ses vues dans le mouvement actuel des principales puissances de l'Europe ». Il lui demandait de lui ménager des conférences secrètes avec les chefs du Gouvernement vénitien, le succès de ses négociations devant en dépendre (3).

Descorches, cependant, compte ne rester à Venise que le temps nécessaire pour trouver un interprète et un vaisseau.

Il préfère toujours la route de Raguse et de Scutari. Mais comme on prétend que le Pacha de Scutari a offert au Pape de mettre à sa disposition 30.000 Albanais chrétiens, il serait peut-être plus prudent de s'écarter de cet itinéraire et de prendre entièrement la voie de mer, malgré ses incertitudes et ses lenteurs. Le banquier auquel Descorches

---

(1) Mémoire remis au ministre des Relations extérieures par Marie Descorches revenant de sa mission près la Porte ottomane. Correspondance ministérielle.

(2) Au citoyen Lebrun, ministre des Affaires étrangères. Venise, le 16 février 1793, l'an II de la République. Correspondance ministérielle.

(3) Le ministre des Affaires étrangères à Hénin. Paris, le 19 janvier 1793, l'an II.

s'est adressé pour avoir des fonds lui a répondu qu'en raison des circonstances, il lui était impossible de tirer des traites sur Paris, ni même sur Lyon. Descorches espère surmonter cette difficulté. Mais, dès ce moment, commencent pour lui les embarras d'argent dont il ne cessera d'être préoccupé pendant toute sa mission.

Il prend déjà les plus grandes précautions pour garder son incognito, sa mission devant rester ignorée jusqu'à ce que la Porte ait jugé convenable, elle-même, de la rendre publique. Aussi voyage-t-il sous le nom de Marie-Louis Aubri, citoyen de Liége, et s'il dévoile son identité à la République de Venise, c'est à cause des relations d'amitié que la France entretient avec cet État. Dans une note qu'il remet aux autorités de Venise, le 18 février 1793, et dans laquelle, par courtoisie pour ses hôtes, il se fait connaître et offre de révéler au Gouvernement vénitien, ami de la République française, l'objet de sa mission, il expose, conformément à ses instructions, les nouvelles règles de conduite qui doivent guider les agents de la France.

« C'est désormais la franchise qui doit remplacer le langage adulateur ou insolent, presque toujours insignifiant et souvent perfide, de l'ancien ministère, de ce ministère à jamais détestable qui, depuis longtemps, spécialement depuis la fatale époque de 1756, s'est joué dans tous les sens des intérêts, de la bonté, de la patience de la nation française, qui a enfin rendu inévitable la violente commotion qu'elle éprouve en ce moment.

« Vérité, sincérité, fidélité dans les engagements, voilà notre politique d'aujourd'hui vis-à-vis de la sérénissime République de Venise (1). »

En rappelant l'époque de 1756, Descorches faisait allusion au traité de Versailles qui avait bouleversé la politique séculaire de la France et opéré le renversement des alliances par le rapprochement de la France et de l'Autriche, son ennemie héréditaire, et la coalition de ces deux puissances, de la

____

(1) Note pour le gouvernement vénitien. Venise, le 18 février 1793, l'an II de la République.

Russie, de la Suède et de la Saxe contre l'Angleterre et la Prusse.

L'Autriche devenait l'ennemie de l'Angleterre, son ancienne alliée; la France allait combattre la Prusse, alors que ces deux pays s'étaient jusqu'alors prêté un mutuel appui. Le traité de Versailles fut le prélude de la guerre de Sept ans qui devait être si préjudiciable à la France. Cette alliance autrichienne avait l'inconvénient de subordonner les intérêts de la France partout où ils étaient contraires à ceux de l'Autriche et de la Russie, en Pologne et en Orient notamment.

En même temps que Descorches donnait ces assurances d'amitié à la République de Venise, un nouveau changement se produisait dans son itinéraire. En présence de l'impossibilité de trouver un navire en partance et de renseignements qui lui représentent la voie de terre comme préférable, il se décide à continuer sa route par Raguse où il arrive le 2 mars 1793.

« C'est encore un bon pas de fait », écrit-il, avec l'assistance qu'il trouve partout, avec du temps, de l'argent « et un peu de cette verve républicaine qui l'inspire », il se croit désormais sûr d'arriver. Il rencontre à Raguse un vice-consul de France en Dalmatie, le comte Zulati, noble Vénitien, homme du pays, riche, accrédité, actif, qui pourra être très utile ultérieurement pour faire passer la correspondance, car c'est la seule voie de terre ouverte en ce moment. Ce comte Zulati sert depuis plusieurs années sans traitement. Il voudrait avoir le titre de consul pour ne plus dépendre de celui de Venise, satisfaction qu'on pourrait lui accorder, puisqu'on ne le paie pas. Descorches juge le peuple de Dalmatie méchant, superstitieux, se faisant un jeu du meurtre.

A Raguse, on trouve *une aristocratie dégoûtante*. Mais, il n'y reste que dix-huit familles nobles prenant part au Gouvernement. C'est le port le mieux situé de l'Adriatique, un entrepôt d'avenir. Aussi, sera-t-il utile de refaire avec ce pays un traité de commerce. La langue naturelle des Ragusains et des provinces turques avoisinantes est l'illyrique.

On y parle aussi le français et l'italien. Il faudrait créer des communications, apporter la civilisation dans ces pays les plus barbares de l'Europe, en proie pour la plupart à tous les excès de vices et de crimes que l'ignorance, la superstition, la férocité réunies peuvent produire, rendre à l'humanité en quelque sorte plusieurs millions d'hommes qui n'en ont que le nom.

Descorches ne peut songer à traverser l'Albanie, car ce pays est devenu le théâtre de la guerre entre le rebelle Mahmoud Pacha et les pachas voisins qui ont reçu de la Porte l'ordre de le réduire.

Force lui sera de passer par la Bosnie ainsi que l'y engage le consul turc à Raguse qui est accouru dès qu'il a appris l'arrivée d'un voyageur pour Constantinople et qui l'assure de l'amitié des Turcs pour la nation française. Le Pacha de Bosnie pourvoira à ses besoins. Descorches emmènera le fils du consul de France à Raguse, Bruère. C'est un jeune homme qui paraît avoir une âme ardente pour la liberté. Il parle l'illyrien et l'italien et pourra rendre des services comme interprète pendant la route.

Ce qui prive le plus Descorches, c'est l'absence de nouvelles de France. Il n'en a pas reçu depuis son arrivée à Venise et il demande au ministre des Affaires étrangères de faire envoyer à l'avenir à ses agents, le comte Zulati et Bruère, qui ne sont renseignés que par les gazettes italiennes et allemandes, un exemplaire de *la Gazette nationale*, « moyen de détruire bien des erreurs et des préventions contre la République (1). »

Descorches sollicitait aussi des remerciements du Gouvernement français pour le consul Bruère dont il se louait beaucoup, pour la petite République de Raguse et les officiers turcs qui lui avaient prêté leur concours : « Occasion, disait-il, de faire valoir nos principes de fraternité et d'égalité pour tous les États en opposition à ces prétendus rangs qui

---

(1) Au citoyen Lebrun, ministre des Affaires étrangères. Raguse, le 8 mars 1793, l'an II de la République. Correspondance ministérielle.

n'existent qu'aux yeux de la sottise et dans les balances de l'orgueil (1). »

Il indiquait par là ce que devait être la nouvelle politique républicaine destinée à s'appuyer sur les petits États, les États secondaires de préférence aux grandes monarchies.

Parti de Raguse le 9 mars, ce n'est que le 19 mars que Descorches arrive à Trawnick, résidence du Pacha de Bosnie; car les chevaux commandés par un officier turc pour le transporter ne sont arrivés à Raguse que le 11 au lieu du 8, comme il s'y attendait. Malgré la justesse des réflexions qu'inspire aux Turcs qu'il a vus jusqu'alors « l'exécution du traître dont la tête est tombée le 21 janvier sous le glaive de la Justice nationale », Descorches constate une certaine hésitation chez le Pacha et dans son entourage sur la conduite qu'on tiendra à son égard. C'est que la Bosnie, province frontière dont la population est hostile à l'Autriche, intéresse trop la Cour de Vienne pour que son active et prévoyante politique n'y entretienne pas de nombreuses intelligences, d'autant plus que le règlement des confins respectifs tracés par le récent traité de Sistova n'est pas encore terminé complètement.

Le Pacha, homme de cour, sorti depuis peu du Sérail, était un débutant dans la carrière et il n'avait pas été difficile au vieil internonce Herbert, représentant de l'Autriche à Constantinople, de le circonvenir par ses intrigues contre Descorches dont la mission était connue, malgré les précautions qu'il avait prises pour en cacher le caractère. Aussi le Pacha, sous le prétexte de ne pouvoir, sans se compromettre gravement, laisser Descorches continuer sa route avant d'avoir informé la Porte et reçu ses ordres, devait le retenir avec tous les égards d'une bienveillante hospitalité et même de démonstrations amicales. En même temps, les espions autrichiens triomphants prévenaient leurs affidés de Constantinople. « Teniamo il gallo, écrivait l'un d'eux, un certain docteur italien. Fate cantare la gallina, » et sur ces avis,

____

(1) Marie Descorches au citoyen Lebrun, ministre des Affaires étrangères. Trawnick, le 23 mars 1793, l'an II de la République. Correspondance ministérielle. Lettre reçue le 12 mai.

les ministres de l'Empereur, de Prusse, de Naples, de Russie, d'Angleterre, intriguaient auprès de la Porte et la menaçaient même pour empêcher l'arrivée de l'envoyé français.

Le Pacha, dans la première audience qu'il avait accordée à Descorches, s'était montré plein de bienveillance pour la nation française en général et pour sa personne en particulier. Mais, il lui avait annoncé qu'il allait envoyer un courrier à Constantinople pour recevoir des instructions et il s'était proposé pour faire parvenir lui-même au Grand-Vizir la lettre du ministre Lebrun dont il était porteur. Descorches avait écrit aussitôt à Fonton, chargé de l'intérim de l'ambassade de France à Constantinople, pour l'avertir de ce qui se passait. Il lui envoyait en même temps une copie de la lettre du ministre et de ses lettres de créance.

Mais le temps se passait sans réponse et Descorches était amené à faire d'amères réflexions sur le caractère des Turcs. « Quels sont les moyens, écrivait-il, de soumettre dans une tête turque les préjugés à la raison, l'intérêt personnel à l'intérêt public, une stupide indifférence sur l'avenir, que leurs prêtres plus avisés qui exercent chez eux la toute-puissance au nom de Dieu ont grand soin de consacrer et de perpétuer comme une vertu sous le nom de résignation aux volontés de l'Etre Suprême à l'exercice du jugement généralement sain chez les Turcs, même souvent étonnant par sa sagacité et son contraste avec toutes les sottises de la superstition et de l'ignorance dans lesquelles croupit cette nation faite pour être excellente ? En attendant, je reste et resterai vraisemblablement encore pétrifié par l'imbécillité et la faiblesse de mon Pacha (1). »

L'envoyé français se plaint donc de son sort et de celui de ses compagnons de route, malheureux voyageurs jetés à Trawnick par la fatalité, sans yeux et sans oreilles en quelque sorte, ne pouvant communiquer avec les gens du pays que par l'intermédiaire du jeune Bruère qui accompagne Descorches et qui parle l'illyrien et cette ressource même ne

____

(1) Marie Descorches au citoyen Lebrun, ministre des Affaires étrangères. Trawnick, le 28 mars 1793, l'an II de la République. Correspondance ministérielle.

peut être utilisée dans l'entourage du Pacha où on ne parle que le turc.

Descorches met à profit ses loisirs forcés pour étudier les Bosniaques au milieu desquels il vit : « Peuple loyal, dit-il, valeureux, dont les âmes ont une tendance singulière vers les nôtres, qui nous aiment parce que nous sommes Français, parce qu'ils détestent les Allemands, parce qu'ils se plaignent des intrigues qui dominent à leur préjudice et à celui de tout l'Empire ottoman leur propre Gouvernement et qu'ils voient dans les Français tous les remèdes à leurs maux. »

La Bosnie est un pays agricole très étendu qui fournit au dehors des laines, des cuirs, des suifs, de la cire, des peaux de lièvres, du fer et des grains, toutes matières premières utiles à la France. Elle reçoit en échange des draps, des sucres, des cafés, marchandises venant de France pour la plupart, mais surchargées de frais par les débours qu'elles doivent faire. Il y a deux maisons françaises à Raguse, mais pas une seule en Bosnie. Toutes les marchandises françaises viennent des foires d'Italie où elles sont d'abord importées. Il y aurait avantage à faire des échanges directs et, dans ce but, Descorches a envoyé auprès du Pacha de Bosnie un agent pour obtenir d'abord sa protection et avoir plus tard le titre de consul (1).

Cependant Descorches, déguisé dans un costume du pays, a une entrevue secrète et nocturne avec le Choadar-Aga, premier valet de chambre du Pacha Hussein-Médin et investi de sa confiance intime, qui lui explique encore que la Porte craignant des troubles en Bosnie doit exercer une surveillance particulière sur les étrangers. Les cessions de territoires stipulées dans le traités de Sistova aux dépens des Bosniaques irritent ce peuple belliqueux et patriote qui est prêt à se soulever.

Aussi, le Pacha a-t-il l'ordre de ne laisser circuler sans autorisation de son Gouvernement aucun étranger dans la province. De plus, Descorches s'annonçant comme l'envoyé de la République française, il est d'usage que l'entrée dans

---

(1) Notes de Descorches pendant son voyage.

l'Empire ottoman de ministres étrangers soit précédée d'un firman de Grand Seigneur pour qu'il soit pourvu sur leur route aux honneurs qui leur sont dus, à la sûreté de leur personne, et à tous leurs besoins. Mais, ces raisons ne satis-font pas Descorches qui écrit : « Pas un mot encore de Constantinople et, cependant, voilà quarante-trois jours que je suis dans l'attente ! J'ai adressé quatre lettres à Fonton. Le Pacha lui-même n'a pas d'autre information. Il m'a fait témoigner ces jours-ci, avec obligeance, son étonnement et son déplaisir d'un aussi long retard (1). »

On soupçonne l'intrigue autrichienne qui paraît puissante à la Porte d'empêcher le départ des voyageurs français. Les Turcs eux-mêmes, quand ils parlent de leurs ennemis, en sont au point de confondre leur Gouvernement avec les Autrichiens, et disent que dans la dernière guerre ils ont beaucoup plus souffert du premier que des seconds. Le Gouvernement turc, infecté comme il l'est d'Austriacisme, ne voit que des sujets indociles dans les Bosniaques mécontents, et aggrave par sa politique de répression l'agitation dort cette province offre le tableau.

Ainsi, dès 1793, Descorches constate les progrès de l'influence autrichienne dans ces contrées. Mais, il faudra un siècle encore pour que la Bosnie et l'Herzégovine soient annexées à l'Empire d'Autriche.

L'envoyé français, retenu contre son gré à Trawnick, emploie ses loisirs à préparer un plan d'invasion du territoire autrichien par Trieste et Fiume, qu'il soumet à son ministre : « On dit ici les Autrichiens assez dégarnis, mais je n'ai que des renseignements *à la Turque*, par conséquent indignes d'aucune confiance (2). »

Descorches fait de Baudry, l'un des chefs de service du ministère des Affaires étrangères, le confident de ses peines. Il lui expose le dénuement d'un khan turc comme celui de

---

(1) Marie Descorches au citoyen Lebrun, ministre des Affaires étrangères. Trawnick, le 3 mai 1793, l'an II de la République. Lettre reçue le 10 juillet.

(2) Marie Descorches au citoyen Lebrun, ministre des Affaires étrangères. Trawnick, le 3 mai 1793, l'an II de la République.

Trawnick. Il n'a pas reçu une nouvelle de France depuis le 5 février et, pour comble de fatalité, aucune lettre de sa femme, de ses amis (1).

Il écrit le même jour à un autre correspondant de son auberge, qui serait en France une assez mauvaise écurie : « Je trouve du courage en me disant : « Nos frères de Jem- « mapes, nos francs sans-culottes, exposés à toutes les intem- « péries de l'hiver, et qui dévouent tous les jours leurs vies « à la chose publique, ont souffert bien autrement. Que la « Patrie ne mérite-t-elle pas qu'on fasse pour elle !

« Un courrier de Venise qui a passé ici il y a deux jours a apporté la nouvelle importante que la Russie demandait à la Porte le passage d'une flotte de la mer Noire dans la Méditerranée, que la première réponse avait été dilatoire, que la deuxième serait négative. Cette provocation devrait produire de bons effets pour nous. »

Descorches avait cherché à pénétrer les motifs qui guidaient le Pacha dans son refus de lui laisser continuer sa route. Les Bosniaques avaient, paraît-il, presque refusé de recevoir ce représentant du Sultan, à cause de leurs dispositions qui étaient presque celles de rebelles; il convenait d'exercer une surveillance spécialement sur les étrangers et de ne laisser aucun d'eux pénétrer en Turquie sans que le Gouvernement de Constantinople fût prévenu. De plus, les ministres étrangers devaient être munis d'un firman pour qu'on pût leur rendre les honneurs qui étaient dus à leurs personnes sacrées, mais Descorches s'en serait parfaitement passé.

Descorches n'avait donc eu que la confirmation de ce qui lui avait été dit par le Choadar-Aga. Le Pacha de Bosnie, Hussein-Médin, était un homme du sérail, créature et intime favori du dernier Sultan. Riche, il se flattait d'épouser la plus jeune fille du Grand Seigneur. Il visait le Vizirat ou quelque ministère. Descorches donnait au ministre ces renseignements chiffrés, car toutes ses lettres passaient par les mains du Pacha (2).

____

(1) Lettre chiffrée de Descorches au ministre des Affaires étrangères.
(2) Lettre à Baudry, du 28 mai 1793.

Si Descorches avait reçu à ce moment des nouvelles de France qu'il attendait si impatiemment, il aurait appris, pendant qu'il souffrait à Trawnick pour la République, que les habitants de son pays, le croyant émigré, s'apprêtaient à saisir ses biens et à leur faire subir toutes sortes de déprédations. Les officiers municipaux de la Fresnaye, dont il avait été seigneur, le dénonçaient à la Convention comme étant absent, et demandaient où il se trouvait, les uns le disant au service de la nation en Turquie, en Angleterre, les autres le croyant en Suisse. Enfin, le bruit se répandait qu'il était émigré. La municipalité, accusée par ses compatriotes à cause de son inaction, devait faire exécuter contre lui les lois sur l'émigration (1).

Ces paysans normands ignoraient sans aucun doute l'opinion de Le Bas, qui écrivait le 13 avril, au sujet « du très cher et très estimable Descorches, que son correspondant de Constantinople en regrettant Sémonville ne connaissait pas la découverte damnable faite récemment sur le compte de cet homme à double face, et combien vaut mieux que lui, ajoutait-il, l'agent qui l'a remplacé » !

Devant les bruits calomnieux qui persistaient sur l'émigration présumée de. Descorches, Mme Descorches avait demandé un certificat attestant que son mari était employé actuellement au service de la République (2).

Mme Descorches, bien que restée en France et épouse d'un ambassadeur de la République, n'était pas exempte non plus de tribulations. Elle était obligée de s'adresser aux ministres des Affaires étrangères et des Contributions publiques pour se faire remettre ses malles venant de Varsosie et mises sous séquestre dans le bureau des douanes de Strasbourg. Ces effets destinés à l'usage personnel des deux époux avaient pu traverser sans difficultés la Prusse et l'Allemagne. Pour-

-----

(1) 7 avril 1793. Adresse à la Convention des officiers municipaux de la Fresnaye-Fayet, district d'Argentan, département de l'Orne.

(2) Lettre de la Roche au ministre des Affaires étrangères, 18 avril 1793.

quoi les gardait-on à Strasbourg ? Elle suppliait les ministres de les lui rendre (1).

Pour avoir sa tranquillité et être à l'abri des dénonciations de sa section et des municipalité de son pays, elle avait dû aussi solliciter de Lebrun un certificat attestant : « Que la citoyenne Marie-Victoire Talon, épouse du citoyen Marie-Louis-Henry Descorches, avait constamment suivi son mari en Pologne, et qu'elle était de retour à Paris depuis le 11 novembre 1792 (2). »

Tandis que Descorches était soupçonné bien à tort d'émigration, il prouvait son patriotisme en développant son plan d'invasion des possessions autrichiennes par l'Illyrie. Les avantages de cette invasion seraient de faire une diversion, de servir merveilleusement les intérêts des Vénitiens qui seraient attirés du côté de la France, d'apporter dans la situation de ces contrées des changements dont il serait possible de tirer parti auprès du Divan ou même de les mettre à profit contre lui s'il était assez aveugle pour repousser la main que lui tendait la France dans le naufrage qui menaçait l'Empire ottoman. Il suffirait, pour l'exécution de ce projet, de bâtiments légers, au plus de frégates. La mer Adriatique est périlleuse, mais toute la côte de la Dalmatie offre une suite presque ininterrompue de ports meilleurs les uns que les autres, et la neutralité bienveillante des Vénitiens permettrait à une armée française de trouver toutes les ressources nécessaires.

Cette expédition pourrait être combinée avec l'envoi d'une escadre dans la mer Noire. Bien que les dispositions des Turcs fussent encore inconnues, un armement en leur faveur servirait encore, même sans remplir sa destination. L'escadre protégerait le commerce français dans l'archipel et se dirigerait suivant les circonstances, soit vers l'Adriatique, soit vers Constantinople.

Descorches en pensant à la France pense aussi à lui-même, à son installation prochaine, et propose de meubler le palais

---

(1) Lettre de Mme Descorches du 27 janvier 1793.
(2) Certificat de Lebrun du 21 mars 1793.

qu'il va habiter avec les meubles, le linge et l'argenterie des maisons ci-devant royales « qui pourraient ne pas avoir une grande valeur à la vente ».

Il se plaisait assez dans le mobilier des rois ! Descorches a enfin une satisfaction au milieu de ses soucis. Il reçoit un courrier de France qui lui arrive le 6 mai et qui lui donne l'occasion de faire cette réponse : « Quelle joie l'apparition de ce courrier a répandue dans notre khan ordinairement si morne ! J'ai dévoré tout ce dont vous l'avez chargé, citoyen ministre, de satisfaisant pour moi. Vous savez que mon dévouement est acquis pour la vie au service de ma patrie. Que ne puis-je, hélas, faire retentir tous les échos de mes instructions ! Que ne puis-je faire lire tout le monde dans nos cœurs, publier partout la loyauté de notre politique régénérée ! Le bandeau tomberait bientôt tout à fait des yeux du Divan, et la calomnie, qui distille de toutes parts ses poisons contre nous, ne retirerait de ses efforts que la confusion qu'elle mérite (1). »

Descorches va-t-il échouer au port, et lui refusera-t-on encore longtemps de poursuivre son voyage ? Voilà cinquante-cinq jours qu'il est dans l'attente quand il annonce enfin au ministre qu'on lui a promis qu'il pourrait bientôt reprendre la route de Constantinople, et il pense remettre à flot sa barque échouée à Trawnick (2).

Pour faire parvenir le plus tôt possible cette heureuse nouvelle au ministre, il envoie un piéton à Seign porter sa lettre. Un ami du consul Zulati l'enverra à Sebenico d'où elle prendra la voie de Venise.

Il a eu une nouvelle conversation secrète avec l'affidé du Pacha de Bosnie qui lui a dit : « Cette autorisation qui vous a été annoncée, si désirée, si désirable, vient d'arriver. Vous partirez sous huit ou dix jours. Je suis chargé par le Pacha, qui l'est par le Grand-Vizir, de vous dire qu'on se félicite

---

(1) Marie Descorches au citoyen Lebrun, ministre des Affaires étrangères. Trawnick, le 7 mai 1793, l'an II de la République. Correspondance ministérielle.

(2) Trawnick, le 16 mai 1793. Reçue le 10 juillet. Correspondance ministérielle.

à la Porte du choix que le Gouvernement français a fait de vous pour vous envoyer auprès d'elle; que vous serez accueilli, comme vous et la nation française méritez de l'être, par de fidèles amis..., mais que Sa Hautesse, sensible au procédé qui vous a fait voyager incognito jusqu'à présent, en désire la continuation, et vous prie d'arriver à Constantinople toujours sous votre nom et votre qualité empruntés; que vous veuilliez bien même ne pas descendre au Palais de France et éviter de vous faire connaître jusqu'à ce que le Grand-Vizir, étant seul averti, puisse prendre des mesures de concert avec vous à cet égard. »

Descorches devait aussi s'arrêter à Andrinople et y attendre une lettre du Reis-Effendi (1) lui faisant savoir les intentions précises de la Porte à son sujet, avant son arrivée à Constantinople.

Cette obligation imposée à l'envoyé de France de ne pas descendre au Palais de l'Ambassade, de ne révéler à personne sa qualité, n'indiquait pas de la part de la Porte un grand empressement à entrer en relations avec son Gouvernement. Néanmoins, Descorches, trop heureux de pouvoir quitter Trawnick et d'arriver au terme de son voyage, ne fit pas d'objection : « Ceux qui me connaissent, écrivait-il plus tard, savent que l'intérêt des affaires, le but essentiel de ma mission m'occupaient uniquement, que la considération d'un logement plus ou moins agréable, d'un succès d'éclat dans le début de cette mission qui n'aurait eu d'avantage réel que pour moi, ne fut pas d'un grand poids à mes yeux. Je tins donc dans ma réponse le langage de la franche amitié qui compte les formes pour peu de chose, et la sincérité des sentiments pour tout (2). »

Descorches put enfin se mettre en route pour Constantinople le 18 mai, muni d'un firman particulier qui lui avait été envoyé de cette ville sous son nom de négociant et sur la demande de Fonton, le gérant de l'ambassade de France. Il était accompagné de deux étrangers, amis de la France, qui

---

(1) Le Reis-Effendi, ministre des Affaires étrangères.
(2) Rapport de Descorches sur sa mission. Correspondance ministérielle.

étaient venus à sa rencontre pour lui faciliter son voyage ;
un Ragusain, nommé Pousitch, qui avait abandonné à cause
de ses opinions révolutionnaires le poste de drogman de
Prusse, et un jeune et riche négociant anglais, John Humphrys, dont le père avait longtemps habité l'Amérique, et qui
« avait reçu avec le jour, à Boston, le germe de l'amour de
la liberté et du bonheur des hommes ». Ce jeune Humphrys
devait devenir plus tard le gendre de Descorches.

L'envoi du firman qui permettait à Descorches de poursuivre son voyage avait été provoqué par une démarche
directe qu'il s'était décidé à faire à Constantinople. Voyant
qu'il ne recevait aucune réponse par l'intermédiaire du
Pacha de Bosnie, il avait envoyé un émissaire dans la capitale ottomane, chargé de communiquer directement à la Porte
l'objet de sa mission. Cette démarche, jointe à l'intervention
de Fonton, qui, après une assez longue résistance, s'était
décidé à agir, avait hâté l'autorisation si impatiemment
attendue, qui permettait à Descorches de quitter Trawnick.

Le Pacha avait bien essayé de le retenir encore ; mais,
sachant qu'il avait reçu un avis de Constantinople qu'il pouvait se mettre en route, il n'aurait pas osé s'opposer plus
longtemps à son départ.

Les intrigues et les menaces des ministres étrangers
n'avaient pas peu contribué à ces retards. Cependant les personnages turcs influents, particulièrement Raschid, le Réis-
Effendi et le prince Moruzzi, drogman de la Porte, avaient
entraîné l'opinion du Divan en faveur de Descorches. Gaudin
lui avait écrit : « Nous avons l'esprit national et ministériel
pour nous et notre Révolution, mais il faut craindre singulièrement les Russes. »

L'intervention du jeune patriote Emile Gaudin, qui habitait déjà Constantinople, et qui avait été nommé par Lebrun
second secrétaire de la Légation, celle de Dantan, un drogman resté fidèle qui s'était plaint que le Pacha de Bosnie
violât les capitulations en retenant à la frontière un négociant
français, avaient aussi exercé leur influence sur Fonton, le
gérant de l'Ambassade, et l'avaient décidé à sortir de son inaction et à solliciter le firman autorisant l'arrivée de Descorches.

Avant son départ de Trawnick, Descorches fut reçu avec de grands honneurs par le Pacha qui lui remit de riches présents que ses principes ne lui avaient pas permis d'accepter pour lui. Il en avait envoyé l'état au ministre des Affaires étrangères comme d'objets appartenant à la République.

Sur tout son parcours, à Andrinople notamment, la colonie française, les négociants, les navigateurs s'empressèrent de venir le saluer « avec toutes les démonstrations d'une joie vivement sentie, et l'effusion de la cordialité la plus fraternelle (1). »

D'Andrinople, il informa le Grand Vizir qu'il serait prévenu le premier de son arrivée dans la capitale de l'Empire ottoman. Son intention n'était pas de descendre à l'Ambassade de France. Il s'arrêterait au besoin à San-Stefano, et s'abandonnerait entièrement à la direction de la Porte (2).

Arrivé enfin à San-Stefano, il reçut l'ordre du Reis-Effendi qui lui fut apporté par Dantan, le drogman de l'Ambassade de France, de quitter ses chevaux et son escorte et de prendre un bateau, à la chute du jour, pour être conduit à Galata, dans la maison du premier député de la Nation française, où il devait résider provisoirement jusqu'au moment où une autre habitation que la Nation possédait à Galata serait prête à le recevoir.

Ce fut donc avec ce luxe de précautions, dans l'ombre et le silence de la nuit, que l'Envoyé extraordinaire de la nouvelle République française fit le 7 juin 1793, dans la capitale de la Turquie, une entrée qui n'avait rien de la solennité habituelle à ces sortes de réceptions.

---

(1) Marie Descorches au citoyen Lebrun, ministre des Affaires étrangères. Constantinople, le 9 juin 1793, l'an II de la République. Correspondance ministérielle.

(2) Descorches au Reis-Effendi, Raschid Effendi. Andrinople, le 3 juin 1793.

CHAPITRE II

SITUATION DU LEVANT

La trahison du prédécesseur de Descorches, Choiseul-Gouffier. —
Désorganisation des services de l'ambassade. — Défection de
Chalgrin et des principaux agents de la France dans le Levant.
— Intrigues des ministres étrangers. — La mission de Sémon-
ville. — Son arrestation par les Autrichiens en territoire neutre.
— La mission d'Hénin, adversaire de Descorches.

Pour complaire à la Porte, Descorches était donc descendu
dans une maison particulière; mais, l'état de délabrement
dans lequel se trouvait le Palais de l'Ambassade ne lui aurait
pas permis, l'eût-il voulu, de s'y installer.

« Le Palais de la République est inhabitable, écrivait-il à
son ministre, tant il est délabré, démantelé par la cupidité
de l'homme sans pudeur qui l'habitait, qui a poussé le
brigandage, à ce qu'on me rapporte, jusqu'à vendre les pavés,
les serrures... (1). »

L'homme sans pudeur dont parlait Descorches était son
prédécesseur Choiseul-Gouffier, qui était passé dans le camp
ennemi. Descorches n'était pas tendre pour son prédécesseur.

« Le malheur de la France avait voulu, écrivait-il encore,
qu'un homme de cette trempe se trouvât ambassadeur du roi
à Constantinople, homme perdu déjà de réputation à Paris
lorsqu'il fut envoyé ici *pour raccommoder ses affaires*,
osaient dire hautement des protecteurs et protectrices dignes
de lui et pourtant assez puissants pour violer le ministre
Vergennes qui résistait à cette nomination (2). »

Survint la Révolution. Semblable aux ministres qui, au dire
de Descorches, faisaient des déclarations patriotiques pour

______

(1) Marie Descorches au ministre des Affaires étrangères. Constantinople, le 9 juin 1793, l'an II de la République. Correspondance
ministérielle.

(2) Mémoire sur sa mission remis par Descorches au ministre des
Relations extérieures. Correspondance ministérielle.

mieux recouvrir sous le manteau de l'hypocrisie le tissu de
leurs trames, Choiseul-Gouffier dépose un don sur l'autel de
la Patrie, adresse au Président de l'Assemblée nationale une
lettre bien phrasée qui obtient les honneurs de l'insertion et
d'une mention honorable. Le ministre Montmorin étant jugé
insuffisant, Talleyrand, Sémonville et d'autres de ses amis
font proposer à Choiseul-Gouffier le ministère des Affaires
étrangères afin d'avoir toujours un homme à eux dans la
place; car, s'il est bon de remplacer Montmorin, ce ne doit
être qu'un changement de nom. Mais Choiseul-Gouffier refuse;
il fait valoir l'utilité de sa présence à Constantinople pour
éloigner l'influence des patriotes, car déjà s'ourdit la trame
qui doit produire « l'horrible coalition de Pilnitz ».

De faussetés en faussetés, avec de l'argent aux uns, des
places aux autres, Montmorin se maintient quelque temps.
Mais la Cour est bientôt forcée d'appeler au ministère des
hommes plus populaires, « qu'elle espère bien et fut peut-
être assurée de trouver aussi perfides et de rendre ainsi plus
dangereux pour la cause de la liberté » (1).

Dumouriez arrive donc au ministère des Affaires étrangères.
« Son adresse seule, — et il n'en manquait pas, — exigeait
qu'il signalât son avènement par des destitutions, des nominations qui parussent justifier l'espoir et la faveur publics.
Choiseul-Gouffier est rappelé et Sémonville nommé à sa place,
Sémonville ci-devant conseiller au Parlement de Paris, constamment espion et agent secret dans la compagnie de la
reine et des ministres, instrument de la Montholon devenue
depuis sa femme, la plus intrépide comme la plus cupide des
intrigantes, sans fortune l'un et l'autre, dépensant beaucoup
et pourtant se trouvant définitivement très riches. Depuis
l'immortel 14 juillet 1789, Sémonville était le principal agent
des menées de Montmorin, toujours en liaison avec la Cour,
tandis qu'il faisait le patriote dans l'assemblée des électeurs
de Paris (2). »

La marche rapide des événements de la Révolution avait

---

(1) Mémoire sur sa mission remis par Descorches au ministre des
Relations extérieures. Correspondance ministérielle.
(2) *Idem.*

fait sentir à Sémonville la nécessité de s'éloigner. Il s'était
fait donner la Légation de Gênes. C'est de là qu'il avait été
nommé à Constantinople et il prenait ses dispositions pour
s'y rendre quand Descorches fut chargé de sa mission.

Tel était le tableau tracé par Descorches des intrigues
auxquelles avaient donné lieu les nominations de ses prédécesseurs.

Ce n'était pas seulement dans le Palais de l'Ambassade
que Descorches allait trouver des ruines. Tous les services
étaient désorganisés. Choiseul-Gouffier, considéré comme
traître par l'Assemblée de la Nation qui, dans sa réunion du
8 septembre 1792, avait nommé des députés pour la représenter provisoirement auprès de la Porte et mis à leur tête
comme chef provisoire Antoine Fonton, ancien premier
drogman, n'avait pu se maintenir à son poste. Il avait
essayé vainement d'entraîner avec lui la colonie française.
Le Gouvernement turc et des ministres étrangers lui avaient
accordé des secours pécuniaires et il était parti furtivement,
d'abord pour la Transylvanie où il avait séjourné pendant
quelque temps, puis pour la Russie. Les frères du roi devaient
lui confier la mission de les représenter à Constantinople.

Une lettre de Chalgrin annonçait en effet à la Nation française que Louis-Stanislas-Xavier de France et Charles-Philippe de France avaient confirmé comme leur représentant en
Turquie, le 12 mars 1793, Marie-Gabriel-Florent-Auguste,
comte de Choiseul-Gouffier, qui, résidant alors à Hermanstadt, avait délégué ses pouvoirs à Chalgrin (1), l'ancien
premier secrétaire de l'Ambassade qui avait suivi son chef
dans sa retraite. Le premier drogman, Joseph Fonton,
dénoncé par la voix publique comme l'un des plus fidèles
complices des menées de l'ambassadeur et le principal instrument de la défection de ses collègues, était devenu conseiller
de la Légation russe. Les autres drogmans, sauf un, avaient
démissionné et leur défection dans un pays où leur concours
était indispensable rendait les relations de l'ambassadeur
avec la Porte presque impossibles. Il ne restait à leur poste

____

(1) Lettre de Chalgrin à la Nation française, le 12 juin 1793.

que le second drogman Dantan qui s'était multiplié pour faire le service de ses collègues, et Emile Gaudin, deuxième secrétaire de l'Ambassade, « ce jeune républicain au cœur chaud et ardent » qui était allé à la rencontre de Descorches à son arrivée à Constantinople.

Gaudin n'avait pas peu contribué à déjouer les menées de Choiseul-Gouffier et il était resté en rapports suivis avec le citoyen Koch, alors président du Comité diplomatique et avec le ministre Lebrun.

L'ancien premier secrétaire de l'Ambassade, Chalgrin, qui se disait le chargé d'affaires du régent, le comte de Provence, portait le deuil de Louis XVI et avait la prétention, depuis le départ de Choiseul-Gouffier, de représenter la France auprès de la Porte; il avait trouvé un accueil favorable chez les ministres étrangers.

Avant l'arrivée de Descorches, l'Ambassade était gérée par le chef provisoire de la Nation, Antoine Fonton, que son âge, ses infirmités et sa faiblesse de caractère rendaient impropre à ces fonctions. Descorches ne pouvait compter non plus sur la plupart des consuls qui étaient déjà passés dans le camp ennemi et s'étaient mis sous la protection étrangère. Il allait être obligé de suspendre plusieurs d'entre eux et de confier leurs fonctions aux premiers députés de la Nation.

Tels étaient donc les faibles moyens que pouvait opposer Descorches à son arrivée aux intrigues de ses ennemis; pas de premier secrétaire; comme second secrétaire un jeune homme excellent, Emile Gaudin, animé de bonnes intentions, mais inconnu à la Porte, sans accès auprès des Turcs; Dantan, seul drogman resté à son poste, plein de zèle lui aussi, précieux pour les affaires contentieuses, mais sans expérience des affaires politiques et même sans aucune aptitude naturelle pour ce genre de service; enfin, comme chef de la Nation, « un vieux fourbe, Antoine Fonton, d'ailleurs démissionnaire, et quelques agents secondaires presque tous de sa trempe » (1).

____

(1) Rapport de Descorches sur sa mission au ministre des Relations extérieures. Correspondance ministérielle.

Descorches avait amené avec lui un jeune homme, Jacques Montal, qui l'accompagnait en qualité de secrétaire. Il devait s'adjoindre un peu plus tard comme drogman le Ragusain Mathieu Pousitch, qui lui avait servi d'interprète à son arrivée et John Humphrys, ces deux étrangers qui étaient venus à sa rencontre à Trawnick.

La correspondance de Chalgrin, le premier secrétaire démissionnaire de l'Ambassade, indiquait l'état d'esprit qui régnait alors chez la plupart des agents de la France à l'étranger. Il avait reçu, par l'intermédiaire d'un capitaine au long cours venant de Marseille, nommé Bourrelly, un paquet contenant : 1° une lette du ministre Lebrun, datée du 16 août 1792, *l'an IV de la Liberté*, qui lui était adressée en qualité de chargé des affaires de France à Constantinople en l'absence de l'ambassadeur; 2° quatre numéros de *la Gazette nationale;* 3° une brochure intitulée *Exposition des motifs d'après lesquels l'Assemblée nationale a proclamé la Convention nationale et prononcé la suspension du Pouvoir Exécutif dans les mains du Roi.*

Chalgrin avait ainsi répondu à cet envoi, le 10 octobre 1792 :

« M. Chalgrin, secrétaire ordinaire de Monsieur Frère du Roi et de l'Ambassade de Sa Majesté Très Chrétienne près la Porte ottomane, à M. Lebrun, se signant ministre des Affaires étrangères de l'Assemblée nationale,

« Je me croirais dispensé, monsieur, de vous accuser la réception de ce paquet, si je ne me devais à moi-même de vous déclarer et de faire connaître publiquement que les pièces qu'il renferme n'ont pu m'être adressées que par une erreur que ni mon existence privée, ni mon existence politique n'ont pu provoquer; erreur qui m'afflige autant qu'elle m'outrage.

« Je ne suis pas ici et n'ai jamais pu y être supposé l'agent de l'Assemblée nationale, ni du ministère qu'elle s'est composé et que je méconnais. Je n'ai jamais été, monsieur, et ne serai jamais que le sujet et le serviteur soumis du Roi, mon Souverain légitime, au service duquel j'ai consacré jusqu'à ce moment trente-deux ans de ma vie... J'ai reconnu la Constitution, monsieur, parce que le Roi, mon maître, me l'a ordonné. La Constitution violée depuis longtemps vient de l'être de nouveau dans les points les plus sensibles aux cœurs de tous Français dignes de porter ce nom par l'oubli réitéré du respect dû à la personne sacrée et inviolable du Roi, par les outrages de plus en plus révoltants dont une horde de factieux et de scélérats, qui ne se lassent point de s'abreuver du sang d'innocentes victimes, accable ce monarque vertueux qui n'y oppose que la douceur et le courage le plus attendrissant...

« Je ne connais donc plus cette Constitution cadavérisée et il n'y a plus de serment qui me lie à son égard. Je ne suis pas plus fait pour être un révolutionnaire qu'un vil intrigant, un rebelle à mon Souverain légitime qui nous a été donné par Dieu dont de sacrilèges mains ont profané et renversé les autels. Je ne suis, monsieur, qu'un honnête homme, qu'un bon Français dans toute la pureté et l'énergie du terme, qu'un fidèle sujet du Roi, de mon maître infortuné qui mérite si peu de l'être et de toute sa famille auguste, prêt à répandre pour l'un et pour l'autre jusqu'à la dernière goutte de mon sang qui leur appartient. Voilà ma profession de foi; elle a été invulnérable depuis que j'existe et elle le sera jusqu'à mon dernier soupir.

« D'après les nouvelles atrocités qui se sont commises, atrocités qui font frémir la nature et qui s'éternisent à la honte de mon pays, tout accès à Sa Majesté que l'esprit de rébellion tient si cruellement prisonnière étant fermé à ses fidèles sujets, je me suis empressé, monsieur, d'adresser et de mettre aux pieds de Monsieur et de Monseigneur comte d'Artois, en me repliant dans le sein de leurs bontés, de leur justice et de leur royale protection, la démission de ma place, sans fonctions d'ailleurs et sans activité, puisque le Roi, mon maître, de qui seul je la tiens et de qui seul j'ai pu la tenir, est privé de ses droits et du Pouvoir Exécutif usurpés par des sujets rebelles.

« J'ai remis, monsieur, les pièces arrivées ici, sous votre contre-sein, à mon adresse, à M. le comte de Choiseul-Gouffier, mon chef, qui les a déposées dans un carton où s'ense-

velissent toutes les dépêches contraires aux principes qui
doivent animer tous bons et fidèles sujets du Roi ; ce sera le
sort de toutes celles qui me parviendront de votre part... (1) »

Quelque temps plus tard, le 20 mai 1793, Chalgrin, toujours à Constantinople, adressait une lettre aux députés du
Commerce où il leur faisait connaître ses pouvoirs de chargé
d'affaires du régent qui lui avaient été conférés, dès le
12 mars précédent, par le comte de Choiseul-Gouffier alors
à Hermanstadt et maintenu lui-même par les princes dans
ses fonctions d'ambassadeur auprès de la Porte.

« Les circonstances du moment, écrivait Chalgrin, et
l'exacte impartialité dont fait profession la Sublime Porte
qui ne reconnaît pas de représentant de la part de la
Monarchie ou de la prétendue République française, l'ont
engagée à vous déférer aujourd'hui, messieurs, la gestion
des affaires du Commerce et de la Navigation et la surveillance de la police nationale.

« Je respecte autant que je le dois son système politique
et cette disposition qui en est le résultat. Aussi je ne prétends
pas manifester de caractère ni exercer publiquement les fonctions qui me sont dévolues. Vous devez continuer, messieurs,
à remplir ostensiblement les vôtres et je ne saurais trop vous
exhorter à ne pas vous écarter des intentions pleines de
sagesse de la Porte et de cette ligne étroite qu'elle vous a
tracée. »

Chalgrin rappelait que l'existence des nations européennes
établies dans l'Empire ottoman comportait des rapports avec
la Sublime Porte dont elle venait de déterminer le caractère
à l'égard de la République française et d'autres rapports
avec leurs gouvernements respectifs.

« De ces rapports bien distincts, ajoutait-il, il résulte deux
conséquences bien différentes aussi et également essentielles :
la première, c'est la nécessité de suivre pour tous les objets
qui ressortent du Gouvernement ottoman la forme représen-
tative qu'il reconnaît ou qu'il a établie lui-même ; la seconde,
c'est le devoir de reconnaître dans tous les objets qui appar-

____

(1) Correspondance ministérielle.

tiennent au régime national et intérieur l'autorité légitime de son propre souverain, d'obéir à ses ordres et de rester sous l'action de sa puissance (1). »

Le comte de Choiseul-Gouffier avait été, d'autre part, maintenu dans ses fonctions d'ambassadeur par la pièce suivante :

« Nous, Louis-Stanilas-Xavier de France et Charles-Philippe de France, frères du Roi, au nom du Roi notre frère et en vertu de l'autorité que sa prison et ses malheurs mettent entre nos mains, ordonnons à M. le comte de Choiseul-Gouffier de continuer ses fonctions d'ambassadeur près la Porte ottomane jusqu'à ce qu'il en soit autrement ordonné par le Roi libre. Nous autorisons en outre M. le comte de Choiseul-Gouffier, s'il est forcé de s'absenter, à remettre provisoirement les affaires entre les mains de ceux qu'il croira les plus capables de le suppléer.

« *Signé :*
« Louis-Stanislas-Xavier, Charles-Philippe (2). »

La lettre de démission du premier drogman Joseph Fonton, envoyée dès le 28 mars 1793, avant l'arrivée de Descorches à Constantinople, marquait les dispositions des autres membres de l'Ambassade.

« Serviteur fidèle du Gouvernement français, écrivait-il, j'ai toujours fait céder mon opinion à mon devoir.

« Quoique je n'aie pas prêté serment à la République, je n'en ai pas rempli moins exactement les obligations de premier drogman. Mais les circonstances actuelles me commandent impérieusement de cesser mes fonctions.

« Je ne vous laisse pas ignorer, monsieur, la sensation funeste qu'a produit ici *l'affreux événement* dont Paris a donné le spectacle à l'Europe le 21 janvier dernier. Chaque Français semble être, individuellement, devenu un objet

---

(1) Constantinople, le 20 mai 1793. Lettre de Chalgrin aux députés du commerce contenant l'envoi de ses prétendus pouvoirs de chargé d'affaires du régent. Correspondance ministérielle.

(2) Ordres de Leurs Altesses Royales M. et Mgr comte d'Artois qui confirment Son Exc. M. le comte de Choiseul-Gouffier dans sa place et ses fonctions d'ambassadeur du roi près la Porte ottomane. Correspondance ministérielle.

odieux aux habitants de Constantinople de toutes les classes et de toutes les nations.

« Il est facile sans doute aux Français occupés de leurs affaires particulières et qui peuvent même y vaquer, sans presque sortir de chez eux, de se mettre au-dessus de cette opinion ou de se soustraire à tous les désagréments moraux qu'elle entraîne ; mais moi, fonctionnaire public, obligé d'essuyer des questions, d'y faire des réponses et d'entendre des réflexions sur cet *horrible événement*, moi enfin témoin oculaire et auriculaire du sentiment général qu'il inspire, je n'ai ni la possibilité, ni l'apathie nécessaire pour braver l'opinion publique.

« Cet état de choses me force donc à donner ma démission, et si pour être sûr de pouvoir désormais vivre tranquille, sans gêne, sans sujétion et sans embarras, je me détermine à prendre une protection étrangère, mon cœur n'en sera pas moins français et mes vœux pour le véritable bonheur de la France seront toujours les mêmes (1). »

Testa désigné par son ancienneté pour remplacer le premier drogman, Joseph Fonton, avait, lui aussi, démissionné à la même date.

« Si je consentais, écrivait-il de son côté, à remplir la place à laquelle je suis appelé par la retraite de M. Fonton, premier interprète de cette ambassade, j'aurais à me reprocher toute ma vie d'avoir été sourd au cri de l'honneur qui lui a commandé de cesser ses fonctions. Quoique je n'aie pas l'avantage d'être né en France, élevé pendant dix ans à Paris et attaché depuis vingt ans au service de la Nation, je me félicite d'être aussi bon patriote qu'aucun Français. Né sans fortune, j'en suis réduit à l'unique ressource de mes modiques appointements. Cependant, Monsieur, je sacrifie volontiers aujourd'hui, pour pouvoir librement mêler mes larmes à celles que tous les bons Français verseront à jamais sur le sort déplorable du meilleur des rois, une existence dont j'aurais à rougir, si je ne devais la conserver qu'en me

---

(1) Lettre de démission de Joseph Fonton. Péra, le 28 mars 1793. Correspondance ministérielle pous les consulats.

rendant coupable de la lâcheté d'y paraître indifférent..... Mais, pénétré de la reconnaissance la plus vive pour tous les bienfaits que je tiens de la France, je formerai toujours les vœux les plus ardents pour sa prospérité, et je ne cesserai de publier à jamais que c'est dans le sein de cette même nation que la loi impérieuse de l'honneur me commande d'abandonner aujourd'hui, que j'ai puisé les sentiments qui me dirigent dans cette occasion (1). »

Les lettres de démissions des autres drogmans, Fornetty, Deval, les frères Trécourt, Escalon, Crépin, Henry, étaient conçues dans des termes analogues.

Fornetty disait notamment : « Lorsque la plus cruelle catastrophe est arrivée en France, mon cœur déchiré par la douleur a gémi, et je ne cesserai de pleurer sur le malheureux sort d'un roi, mon bienfaiteur, du descendant des bienfaiteurs de mes ancêtres. Je ne puis pas être plus longtemps sourd à la voix de ma conscience; je ne peux plus comprimer la déclaration de mes sentiments; je dois cet hommage de ma reconnaissance à la munificence royale dont ma famille jouit ici depuis deux cent cinquante ans (2). »

Toutes ces lettres très dignes, de modestes agents qui ne craignaient pas de sacrifier leurs carrières à leurs convictions politiques et religieuses, témoignent de l'impression profonde produite à l'étranger par l'exécution de Louis XVI et de la réprobation qu'elle inspirait. Le Pape ne venait-il pas de faire connaître que l'Eglise rejetait de son sein tous ceux qui exerçaient des fonctions au service de la République !

La crainte de se trouver parmi les réprouvés avait amené aussi Antoine Fonton, élu chef de la Nation et désigné par elle pour gérer provisoirement l'Ambassade, à donner sa démission par la lettre suivante, dans laquelle il invoquait la loi impérative de sa conscience : « Né dans une religion qui dans ce moment réprouve les principes de la Révolution française, je me vois exclu du sein de l'Eglise comme fonc-

---

(1) Lettre de Testa. Péra-lès-Constantinople, le 28 mars 1793. Correspondance ministérielle pour les consulats.
(2) Lettre de Fornetty. Péra-lès-Constantinople, le 28 mars 1793. Correspondance ministérielle pour les consulats.

tionnaire de la République, et j'encours des peines terribles en continuant de remplir les fonctions auxquelles le vœu national m'a appelé. Vous conviendrez, Messieurs, que ce n'est pas à mon âge, prêt à descendre au tombeau, que je puis ainsi légèrement braver l'opinion, compromettre ma conscience et m'attirer les censures de l'Eglise. Tant que mes fonctions ont pu se concilier avec ce que je dois à ma religion, je leur suis resté fidèle. Aujourd'hui que je ne le puis plus, je me fais un devoir de donner ma démission; j'en préviens les ministres de la Porte et j'ai tout lieu d'espérer que les intérêts du commerce et de la navigation ne souffriront pas de ce changement (1). »

Si on n'avait pu empêcher Descorches d'arriver à Constantinople, il fallait tout au moins entraver sa mission et, pour atteindre ce but, désorganiser d'abord les services de la Légation, le laisser sans organes. C'est ainsi que les drogmans, dans un mouvement simultané, avaient démissionné : « Les jeunes de langues eux-mêmes, disait Descorches, n'avaient pas été oubliés dans cet abominable plan de noirceur. Arrachons jusqu'aux racines, s'était-on dit. La désorganisation sera plus complète. Ces enfants, la plupart mal élevés, empâtés d'idées fausses, amollis dès le berceau, se sont conduits comme il fallait s'y attendre (2). »

Il fallait créer l'agitation, semer la calomnie afin d'animer la Porte contre les Français, jeter le trouble et la discorde parmi les négociants qui formaient le corps de la Nation dans chaque échelle, amener des désordres en les mettant aux prises. Toutes les influences étaient employées pour obtenir ces résultats et « Choiseul en quittant Constantinople y laissait des complices d'autant plus à portée de seconder sa perfidie qu'ils avaient pris le masque du patriotisme ».

« Les prêtres, écrivait encore Descorches, comme vous pensez bien, ne s'endorment pas plus ici qu'ailleurs pour

---

(1) Lettre d'Antoine Fonton, Péra-lès-Constantinople, le 30 avril 1793, l'an II de la République. Correspondance ministérielle pour les consulats.

(2) Rapport sur l'état où Descorches trouva l'échelle de Constantinople. Correspondance ministérielle pour les consulats.

attiser le fanatisme contre nous ; mais le très grand nombre de nos compatriotes oppose une sagesse inaltérable jusqu'ici aux diverses provocations qu'ils tentent sous toutes les formes. Il est triste de vous dire que ce sont des Français Lazaristes qui se distinguent dans cet apostolat diabolique. Ce sont eux que le Gouvernement établit sous l'Ambassade de Saint-Priest dans les maisons et biens des ci-devant Jésuites après l'extinction de cet ordre. Il y en a plusieurs communautés dans le Levant, dont la principale est à Galata (1). »

Les Lazaristes étaient passés sous la protection de l'Autriche pour soustraire les biens dont ils disposaient jusqu'alors. Mais la Nation de l'Echelle de Constantinople avait pris la précaution de s'en saisir et avait nommé des commissaires et un économe responsables, chargés de les administrer. Cette saisie avait donné lieu à l'intervention du ministre de Vienne, le baron d'Herbert, dont Descorches disait que c'était « le caractère le plus despotique et le plus passionnément déchaîné contre nous, avec qui nous avons affaire ici » (2). Herbert avait pris la défense des Lazaristes. N'avait-il pas un jour placé des gardes à l'entrée du couvent pour en interdire l'accès aux Français ! Après diverses péripéties, et même une rixe qui s'était produite entre les religieux et les commissaires français, la Porte avait pris le sage parti de séquestrer elle-même et de gérer les propriétés contestées.

Ainsi, au dire de Descorches, tous les moyens, prêtres, femmes, argent étaient mis en œuvre par les contre-révolutionnaires, par les affidés de Choiseul, pour nuire au nouveau Gouvernement français. Il écrivait cette lettre caractéristique : « Le système de trahison qui a éclaté à la tête de nos armées et auquel il est difficile de ne pas croire des ramifications générales, tant en Europe qu'au dedans de la Répu-

---

(1) L'envoyé extraordinaire de la République à la Porte ottomane au citoyen ministre des Affaires étrangères. Constantinople, le 24 juin 1793, l'an II de la Liberté. Correspondance ministérielle.

(2) Marie Descorches au citoyen ministre des Affaires étrangères de la République. Le 18 juin 1793, l'an II de la République. Correspondance ministérielle.

blique, s'ourdissait en secret. Les nouvelles de ma mission, tout ce qu'elle présageait à nos ennemis leur fit mettre ce point-ci au nombre de ceux qui méritaient leur plus sérieuse attention. Ils y ont en conséquence lié tant d'intrigues, distillé tant de poison, qu'ils ont cru pouvoir ne pas douter du succès; il ne s'agissait pas moins que d'abuser la Porte au point de faire expluser tous les Français de l'Empire ottoman, à l'instar de la Russie; il est certain qu'ils s'en sont flattés (1). »

Les ministres étrangers agissaient de leur côté de tout leur pouvoir pour empêcher la Porte de reconnaître la République française, et ils trouvaient des dispositions complaisantes auprès des Turcs « qui craignaient singulièrement les Russes (2) ».

Dès son arrivée à Constantinople, Descorches informait de ces menées son ministre : « Je vous ai mandé de Trawnick les déclarations renouvelées par la Porte à mon sujet, de sa volonté expresse que nos capitulations restassent inviolables, et de son désir de continuer entre nous les liens de notre commune amitié. Je sais seulement, et vous vous y attendez bien, que les ministres coalisés font de grands efforts pour élever tous les obstacles qu'ils pourront trouver sur mon chemin (3). »

A l'heure même où Descorches faisait son entrée dans la capitale de l'Empire ottoman, les ministres de Russie, de Prusse et d'Autriche se réunissaient pour préparer une note menaçante à la Porte, dans laquelle ils lui demandaient de ne pas recevoir le nouveau représentant envoyé par la France, d'expulser Gaudin, d'interdire le port de la cocarde tricolore, d'abattre l'arbre de la Liberté planté dans la cour du Palais de l'Ambassade.

Si l'on ajoute à toutes les difficultés qu'allait rencontrer

---

(1) Rapport de Descorches sur l'état où il a trouvé l'Echelle de Constantinople. Correspondance ministérielle pour les consulats.

(2) Marie Descorches au ministre des Affaires étrangères. Trawnick, le 16 mai 1793, l'an II de la République. Correspondance ministérielle.

(3) Marie Descorches au citoyen ministre des Affaires étrangères. Constantinople, l'an II de la République, le 9 juin 1793. Correspondance ministérielle.

Descorches, l'incertitude dans laquelle il se trouvait au sujet du caractère de ses pouvoirs, on peut se rendre compte des obstacles que devait soulever l'accomplissement de la mission secrète que lui avait confiée le Gouvernement de la République.

Aussi, n'était-il pas surprenant qu'il n'eût pas été reçu dès son arrivée par les ministres ottomans. Il s'en était plaint au Reis-Effendi en lui exposant le double but de sa mission qui était l'administration des biens et Etablissements français dans l'Empire et la solution de graves questions politiques entravée « par la perfidie de la plupart des officiers des Echelles, à l'exemple du plus traître et du plus criminel des hommes qui, malheureusement pour la Turquie et pour la France, avait été longtemps leur chef ».

Descorches n'avait pas voulu prendre encore de caractère officiel, attendant les conférences qu'il avait demandées et qu'il croyait, pressé par le sentiment de son devoir, ne plus pouvoir être différées. Arrivé à Trawnick le 20 mars, à Constantinople le 7 juin, il y était depuis trois semaines, sans avoir encore entendu parler d'audience (1) !

Les intrigues des adversaires de la République s'étaient en effet multipliées pour empêcher la Porte de recevoir son représentant. A force d'obsessions, Choiseul-Gouffier et les ministres de la coalition avaient obtenu du Grand-Vizir une lettre adressée au ministère français déclarant que la Porte ne recevrait pas Sémonville. C'est sur ces entrefaites que Descorches, revenant de sa mission de Pologne vers la fin de novembre 1792, arrivait à Paris où il n'allait plus trouver les ministres du roi, mais ceux du peuple. Sa conduite à la Légation de Varsovie lui avait mérité l'approbation du nouveau ministre des Affaires étrangères, Lebrun, qui le lui avait témoigné dans l'entrevue qu'il avait eue avec lui. Puis, lui parlant de Constantinople, le ministre avait ajouté : « C'était vous qu'on devait y envoyer. Vous étiez l'homme de la chose. Je suis bien fâché d'avoir trouvé cette besogne faite. »

Il n'avait plus été question de cette ambassade. Sémonville

____

(1) Descorches au Reis-Effendi. Constantinople, le 27 juin 1793.

attendait toujours des instructions pour son départ. Il était représenté à Paris par plusieurs émissaires « qui sollicitaient avec activité en sa faveur, notamment par sa femme qui venait de repartir pour le retrouver, sans papiers il est vrai, mais, avec ce qui l'intéressait plus sans doute, une somme assez forte en espèces bien sonnantes (1) ».

Aussi, la surprise de Descorches fut-elle grande quand il reçut à Versailles, dans le pied-à-terre où il vivait retiré avec sa famille, un billet du ministre qui l'appelait précipitamment chez lui. C'était pour lui communiquer un arrêté pris la veille par le Conseil Exécutif qui lui enjoignait de se rendre immédiatement et par terre à Constantinople, avec le titre d'Envoyé extraordinaire. Descorches voulut faire des observations. « Acceptez-vous oui ou non ? Voilà tout ce qui reste à dire, reprit le ministre. Il faut partir dans trois jours. »

Il avait été bien entendu que cette mission extraordinaire n'avait rien de commun avec l'ambassade confiée à Sémonville, qu'elle la laissait subsister dans son entier, qu'elle n'en était en quelque sorte que « l'avant-garde ».

Descorches, à ce moment, trouvait cette mesure très sage. Car, d'une part, le refus indécent de la personne de Sémonville, arraché par l'intrigue à la faiblesse de la Porte, intéressait l'honneur de la République à le faire agréer, et, d'autre part, il importait de ne pas compromettre les relations amicales qui existaient avec l'Empire ottoman par l'envoi immédiat d'un ambassadeur qui venait d'être refusé et dont la présence pouvait blesser l'amour-propre de la Porte. « Ce sera toujours, faisait observer Descorches, un danger particulièrement à craindre et à considérer avec les Turcs, naturellement fiers, dont on obtient aisément ce que l'on veut par la constance et la fermeté, mais qui s'irritent profondément d'une injure, d'une humiliation, même en la dissimulant, et qui ne pardonnent pas (2). »

Mais Descorches venait à peine d'arriver à Constantinople

---

(1) Mémoire sur sa mission remis par Descorches au ministre des Relations extérieures. Correspondance ministérielle.
(2) *Idem.*

que le bruit courait du départ de Sémonville pour venir le rejoindre; aussi trouva-t-il cette hâte intempestive. Il écrivait au ministre le 8 juillet : « Le dernier courrier nous a appris le départ prochain du citoyen Sémonville pour se rendre ici. Je vous l'avouerai, citoyen ministre, mon premier mouvement a été de renvoyer ce bruit au nombre des plus apocryphes, tant je le trouvais invraisemblable. Mais il paraît pourtant qu'il n'y a pas à en douter. Je n'ose fixer aucune idée dans le vague où se perdent celles que me fait naître une pareille nouvelle; il sort seulement de cette espèce de chaos une vérité bien constante, c'est qu'il n'est point d'acte de dévouement à la République que vous ne deviez attendre de moi. Qu'il paraisse donc, lui ou tout autre, que nous soyons ici comme nous devons y être, et dussé-je ne devenir que le dernier de ses secrétaires, je serai toujours content et peut-être encore le plus heureux (1). »

Descorches revenait un peu plus tard sur le même sujet quand il écrivait au ministre, alors qu'il avait déjà commencé ses négociations avec la Porte et qu'il croyait avoir gagné la confiance des Turcs : « Le bruit répandu de l'arrivée prochaine de Sémonville a produit une impression défavorable, non pas par rapport à sa personne, mais à cause du double emploi et de l'in à-propos de cette démarche. J'espère pourtant que s'il paraît, nous réussirons à dissiper cette impression. Je m'y emploierai au moins certainement de toutes mes forces et j'y ai déjà travaillé en faisant expliquer au Reis-Effendi que mon inconcevable arrestation de Trawnick avait rendu cette mesure de votre part très naturelle; qu'il devait même y voir une nouvelle preuve des sentiments dont je l'avais assuré. Mais ce qui ferait un véritable mal sous tous les rapports, j'ose le dire, ce serait mon départ. La chose publique devant toujours, tant que j'existerai, être à mes yeux la première de toutes les considérations, je m'empresse en conséquence, citoyen ministre, d'aller au-devant de ce préjudice par tous les moyens qui dépendent de moi en vous

____

(1) Marie Descorches au ministre des Affaires étrangères. Constantinople, le 8 juillet 1793, l'an II. Correspondance ministérielle pour les consulats.

proposant, si l'ambassadeur arrive, d'agréer que je reste employé sous ses ordres, en qualité de secrétaire de sa Légation, jusqu'à ce que le Traité soit conclu (1). »

Que s'était-il donc passé au sujet de Sémonville depuis le départ de Descorches ? Sémonville était d'abord resté à Marseille en quelque sorte en surveillance depuis que la découverte de la lettre de Talon dans l'armoire de fer l'avait rendu suspect. Mais, il était parvenu à se disculper et le Gouvernement français s'était décidé à l'envoyer rejoindre son poste à Constantinople, bien que Descorches n'eût pu encore préparer les voies pour faciliter sa réception.

C'est ainsi que Sémonville pouvait écrire, le 5 juin 1793, au ministre des Affaires étrangères, qu'il allait se rendre à Nice par mer et de là gagner la Toscane où il avait une première mission à remplir (2).

En réclamant la confirmation de ses instructions à propos de cette mission, il envoyait au Comité de Salut public une lettre du citoyen Buonaparte, frère de celui à qui le commissaire de la Convention avait confié le commandement de l'artillerie en Corse. Dans cette lettre, Buonaparte appelait l'intérêt du Comité de Salut public sur sa position (3)

Sémonville fournissait aussi au ministre des Affaires étrangères des renseignements sur l'état des forces ennemies dans la Méditerranée. Il y avait une escadre espagnole à Cagliari, trois frégates hollandaises à Livourne et on parlait de la présence d'une division anglaise dans ces parages. Sémonville voyait que le contre-amiral Trogoff ne pouvait mettre à sa disposition que la corvette « La Poulette » pour le conduire de Marseille à la Spezzia ; ce bâtiment n'était même pas encore arrivé. Aussi, comptait-il prendre la voie de terre par Genève et demandait-il d'en informer Maret qui devait l'accompagner (4).

---

(1) L'envoyé extraordinaire de la République française au citoyen ministre des Affaires étrangères. Constantinople, le 26 juillet 1793, l'an II. Correspondance ministérielle.

(2) Sémonville au ministre des Affaires étrangères. Marseille, le 5 juin 1793, l'an II.

(3) Sémonville au Comité de salut public. Marseille, le 8 juin 1793.

(4) Sémonville au ministre des Affaires étrangères. Marseille, le 9 juin 1793.

Ses bagages avaient pris la route de mer par Livourne. Ils se composaient de 172 caisses d'une valeur de 516.000 livres. Les présents destinés au Gouvernement ottoman y étaient compris pour 150.000 livres.

71 caisses de meubles étaient laissées provisoirement à Marseille sous la garde de Guys, négociant et correspondant du ministère des Affaires étrangères.

Sémonville trouva Maret à Genève attendant des instructions qui n'étaient pas encore arrivées. Il se proposait de faire route avec lui par Baden, Zurich, les Bailliages d'Italie et l'État de Venise. Il se louait de Delorme, chargé d'affaires de la République à Genève; mais, le département du Mont-Blanc qu'il avait traversé était travaillé par l'aristocratie et par les prêtres. Il contait au ministre cette anecdote au sujet du comte d'Artois qui, arrivé en Angleterre, n'avait pu continuer sa route. Son envoyé, l'évêque d'Arras, avait été reçu à Londres par Lord Grenville qui, rappelant les dettes nombreuses qu'il avait contractées en Angleterre, avait insinué que ses créanciers se montreraient peut-être malveillants, qu'il pourrait être arrêté... Aussi, le prince, changeant d'itinéraire, avait-il fait voile pour les Pays-Bas (1).

Le ministre répondant à Sémonville l'avait remercié des renseignements importants qu'il lui avait fournis sur la présence des forces ennemies dans la Méditerranée. D'autre part, il était dangereux pour lui de continuer sa route par terre et, néanmoins, il était urgent qu'il arrivât à Constantinople, Descorches étant encore à Trawnick. Comme s'il eût pressenti son arrestation prochaine, le ministre lui recommandait de voyager incognito, le succès de son voyage devant en dépendre (2).

Cependant, Deforgues, qui avait succédé à Lebrun, et qui n'avait plus de nouvelles de Sémonville, pressé de le voir arriver à son poste, s'inquiétait de son silence prolongé.

Delamare, secrétaire de Sémonville, qui, pour l'accom-

---

(1) Sémonville au ministre des Affaires étrangères. Lausanne, le 25 juin 1793, l'an II.

(2) Le ministre des Affaires étrangères à Sémonville. Paris, juin 1793, l'an II.

pagner à Constantinople avait été nommé secrétaire d'ambassade, était parti de Paris le 10 juillet afin de le rejoindre. Arrivé à Baden le 16, il écrivait à Deforgues que son chef, ayant quitté Zurich le 4, avait traversé ce canton, la Thurgovie, la Principauté de Saint-Gall, le Rheinthal, le Comté de Sax, le district de Mayerteld dans le pays des Grisons d'où il avait gagné Coire à travers les montagnes, les voituriers ne pouvant faire que 8 à 10 lieues par jour. De Coire, où il avait été contraint de démonter sa voiture, il avait dû se rendre dans le Bergamate, en franchissant plus de cinquante lieues à pied, à cheval ou à dos de mulet, par des routes de traverse et à peine praticables afin d'éviter le Tyrol et le Milanais soumis à la domination autrichienne. Il fallait au moins treize à quatorze jours par cette route pour aller de Zurich à Bergame, dans l'Etat vénitien. Sémonville avait donc fait toutes diligences et son patriotisme ne pouvait être suspecté. Quant à Delamare, il allait partir pour Zurich après avoir demandé un passeport à Barthélemy en qualité de négociant français se rendant à Venise. Il s'efforcerait de rejoindre Sémonville et de lui faire part du désir du ministre d'avoir des nouvelles de la mission dont il était chargé pour l'Italie (1).

De son côté Sémonville donnait signe de vie au ministre. Il protestait contre la défiance dont il était l'objet et dont l'écho lui était parvenu. Il expliquait ses retards. Il n'avait pu obtenir du commandant de Toulon les moyens de s'embarquer à cause de la crainte inspirée par l'arrivée de l'escadre espagnole et la présence de frégates hollandaises dans la rade de Livourne. On n'avait mis à sa disposition qu'une corvette et le capitaine de ce navire l'avait déclaré trop faible, d'une marche trop lente, pour assumer la responsabilité de la traversée. Il ne lui restait donc que la voie de la Suisse. Il avait voyagé jour et nuit par Grenoble et Chambéry, en évitant Lyon. Sa voiture avait été brisée dans une descente à une heure du matin; il avait dû passer cinq jours

---

(1) Delamare, secrétaire de la République à Constantinople, à Deforgues. Baden, le 16 juillet 1793.

à Genève pour y faire un raccommodage insuffisant avec des cordes. Il avait été blessé par une roue à la jambe et à l'épaule. Il avait trouvé à Genève Maret qui l'accompagnait et depuis il ne s'était arrêté que vingt-quatre heures à Baden, chez Barthélemy, pour un entretien indispensable.

A partir de ce moment, il avait dépendu de ses conducteurs suisses pleins de mauvaise volonté et qui voulaient le faire passer de l'autre côté du Rhin. Il avait fallu employer de l'autorité et des menaces pour les en empêcher. Il était constamment précédé ou suivi par des agents étrangers. Il avait été rejoint à Berne par l'ambassadeur de l'Empereur qui s'était aussi rendu précipitamment à Coire. Il partait pour Chiavenne malgré les avis multipliés par lesquels on voulait le retenir. Il comptait arriver dans l'Etat vénitien où le Gouvernement autrichien commettrait *le plus horrible des attentats* et si telle devait être sa destinée, sa consolation serait dans l'impression que ce nouvel excès de despotisme produirait sur toutes les puissances qu'il menacerait également.

C'étaient les dernières nouvelles que Sémonville envoyait en France avant cet attentat au droit des gens qu'il prévoyait et qui allait se commettre ! (1).

Quoi qu'il en fût de la sincérité du désintéressement manifesté par Descorches, il devait cruellement souffrir à la pensée que sa présence serait rendue inutile par l'arrivée de Sémonville. Mais cette arrivée n'eut pas lieu. En même temps que Maret, le futur duc de Bassano qui se rendait à Naples en qualité d'ambassadeur, Sémonville devait être arrêté par les Autrichiens à Novale, sur le territoire neutre des Lignes Grises, conduit à Mantoue, puis à Brünn, y subir une captivité de trente mois et n'être remis en liberté ainsi que ses compagnons que par un échange avec la fille de Louis XVI.

Le ministre Deforgues, le successeur de Lebrun, nommé par décret de la Convention du 21 juin 1793, informait, le

---

(1) Sémonville au citoyen Deforgues. Vico-Soprano. Dans les lignes des grisons, 23 juillet 1793.

6 août, cette assemblée de l'attentat au droit des gens dont avait été victime Sémonville. *Le Moniteur Universel* y faisait aussi allusion dans la note suivante : « La Cour de Vienne a donné des ordres pour conduire, sous une escorte de deux cents hommes, Maret et Sémonville dans la forteresse de Brünn, en Moravie. Cette Cour atroce doit faire enfermer dans la même forteresse les commissaires français livrés par l'infâme Dumouriez (1). »

Pour augmenter, si possible, le chaos créé par l'anarchie qui régnait dans la diplomatie révolutionnaire, un envoyé secret venait d'arriver à Constantinople en même temps que Descorches. C'était un autre Maret se disant colonel de cavalerie et adjudant général, muni d'une lettre du ministre Lebrun pour le Reis-Effendi : « Je dois vous prévenir, citoyen ministre, écrivait au sujet de cet émissaire Descorches, qui laissait percer la mauvaise humeur que lui causait l'arrivée de ce surveillant, que l'opinion qu'il a laissée ici est bien différente de celle qu'il aura apparemment su vous inspirer. Il a ajouté aux torts qu'on lui fait de son ancienne conduite dans ce pays-ci celui d'avoir cherché à se donner sur sa route de l'importance à raison d'une lettre, parlant de commission qu'il aurait reçue de vous. Il ne reste plus, à ce qu'il me semble ici, qu'un grand éloignement, peut-être même pis contre le citoyen Maret, au point de me faire voir avec peine le grade et l'uniforme de colonel à un homme dont on dit tout ce que j'en entends (2). »

Enfin, Hénin, le ministre de Venise, le ci-devant chevalier d'Hénin, affilié aux Jacobins, était aussi envoyé à Constantinople. Lebrun ayant appris que Descorches était resté à Trawnick, avait craint qu'il ne fût empêché de remplir sa mission et le 6 mai 1793, il avait chargé Hénin de lui préparer les voies, de même que Descorches avait pour instructions de faciliter l'arrivée de Sémonville !

---

(1) *Le Moniteur universel*, n° 17. Le 17 du 1ᵉʳ mois de l'an II (mardi 8 octobre 1793).

(2) Marie Descorches au ministère des Affaires étrangères. Constantinople, le 8 juillet 1793, l'an II de la République. Correspondance ministérielle pour les consulats.

Lebrun craignait aussi que les Turcs ne vissent d'un mauvais œil la mission de Descorches, s'ils le soupçonnaient de venir fomenter une guerre avec la Russie. Bien que ce rôle fût effectivement dévolu à Descorches, Hénin devait dissiper les inquiétudes des Turcs. Lebrun lui écrivait même : « Vous ferez entendre que cette crainte est aujourd'hui dénuée de tout fondement. » Hénin ne devait toutefois arriver à Constantinople que le 24 juillet 1793, accompagné du citoyen Sicard, autre agent secret, employé au ministère des Affaires étrangères.

Ces missions successives confiées pour le même objet à des hommes différents rappelaient la diplomatie secrète de Louis XV que le duc de Broglie a exposée dans *le Secret du Roi*. Cette façon de comprendre la politique extérieure convenait trop à l'esprit soupçonneux et aux mœurs policières des hommes de la Révolution pour ne pas être mise aussi en pratique par le nouveau régime. Un décret du 14 frimaire an II allait donner au Comité de Salut public la direction de la politique étrangère. Il devait traiter directement avec les puissances (art. 1ᵉʳ de la section III); il se réservait le droit d'envoyer des agents, de surveiller ceux auxquels le ministre avait donné antérieurement des missions (art. 12 et 13).

Cette méthode de gouvernement avait amené de trop mauvais résultats sous l'ancièn régime pour qu'il n'en fût pas de même sous le nouveau, et Descorches, le représentant officiel de la République, allait voir ses efforts contrariés par les menées de ces agents secrets qui n'étaient que trop portés à devenir ses ennemis et ses aspirants successeurs.

Toutefois, Descorches, en annonçant au ministre l'arrivée d'Hénin et de Sicard, et ne prévoyant pas encore le rôle que jouerait le premier de ces envoyés, se félicitait de revoir « l'homme estimé et méritant de l'être », à ce qu'il lui avait paru, qu'il avait connu à son passage à Venise (1).

Il faut croire cependant que l'accueil n'avait pas été aussi

____

(1) Descorches au ministre des Affaires étrangères, 3ᵉ div., 25 juillet 1793.

cordial que l'écrivait Descorches, car Hénin informait de son
côté le ministre de la surprise de Descorches en le voyant
arriver. Il n'avait absolument pas voulu lui laisser remplir
sur-le-champ les ordres ministériels qu'il avait reçus pour
disposer les esprits en faveur de Sémonville. C'était nuire
aux intérêts de la France, lui avait dit Descorches, que
d'annoncer l'arrivée d'un deuxième envoyé, et il s'était
montré incrédule quand Hénin lui avait parlé de l'arrivée
imminente de son successeur.

Il avait demandé à Hénin de différer de huit jours ses
démarches et ce dernier s'était prêté à ce désir par égard
pour Descorches et afin d'éviter d'aigrir les esprits et de
faire naître des divisions. Hénin, toutefois, avait déjà parlé
indirectement de l'arrivée prochaine de Sémonville et il avait
pu se convaincre que l'opinion ne lui était pas défavorable,
qu'il n'avait qu'à arriver le plus tôt possible et que les
obstacles à sa réception avaient été exagérés par l'intérêt
des uns ou le manque de résolution de ceux qui devaient
agir à Constantinople.

La position d'Hénin était délicate : « Si je ne puis faire
mieux, disait-il, on ne pourra jamais s'en prendre à moi,
puisque, *sans moyens et sans autorité*, je me trouve, chargé
d'une mission difficile et dans laquelle je prévoyais bien
n'être pas secondé (1). »

Hénin se posait déjà en adversaire de Descorches. A peine
était-il arrivé que se dessinait son hostilité dont il allait
donner tant de preuves !

Le 28 juillet, il confirmait sa précédente lettre en demandant un chiffre pour pouvoir correspondre librement avec le
ministre. Il constatait l'inclination des Turcs pour la France
et émettait l'avis qu'aussitôt après la défection de Choiseul-
Gouffier, la Porte aurait accepté de recevoir officiellement
un envoyé français. Parlant des députés de la Nation, Bœuf
et Pech, il les trouvait modérés, républicains timides......
Quant au citoyen Descorches, il paraissait avoir adopté leur

____

(1) Félix Hénin au ministre des Affaires étrangères, 3e div. Constantinople, le 25 juillet 1793.

manière de voir en plusieurs circonstances et entre autres quand il n'avait pas voulu habiter le Palais de l'ambassadeur qui appartenait à la Nation. Lui, Hénin, habitait le Palais avec Sicard, mais il avait eu de la peine à y faire consentir les députés.

Le zèle et les talents de Descorches, qui avait contribué à ranimer le patriotisme, méritaient certainement d'être loués. Mais son éloge eût été complet, s'il avait montré plus de philosophie lorsque Hénin lui avait donné connaissance des ordres dont il était chargé. Il paraissait désolé à l'idée de céder sa place à un autre et il s'était refusé à seconder les démarches d'Hénin. « Heureusement, ajoutait celui-ci, que Sémonville peut s'en passer, puisque, à l'exception de la diplomatie étrangère, les esprits en général ne sont point indisposés contre lui (1). »

Ne pouvant arriver à imposer ses vues à Descorches, Hénin avait imaginé de les faire partager par un groupe de Français sans mandat dont l'intervention ne pouvait qu'amener la division dans la colonie française. Le 1ᵉʳ août 1793, Jean Mazeret, Abraham-Jean Luzin, Jean-Guillaume Brugnières, Guillaume-Antoine Olivier, Jean-Simon Dizerand, Joseph-François Amic, Pierre-Paul Chénié, Jacques Brun s'étaient réunis chez le citoyen François Florenville sur l'invitation d'Hénin qui leur avait exhibé ses pouvoirs et instructions.

Parmi les membres de ce groupe figuraient, comme on le voit, les naturalistes Brugnières et Olivier et le médecin Amic qui étaient arrivés vers la même époque que Descorches et qui, sous le prétexte de faire des voyages d'études en Orient, étaient, en réalité, des agents secrets du parti jacobin, chargés de surveiller les fonctionnaires de la République dans les Echelles du Levant et d'adresser au Gouvernement français des rapports politiques. On verra ce groupe former le noyau de l'opposition contre la politique de Descorches, l'envoyé officiel de la République.

Hénin annonça à ces citoyens qu'il était chargé par le

---

(1) Hénin au ministre Lebrun. Constantinople, le 28 juillet 1793, l'an II. Lettre reçue le 27 frimaire.

Conseil Exécutif d'annoncer à la Porte l'arrivée prochaine de Sémonville, d'empêcher la malveillance de s'exercer contre lui, d'exposer l'objet de sa mission et de rétablir des rapports avec le Gouvernement ottoman.

L'assemblée estima qu'il serait urgent de réclamer à la Porte un firman pour faciliter à Sémonville son arrivée à Constantinople et d'envoyer cette pièce aux frontières de l'Empire par où il pourrait faire son entrée, à Trawnick, à Smyrne et aux Dardanelles. Elle décida aussi d'envoyer Hénin avec une délégation de quatre membres chez Descorches pour qu'il sollicitât lui-même ce firman. Mais Descorches répondit que cete démarche était inutile, nuirait même aux négociations engagées, une lettre pour cet objet venant d'être envoyée par la Porte au Pacha de Bosnie. Les voies de terre et de mer étaient d'ailleurs libres pour tous les Français.

Hénin avait été invité à garder le silence au sujet de Sémonville et comme Descorches disposait des drogmans, il ne pouvait se faire entendre de la Porte. Aussi Descorches lui inspirait-il une défiance qui l'avait amené à dégager sa responsabilité auprès des membres de la colonie française qu'il avait réunis (1).

Si Descorches avait déjà des détracteurs, il trouvait aussi des défenseurs, notamment dans la personne d'Emile Gaudin qui, remerciant le ministre de sa nomination au poste de deuxième secrétaire, faisait l'éloge de son chef et de l'heureuse influence qu'il exerçait sur la Porte en faveur de la Révolution. Il avait appris aussi l'arrivée probable de Sémonville qui lui faisait faire ces réflexions. « Il est à craindre que cet incident ne nuise à la chose publique et ne retarde les négociations entamées et qui ne sauraient être trop accélérées. Je ne peux vous dissimuler qu'il a produit un mauvais effet auprès de la Porte, qu'il a pour ainsi dire donné quelque faveur à ce reproche que nos ennemis ne cessent de nous faire auprès du ministère turc au sujet de l'instabilité et de la mobilité de notre Gouvernement (2). »

---

(1) Hénin au ministre des Affaires étrangères, 8 août 1793. Lettre reçue le 23 frimaire.
(2) 6 août 1793.

Quant à Hénin, poursuivant sa rancune, il continuait à desservir Descorches auprès du Gouvernement français. « La situation dans laquelle j'ai trouvé l'Echelle de Constantinople, écrivait-il le 8 août, ne m'a nullement satisfait, et, à l'exception d'un petit nombre de vrais patriotes auxquels je me suis réuni, tous les Français qui résident ici sont plus ou moins entachés de la lèpre aristocratique. »

Il rappelait les défections successives de Chalgrin, d'Antoine Fonton, passé sous la protection de l'Allemagne, de tous les drogmans à l'exception de Dantan. Il ajoutait : « Tous les négociants, à l'exception d'un seul, Florenville, déjà connu avantageusement pour son patriotisme épuré, sont entachés par l'acte contre-révolutionnaire du 8 octobre 1792, invitant Choiseul-Gouffier à rester à son poste.

« Ils nommaient ensuite comme chef de la Nation Antoine Fonton, dont l'incivisme était connu, et les députés laissaient à Choiseul-Gouffier le temps de dévaster le Palais et de détourner les papiers les plus importants.

« Des prêtres criminels et réfractaires, profitant de l'inconscience ou de l'approbation secrète des députés de la Nation, sont venus en partie à bout de soustraire à la France les maisons monacales et les églises dont ils avaient la direction.

« Sans doute, par sa présence, le citoyen Descorches en imposera à l'aristocratie et revendiquera les droits de la Nation. Je l'espère et je le crois, quoique, je vous l'avoue, citoyen ministre, je ne sois pas trop content de la conduite de cet envoyé (1). »

Cependant Descorches, déjà si décrié par Hénin, s'était efforcé depuis son arrivée de remettre un peu d'ordre dans l'administration du Levant. Il avait adjoint à Dantan, comme drogman auprès de la Porte, Pousitch, précédemment au service de la Prusse, et comme les drogmans par suite de la baisse du change n'étaient pas assez payés, il avait demandé de suppléer au besoin à cette perte par des gratifications. Il avait suspendu de leurs fonctions, comme suspects d'incivisme, Amoreux, consul de Smyrne, et Cousinery, consul de

____

(1) 8 août 1793.

Salonique, et proposé pour le consulat de Smyrne, Florenville (1).

Il avait fait célébrer avec éclat la fête nationale du 14 juillet. 143 Français avaient signé l'adresse envoyée à cette
occasion à la Convention. Il avait vu le baïle de Venise, Fre-
derico Foscari, qui bravait les foudres des ennemis de la
France et s'était assuré des bonnes dispositions de cette
République (2).

Il se tenait au courant des événements extérieurs, signalant
à son Gouvernement que la Prusse et la Russie n'avaient pas
averti la Porte du partage de la Pologne. Il ne négligeait
aucun moyen de maintenir l'union entre les Français et
d'exciter leur patriotisme révolutionnaire. Mais c'était surtout
la mission diplomatique qu'il avait à remplir en Turquie qui
avait fait l'objet de ses préoccupations et de ses démarches.

---

(1) Descorches au ministre des Affaires étrangères, 10 juillet 1793.
(2) Descorches au ministre des Affaires étrangères, 3e div., 25 juillet
1793.

CHAPITRE III

LE GOUVERNEMENT RÉVOLUTIONNAIRE

Les incidents diplomatiques qui ont précédé l'arrivée de Descorches. — La Porte circonvenue par les puissances étrangères a refusé d'admettre Sémonville. — Instructions de Lebrun à Descorches. — Le gouvernement révolutionnaire reprend la politique traditionnelle de la France. — Lettre de créance de Descorches. — Il fait connaître à la Porte, d'après les instructions qu'il a reçues, la politique extérieure de la Révolution. — Exposé par Lebrun de la situation de la République. — L'alliance ottomane.

La mission de Descorches avait été précédée d'incidents diplomatiques amenés par le refus de la Porte de recevoir Sémonville, chargé par Lebrun, qui dirigeait depuis le 10 août le ministère des Affaires étrangères, d'assurer à Constantinople le succès de la politique extérieure du nouveau Gouvernement établi sur les ruines de l'antique monarchie. Mais, si le régime intérieur de la France devait être bouleversé de fond en comble, il ne pouvait en être de même de sa politique extérieure qui avait à tenir compte des traditions et de la situation des autres Etats de l'Europe par rapport à la France. Danton, qui jouissait alors d'une grande influence dans la Convention, partageait ces vues. Conseillé par Talleyrand, le Conseil Exécutif, qui avait la responsabilité du pouvoir, se préoccupait de limiter les hostilités, de se concilier l'amitié et même l'alliance des puissances neutres. Lebrun était un élève de Dumouriez. Il approuvait les plans de ce dernier qui avait toujours pensé à se servir de la Turquie et de la Suède comme d'un appoint dans les combinaisons de la politique française, de cette politique traditionnelle qui remontait à l'élévation de la maison d'Autriche et, en réalité, au mariage de Marie de Bourgogne avec Maximilien d'Autriche. En 1793, la Suède aurait fourni à la France la flotte

qui lui manquait pour la lutte qu'elle allait soutenir contre
l'Angleterre. La France, de son côté, aurait détourné la
Russie de ses visées sur la Suède en lui créant des difficultés
avec la Turquie. Dumouriez pressait Lebrun de faire partir
pour Constantinople Sémonville qui devait être l'agent d'exécution de ces projets. L'escadre de Toulon devait appuyer cette
mission et se rendre sur les côtes de Crimée pour menacer la
Russie. On devait aussi envoyer des émissaires chez les Hon-
grois pour les soulever contre l'Autriche. « Vingt millions,
disait Dumouriez, ne seraient pas de trop, si on pouvait les
donner à Sémonville pour l'aider à mener à bien sa fin de
mission. »

La Russie, occupée alors par le second partage de la Pologne, se préoccupait moins des affaires d'Orient. Toutefois ses
négociations et celles de l'Autriche avec la Turquie pour
l'exécution des traités de Sistova et d'Iassi n'étaient pas
terminées, et ces deux puissances avaient toujours à craindre
un retour offensif des Turcs. Aussi, la Russie et l'Autriche
ne voyaient pas sans inquiétude la mission de Sémonville et
de même que la Russie avait exigé peu auparavant de la
République de Pologne l'expulsion du ministre de France
Descorches, ses efforts devaient tendre à obtenir de la Turquie la même mesure contre Sémonville et à empêcher tout
rapprochement entre les Turcs et la République française.

Choiseul-Gouffier qui, dès le mois le juin 1792, avait pris
le parti de passer au service des princes et qui, dans les premiers jours d'août, avait averti Monsieur des obstacles
apportés à la mission de Sémonville « dans une avant-place
que les ennemis de la monarchie pouvaient occuper avec tant
d'avantages (1) », s'était employé à discréditer son successeur auprès de la Porte. Il avait trouvé un complice dans
l'envoyé de Naples qui avait communiqué à la Porte une
dépêche d'Acton, le premier ministre du royaume de Naples,
dépeignant Sémonville sous les couleurs les plus noires, le
représentant comme un fauteur d'anarchie, « plus scélérat

---

(1) Lettre de Choiseul-Gouffier aux Princes, le 10 août 1792. *Moniteur universel*, t. XIV, p. 269.

que les Huns et les Goths », ayant le projet de révolutionner l'Italie et l'Orient, de corrompre le Divan, de l'entraîner dans une nouvelle guerre avec la Russie, dont la Turquis ferait tous les frais. On montrait la France déchirée par les factions, minée, déjà envahie.

L'internonce autrichien Herbert et le ministre prussien Knobelsdorf avaient confirmé ces renseignements dans une note qu'ils avaient remise au Divan le 9 août 1792, et dans laquelle Sémonville était signalé comme un factieux, chargé des propositions les plus insidieuses, « appartenant à une secte scélérate, composée de fanatiques effrénés, ennemis jurés et assassins de tous les souverains contre lesquels ils employaient la trahison, la perfidie, le poignard et le poison... Un tel monstre s'approcherait jusqu'au pied du trône sacré de l'Empereur des Ottomans ! Cette idée saisissait d'horreur (1) ! »

« La faction sanguinaire des Jacobins écrivait encore au Divan l'internonce impérial, baron d'Herbert, voulant souffler partout l'esprit de discorde et d'anarchie dont elle est animée, vient d'expédier à Constantinople un de ses membres les plus dangereux, nommé Sémonville, homme tellement noté par la perversité de ses principes, que plusieurs cours ont déjà décliné ou refusé de l'admettre en qualité de ministre et même sur leur territoire. Les projets exécrables de cet émissaire, connus de la Cour impériale et royale, ne tendent à rien moins qu'à renverser l'harmonie parfaite, si heureusement rétablie entre ces deux empires, pour préparer une diversion favorable à des hordes de scélérats que Sa Majesté impériale travaille, de concert avec ses augustes alliés, à mettre hors d'état de bouleverser l'Europe entière (2). »

Les ministres d'Autriche et de Prusse ajoutaient que la reconnaissance de Sémonville serait considérée par ces deux cours comme un acte d'hostilité, et ils exprimaient l'espoir que la Porte ne tomberait pas dans le piège qui lui était tendu.

---

(1) V. SOREL : *La question d'Orient au XVIIIᵉ siècle.*
(2) V. T. LAVALLÉE : *Histoire de la Turquie*, Hachette et Cⁱᵉ, 1859, t. II, p. 247.

Aussi le Divan, influencé par ces représentations et ces menaces, avait-il fait savoir à la France, dès le 20 août, que Sémonville ne serait pas admis. Choiseul-Gouffier triomphait. Toutefois, à la nouvelle des événements du 10 août, et après les démêlés qu'il avait eus avec la colonie française, il dut annoncer à la Porte qu'il considérait sa mission comme terminée et il demanda, le 24 août, un firman lui permettant de quitter la Turquie. Le premier secrétaire d'ambassade Chalgrin, que ses fonctions appelaient à suppléer Choiseul-Gouffier, avait, de son côté, fait savoir par la lettre adressée à Lebrun qu'il se refusait à servir le nouveau Gouvernement français. Enfin Choiseul-Gouffier, avant son départ, avait déclaré qu'il ne pouvait plus répondre du maintien par la France des capitulations que les Turcs méfiants de l'avenir continuaient toutefois à observer.

Par suite de ces événements, la France fut amenée à arrêter des mesures contre le Gouvernement de Naples qui, par ses excitations, avait contribué à la décision prise par la Porte au sujet de Sémonville. Le Conseil Exécutif décida que Mackau, le ministre de France à Naples, qui n'avait pas été encore reçu officiellement, quitterait cette ville provisoirement. Il décida, le 24 octobre, que la flotte de la Méditerranée se présenterait devant Naples et exigerait, sous la menace d'un bombardement, des réparations pour la politique d'Acton qui devrait être livré en otage jusqu'à la reconnaissance de Sémonville par le Divan.

Lebrun, espérant que cet exemple intimiderait les Turcs, fit en outre dresser pour Chalgrin, dont il n'avait pas encore appris la défection, des instructions destinées à dissiper auprès du Grand-Vizir ses préventions contre Sémonville, et à dévoiler les trames de Choiseul-Gouffier qu'il accusait d'avoir publié un ouvrage où il formait le vœu de voir un jour Catherine II « dominer sur la partie européenne de l'Empire ottoman, et s'asseoir sur les débris du trône de Constantin (1). »

Conformément au plan du Gouvernement français, une escadre sous le commandement de Latouche parut devant

---

(1) V. Sorel : *La question d'Orient au XVIIIe siècle.*

Naples, le 16 décembre. Latouche exigeait dans le délai d'une demi-heure le désaveu du ministre des Deux-Siciles à Constantinople, le rappel de cet agent, l'envoi d'un ambassadeur à Paris. Acton dut céder sur tous ces points.

Sémonville qui attendait toujours à Gênes d'être reçu à Constantinople et à qui Lebrun avait déjà envoyé plusieurs mémoires relatifs à sa mission, comptait aussi que l'exemple fait à Naples déterminerait la Porte à modifier son attitude. Mais sur ces entrefaites, il était devenu, comme on l'a vu, suspect à Paris, son nom figurant dans des documents compromettants découverts dans l'armoire de fer, et dans lesquels étaient dévoilées les liaisons de certains personnages avec la Cour.

C'était un des motifs qui avait décidé Lebrun à le faire précéder par un envoyé chargé d'ouvrir les voies aux négociations que le Gouvernement français voulait entamer avec la Porte, et qui ne pouvaient pas être plus longtemps retardées.

A la nouvelle de l'anarchie qui régnait dans le Levant par suite des défections de Choiseul-Gouffier, de Chalgrin, de la plupart des consuls et drogmans, Descorches de Sainte-Croix reçut l'ordre de ne pas différer davantage son départ. Il emportait les instructions détaillées destinées à Sémonville, et qui constituaient « l'une des pièces les plus curieuses de la diplomatie républicaine (1) », car elles avaient pour but d'adapter à la nouvelle situation politique de la France sa diplomatie traditionnelle. Quelles étaient donc ses instructions ?

Il fallait expliquer à la Porte le caractère de la Révolution française, lui montrer que le peuple français, par cette Révolution, ne faisait que défendre ses droits et son indépendance, déjouer les trames secrètes des coalisés et dénoncer leurs projets perfides ; gagner ainsi la confiance des Turcs, et les amener, si possible, à attaquer la Russie et l'Autriche, renouer avec la Turquie des liens d'amitié très relâchés depuis 1756, année qui avait vu le rapprochement inattendu de la France

____

(1) V. SOREL : *La question d'Orient au XVIII* siècle.*

et de la Maison d'Autriche; favoriser l'expansion du commerce français dans le Levant et assurer le respect des capitulations. L'envoyé français devait se montrer indifférent aux querelles théologiques qui divisaient les chrétiens d'Orient, mais tolérer les congrégations religieuses, notamment « les bons Pères de Saint-François », qui desservaient la chapelle de l'Ambassade; car il ne fallait pas, par des tracasseries à l'égard de Français, scandaliser les musulmans et perdre leur considération. L'anticléricalisme, suivant un mot devenu célèbre, n'était pas déjà un article d'exportation.

L'occasion paraissait favorable au Gouvernement français pour engager la Turquie à réparer ses défaites avec l'aide de la République, à se venger des agressions de la Maison d'Autriche et de la paix humiliante qu'elle avait dû conclure avec la Russie. Il fallait dépeindre les ressources de la France et les dangers que le succès de ses ennemis ferait aussi courir à la Turquie.

L'exposé des divisions intestines de la Russie, du délabrement de ses finances opposé à la puissance maritime que la France pourrait déployer dans l'archipel et la mer Noire, montrerait à la Turquie la possibilité de soulever certaines provinces russes, telles que la Géorgie et la Crimée, de détruire le port de Kherson.

On pourrait, d'autre part, mettre en mouvement contre l'Autriche le Pacha de Scutari, exciter des troubles en Hongrie et attaquer ce pays au moment où la Maison d'Autriche serait obligée de le dégarnir pour porter toutes ses forces sur le Rhin.

L'idée d'une alliance se présenterait naturellement dans le cours de ces négociations. Mais il ne faudrait pas d'alliance offensive qui serait contraire aux principes républicains et qui effraierait l'Europe. On se contenterait d'une alliance qui jouerait dans toute guerre injuste dirigée contre la France et la Turquie, et quelle guerre aurait mieux ce caractère que la guerre actuelle faite à la France ! Cette alliance viserait les puissances hostiles à la France, « au nombre desquelles, disait Lebrun, la Russie ne peut assurément pas manquer d'être comptée, et même en première ligne. »

Si cette alliance était conclue, les Turcs attaqueraient la Russie dans la mer Noïre et rassembleraient leurs armées, l'une sur le Dniester, et la seconde dans le Banat de Temesvar. Les Russes se verraient ainsi obligés de retirer leurs troupes de Pologne, et l'Autriche, en divisant ses armées, affaiblirait celles destinées à attaquer la France. La Pologne ainsi délivrée pourrait donner son concours armé à la Turquie et à la France. Dix vaisseaux seraient fournis par la France avec un nombre proportionné de frégates. Cette flotte serait entretenue par la Turquie à qui la France enverrait aussi des instructeurs pour son artillerie. Il n'y aurait pas de paix séparée tant qu'une satisfaction complète ne serait pas donnée aux deux nations alliées par les Cours de Vienne et de Pétersbourg. La Turquie devrait retrouver ses anciennes limites fixées par le traité de Koutchouk Kainardji, et la France obtenir la liberté de navigation dans la mer Noire.

Ce plan était le résumé des idées de Lebrun et de Dumouriez. Lebrun aurait voulu que les escadres de la République se montrassent à la fois dans la Baltique et l'Archipel, et que des alliances fussent contractées avec la Suède, l'Empire ottoman et la Pologne. Des négociations étaient engagées dans cette vue à Stockholm avec les Suédois, et par Parandier, agent de Lebrun, à Leipzig avec les Polonais. Lebrun écrivait alors au Comité polonais : « Le temps n'est peut-être pas éloigné où les escadres de la République se montrant à la fois dans la Baltique et l'Archipel, secondées des forces de la Suède, de l'Empire ottoman et des braves Polonais feront changer la face des affaires dans le Nord (1). »

Dans une dépêche adressée, le 4 mars 1793, à Descorches, Lebrun précisait ce qu'il attendait de lui : « L'essentiel est de déterminer les Turcs à la guerre et de la commencer immédiatement. Nous sommes en guerre avec l'Empereur, la Prusse, la Sardaigne, la Hollande, l'Angleterre. Nous allons y être avec l'Espagne. Les Turcs ont le plus pressant intérêt à sauver la Pologne; cette République anéantie, les cours du Nord se mettront à démembrer l'Empire ottoman. Si les Turcs

---

(1) V. Sorel : *La question d'Orient au XVIII* siècle.*

menacent les frontières russes, l'Impératrice sera forcée d'évacuer la Pologne et nous avons la certitude qu'une violente insurrection y éclatera. Nous en concerterons les moyens aussitôt que vous aurez appris que les Turcs ont adopté nos vues. Nous espérons y attirer la Suède. Le baron de Staël arrive à Paris; Verninac, qui a été fort écouté à Stockholm, se prépare à y retourner. Nous ne négligerons aucun moyen pour déterminer la Suède à envahir la Finlande et à attaquer les Russes dans la Baltique. Peut-être même pourrait-elle se porter sur la Poméranie prussienne; nous envahirions en même temps la Westphalie et forcerions, par ce mouvement, le roi de Prusse à restituer ce qu'il est en train d'usurper en Pologne, tout au moins à en rappeler ses troupes. Il faudrait tâcher de faire révolter les Tartares et les Cosaques du Don, peut-être même de trouver un audacieux pour renouveler l'aventure de Pougatchef. Je rougirais d'employer ces moyens; mais nos ennemis les emploient contre nous. »

Ces instructions font ressortir l'importance que le Gouvernement français attachait à la mission de Descorches. C'était le succès de ses négociations qui devait mettre en mouvement la Suède, le Danemark, la Pologne, et permettre l'exécution des plans que la France préparait contre la coalition des grandes puissances dont elle sentait tout le péril. Sa politique extérieure se trouvait donc subordonnée aux décisions du Gouvernement ottoman. Les intentions de la République étaient de combattre à outrance ses adversaires, mais de ménager les neutres, de chercher à s'en faire des alliés et de détacher de la coalition celles des puissances qui paraîtraient disposées à la paix.

Le 20 avril, Lebrun, croyant que Descorches était arrivé à Constantinople, lui envoyait de nouvelles instructions. Il n'était plus question dans les projets du Gouvernement de libérer les peuples, de sauvegarder des droits nationaux. La Pologne devait servir à faire une diversion utile. La Belgique devait être annexée pour servir de gage. Lebrun comptait sur les jalousies que ne manqueraient pas de faire naître en Prusse et en Autriche les agissements de la Russie en Pologne.

La Prusse et l'Autriche se verraient obligées de détourner une partie de leurs forces vers la Pologne dont le partage prochain faisait le sujet des préoccupations du ministre français, qui écrivait à Descorches : « Il est question d'un partage de la Pologne. La résistance de la France gêne les Prussiens et les empêche d'opérer contre les Polonais. L'Autriche voudrait aussi avoir les mains libres. Elle est comme les autres disposée à un accommodement. » Lebrun se flattait alors de trouver chez les puissances ennemies des dispositions favorables à un accord. De Florence, de Naples, par Cobourg, qui commandait aux frontières, arrivaient, disait-il, certaines paroles de paix, des invites à une entente. « La paix, ajoutait-il, n'est donc point impossible même avec l'Autriche. Rien n'est encore entamé d'aucun côté, mais les négociations peuvent s'ouvrir d'un moment à l'autre. Quant à la Pologne, nous sommes fort éloignés de souscrire irrévocablement à son anéantissement. Mais faut-il entreprendre dès à présent sa défense contre la conjuration des trois puissances ? Dans ce cas, et malgré le désir que la Nation témoigne de la paix avec la Prusse, l'Autriche et l'Angleterre, il faudrait de toute nécessité continuer la guerre. Si l'on échoue, on ruine la France sans sauver la Pologne. Quel inconvénient y a-t-il à laisser les événements suivre leur cours ? La Russie se rapprochera du centre de l'Europe; en devenant accessible, elle deviendra vulnérable et la rivalité croîtra entre elle et les deux autres Etats co-partageants. La Porte, appuyée par la France, pourra trouver aussi un appui dans la Prusse qui, possédant Dantzig, désirera le commerce du Levant. Que les Turcs s'arment dans tous les cas, qu'ils se tiennent sur leurs gardes et qu'ils craignent qu'en se confiant à la Prusse et à l'Autriche que ces Cours ne les livrent à la Russie (1). »

Tel était l'esprit, d'après ces dernières instructions, dont devait se pénétrer Descorches dans les négociations qu'il allait entamer avec le Gouvernement ottoman.

Avant son départ, Descorches avait été muni de cette lettre de créance :

---

(1) V. SOREL . *La question d'Orient au XVIIIe siècle.*

« Très Illustre, très Excellent et très Magnifique Seigneur, La République française, désirant plus que jamais resserrer et affermir les liens qui unissent depuis longtemps la France à l'Empire ottoman, nous avons jugé qu'il était de l'intérêt de ces deux grandes puissances de rétablir entre elles cette douce confiance qui fut longtemps pour la France et l'Empire ottoman le gage de leur sincère amitié. C'est dans cette vue que nous avons député Louis-Marie Descorches, maréchal de camp des armées de la République et ci-devant ministre plénipotentiaire de France près le Roi et la République de Pologne, pour se rendre auprès de la Sublime Porte en qualité d'envoyé extraordinaire de la République française et porter à Sa Hautesse l'expression des sentiments dont la Nation est pénétrée, en lui faisant part du désir sincère qu'elle a de voir augmenter la gloire et la prospérité de son Empire. Nous espérons, Magnifique Seigneur, qu'en s'acquittant de cette honorable mission, notre envoyé saisira avec plaisir l'occasion de vous transmettre particulièrement le témoignage de notre estime et de la haute idée que nous avons conçue de la sagesse et de la prudence d'un ministre que ses éminentes qualités ont appelé auprès du plus grand des Empereurs. Sur ce, nous prions Dieu, très Illustre, très Excellent et très Magnifique Seigneur, qu'il augmente votre gloire avec fin très heureuse.

« Ecrit à Paris, le...... janvier 1793, l'an deuxième de la République française.

« Les membres composant le Conseil Exécutif provisoire de la République française.

« Signé : LEBRUN (1). »

Si les titres et les dignités avaient été abolis en France, les ministres de la Convention les conservaient à l'usage de l'étranger, quand les intérêts de la politique les y conviaient. Il ne manquait même pas à cette lettre une invocation à la Divinité qui pouvait surprendre de la part d'un gouvernement qui allait abolir tous les cultes.

---

(1) Papiers de Descorches.

Lebrun avait remis aussi à Descorches cette lettre personnelle pour le Grand-Vizir :

« La République française, constamment attachée à ses fidèles alliés, ayant considéré combien il importe aux intérêts de deux grandes puissances faites pour s'aimer que la correspondance amicale qui subsiste entre elles depuis si longtemps ne soit point interrompue, nous croyons devoir vous annoncer que le Conseil Exécutif a nommé Marie-Louis Descorches, maréchal de camp des armées de la République française et ci-devant ministre plénipotentiaire de France près le Roi et la République de Pologne, pour se rendre auprès de la Sublime Porte en qualité d'envoyé extraordinaire de la République française; nous ne doutons point, Magnifique Seigneur, que cet envoyé dont la probité, le zèle et les talents nous sont connus, ne reçoive de vous l'accueil le plus gracieux, et nous saisissons, avec un vrai plaisir, Magnifique Seigneur, cette occasion de vous manifester combien nous sommes flattés de correspondre avec un ministre dont nous nous ferons toujours un devoir de seconder les efforts quand ils auront pour objet la gloire du grand Empereur des Musulmans, la prospérité de son Empire et l'inviolable maintien de l'union et de l'harmonie qui subsistent depuis longtemps .. entre la France et la Porte ottomane. C'est dans ces sentiments, Magnifique Seigneur, que nous vous prions d'être convaincu de la sincérité de notre estime et de notre amitié. Sur ce, nous prions Dieu, très Illustre, très Excellent et très Magnifique Seigneur, qu'il augmente votre gloire avec fin très heureuse.

« Fait à Paris, le... jour de janvier 1793, l'an deuxième de la République.

« Votre ami et serviteur.

« Le ministre des Affaires étrangères,
« LEBRUN (1). »

Ces lettres indiquaient le vif désir de la République de fortifier ses relations amicales avec la Porte ottomane. Des-

---

(1) Papiers de Descorches.

corches de Sainte-Croix, qui avait embrassé avec ardeur la cause de la Révolution, chercha dès les débuts de sa mission à faire partager au Gouvernement ottoman ses sympathies pour le régime républicain :

« Tous les maux, disait-il dans une note qui lui avait été demandée par la Porte pour expliquer le caractère de sa mission, qu'un Gouvernement vieux et dépravé peut accumuler sur un peuple, la Nation française les éprouvait sous l'ancien Gouvernement dont elle vient de s'affranchir. Parvenus à la dernière période dans tous les genres, il fallait succomber ou guérir. Doués heureusement d'un tempérament robuste, éclairés par le flambeau de la philosophie dont plusieurs profonds penseurs et bons écrivains avaient, depuis quelques années, travaillé avec succès à répandre par leurs ouvrages les lumières parmi nous, l'essor du peuple contre ses oppresseurs a été bien dirigé, vigoureusement secondé et, dans l'étonnante Révolution qui s'en est suivie, nous avons vu successivement l'intérêt public triompher de toutes les résistances de l'intérêt particulier. L'établissement de la plus belle, de la plus grande, de la plus puissante République qui ait jamais existé a été le résultat, le prix et le comble en quelque sorte de cette admirable régénération.

Le Gouvernement républicain n'a pas été plus tôt établi, qu'atteignant déjà par sa prévoyance et le sentiment de ses forces le terme de la ligue des neuf ou dix rois conjurés contre lui, il a arrêté ses regards sur ses relations extérieures et fixé son attention sur le système politique qu'il lui convenait d'adopter et qui serait le plus avantageux à l'Europe, lorsqu'il s'agirait de sortir du chaos où l'avait jetée la commotion imprimée par la Révolution française. »

Descorches de Sainte-Croix examinait ensuite les conséquences de la politique suivie par la diplomatie de l'ancien régime à l'égard de la Porte. Il faisait remonter les malheurs et l'affaiblissement de cette puissance au traité de Versailles du 1er mai 1756 qui, en sacrifiant les intérêts nationaux à une intrigue de cour, en jetant avec la maison d'Autriche les bases d'une alliance à laquelle la Russie avait ensuite accédé, avait subordonné la politique extérieure de la France à celle

de ces deux nations, au grand préjudice de tous ses vrais
amis. Les effets de ce traité avaient été désastreux, surtout
pour la Porte ottomane, qui avait souffert, non pas tant de
la diminution de son territoire que de l'influence acquise
par ses ennemis dans son propre sein et dans les affaires de
son Gouvernement. Quant aux ministres de France à Constantinople, qui auraient dû être les sentinelles vigilantes des
relations et des intérêts de la Sublime Porte avec les autres
Etats de l'Europe, ils n'avaient été au contraire, pour la
plupart du temps, depuis le traité de 1756, que des agents
plus ou moins dévoués aux projets ambitieux des Cours de
Vienne et de Pétersbourg.

Le devoir du Gouvernement républicain était au contraire
de reconnaître quels étaient les Etats de l'Europe ayant les
intérêts le plus intimement liés avec ceux de la France. Il
avait vu dès les premiers résultats de cet examen, il avait
senti dans l'inclination naturelle aux Français pour les Ottomans, depuis qu'il en existe en Europe, que cet Empire était
à la tête de ces Etats. Il en avait conclu que c'était sur une
alliance avec lui qu'il devait chercher à fonder le nouveau
système de ses relations extérieures, destiné à remplacer cette
œuvre contre nature « des courtisans vicieux et traîtres qui
avaient négocié le traité de Versailles ».

La République française avait senti que c'était seulement
en unissant des intérêts semblables qu'elle accroîtrait réellement ses forces, et « qu'en politique comme en physique, il
fallait des parties homogènes pour obtenir des résultats har-
moniques ». Elle avait pensé que deux grands Etats comme la
France et la Turquie, placés aux deux extrémités de l'Europe,
devaient en être les régulateurs, et que leurs intérêts communs étant une fois bien cimentés, divers autres Etats ayant
les mêmes intérêts ne manqueraient pas de venir s'appuyer
sur cette alliance et de la fortifier par leur adhésion.

Les cours dominantes de l'Europe, la Grande-Bretagne, la
Russie, l'Autriche, la Prusse, voulaient tout soumettre à leurs
caprices, à leur rapacité et à leur tyrannie; elles s'épuisaient
en vains efforts dans leur folle croisade contre la Liberté. Il
appartenait aux amis de la justice, de la paix, du bonheur

des hommes de profiter de l'affaiblissement où elles allaient se trouver à la suite des victoires de la République pour former contre elles une ligue capable de les contenir.

L'Empire ottoman devait plus qu'aucune autre nation former les mêmes vœux, sentir les mêmes besoins. Il était menacé de dangers imminents, d'un envahissement probable, et son nom même aurait peut-être déjà disparu de la carte d'Europe sans la puissante diversion que la Révolution française venait d'opérer en sa faveur.

L'envoyé de la République exprimait donc l'espoir de trouver les désirs du Gouvernement ottoman d'accord avec les siens, de se concerter avec la franchise d'une amitié sincère pour le plus grand avantage des intérêts communs aux deux pays. Il annonçait formellement qu'il avait les lettres de créance et pouvoirs nécessaires pour traiter et conclure une alliance désirée.

Les idées personnelles de Descorches de Sainte-Croix sur les rapports qui devaient exister entre la Porte ottomane et la République française étaient pleinement corroborées par les instructions qu'il avait reçues en quittant Paris.

Dans sa lettre du 4 mars 1793, le ministre Lebrun lui faisait en outre connaître que depuis son départ il était survenu des événements qui intéressaient directement sa mission. Un courrier extraordinaire lui était expédié parce qu'il était important qu'il connût avant même d'arriver à Constantinople, des faits qui devaient lui donner des facilités pour assurer l'exécution des instructions qu'il avait déjà reçues, et fixer sa direction d'une manière plus sûre et plus précise.

Le ministre lui rappelait qu'à l'époque de son départ, le Gouvernement français n'avait aucune assurance positive que le ministère ottoman fût dans des dispositions vraiment favorables à son égard et, s'il inclinait à le croire, c'était plutôt par l'examen de son propre intérêt que par la connaissance d'un fait décisif à cet égard. Mais voici ce qu'on avait appris depuis.

Aussitôt qu'on avait connu à Constantinople le décret de la Convention qui mettait Choiseul-Gouffier en accusation, la Nation française établie dans cette ville s'était assemblée pour décider qu'elle ne reconnaîtrait plus cet ambassadeur pour son chef, et elle avait choisi pour le suppléer provisoirement le citoyen Fonton, ancien premier drogman de l'ambassade. Cette résolution avait été notifiée au ministère ottoman et, malgré les efforts et les intrigues des ministres étrangers pour empêcher la reconnaissance du nouveau représentant de la République, le Divan lui avait fait un accueil aussi amical qu'on pouvait le désirer.

Dans une conférence ultérieure, le Reis-Effendi, sans entrer dans le détail et la discussion des affaires intérieures de la République, avait cependant manifesté des sentiments qui autorisaient le Gouvernement français à regarder la Porte ottomane comme disposée à renouveler et consolider très prochainement ses anciennes liaisons avec la France. Le Reis-Effendi avait annoncé en termes formels au premier interprète de l'ambassade « que les traités existants entre la Porte et la France, quoique conclus avec ses rois, intéressaient nécessairement et directement la nation, parce qu'il est clair que deux princes qui contractent ensemble ne peuvent avoir d'autre but que l'avantage réciproque de leur pays; que cette maxime, toujours invariablement suivie par la Porte, ne l'était pas également par les puissances chrétiennes que les liens du sang, des considérations étrangères ou d'autres causes entraînent souvent dans des mesures contraires au bien de leurs sujets; que sous ce rapport, la Porte aurait eu peut-être quelquefois à se plaindre de la France, surtout dans ces derniers temps; qu'elle ne pouvait donc être indifférente à la prospérité nationale; que cependant elle savait, de science certaine, qu'on avait cherché à donner à l'Assemblée nationale une idée tout à fait différente de ses sentiments, et à lui supposer des opinions certainement bien contraires à ses intérêts politiques; qu'elle les connaissait assez pour savoir qu'ils sont inséparables de ceux de la nation française; qu'ainsi l'objet de ses vœux ne pouvait être que de voir resserrer par tous les moyens possibles les liens déjà existants entre les deux puissances.

Le Reis-Effendi s'était ensuite expliqué sur le refus de la Porte de reconnaître Sémonville. La Porte n'ayant pas de communications avec l'Europe chrétienne ne voyait le plus souvent les événements que par les yeux des ministres étrangers qui résidaient auprès d'elle, et qui s'étaient efforcés de la prévenir contre l'ambassadeur français.

Le Gouvernement ottoman avait craint de ne pas trouver chez lui le caractère liant si nécessaire à apporter dans les négociations. Ne voulant pas d'un autre côté désobliger des cours puissantes, il avait employé le moyen connu, et pratiqué souvent, de refuser l'individu sans refuser l'ambassadeur. Ce refus s'était produit alors que Louis XVI était encore roi; mais, si la République qui remplaçait aujourd'hui la Royauté persistait à désigner pour la représenter à Constantinople le même envoyé, il serait accueilli avec tous les égards qui lui étaient personnellement dus, pourvu toutefois *qu'il n'eût pas la prétention de déployer en arrivant le caractère d'ambassadeur.* La Porte qui ne voulait pas être la dernière à reconnaître la République, désirait cependant attendre que quelque autre puissance lui en donnât l'exemple.

Lebrun s'empressait de prendre acte de ces dispositions favorables. « Voilà, citoyen, écrivait-il avec optimisme à Descorches, la mesure exacte que le ministère ottoman a chargé le citoyen Fonton de nous donner de ses sentiments à notre égard. Vous voyez d'abord que ces dispositions amicales vous aplaniront la plus grande partie des difficultés que nous nous attendions que vous trouveriez à votre arrivée. Le ministère ottoman paraît avoir apprécié à leur véritable valeur les suggestions calomnieuses qu'il avait reçues des ministres étrangers; il paraît également n'avoir pas perdu de vue ses véritables intérêts, sentir le prix de ses traités avec la France, et surtout s'être convaincu qu'il ne doit considérer dans la nation française que la nation même, sans égard à la forme de son Gouvernement; maxime aussi vraie qu'elle est juste et sage et sur laquelle il est très remarquable que les Turcs devancent les grandes puissances de l'Europe. Vous mettrez certainement à profit ces dispositions heureuses pour achever de les éclairer et les amener aux grandes mesures que leur intérêt sollicite hautement et auxquelles ils doivent se livrer promptement, s'ils veulent qu'elles aient un succès assuré.

Les entraîner vers ces mesures, c'est combattre le scrupule qui leur reste encore sur la reconnaissance de la République et, sans doute, il vous sera facile de leur faire sentir le peu de fondement de leurs ménagements pour ces puissances qui, certes, en pareil cas, ne leur témoigneraient pas la même déférence. Vous observerez, d'ailleurs, que si chacune des puissances de l'Europe croyait ainsi devoir attendre l'exemple d'une autre, la reconnaissance ne se ferait par aucune, et qu'il est naturel que cet exemple soit donné par une puissance qui, si elle se croit obligée de fournir des raisons de sa conduite, peut alléguer que sa position géographique seule suffit pour la rendre plus indifférente sur la forme de notre Gouvernement. »

La République de Gênes, le Grand-Duc de Toscane, le Roi de Naples, la République de Venise avaient déjà reconnu la République française. La Suède, la Hollande, la Suisse n'allaient pas tarder à suivre cet exemple. Dans ce dernier pays, les cantons de Bâle, de Zurich, celui de Berne, dont l'influence était grande sur les autres cantons, paraissaient des mieux disposés. Au surplus, la reconnaissance formelle n'était pas le point qu'il fallait traiter avec la Porte, car, si elle adoptait les propositions du Gouvernement français, la reconnaissance en serait la suite nécessaire, et si elle jugeait devoir surseoir par prudence ou nécessité à reconnaître officiellement le nouvel envoyé du Gouvernement français, celui-ci ne devrait voir aucun inconvénient à condescendre à ce désir.

Allant droit au but de la mission de Descorches, le ministre s'exprimait ainsi : « Les raisons générales qui doivent engager les Turcs à faire la guerre sont suffisamment développées dans vos instructions, et je n'ai de vues nouvelles à ajouter que celles qui sont fournies par les changements arrivés depuis votre départ..... Nous sommes actuellement en guerre avec l'Angleterre, et nous sommes dans la nécessité de la déclarer à l'Espagne. Ainsi, l'Empereur, la Prusse, le Roi de Sardaigne, l'Espagne et l'Angleterre, voilà les ennemis que nous avons à combattre. Si les Turcs en paraissent effrayés, voici de quoi les rassurer. Excepté le Roi de Prusse, toutes ces autres puissances sont ruinées dans leurs finances et trouvent beaucoup de difficultés à rassembler des hommes qui veuillent bien combattre pour elles. Nos assignats hypothéqués fournissent à tous nos besoins, et leur gage est encore bien loin d'être épuisé. Nous avons une artillerie immense et servie d'une manière si supérieure à celle de nos ennemis que, jusqu'à présent, rien ne nous a résisté. La Convention nationale a porté l'état de l'armée à cinq cents mille hommes, et nous en aurons six cents mille, s'il est nécessaire.

« Notre population vient de s'augmenter de plus de trois millions d'hommes par la réunion de toute la Belgique et du pays de Liége à la République française. Vous connaissez la richesse de ces belles provinces et les ressources qu'elles nous offrent dans les circonstances présentes. Custine est toujours à Mayence, mais Dumouriez est actuellement en Hollande, et la rapidité des succès qu'il y a déjà obtenus nous fait espérer qu'il en aura bientôt achevé la conquête. Vous sentez combien un événement de cette importance peut apporter de changement dans la position de l'Angleterre et l'énorme différence d'avoir la Hollande pour au lieu de l'avoir contre nous. Au reste les efforts de nos ennemis dans le moment actuel excèdent tellement leur puissance réelle, que si la partie qui va s'ouvrir est perdue pour eux, ils sont sans moyens pour en fournir une autre. »

Cette lettre curieuse révèle la pensée intime du Gouvernement français sur la situation de la France à cette époque et les motifs de son espoir dans le succès final de la lutte entreprise contre l'Europe.

Pour le moment, il s'agissait pour le Gouvernement révolutionnaire d'inspirer à ses envoyés à l'étranger sa confiance vraie ou feinte dans l'avenir. L'objet de la mission de Descorches était si important qu'il ne fallait rien négliger pour donner aux Turcs le sentiment de la force de la France. Les Turcs ne trouveraient jamais une occasion plus favorable pour réparer leurs pertes et mettre un frein à l'ambition de la Russiè et des deux grandes puissances de l'Allemagne. *Le brigandage* de ces trois Cours faisait tous les jours des progrès effrayants dont le ministère turc ne pouvait plus rester le spectateur tranquille et indifférent. L'incendie s'approchait de lui et s'il ne cherchait à l'éteindre, lui-même en deviendrait à la fin victime. C'était une allusion au sort de la Pologne. Le roi de Prusse, après avoir secondé la Révolution qui avait rendu pour un moment une ombre de liberté à ce malheureux pays, venait, au mépris de ses promesses, de ses déclarations, de ses engagements, de faire envahir trois provinces polonaises par ses troupes. Il était évident que l'Empereur voudrait augmenter dans la même proportion les possessions qu'il avait déjà acquises dans ce pays et, comme cet arrangement ne pouvait se consommer sans faire une part à la Russie, il était facile de prévoir ce que deviendrait la Pologne entre ces puissances dévorantes, si celles qui avaient intérêt à la conservation de cet Etat ne s'empressaient de le secourir.

Le ministère ottoman devait être bien convaincu qu'aucune idée de justice n'empêcherait ces puissances de s'accorder aux dépens de l'Empire turc, lorsque la Pologne n'offrirait plus rien à prendre. Il ne pouvait compter sur l'amitié feinte de la Prusse et à ce sujet Lebrun recommandait à son envoyé de mettre sous les yeux du ministère turc une lettre de l'ancien ministre prussien Hertzberg. On pouvait y voir comment dans un temps où les Prussiens se déclaraient hautement les amis intimes de la Porte ottomane, où leur propre honneur non moins que la justice exigeaient qu'ils lui procurassent une paix honorable, le premier ministre de la Cour de Berlin avait conçu l'idée d'enlever Belgrade aux Turcs pour faciliter au roi, son maître, l'acquisition des provinces polonaises qu'il envahissait aujourd'hui.

Cette lettre, adressée à Descorches, renfermait aussi un passage intéressant parce qu'il reflétait l'opinion d'un homme d'Etat considérable de la Monarchie prussienne sur l'iniquité qui se consommait en Pologne. « Vous savez, y lisait-on, que notre général Möllendorff vient d'occuper une partie de la Pologne avec un corps de troupes et vous aurez lu aussi dans *la Gazette* la déclaration que le ministère actuel vient de publier là-dessus. Je n'y ai pas la moindre part et quelque porté que j'aie toujours été pour procurer à la Monarchie prussienne ce qui lui manque en étendue et en connexion, mais, d'une manière juste, je regrette pourtant que cette acquisition n'ait pas pu se faire à l'occasion de la paix de Reichenbach où je pouvais la faire de la manière la plus juste et du plein gré de la République de Pologne à laquelle je pouvais donner un équivalent territorial en Galicie, pourvu que le Roy permit à la Cour de Vienne de garder la ville de Belgrade comme une partie minime des conquêtes faites par la Porte ottomane. » Ainsi la Prusse, d'après cette révélation faite par l'homme d'Etat lui-même qui dirigeait sa politique extérieure, comptait s'agrandir en Europe aux dépens de la Turquie à laquelle elle prodiguait en même temps ses protestations d'amitié.

Lebrun, qui espérait par cette communication donner à la Porte une preuve de la duplicité prussienne, recommandait de faire sentir à cette puissance que la force et la terreur de ses armes étaient le seul moyen qui lui restât pour arrêter cet esprit d'envahissement dont elle était menacée. La Pologne, occupée d'un côté par les Russes, de l'autre par les Prussiens, devait être infailliblement dévorée, si une diversion puissante n'obligeait pas *ces brigands* à la délivrer de leur présence. C'est ce que les Turcs seuls pouvaient opérer d'une manière certaine sans risquer une tentative au-dessus de leurs forces.

« En effet, ajoutait le ministre français, les Russes ont 73.000 hommes en Pologne et 30.000 en Lithuanie. Si l'on compte ce que l'Impératrice entretient nécessairement de troupes en Livonie, en Finlande et à Pétersbourg, on doit croire qu'il en reste bien peu pour les frontières du côté de la Turquie et qu'ainsi, dans le cas d'une apparition des Turcs aussi prompte qu'il serait possible, l'Impératrice serait obligée de faire évacuer la Pologne ou d'en tirer du moins la majeure partie de ses troupes. Or, nous avons la certitude que la Nation polonaise est indignée du despotisme et des vexations des Russes et qu'une violente insurrection y éclatera aussitôt que l'absence de la plus grande partie de ses ennemis lui laissera les moyens de se réunir et de s'armer; ainsi se formerait une nouvelle puissance contre les Russes et lorsque les Turcs auraient paru d'abord pour secourir les

Polonais, les Polonais paraîtraient à leur tour pour secourir les Turcs. Le ministère ottoman doit compter sur ce mouvement et vous êtes en état plus que personne de le convaincre de sa réalité. Aux raisons que vous lui donnerez par vous-même, vous ajouterez que nous avons ici un Comité polonais avec lequel nous concerterons les moyens d'insurrection aussitôt que vous nous aurez appris que les Turcs ont adopté nos vues

« Notre plan ne se borne pas à ces mesures. Vous avez en mains un copie du mémoire du citoyen Verninac relativement à la Suède. Nous nous proposons de faire entrer cette puissance dans nos vues et nous ne sommes pas sans espérance d'y réussir. Le régent nous a renvoyé le baron de Staël et le citoyen Verninac va partir pour Stockholm. Nous ne négligerons aucun moyen pour déterminer les Suédois à faire une invasion en Finlande et à attaquer les Russes sur la Baltique. Peut-être même songerions-nous à une attaque sur la Poméranie prussienne; c'est ce qui sera décidé par les circonstances. De notre côté, nous pourrions attaquer le roi de Prusse dans ses Etats de Westphalie qui seraient gardés pour l'obliger à rendre ce qu'il occupe en Pologne, dans le cas où les événements ne l'obligeraient pas à en rappeler ses troupes.

« A ces moyens ouverts on pourrait peut-être en ajouter d'autres qui, pour être moins directs, n'en seraient pas moins propres à donner de l'embarras à la Russie. Je crois par exemple qu'il serait facile de mettre en mouvement beaucoup de nations tartares qui, en général, détestent les Russes. Il y aurait de l'avantage à révolter ceux du Cuban, car ils pourraient faciliter la prise de l'île de Taman et l'occupation de ce point pourrait à son tour faciliter une descente en Crimée. C'est, je crois, le côté le moins gardé, et, si l'on était en force, on pourrait traverser la Crimée dans sa largeur par le revers des montagnes et venir brûler la flotte russe à Sébastopol. Je ne sais pas jusqu'à quel point ces idées sont praticables, mais comme la plupart des Tartares de Crimée se sont réfugiés en 1784 à Constantinople, il serait facile de se procurer par leur moyen des notions locales qui montreraient ce qu'il faut adopter ou rejeter dans ce projet. »

Ainsi, l'expédition de Crimée réalisée par la France en 1854 figurait déjà dans les plans du Gouvernement révolutionnaire.

Envoyer des émissaires chez les nations cosaques et particulièrement dans celles des bords du Don qui fournissent de bonnes troupes à la Russie et qui, accoutumées à la plus grande liberté, doivent supporter avec la plus grande impatience le joug qui pèse sur elles, après avoir sondé le terrain et s'être assuré de n'y pas rencontrer de répugnances, trouver même parmi les Russes mécontents ou les Cosaques quelque personnage audacieux qui renouvelle l'entreprise de Pugatschew, les révolutions de ce genre étant facilitées par l'esprit crédule du peuple russe, tels sont les autres moyens préconisés par le Gouvernement français pour compléter le plan d'attaque oganisé contre la Russie et dont on espère que la Porte sera le pivot.

Parmi ces moyens, il en est qui, dans les temps ordinaires, répugneraient au ministre français. « Mais, ajoute-t-il, lorsqu'ils sont l'arme la plus puissante que nos ennemis emploient contre nous, lorsque les scélérats qu'ils vomissent sur notre territoire nous causent plus d'embarras que leurs armées, je ne sais pas pourquoi nous conserverions des ménagements et nous nous piquerions d'un scrupule conservé pour des ennemis qui ont abjuré tout sentiment généreux dans l'horrible guerre qu'ils ont déclarée à notre liberté. Je recommande ces grands objets à votre zèle et à votre talent et il me tarde bien d'avoir des applaudissements à donner à vos succès. »

CHAPITRE IV

PREMIÈRES NÉGOCIATIONS

Négociations de Descorches. — Réserve de la Porte. — Entrevues
ajournées. — Conférences des 6 juillet et 8 août 1793 avec les
représentants du Divan. — Premières attaques d'Hénin et de
ses partisans, membres de la Société des Amis de la Liberté.
— Plaintes de Descorches sur l'abandon dans lequel il est
laissé. — Il est dénoncé à la Convention et au ministère des
Affaires étrangères. — Nouvelles instances de Descorches pour
obtenir de la Porte sa reconnaissance officielle. — Il menace
de se retirer. — Le 23 septembre 1793, il est enfin reçu par le
Reis-Effendi. — Offre d'alliance de la République française. —
Considérations invoquées par Descorches pour la motiver.

Lorsque Descorches arriva à Constantinople le 7 juin 1793,
muni des instructions qu'il avait reçues, il ne doutait pas,
pénétré de leur importance, de rencontrer de la part du
Divan un grand empressement à entrer en relations. Quel fut
son étonnement de n'entendre que des prétextes pour éluder
une entrevue ! Il avait cependant remis, sur la demande qui
lui en avait été faite, la copie de ses lettres de créance et de
ses pouvoirs; il y avait joint plusieurs notes dans lesquelles
il s'était plaint de la froideur de cet accueil et avait présenté
le tableau des affaires générales de l'Europe, de la situation
de la République, des grands intérêts qui devaient réunir les
deux pays, des fruits que produirait cette union. Les ambassadeurs des autres puissances qui redoutaient l'alliance
s'agitaient de leur côté pour la faire échouer, en proportion
de la crainte qu'ils en avaient et leur influence continuait à
prévaloir.

D'autre part, Descorches était si circonvenu, si surveillé
par les agents de l'Autriche qui arrêtaient ses courriers
qu'aucune lettre ne lui parvenait. Il informait, le 10 juillet,

son ministre que depuis son arrivée il n'avait reçu qu'une seule lettre, grâce aux diverses enveloppes dont on avait pris la précaution de la recouvrir. « Cela ne peut durer de cette manière, » écrivait-il (1). La seule voie libre dont il pût se servir avec quelque sûreté était celle de Venise par la Dalmatie et la Bosnie.

Cependant Descorches était parvenu à obtenir, par l'intermédiaire de Dantan, que Sa Hautesse, par un Hatt-Chérif, nommât deux commissaires pour l'entendre (2). Il eut cette conférence en grand secret le 6 juillet chez le Grand-Donanier Musta bey, membre du Divan, qui était assisté de Makib-Effendi, ancien secrétaire du Congrès de Sistova et actuellement secrétaire du Reis-Effendi.

Dans les conversations que Descorches avait eues avec des Turcs influents depuis son arrivée, il avait pu se convaincre que leurs bonnes dispositions à l'égard de la France ne laissaient rien à désirer depuis le Grand-Seigneur jusqu'au dernier des Janissaires, « qu'ils se réjouissaient de nos succès, qu'ils y voyaient le retour de jours plus prospères pour eux, mais qu'ils étaient retenus par leur faiblesse et par la crainte que nous ne soyons pas les plus forts (3) ».

Le nombre des ennemis de la France leur en imposait beaucoup; ils craignaient surtout l'Angleterre. Comme leurs objections au sujet de l'Angleterre revenaient sans cesse, Descorches insinua un jour pour flatter leur amour-propre et essayer à tout hasard de les faire sortir de leur torpeur que si le Grand-Seigneur voulait s'entremettre entre la France et les Anglais en vue d'un rapprochement, « ce serait un rôle digne de Sa Hautesse, glorieux pour elle et que le Gouvernement français lui verrait jouer avec plaisir. »

Ces propos exercèrent peut-être une influence sur la Porte qui, quelque temps après, fit savoir à Descorches que l'en-

----

(1) Constantinople, le 10 juillet 1793, l'an II de la République. L'envoyé extraordinaire de la République française près la Porte ottomane au citoyen ministre des Affaires étrangères. Correspondance ministérielle.
(2) Constantinople, le 13 juillet 1793.
(3) Constantinople, le 26 juillet 1793, l'an II.

trevue promise était ajournée après l'envoi d'une ambassade extraordinaire en Angleterre. Malgré toute ses démarches, en effet, Descorches n'avait pu encore obtenir d'entretien avec Raschid, le Reis-Effendi. On lui avait dit d'abord à son arrivée qu'il avait besoin de repos et que le Reis-Effendi aurait ensuite le plus grand plaisir à le recevoir dans sa propre maison. Il avait répondu qu'il était parfaitement reposé et qu'il ne pouvait plus être fatigué que de l'impatience de connaître un homme du mérite de Raschid-Effendi. Mais on le remettait de jour en jour tout en lui donnant de bonnes paroles. Il fallait, lui disait-on, calmer la fureur des ministres étrangers qui harcelaient la Porte de leurs protestations.

Pendant ces pourparlers, Descorches avait étendu ses relations, fait des connaissances utiles, celle du Capitan-Pacha, ami zélé de la France, actif, influent par son crédit auprès du Grand-Seigneur, voulant la guerre à ce que l'on prétendait, mais que la cabale hostile venait d'éloigner en le faisant partir avec la flotte; celle de Mourad-Cha, dit le chevalier d'Ohsson, un Arménien, auteur de l'Histoire de l'Empire ottoman, ancien drogman de Suède, encore attaché à cette Légation, jouissant d'un crédit particulier auprès de la Porte et qui conseillait Descorches, tout en demandant le plus grand mystère, assurant que sa position l'y obligeait; celle du prince Moruzzi, drogman de la Porte, très français aussi, disait-on. Mais l'homme qu'il fallait voir, la cheville ouvrière de qui tout dépendait, c'était le Reis-Effendi qui restait toujours invisible.

Descorches avait cherché à faire pénétrer ses notes jusqu'auprès du Grand-Seigneur, en usant toutefois de précautions pour ne pas indisposer le Reis-Effendi et le tout puissant Intendant des monnaies qui dirigeaient alors de concert la politique de la Turquie.

Ne recevant pas de réponse satisfaisante, Descorches était résolu, conformément aux droits que la neutralité même de la Porte donnait à la France, à demander formellement que le ministre de la République française fût reçu par elle et à lui signifier qu'en cas de refus il regarderait sa mission comme terminée et qu'il se retirerait dans une ville voisine pour y attendre les ordres de son Gouvernement (1).

Il exprimait en ces termes ses doléances au Reis-Effendi :

« Je suis arrivé à Trawnick le 20 mars, c'est-à-dire depuis plus de trois mois, à Constantinople le 7 juin, c'est-à-dire depuis plus de trois semaines et nous sommes encore en quelque sorte aussi éloignés les uns des autres, aussi étrangers à nos dispositions respectives que si j'étais resté à Paris; en un mot, je n'ai pas seulement été entendu.

« Que Votre Excellence ait la bonté de quitter un moment le Divan, qu'elle se transporte au milieu de la Nation française, franche dans ses sentiments, vive dans ses affections, prête à tout faire pour l'Empire, s'occupant plus, j'ose le dire, de vos ennemis personnels que des siens propres, ou plutôt voyant ses ennemis dans les vôtres depuis qu'elle a rompu, par l'essor de son énergie, les liens désastreux que le Traité de Versailles lui avait donnés avec la Maison d'Autriche et veuillez, monsieur, vous dire à vous-même ce que cette Nation doit penser; jugez de l'impression qu'elle éprouvera de ce retour si froid, au moins si lent à son amitié généreuse et empressée... (2) »

Les embarras de la Porte, continuait Descorches, ne pourraient qu'augmenter avec ses hésitations. Une longue et douloureuse expérience devait lui apprendre que ses puissants voisins n'useraient pas vis-à-vis d'elle des ménagements qu'elle leur témoignait. Sa condescendance ne ferait au contraire que les enhardir.

Le sort des Polonais que Descorches connaissait bien pour avoir habité au milieu d'eux avait été causé par leur imprévoyance, par leur confiance imprudente dans les perfides assurances qui leur avaient été données. Sans doute, la Porte était menacée; mais il y avait des remèdes à ces dangers que de mûres délibérations pourraient faire connaître. Pourquoi donc ne pas vouloir l'entendre? Jamais la position des affaires

---

(1) Constantinople, le 8 août 1793, l'an II. L'envoyé extraordinaire de la République française près la Porte ottomane au citoyen ministre des Affaires étrangères. Correspondance ministérielle.

(2) Au Reis-Effendi. Constantinople, le 27 juin 1793, l'an II de la République. Correspondance ministérielle.

générales de l'Europe n'avait été plus favorable aux combinaisons qui pouvaient détourner de l'Empire ottoman les périls dont il était entouré. Il y avait une' telle identité d'intérêts entre la République française et la Porte que si la première vena't à être subjuguée par la force étrangère comme quelques insensés s'en flattaient, la puissance ottomane expirerait presque aussitôt, tandis que l'Empire ottoman et la République française, franchement et étroitement unis, devenant le centre de tous les Etats secondaires de l'Europe menacés continuellement de destruction par la rapacité de ces Cours sans foi qui n'avaient de règles que leur caprice, de bornes que leur avidité, seraient en même temps les régulateurs de l'Europe, les protecteurs en quelque sorte d'une paix universelle.

La Turquie devait profiter du moment où ces Puissances dévorantes étaient fatiguées de leurs efforts aussi ruineux que vains contre la République française ; où *la bouffissure* de la Russie recouvrait partout des humeurs viciées qui tendaient à sa dissolution. Cette occasion perdue ne laisserait sans doute à la Porte que des regrets cuisants de l'avoir laissé échapper.

Dans la première entrevue que Descorches avait eue le 6 juillet avec les commissaires turcs, il avait pu préciser l'objet de sa mission (1) :

1° Il était chargé d'annoncer à Sa Hautesse que, dès que la République française avait pu jeter ses regards sur ses relations extérieures, elle avait vu avec satisfaction l'Empire ottoman à la tête des plus anciens et dès plus fidèles amis de la France et que son intention était non seulement de cultiver les liens précieux de cette union, mais encore de la rendre plus étroite, plus active et plus efficace que jamais ; que la Nation française n'aurait plus pour la représenter ces intermédiaires souvent perfides, tels qu'il y en avait sous l'ancien régime, toujours entraînés par leurs passions, leurs intérêts privés et leurs intrigues et qui avaiént accumulé sur

______

(1) Mémoire remis aux commissaires turcs. Constantinople, le 6 juillet 1793, l'an II. Correspondance ministérielle.

leur pays tant de maux insupportables; mais que la France républicaine présenterait désormais aux Etats intéressés à son amitié des garanties de solidité et de loyauté dans ses liaisons qu'elle n'offrait pas auparavant; que la Porte pourrait s'en convaincre prochainement par le langage que lui tiendrait le nouvel envoyé français;

2° Il devait donner au Ministère ottoman toutes les informations utiles pour faire connaître ce qu'était la Révolution française, son véritable caractère, pour enlever de son esprit les impressions inexactes, fausses, malveillantes qui avaient pu lui être données par leurs ennemis communs, ennemis plus peut-être encore de la Turquie que de la France, qui convoitaient les belles possessions ottomanes et qui avaient intérêt à diviser les deux pays dont l'union était la seule force capable de réprimer leur ambition. Il était d'autant plus utile de renseigner la Porte que les derniers représentants de la France l'avaient trahie et étaient devenus depuis longtemps les ministres de leurs ennemis communs;

3° Il devait déclarer à la Sublime Porte que le désastreux traité de Versailles par lequel la perfidie des ministres français avait en 1756 sacrifié les intérêts de la France et de la Turquie à ceux de la maison d'Autriche n'existait plus, brisé par l'indignation nationale dès qu'elle avait pu se manifester et que le vœu de la République était de substituer à l'alliance monstrueuse qui venait d'être détruite celle que l'ordre naturel des choses commandait tellement qu'il semblait qu'il n'y avait plus qu'à la consigner sur le papier; que la Porte ne devait pas oublier qu'avec de l'audace et un bon vent ses ennemis pouvaient, en quarante-huit heures, arriver a Constantinople, danger plus pressant encore depuis le partage de la Pologne dont les territoires arrachés par les Russes avaient été soigneusement choisis de manière à envelopper toute la frontière ottomane du côté du nord qu'ils dominaient par la nouvelle forteresse de Kaminieck dont ils voulaient faire un arsenal redoutable; que l'alliance étant conclue avec la France, celle-ci veillerait au rétablissement et à la garantie des frontières ottomanes sur le pied des conditions du traité de Kontchouck-Kainardji; que pour obtenir ce résultat, la

France ne négligerait aucun moyen de secours à la Porte, envoi de vaisseaux, d'artilleurs, d'officiers pour instruire ses troupes; d'ouvriers pour activer ses préparatifs de guerre; que la France ne demandait même pas à la Turquie, comme on ne manquait pas sans doute de le lui dire, de venir à son aide pour la compromettre et la sacrifier à son profit par cette diversion, mais que la Turquie devait tenir compte de l'état général des affaires de l'Europe pour élever enfin une barrière insurmontable à l'ambition russe; qu'il n'y avait qu'un cri en Europe contre le dernier démembrement de la Pologne, que les Polonais n'attendaient qu'un signal, quelques secours en armes et en argent pour se soulever; que l'on pouvait conjecturer, peut-être même plus que conjecturer, que la Suède s'empresserait de s'associer à une politique anti-russe qui ne l'exposerait pas à se mesurer seule avec la Russie; que, d'un autre côté, l'Autriche épuisée serait hors d'état de fournir aucun secours à la Russie; que cette Russie elle-même qui en imposait par sa masse était ébranlée jusque dans ses fondements par tous les vices accumulés de son Gouvernement. Descorches en concluait que les périls de l'Empire ottoman étaient imminents, qu'ils commandaient de prompts remèdes et que la France était prête à le seconder par tous les moyens en son pouvoir, non pas seulement passagèrement, mais par un traité d'alliance permanent.

La langue de la véritable amitié, ajoutait Descorches, ne comporte pas de détours, la saine politique républicaine n'étant autre chose que la bonne foi et la vérité mises en pratique. La République avait si peu d'inquiétude de la ligue armée contre elle, qu'elle ne venait rien demander, mais offrir, et comme la Porte devait connaître ses besoins mieux qu'un autre peuple, la France venait les lui demander. Elle prendrait même l'engagement, s'il convenait à Sa Hautesse, de mettre à profit les circonstances favorables que traversait la République, de ne faire la paix que concurremment avec la Porte ottomane. Le Gouvernement ottoman n'avait qu'un mot à dire pour que cet Empire actuellement ébranlé reprît une solidité qu'il n'avait peut-être jamais eue en trouvant un point d'appui que ses grands hommes d'Etat, sultans et ministres célèbres n'avaient cessé de désirer, celui d'un traité formel d'alliance avec la France. Et avec quelle France! La France républicaine, c'est-à-dire la Nation française elle-même libre, et pouvant disposer de moyens immenses au profit de ses alliés !

Enfin, le 8 août, deux mois après l'arrivée de Descorches à Constantinople, quatre mois après son entrée en Turquie, il fut reçu par les deux commissaires qui l'avaient déjà entendu, Musta-Bey, Grand Douanier et membre du Divan, et Muskih-Effendi, ci-devant secrétaire de la Porte au Congrès de Sistova, secrétaire du Reis-Effendi. Ce fut chez Musta-Bey, à Courouschesmé, sur le canal, qu'eut lieu cette entrevue. Les commissaires ottomans firent observer que les circonstances étaient telles que de grands ménagements étaient encore nécessaires et, malgré l'invraisemblance de cette excuse, ils prétextèrent pour motiver la réserve de la Porte de l'impossibilité pour le Reis-Effendi ou tout autre ministre de s'aboucher, même secrètement, avec l'envoyé français. De plus, Musta-Bey affecta en parlant de la France de ne se servir que de l'expression de Nation française, sans jamais employer le mot de République. Descorches était assisté d'Emile Gaudin, deuxième secrétaire de la Légation, et de Dantan, interprète (1).

Aux instances de Descorches, Musta-Bey répondit que la Porte était convaincue de la sincérité des sentiments de la Nation française dont les propositions lui étaient très agréables. Elle désirait beaucoup pouvoir accepter l'alliance proposée, mais il lui semblait que le Gouvernement français n'était pas encore assez consolidé, et que ses ennemis étaient nombreux; d'ailleurs, elle craignait de violer la neutralité qu'elle avait adoptée en contractant cette alliance en ce moment où elle était en paix avec toutes les puissances. Mais, aussitôt que la Nation française se serait donné un Gouvernement fixe et stable, la Sublime-Porte s'empresserait de déclarer publiquement des sentiments qui étaient bien certai-

____

(1) Séance de conférence du 8 août 1793, l'an II de la République, tenue à Courouschesmé, sur le canal, chez Musta-Bey. Correspondance ministérielle.

nement dans son cœur. La déclaration immédiate d'une alliance serait dangereuse et inopportune pour les deux nations, parce que la Turquie n'était pas prête, malgré ses préparatifs dont on pouvait se rendre compte. La Porte acceptait toutefois, si la France pouvait s'en séparer sans inconvénients à l'heure actuelle où elle était entourée d'ennemis, l'offre d'officiers et d'ingénieurs habiles qui lui seraient d'un grand secours.

Elle demandait notamment un officier d'infanterie pour la tactique, deux ingénieurs militaires pour mettre en état les forteresses de l'Empire et deux fondeurs de bombes.

Descorches répondit de son côté qu'il avait bien des objections à faire au sujet des craintes manifestées par la Porte, et de son système de neutralité, mais qu'il préférait, pour le moment, se borner à transmettre à son Gouvernement la décision que le ministère ottoman avait prise dans sa sagesse. Il promit d'ailleurs l'envoi des officiers demandés, un officier d'infanterie pour la tactique, deux ingénieurs militaires pour les fortifications, et deux fondeurs de bombes.

Il ajouta toutefois qu'en même temps que la Sublime-Porte pouvait compter sur l'amitié sincère et active de la République française, il était naturel qu'il s'attendît à trouver en elle le retour des mêmes sentiments. Rappelant la position presque scandaleuse dans laquelle il se trouvait à Constantinople depuis son arrivée, il demanda qu'il y fût mis fin. Puisque la Sublime-Porte jugeait à propos de différer l'alliance, les négociations secrètes qui devaient être favorisées par son incognito n'avaient plus de raison d'être, et il ne pouvait convenir à l'honneur de la République française que son ministre restât plus longtemps sans développer le caractère dont il devait jouir.

La plupart des Etats neutres avaient reconnu déjà les envoyés de la République française sans renoncer à leur neutralité. Si la Porte, qui reconnaissait près d'elle les ministres de l'Empereur, de la Prusse, de la Russie, sans être accusée par la France de rompre pour cela la neutralité, se refusait à recevoir un envoyé de la République française, c'est alors que la France pourrait soupçonner la sincérité de son amitié.

Aussi, Descorches menaçait de quitter Constantinople s'il ne recevait prochainement une réponse favorable au sujet de sa reconnaissance. Il s'étonnait encore qu'un ambassadeur eût été envoyé par la Porte en Angleterre, sans que la France connût l'objet de sa mission.

Musta-Bey se borna à répondre qu'il n'avait pas d'instructions au sujet de ces réclamations, et qu'il en référerait à son Gouvernement.

Dans la dépêche qu'à la suite de cette entrevue Descorches adressait au ministre Lebrun, il lui expliquait qu'il n'avait pas combattu davantage les intentions de neutralité manifestées par la Porte, parce qu'il aurait inutilement répété ce qu'il avait déjà dit dans sa première conférence et dans de nombreux entretiens particuliers. Le raisonnement ne pouvait plus rien où la peur dominait, et les récents malheurs des Turcs ne motivaient que trop leurs hésitations. Il reconnaissait qu'ils n'étaient pas prêts tout en faisant d'actifs préparatifs, mais avec de mauvais moyens. Il appartenait à la France, si elle voulait sérieusement faire servir les Turcs « à l'écroulement de ce colosse russe qui n'en imposait que par sa masse et qui inondait l'Europe de maux », de mettre en valeur leurs dispositions favorables par une bonne direction, ce qui pouvait se faire avec le temps et l'assistance d'instructeurs habiles dans la tactique, le génie et les autres parties de l'art militaire. Par l'entremise très secrète de Mourad-Cha, dit le chevalier d'Ohsson, attaché à l'Ambassade de Suède, une note détaillée des besoins de la Porte avait été envoyée à Paris dès le mois de mai dernier.

Pour convaincre les Turcs de la bonne volonté de la France, il fallait leur apporter dès maintenant une aide efficace, sensible. « Des vaisseaux dans l'Archipel, écrivait Descorches, voilà le vrai véhicule, il n'y en a pas d'autre (1). »

Il avait envoyé un marin comme agent secret en Crimée pour se rendre compte de l'état du pays et étudier la configuration des côtes.

----

(1) Constantinople, le 8 août 1793, l'an II. L'envoyé extraordinaire de la République française au citoyen ministre des Affaires étrangères. Correspondance ministérielle.

Donnant des instructions aux naturalistes Olivier et Brugnières au sujet de leur mission, il leur avait rappelé qu'il était essentiel d'inquiéter les Russes, tout au moins de les occuper du côté de la mer Caspienne et du Caucase, régions où la France n'avait pas encore de moyens d'accès. Il avait demandé à ces explorateurs un mémoire pour indiquer ce qu'ils pouvaient faire de ce côté, et il sollicitait du ministre son approbation, *ainsi qu'une onction pécuniaire*. Il proposait aussi d'envoyer comme émissaire, à Brousse, un agent français parlant lé turc. Faisant allusion à la visite d'Hénin, accompagné d'une délégation venant lui demander d'obtenir un firman pour faciliter le voyage de Sémonville sur le territoire ottoman, il informait le ministre qu'il s'était refusé à faire auprès de la Porte une démarche précipitée qui pouvait entraver les négociations en cours. Il avait été d'autant plus surpris de la visite d'Hénin qu'il l'avait mis au courant précédemment de ce qu'il avait fait dans ce but et qu'il en avait paru satisfait. Il trouvait un inconvénient à mêler des personnes qu'il connaissait de la veille à un débat diplomatique.

Descorches constatait que l'opinion générale en Turquie était très favorable à la France, tant dans l'entourage du Grand-Seigneur que dans la population de la capitale et dans celle des provinces.

La situation de l'Empire ottoman, les troubles qui avaient déjà éclaté en Bosnie à l'occasion de la délimitation des frontières, et qui étaient dirigés contre l'Autriche, les difficultés incessantes avec la Russie, tout indiquait que les représentations de Descorches et ses menaces de se retirer, s'il n'était pas officiellement reconnu, allaient être prises en sérieuse considération.

Dans le même rapport adressé à Lebrun, et dans lequel il lui faisait part des résultats de cette entrevue, Descorches l'informait qu'il avait appris, par des lettres de Smyrne, qu'une partie de la mission du citoyen Sémonville avec ses effets et les présents destinés à la Porte y étaient arrivés, et qu'on allait les transporter à Constantinople sous l'escorte d'une frégate. Mais les logements manquaient et, dans l'état

de dénuement où était le Palais de l'Ambassade, Descorches
ne savait trop comment le citoyen Sémonville, dans le cas
même où la Porte aurait tranché la question de reconnaissance, pourrait s'y loger avec toute sa famille qui, disait-on,
l'accompagnait par la voie de Venise.

Descorches, engagé dans ses négociations, n'était pas très
pressé de voir arriver son remplaçant. « Nous le seconderons
tous de notre mieux, écrivait-il, voilà ce qu'il y a de sûr;
en attendant, il trouvera toutes les portes ouvertes pour
arriver quand cela lui conviendra. Je présume cependant
qu'il jugera plus à propos de s'arrêter quelque part et de se
procurer la connaissance de la scène avant de se montrer
ici (1). »

En même temps que Descorches attendait un successeur,
dont la venue ne devait avoir rien d'agréable pour lui, il
recevait de France des nouvelles qui n'étaient pas faites non
plus pour faciliter sa mission.

Le dernier courrier lui avait annoncé, la prise de Condé,
l'évacuation de Mayence, le blocus de Valenciennes, la rébellion de Marseille et les représentants des coalisés ne manquaient pas de tirer parti de ces événements auprès des Turcs.

« Il est aisé de remarquer, écrivait-il, que l'amitié de ces
bons ottomans s'alarme sur notre compte, et que l'inquiétude est le sentiment qui prévaut dans leur âme (2). »

Le bruit courait aussi que Sémonville n'avait pu franchir
Venise, que le ministre de France, Noël, avait quitté cette
ville et que la guerre avait éclaté entre Français et Vénitiens.
Cette dernière nouvelle ne rencontrait pas beaucoup de
créance auprès de Descorches qui y voyait « une invention
politique pour grossir les nuages aux yeux de la Porte et qui
ne pouvait croire que la sagesse ordinaire du Sénat de Venise
ait pu s'oublier à ce point. »

D'autre part, en apprenant l'arrivée des effets de Sémonville, les ministres d'Espagne, de Prusse, d'Autriche et de

____

(1) Lettre au ministre des Affaires étrangères. Constantinople, le
8 août 1793. Correspondance ministérielle.
(2) Lettre au ministre des Affaires étrangères, le 25 août 1793. Correspondance ministérielle.

Russie avaient adressé une note menaçante au Divan, se plaignant que les bagages de cet envoyé eussent été embarqués à Smyrne sous la protection du pavillon ottoman.

En même temps qu'il négociait avec la Porte, Descorches se préoccupait de réorganiser la Légation de Constantinople, étant trop démuni de collaborateurs. Il réclamait deux conseillers de Légation choisis parmi d'anciens drogmans tels que Ruffin ou Mourad-Cha dont plusieurs membres du Divan lui avaient parlé, quatre secrétaires au lieu des trois qui le secondaient. Il demandait qu'on nommât Gaudin premier secrétaire et qu'on attachât à sa personne Jacques Montal, ce jeune homme qu'il avait amené de Paris; qu'on l'autorisât à prendre comme copiste Pidoux, autre jeune homme qui avait travaillé pendant plusieurs années dans la secrétairerie de Choiseul-Gouffier. Il réclamait de la Convention un décret d'accusation contre Chalgrin à qui il n'avait pas remis la lettre de rappel qui lui était destinée et il demandait que la même mesure fût prise contre Joseph Fonton (1).

Quatre drogmans pouvaient suffire au lieu de cinq qui existaient autrefois, à la condition qu'ils fussent bien choisis. Le titre de premier drogman pouvait être supprimé. Descorches proposait encore de remplacer le chancelier Pierre Fonton, suspect à cause de ses parentés, par Dantan, de supprimer les jeunes de langues. Il complétait cet ensemble de mesures en proposant la destitution de Renaudot, consul à Acre, complice de Choiseul-Gouffier et en mauvais termes avec le pacha Djezzar, de le remplacer par Beaussier, consul à Seyde, de remplacer Leydet, consul à Tripoli, par Bermond, consul aux Dardanelles, remplacé lui-même par le capitaine Trullet.

Il demandait qu'on fixât le traitement de l'imprimeur de l'Ambassade qui, malgré des promesses, n'avait rien reçu de Choiseul-Gouffier pour ses travaux antérieurs et qu'on l'autorisât à faire figurer dans ses frais extraordinaires les dépenses de cet utile établissement.

______

(1) Rapport de Descorches sur l'état de la Légation concernant le service politique, joint à la dépêche au ministre des Affaires étrangères du 8 août 1793.

Il y avait lieu aussi, à son avis, de réformer l'Ordonnance de 1781 et l'instruction qui l'accompagnait, incompatible avec la nouvelle législation républicaine. « Il nous faut, disait-il, une représentation dont le caractère simple et mâle soit en quelque sorte l'emblème des mœurs austères qui font la force des vrais républicains. » Il proposait donc qu'une garde d'honneur qui pourrait servir à l'instruction des Turcs fût attachée au Palais de la République. Dans ce Palais, il y avait une salle d'apparat avec un dais fort riche, des portraits d'ambassadeurs... Ce dais subsisterait-il ? « Une estrade, un autel, un beau tableau des Droits de l'Homme ne devraient-ils pas remplacer toutes ces franges, ces galons, ce baldaquin qui ne rappelaient que des idées d'orgueil ! »

Malgré ces manifestations du civisme de Descorches, certains membres de la colonie française loin de faciliter sa mission semblaient vouloir semer sur ses pas les difficultés : Dantan avait fait, le 10 août, une déclaration en Chancellerie relatant un entretien qu'il avait eu avec le Reis-Effendi. Celui-ci s'était plaint des scènes scandaleuses qui avaient eu lieu dans la maison des Lazaristes; où des patriotes exaltés avaient voulu s'installer de force en chassant les religieux, de chansons dans les rues de Péra dirigées contre des ministres étrangers, de désordres commis dans le Palais de la République où, au moyen de marteaux, on avait dégradé des inscriptions rappelant l'ancien régime, d'une fête organisée dans cet édifice, malgré la défense récente de la Porte d'y célébrer le 14 juillet. Le Reis-Effendi rappelait à cette occasion sa déclaration du 2 mai aux députés de la Nation, les rendant responsables des troubles qui surviendraient et les prévenant que s'ils ne parvenaient pas à maintenir l'ordre parmi leurs compatriotes, la Porte s'en chargerait elle-même.

De son côté, la Société républicaine des amis de la Liberté et de l'Egalité, ramification du club des Jacobins qui venait d'être créée à Constantinople et qui avait Brugnières comme président, Olivier et Dizerand comme sociétaires, avait adressé à Descorches une protestation contre ces reproches visant une partie de la colonie française. Elle reprochait à son tour à la Porte l'appui qu'elle donnait aux Lazaristes, l'interdiction faite aux Français de se réunir dans le Palais de la République, sa condescendance pour Chalgrin qui continuait à séjourner à Constantinople, son refus de reconnaître l'ambassadeur de la République.

Les plaintes de la Porte étaient très exagérées et cette puissance n'avait-elle pas elle-même autorisé la plantation d'un arbre de la Liberté dans le Palais de l'Ambassade, le 20 janvier dernier ?

Malgré Descorches et les députés de la Nation, malgré la défense de la Porte, quelques Français affiliés à la Société républicaine nouvellement créée avaient en effet pris sur eux d'organiser un banquet dans le Palais de l'Ambassade au lieu de se joindre au ministre de France et aux représentants officiels de la Nation qui devaient se réunir chez le restaurateur Ménard.

Cette décision des dissidents avait été prise dans une réunion tenue chez Hénin, le 9 août, en même temps qu'on y constituait le nouveau club. Florenville avait été l'un des principaux organisateurs de cette manifestation, motivée, ainsi que l'assurait le mémoire des dissidents, « par la répugnance des patriotes pour des individus qui n'ont de français que le nom, entachés d'aristocratie, coupables de propos inciviques, violemment soupçonnés d'émigration, fréquentant nos ennemis dans la diplomatie ».

Un autre motif de cette résolution avait été de donner une marque de désapprobation « à la conduite répréhensible du citoyen Descorches depuis son arrivée à Constantinople où il avait annoncé ouvertement sa prédilection et ses liaisons avec les aristocrates du pays ».

Dantan était aussi accusé de faiblesse et d'incivisme pour n'avoir pas suffisamment défendu les Français patriotes contre les reproches du Reis-Effendi. N'avait-il pas annoncé que, comme conséquence de leurs écarts, Sémonville et les bagages qui le précédaient ne pourraient être reçus à leur arrivée ? Ne laissait-on pas les écuyers d'un ambassadeur ennemi exercer journellement leurs chevaux dans le Palais de la République, autour de l'arbre de la Liberté ?

Hénin n'avait pas manqué d'informer le ministre des

Affaires étrangères de la scission survenue dans la colonie
française et d'en rejeter la responsabilité sur Descorches, les
députés de la Nation et les principaux négociants auxquels il
reprochait l'attitude contre-révolutionnaire qu'ils avaient eue
le 8 octobre 1792 dans cette réunion où ils avaient pris la
défense de Choiseul-Gouffier. Descorches avait pour eux une
prédilection marquée. C'était pour réagir contre ces ten-
dances qu'Hénin avait cru devoir constituer un club à l'imitation de ceux qui existaient déjà à Smyrne et à Alep ; il en
était devenu le président. Plusieurs mémoires sur la situation
de l'Echelle de Constantinople lui avaient été communiqués.
« C'est à regret, écrivait-il, que j'y vois le citoyen Descorches traité peu favorablement. Mais sa conduite paraît
mériter, j'ose le dire, une juste méfiance sur ses sentiments.
Le club a décidé de vous communiquer toutes les pièces qui
concernent cet agent (1). »

Sans s'émouvoir autrement des plaintes de la Porte, Descorches avait, dès le 11 août, fait parvenir, par Dantan,
une réponse au Reis-Effendi. Il ne connaissait, disait-il, à
Constantinople, que des Français amis des lois et du bon
ordre, malgré les circonstances et les provocations dont ils
étaient l'objet. Il ferait toutefois toutes démarches nécessaires pour éviter les plaintes fondées et il avait adressé des
conseils de prudence à ceux de ses compatriotes qui se rassemblaient le soir sur les terrasses du Palais.

Loin de méconnaître la mission confiée à Hénin, il avait
chargé Dantan de confirmer à la Porte l'arrivée prochaine
de Sémonville annoncée par Hénin. Sémonville était envoyé à
Constantinople parce que le Conseil Exécutif croyait toujours
Descorches retenu à Trawnick. Sémonville devait renouveler
les assurances qu'il avait lui-même données à la Porte. La
République ne demandait pas une diversion momentanée,
mais une liaison établie sur des bases inébranlables. Descorches profitait de cette occasion pour protester contre les
délais apportés à sa reconnaissance. A défaut d'une réponse

____

(1) Constantinople, le 16 août 1793. Hénin au ministre des Affaires
étrangères.

DE MARCÈRE I.   7

prochaine, il se verrait obligé de se retirer dans quelque ville voisine, de considérer sa mission comme terminée et d'attendre les ordres du Conseil Exécutif (1).

Quelques jours plus tard, Dantan devait dire au Reis-Effendi que si Descorches ne recevait pas de réponse à ses ouvertures, il demanderait un firman de route pour se rendre à Andrinople et y attendre les instructions de son Gouvernement. Il espérait qu'il en reviendrait pour former le premier anneau de la chaîne qui devait lier les deux pays. Il partirait avec le regret de n'avoir pu parvenir à voir Son Excellence le Reis-Effendi, honneur qu'il mettait au nombre de ceux qu'il ressentait le plus vivement (2).

Descorches avait fait part au ministre des Affaires étrangères de l'arrivée des effets de Sémonville, disant n'avoir reçu d'autres nouvelles de cet ambassadeur que par ses gens venus avec ses bagages et qui s'étaient séparés de lui vers la fin de juin, alors qu'il se disposait à partir avec sa famille pour gagner son poste par la voie de Venise (3).

Pour bien montrer qu'il était prêt à s'effacer devant Sémonville, Descorches demandait au jeune Marc Bruère, fils du consul de Raguse, qu'il avait envoyé en mission à Trawnick, de faciliter le voyage de son successeur, s'il se présentait, et de lui donner des marques de sa bonne volonté, ce qu'il pouvait faire mieux que personne, puisqu'il avait été à portée de lire dans son cœur les sentiments et les principes avec lesquels il l'attendait sur la scène (4).

Il avait annoncé de son côté au ministre la scission survenue le 10 août parmi les membres de la colonie française et provoquée, disait-il, « par des frères égarés que nos cœurs n'ont point cessé jusqu'au dernier moment de rappeler à nous par les démarches les plus propres à les toucher ». Il blâmait *ces patriotes de spéculation*, Hénin, Florenville, à l'instigation desquels le club dont ils faisaient partie avait résolu d'adresser une relation de ces incidents à la Convention, au

---

(1) Note de Descorches à Dantan du 12 août 1793.
(2) Note pour Dantan du 29 août 1793.
(3) Descorches au ministre des Affaires étrangères, 3e division.
(4) Instructions pour Marc Bruère envoyé à Trawnick le 9 août 1793.

Conseil Exécutif, au Bureau provisoire du commerce de Marseille. Il faisait cette remarque : « J'ai été fâché que ces dissidents ne soient composés, à cinq ou six noms près, que de citoyens dans la dépendance du Gouvernement, tels que Sicard, Hénin, l'imprimeur Dizerand et son aide, les naturalistes missionnaires Brugnières et Olivier avec le beau-frère de celui-ci, Amic, jeune de langues, Luzin, agent à Rodosto, l'ingénieur-constructeur Le Brun et ses trois ou quatre maîtres. » Le Brun devait peu après en être malade de remords.

Ce même 10 août, une fête patriotique avait été célébrée à Smyrne sur la frégate « La Sensible », commandée par le capitaine Escoffier, excellent patriote. Le programme comportait la prestation du serment civique, un banquet, un *Te Deum* chanté au son du canon, l'nymne des Marseillais et autres chansons de circonstance (1).

Un courrier avait apporté à Descorches la nouvelle de la prise de Condé, de l'évacuation de Mayence, des derniers revers subis par les armées républicaines. Ces événements n'étaient pas de nature à remonter le moral de Descorches déjà atteint par les intrigues d'Hénin, au sujet desquelles il écrivait encore au ministre : « Je vous ai déjà dit, citoyen ministre, en vous rendant compte de ma conduite envers Hénin, le précurseur de Sémonville, et de la sienne envers moi que je pensais qu'il avait bien mal jugé les choses et les hommes, qu'ils étaient entièrement mis ici dans une fausse position et qu'au lieu de préparer utilement les voies au citoyen Sémonville par un parfait accord dans nos mouvements auquel on ne pouvait l'inviter d'une manière plus pressante que je ne l'ai fait, il le desservait réellement en s'attachant à travailler en particulier et même à me travailler personnellement dans l'obscurité. Je ne puis guère douter après les déjeuners, conciliabules et autres démarches qui ont eu lieu, après la motion jetée tout à coup le matin du 10 août au milieu d'une de ces petites réunions secrètes et

____

(1) Constantinople, le 25 août 1793. Lettre reçue le 18 octobre. Descorches au ministre des Affaires étrangères, 3ᵉ division.

visant *ma fausseté, ma trahison* qu'il n'ait eu en vue de profiter de ce jour-là pour monter un coup, entraîner la majorité et la porter à prendre des délibérations et des arrêtés par lesquels il se serait flatté de m'écarter et de se substituer à ma place. Je n'aurais qu'à me féliciter des résultats, si dans l'état précaire de nos affaires et de nos établissements dans ce pays-ci, il n'y avait pas toujours du danger dans ces agitations et ces éléments d'aigreur et de fermentation au milieu de nous. Au surplus, je me sens en force, je crois, pour vous garantir, citoyen ministre, que je ne me donnerai pas de torts et nous franchirons, je l'espère, sans malencontre ces petits écueils (1). »

Hénin, de son côté, se plaignait au ministre de la résistance de Descorches à se prêter aux démarches qu'il voulait tenter en faveur de Sémonville. Le refus de Descorches de faire connaître à la Porte l'objet de la mission d'Hénin, de l'informer même de son arrivée, de se concerter sur quelque sujet que ce fût avec lui, l'avait déterminé à remplir lui-même ses instructions.

Dans ce but, il avait dirigé ses vues sur le prince Moruzzi, influent, possesseur d'une grande fortune, premier interprète de la Porte, frère du prince souverain de Valachie. Par l'intermédiaire du diamantaire Luzin, il avait pu le voir le 22 août, après lui avoir fait savoir qui il était et lui avoir annoncé qu'il avait des choses importantes à lui communiquer.

L'accueil avait surpassé ses espérances. Il s'était donc acquitté du mandat que le ministère lui avait donné, le 21 mai, avant son départ. Le principal objet de la mission de Sémonville était le rétablissement de rapports entre la France et la Turquie. *Mais l'intention de la République n'était nullement d'amener la Porte à des mesures hostiles envers une puissance quelconque.* Ses propositions devaient être conformes aux intérêts de la Turquie et aux vues du Divan.

Ce langage, dont Hénin assumait la responsabilité sans en avoir référé à Descorches, était bien imprudent, car il se

____

(1) Descorches au ministère des Affaires étrangères. Constantinople, le 25 août 1793. Lettre reçue le 17 brumaire.

trouvait entièrement en contradiction avec les instructions de Descorches qui avait pour mission, au contraire, de décider la Turquie à attaquer la Russie et l'Autriche. Que pouvait penser la Porte de cette différence si marquée entre les ouvertures de deux agents représentant le même Gouvernement !

Hénin avait constaté qu'aucune répugnance sérieuse n'existait contre Sémonville. Il avait exposé, lui aussi, au prince Moruzzi que la Révolution n'emploierait pas le langage trompeur, presque toujours insignifiant et souvent perfide, de l'Ancien Régime. Malgré son désir de la paix, la France était prête à unir ses forces à celles des Turcs pour venger les agressions de leurs ennemis, surtout si par des diversions elle pouvait éteindre la guerre sur ses frontières.

Hénin avait vanté la puissance de la France qui luttait contre l'Europe, après avoir mis sur pied dix à douze armées. Moruzzi croyant Hénin versé plus avant qu'il ne l'était dans les secrets du Gouvernement français, s'était montré curieux de connaître les ressorts politiques que la France comptait employer pour amener les diversions auxquelles il faisait allusion.

Hénin avait dû répondre en termes vagues. Il avait signalé la possibilité de contraindre l'Angleterre à la paix en suscitant des troubles en Irlande, d'amener la Prusse à fausser compagnie à la coalition en lui démontrant que sa liaison avec l'Autriche était contraire à ses intérêts, en lui faisant envisager un agrandissement du côté de la Hollande. Puis, se retranchant derrière une feinte discrétion, Hénin avait ramené la conversation sur l'intérêt pour la Turquie de s'unir à la France. *

Après la guerre, la France fournirait aux Turcs des milliers de fusils, des armes blanches dont ils manquaient, des officiers, des ingénieurs... Ses flottes se mettraient à leur disposition pour servir leurs vengeances, revendiquer les conquêtes faites sur eux.

Enfin, il dépendrait des Turcs d'aider, sans compromettre leur neutralité, à opérer en faveur de la France la diversion qui leur procurerait, d'une manière prompte et infaillible, des avantages de nature à les rassurer sur les craintes politiques qu'ils laissaient apercevoir quelquefois.

« Par quel moyen demanda Moruzzi ? » — « Je vous l'enseignerai bientôt, répondit Hénin, et même vous ferai voir qu'il n'est pas nécessaire *de paraître* s'entendre avec nous. Mettez-vous d'abord en état de défense, et l'acharnement de nos ennemis en sera diminué. »

Moruzzi paraissait partager sur plusieurs points l'avis d'Hénin. La Porte s'était déjà occupée de prendre des mesures de précaution. Trois grandes casernes étaient en construction à Topani; des travaux s'exécutaient à l'Arsenal.

Hénin avait aussi abordé le sujet de la reconnaissance de Sémonville et, en attendant, de celle de Descorches. Moruzzi avait répondu que la France n'avait pas besoin de la reconnaissance de son envoyé pour être assurée des sentiments de la Porte à son égard. A cause de la neutralité qu'elle entendait conserver, la Porte ne pouvait pas, pour le moment, consentir à une reconnaissance.

Hénin avait rappelé cependant l'exemple de l'Etat de Venise, qui avait reconnu la République française, bien qu'il fût plus exposé que la Turquie aux représailles des coalisés. Hénin ne cacha pas que la France insisterait, afin d'obtenir satisfaction, car la Porte n'avait pas de bonne raison à donner pour justifier son attitude. Il estimait qu'avec de la fermeté, de l'adresse et quelques présents, s'il était nécessaire, le ministre français arriverait à ses fins.

Cet entretien, qui avait duré plus de deux heures et demie, s'était terminé par la déclaration de Moruzzi que ses propos n'avaient rien d'officiel, qu'il rendrait compte de cette entrevue au Reis-Effendi, et qu'au besoin il en aurait une autre. Il permit à Hénin de revenir le voir s'il avait des choses importantes à lui communiquer.

Les termes vagues dans lesquels avait dû se tenir Hénin montraient tout le danger et les inconvénients de ces ouvertures faites par un agent officieux sans instructions ni mandat précis, et dépourvu d'une autorité suffisante (1).

De son côté, Descorches n'ayant pu avoir de nouvelle con-

____

(1) E. Félix Hénin au ministère des Affaires étrangères, 3ᵉ division. Constantinople, le 1ᵉʳ septembre 1793. Lettre reçue le 13 frimaire an II.

férence avec les représentants du Gouvernement ottoman, se décourageait et faisait encore part au ministre des Affaires étrangères de son désir de se retirer, ce qui ne l'empêchait pas de continuer à s'intéresser à tout ce qui pouvait ultérieurement assurer le succès de sa mission. Les dispositions des Bosniaques prêts à la révolte lui faisaient souhaiter même plus vivement qu'à Trawnick une diversion de la France dirigée contre Trieste. Les Bosniaques restaient armés, sans vouloir écouter la Porte. Le moindre noyau de troupes jeté au milieu d'eux par Raguse ou par le territoire de Venise, devait devenir le centre d'une armée immense.

En même temps que les Autrichiens seraient repoussés sur Trieste, une escadre française se montrerait dans ces parages. Descorches avait vu chez un Turc, son agent secret, deux émissaires bosniaques venus à Constantinople pour défendre les intérêts de leurs compatriotes. Ils lui avaient dit que les Bosniaques étaient décidés à se soulever, qu'ils avaient déjà réuni 60.000 hommes, qu'ils pourraient en réunir aisément plus du double, qu'ils possédaient des munitions, et qu'ils avaient seulement besoin, avec le temps, d'un peu d'argent. Descorches, applaudissant à leur énergie, leur avait conseillé d'envoyer des représentants de leur pays en France. Ils avaient goûté ce projet et demandé d'en prévenir le ministre des Relations extérieures (1).

Descorches réclamait aussi une réponse aux diverses demandes qu'il avait faites pour la solution de questions administratives. « De grâce, écrivait-il, prenez en considération mes observations sur les affaires fondamentales que je vous ai soumises, et procurez-moi un règlement provisoire propre à assurer la marche de l'administration dans les Echelles et l'exercice de la police si essentielle à y maintenir. Prononcez sur le traitement des consuls et drogmans aux abois à cause de la perte du change. *Ils souffrent, le service souffre, notre considération souffre; rien ne peut aller dans cet état.* »

____

(1) **Descorches** au ministre des Relations extérieures. Lettre reçue le 5 brumaire. Constantinople, le 1er septembre 1793.

Il avait besoin de plusieurs drogmans pour les Echelles, et ne pouvait en trouver même parmi les rayas. Il retirait après nouvel examen la proposition qu'il avait faite pour le Consulat de Smyrne, de Florenville, « homme qui calcule plus qu'il ne sent et qui aime l'éclat du patriotisme plus qu'il n'aime la Patrie ». Ce patriarche du Levant n'était pas bon pour Smyrne, mais plutôt pour Alep où il avait demeuré autrefois assez longtemps, et où les opinions concordantes à la sienne dominaient. Saint-Marcel irait d'Alep à Smyrne, réparer les fautes d'Amoreux. Descorches proposait encore Noyane pour Salonique, et son beau-frère Manuel, en sous-ordre à la Chancellerie de Smyrne, en remplacement du chancelier Fonton, suspect comme celui de Constantinople.

Si l'on remarque que ces propositions concernaient des patriotes qui attaquaient déjà Descorches, qui devaient l'attaquer violemment par la suite, on ne peut que constater l'impartialité et la modération qui le guidaient dans ses choix. Il offrait de se rendre dans les Echelles avec une commission *ad hoc* et les pouvoirs nécessaires pour prendre les mesures urgentes et provisoires que la situation comportait (1).

Hénin n'était pas le seul à desservir Descorches auprès du ministère français. Une plainte avait été adressée contre lui par Luzin qui, depuis 1770, avait servi dans plusieurs corps d'infanterie et de cavalerie avec le grade de capitaine. Appelé à Malte, envoyé en 1786 dans cette île, par le maréchal de Ségur, pour y organiser les troupes de l'Ordre, il avait été trois ans après attiré par Choiseul-Gouffier dans le Levant. Il y remplissait les fonctions de consul à Rodosto, sans appointements, en l'absence du citoyen Ruffray, occupé auprès du prince de Valachie, en qualité de secrétaire. Descorches avait pensé un moment à lui pour le consulat vacant de Candie. Il y avait renoncé, s'étant aperçu qu'il était aussi un homme de Choiseul-Gouffier.

---

(1) Descorches au ministre des Relations extérieures, 3e division. Consulats. Constantinople, le 1er septembre 1793. Lettre reçue le 5 brumaire.

Luzin avait rédigé un mémoire qu'il destinait au Gouvernement ottoman, et dans lequel il traitait de la création d'un corps de troupes d'infanterie. Il accusait Descorches à qui il avait remis ce mémoire, et qui lui avait promis son concours, d'avoir informé la Porte qu'il abandonnait ce projet, et de l'avoir fait avertir qu'il ne serait jamais employé pour avoir pris part, le 10 août, au banquet organisé par les membres dissidents de la colonie française. Cependant, le chancelier Fonton restait en fonctions, lui le fils d'un traître, chargé naguère de porter une lettre de Choiseul-Gouffier aux princes rebelles ! « Mais je m'arrête, écrivait Luzin au ministre des Affaires étrangères. Les pièces qui vous ont été adressées de ce pays, ainsi qu'à la Convention et à diverses Sociétés populaires, vous auront fait connaître cet envoyé et sa manière d'agir. » Luzin demandait en même temps un Consulat « toutes ces places n'étant occupées que par de lâches aristocrates qui ne cessent de faire cause commune avec les ennemis de notre Révolution (1) ».

Une note concernant cet incident figurait dans les archives de la Société des Amis de la Liberté de Constantinople. On y relatait la joie de Descorches *à la nouvelle plus que douteuse* de l'arrestation de Sémonville. Le Club se proposait d'être dorénavant dans cette Echelle *le surveillant des ambassadeurs*, le fidèle correspondant des patriotes (autrement dit des Jacobins), et surtout le défenseur des vrais principes de la Constitution. La conduite de Descorches avec le citoyen Luzin ne pouvait être qu'une première manifestation d'hostilité contre le club dont il faisait partie (2).

L'un des principes du club fondé à l'imitation de ceux qui existaient déjà à Smyrne et à Alep était aussi de s'entourer de mystère. On lisait à l'article 9 du règlement : « Les secrétaires ne nommeront pas dans le procès-verbal les auteurs des motions et des discours qui y seront prononcés. » L'article 10

---

(1) Plainte de Luzin contre Descorches. Constantinople, le 2 septembre 1793. Lettre reçue le 13 frimaire, 3ᵉ division.

(2) Réflexions sur la conduite de Descorches avec le citoyen Luzin. Collationné sur l'original déposé aux archives de la Société des Amis de la Liberté. Péra, le 6 septembre 1793. Amic, secrétaire.

disait encore : « Aucun étranger ne sera admis dans la salle des séances. »

Aucun acte des autorités françaises n'échappait à la vigilance du Club. Il s'étonnait de la permission donnée par les députés de la Nation à l'ambassadeur de Hollande, représentant d'un pays ennemi, de faire dresser ses chevaux dans le manège de l'Ambassade de France, alors que les Français n'avaient pas l'autorisation de s'y réunir. Un logement y avait été refusé à Brugnières et à Olivier à leur arrivée au mois de mai précédent, sous le prétexte que le Reis-Effendi s'y opposait. Or, un mois après, l'ingénieur Lebrun y avait été logé avec sa femme, ses enfants et ses domestiques. Puis, Hénin et Sicard avaient pu aussi y demeurer. Tels étaient les faits dont l'importance pouvait justifier l'attention inquiète des membres de la Société des Amis de la Liberté et de l'Egalité (1) !

Un autre incident relatif aux préséances s'était produit à Smyrne. Quelques consuls étrangers avaient fait visite clandestinement au Capitan-Pacha afin d'éviter d'être reçus après le consul de France qui avait toujours joui du privilège de la préséance dans les cérémonies officielles. Vincent Dauphin, gérant provisoire du Consulat, avait cru, en conséquence, devoir s'abstenir de faire cette visite et il en avait informé Descorches (2).

Descorches allait être délivré d'un de ses surveillants, le citoyen Sicard, commis au département des Affaires étrangères, expédié comme courrier à Venise pour porter à Hénin les ordres qui l'avaient conduit à Constantinople et venu avec lui dans cette ville. Sémonville, dont il devait apporter les lettres à Paris, n'arrivant pas, il avait demandé à partir en prenant la voie de la Dalmatie et Descorches s'était empressé de dire : « Amen » (3).

---

(1) Extrait des archives de la Société populaire. Péra, le 6 septembre 1793.

(2) Lettre de Vincent Dauphin à Descorches. Smyrne, le 17 septembre 1793.

(3) Descorches au ministre des Affaires étrangères. Constantinople, le 12 septembre 1793. Lettre reçue le 17 brumaire.

Descorches écrivait à cette époque à un de ses amis resté à Paris, Casimir La Roche, cette lettre intime dans laquelle il s'épanchait entièrement : « Je m'empresse de vous confier, mon ami, que nos affaires commencent à prendre une bonne couleur. Que l'Acte constitutionnel obtienne le succès que nous attendons de lui et tout ira bien. Mais il faut qu'on m'aide. *Je n'ai pas encore le plus petit mot du ministre.* Nous ne savons sur qui compter, que dire, que penser. Tout flotte dans l'incertitude et vous savez combien cette allure a d'inconvénients avec les Turcs qu'il faut pousser sans cesse, avec des Provençaux dont l'imagination ardente est toujours en mouvement. Pressez, prêchez, mon ami, pour qu'on s'occupe des moyens de correspondance que je propose. Il ne s'agit que d'une jonction avec Barthélemy et Noël. Je ne suis pas, entre nous, sans quelques inquiétudes au sujet de ce dernier. Il n'accuse même pas la réception des paquets que je lui fais passer. Que cela veut-il dire ?

« Je m'occupe de ce que devrait faire la Pologne auprès des Turcs. Je ne suis pas arrivé assez tôt. C'était pendant mon séjour en Bosnie que leur sort se décidait. Les Russes n'avaient qu'à parler alors. Mais, j'en reviens toujours aux Polonais. Qu'on nous envoie quelqu'un ; pourquoi pas Kosciusko ? Il rendrait service aux Turcs.

« On débite depuis quelques jours la nouvelle de la mort du roi de Pologne. Ce serait un fléau de moins pour la Pologne et un embarras d'écarté pour sa restauration. On ne peut plus guère douter de l'arrestation de Sémonville. Mais pourquoi passer par le Milanais avec tant de train ? *Il n'y a pas grand mal au reste.* Je connais trop bien l'homme pour ne pas apprécier la perte que fait la République. Les Turcs qui m'aiment seront délivrés d'un grand poids. »

Faisant allusion aux dénonciations dont il était l'objet, il ajoutait : « Voilà les fruits de la venue ici de M. Hénin, d'un homme que j'ai recommandé avec instance à l'intérêt de Lebrun, parce qu'il s'était bien montré à mon passage à Venise. J'espère qu'on me délivrera bientôt de cette plaie. Je vous remercie de votre très bon paragraphe sur les événements de Paris du commencement de juin. Je n'ai pas hésité dès le principe sans savoir les détails à arrêter et prononcer mon opinion dans un sens absolument semblable au vôtre. La Patrie pour tout, les individus pour rien ; ce sera toujours ma devise (1). »

Au sujet d'Hénin dont il espérait être délivré prochainement, Descorches disait encore :

« Les propos d'Hénin tiennent à une spéculation d'intrigants qui a échoué contre l'estime dont elle m'a trouvé environné (2). »

Le même jour, il écrivait au ministre des Affaires étrangères en l'entretenant des intrigues d'Hénin qui voulait organiser à son gré une fête civique le 20 septembre et convoquer malgré lui une assemblée générale de la Nation : « Je vous évite, citoyen ministre, parce que de pareils détails ne sont pas faits ni pour vous ni pour moi, le dégoût de beaucoup d'autres démarches et en général de la vie de cet homme que l'ambition ou le désœuvrement semblent véritablement avoir fait tomber dans une sorte de délire, que je ne cesse pourtant de bien traiter, qui a toujours son couvert mis chez moi, pour diminuer autant que je peux le scandale de cette petite guerre intestine entre deux agents du Gouvernement (3). »

Hénin poursuivait en effet sans relâche ses agissements, ainsi qu'en témoigne la lettre qu'il adressait le 20 septembre au ministre des Affaires étrangères et qui était ainsi conçue : « A l'égard du citoyen Descorches, dont la conduite n'est rien moins que républicaine, je me dispenserai d'en parler dorénavant, surtout si comme ceux de son parti l'avancent, il va remplacer le citoyen Sémonville. Il serait aussi dangereux qu'inutile de paraître le désapprouver. D'ailleurs, que puis-je faire ici pour me rendre utile à la chose publique ? Je suis sans autorité, sans argent, sans crédit et pour ainsi dire abandonné. Je vous renouvelle en conséquence, citoyen

---

(1) Constantinople, le 18 septembre 1793, l'an II.

(2) Marie Descorches au citoyen Duclos. Constantinople, le 18 septembre 1793, l'an II.

(3) Descorches au ministre des Affaires étrangères, 3e division. Constantinople, le 18 septembre 1793. Lettre reçue le 17 brumaire.

ministre, la prière que je vous ai faite de me permettre de retourner à Paris le plus promptement possible. »

Descorches commençait donc à ressentir les effets des intrigues d'Hénin, ce ministre de Venise envoyé lui aussi à Constantinople comme un précurseur de Sémonville. Dès son arrivée, Descorches s'était mis en rapports avec lui et n'avait pas manqué de lui représenter que l'intérêt de la chose publique leur commandait l'union la plus étroite et une action commune. Cependant, malgré ses déclarations empreintes de loyauté et d'un sincère désir d'entente, Hénin, en vertu des instructions qu'il prétendait avoir reçues, le pressait de faire des démarches auprès de la Porte pour lui annoncer l'arrivée prochaine de Sémonville et la préparer à le recevoir.

Descorches lui faisait observer que ces démarches étaient superflues, puisque rien ne s'opposait plus à la venue de Sémonville. Toutefois, l'arrivée de cet envoyé ne pouvait pas être agréable à la Porte après le refus qu'elle en avait fait et devait même nuire au succès des négociations qu'il avait personnellement engagées. Pour mieux convaincre Hénin, Descorches l'avait mis au courant dans le plus grand détail de l'état de ces pourparlers. Quelle fut la surprise de Descorches de voir un matin arriver chez lui Hénin accompagné de quatre membres de la colonie française, signalés pour l'exaltation de leurs sentiments, venant le sommer d'intervenir immédiatement auprès de la Porte.

Descorches répondit avec calme et fermeté à cette mise en demeure inopportune. Mais il fut blessé du procédé qui consistait à mêler des particuliers sans aucun mandat à ses démarches diplomatiques, cette intervention ne pouvant qu'augmenter les divisions déjà existantes dans la colonie française.

Descorches estimait que de tels procédés, loin de préparer utilement les voies au citoyen Sémonville, ne pouvaient que le desservir. Il savait, d'autre part, qu'Hénin minait sourdement son autorité dans les réunions de ses compatriotes, qu'il l'y accusait de fausseté, de trahison même, qu'il aurait voulu entraîner la majorité et l'amener à prendre des délibérations par lesquelles il aurait été écarté, ainsi qu'il avait été fait pour Choiseul-Gouffier. Hénin se serait ensuite substitué à lui (1).

Descorches devait écrire quelque temps plus tard à ce sujet : « Hénin ne se doute pas, citoyen ministre, qu'il est premier secrétaire de la Légation. Il se croit chargé d'affaires. Il se qualifiait ainsi en m'écrivant encore il y a deux jours. Je lui ferai part au premier moment de vos intentions. S'il veut changer de conduite, s'il veut remplir fidèlement les devoirs de sa place, je consentirai bien volontiers à oublier le passé, c'est-à-dire autant qu'il le faudra pour ne pas rompre entre nous les rapports nécessités par le service, car il s'est donné et se donne encore tous les jours trop de torts, non pas envers moi, mais envers la République, pour que mon estime et ma confiance puissent jamais se rattacher à un pareil homme (2). »

Descorches devait plus tard citer ce trait d'Hénin qui s'était présenté chez le drogman de la Porte lui exhibant ses instructions et lui demandant d'entrer en relations directes avec le ministère. Le drogman lui avait fait observer qu'il y avait déjà près de la Porte un agent de la République avec lequel elle traitait. Mais, avait repris Hénin, cet agent n'est pas patriote, c'est un noble... Celui qui tenait ce langage oubliait qu'il prenait avant la Révolution le titre de chevalier, qu'il s'offensait quand on le croyait seulement le parent d'Hénin, des bureaux des Affaires étrangères. Il fallait pour le satisfaire lui parler de sa parenté avec les princes d'Hénin d'Alsace ! « Cet homme, ajoutait Descorches, est tombé dans un tel discrédit qu'il m'a semblé que je compromettrais la considération du Gouvernement en lui redonnant quelque existence. Vous le rappelerez ou plutôt vous l'avez déjà sûrement rappelé; vous le noterez sur vos tablettes comme un intrigant de très mauvais aloi et tout sera dit (3). »

---

(1) L'envoyé extraordinaire de la République française au citoyen ministre des Affaires étrangères. Constantinople, le 25 août 1793, l'an II.

(2) Constantinople, le 1ᵉʳ septembre 1793, l'an II. Correspondance ministérielle.

(3) L'envoyé extraordinaire au citoyen ministre des Affaires étrangères. Correspondance ministérielle. Constantinople, le 10 février 1794.

Cette mesure que Descorches réclamait instamment le 10 février 1794, il l'avait demandée dès le mois de septembre 1793, quand il écrivait au ministre des Affaires étrangères pour l'informer encore de la scission produite entre ses compatriotes dans la journée du 10 août : « Vous seul pouvez appliquer le remède radical qui est de rappeler Hénin afin de vous rendre compte de sa conduite. Je ferai aisément mon affaire des autres, surtout si vous m'ordonnez de dire à ceux qui sont sous la dépendance du Gouvernement que vous avez appris avec plaisir le patriotisme qu'ils professent, mais que vous les exhortez à ne pas perdre de vue que le vrai patriotisme consiste à sacrifier tous les intérêts à ceux de la chose publique (1). »

Dizerand, désigné comme économe provisoire de la maison de Saint-Benoît, occupée antérieurement par la Congrégation des Lazaristes, se mettait également au rang des dénonciateurs de Descorches. Celui-ci, après les incidents soulevés par l'intervention du baron d'Herbert, le ministre d'Autriche qui avait voulu prendre possession de cette maison au nom de l'Empereur, son maître, sous la protection duquel s'étaient placés les Lazaristes, avait recommandé à Dizerand de quitter le couvent pendant quelque temps pour donner satisfaction au Reis-Effendi auquel le différend avait été soumis. Puis, il avait voulu y loger des personnes de sa suite. Dizerand se plaignait à cette occasion de l'imprudence de Gaudin qui avait manifesté l'intention de forcer les portes du couvent. Une rixe s'était produite avec les représentants des Pères soutenus par des Arméniens catholiques qu'ils avaient ameutés et le Reis-Effendi, mécontent de cet incident, avait signifié aux Français d'avoir à évacuer définitivement l'immeuble. Dizerand critiquait à ce propos l'insouciance et la négligence dont avait fait preuve Descorches (2).

Cependant Descorches avait encore à cette époque toute

____

(1) Descorches au ministre des Affaires étrangères, 3e division. Consulats. Constantinople, le 1er septembre 1793. Lettre reçue le 5 brumaire.

(2) Plainte de Dizerand au ministre des Affaires étrangères. Péra, le 6 septembre 1793.

la confiance de son Gouvernement ; car le ministre des Affaires
étrangères, en lui donnant avis de l'arrestation de Sémonville et de Maret « par des brigands soudoyés » près des frontières du Milanais, croyait devoir ajouter :

« Cet incident fâcheux change entièrement, citoyen, la
destination que le Consul Exécutif vous avait donnée. Il
importe au succès des négociations que vous avez été chargé
de préparer que vous les conduisiez le plus tôt possible à une
fin heureuse. Engagez le ministère turc à se déclarer formellement en notre faveur.

« Les opérations de nos ennemis dans la Méditerranée
doivent exciter la sollicitude particulière du Divan. Il est
encore temps d'empêcher la Russie de profiter des conjonctures actuelles pour se créer dans ces parages un établissement au détriment de la Porte. *La Suède est prête à seconder
nos vues* et donnera à cette puissance assez d'occupation dans
la Baltique pour la faire renoncer à ses vues ambitieuses.
Mais, les moments sont précieux et le Divan ne peut s'empêcher de voir qu'il est de son intérêt de faire le plus tôt
possible une diversion en faveur de ses anciens alliés.

« Tirez parti de vos anciennes relations en Pologne pour
faire espérer la jonction d'un grand nombre de patriotes
polonais à l'armée turque. On s'occupe du moyen de faire
passer à Constantinople des officiers expérimentés. Des présents et cent mille écus en espèces ont été envoyés à Smyrne.
Vous les ferez mettre en sûreté. Vous recevrez sous très peu
de jours des instructions sur la destination de ces fonds et
les démarches que vous aurez à faire pour le bien de la
République (1). »

Il ne s'agissait encore dans cette lettre que de promesses,
et il n'est pas même certain qu'elle fût expédiée.

Descorches s'était décidé à remplacer le chancelier Pierre
Fonton par Fleurat, deuxième drogman, et précédemment
chancelier pendant plusieurs années à Tripoli, de Syrie (2).

---

(1) Lettre du ministre des Affaires étrangères à Descorches. Paris,
le 8 août 1793.
(2) Arrêté de Descorches du 5 septembre 1793.

Mais cette mesure n'avait pas désarmé ses adversaires, bien qu'il fût soutenu par la majorité de la Nation qui voyait leurs intrigues avec tant de déplaisir qu'elle paraissait disposée à refuser de leur fournir les fonds destinés à assurer leurs traitements, la plupart d'entre eux étant des agents du Gouvernement ou en dépendant (1).

Brugnières, ce naturaliste voyageur, cet émissaire de la Société des Jacobins, écrivait alors au citoyen Lamarck, membre de l'Académie des Sciences, cette lettre significative: « Mon cher ami. Je n'ai reçu aucune réponse de France à nos nombreuses communications depuis quatre mois que nous sommes ici, pas même du ministre. Descorches, arrivé un mois après nous, n'avait aucune connaissance de notre mission; il devait, suivant une lettre que le ministre nous avait adressée à Marseille, recevoir l'ordre de payer notre traitement, faute duquel nous ne pouvons nous éloigner ! Je suis indigné de la conduite de Lebrun, qui n'a jamais eu que l'intention de nous desservir, et a regardé comme un jeu de nous déplacer. Descorches n'est pas encore reconnu par la Porte, et nous n'en serions pas mieux pour cela s'il était reçu, car cet homme ne paraît pas porter dans le cœur l'amour de la patrie, de la liberté et de l'égalité. Nous avons été obligés de former un club.

« Il y a des traîtres ici qui interceptent les lettres et font insulter les Français. L'envoyé ne loge pas au Palais. Nous avons appris l'arrestation de Sémonville. Nous craignons maintenant que le Conseil Exécutif nomme Descorches à sa place, ce qui, certes, serait un grand mal, *au lieu du citoyen Hénin*, homme de mérite, patriote dans le cœur, et ami vrai de l'égalité. Le ministère, les clubs des Jacobins et des Cordeliers doivent avoir reçu nos pièces, preuve que nous avons rempli notre devoir à son égard. J'espère que la Constitution a été généralement adoptée et que les armes sont tombées des mains de tous nos égarés. Quels malheurs un

---

(1) Descorches au ministre des Affaires étrangères, le 7 septembre 1793.

peu de sévérité, dans les commencements, ne nous aurait-il pas épargnés (1) ! »

Ce savant trouvait que le Gouvernement révolutionnaire n'était pas assez sévère !

Brugnières écrivait encore à un député à la Convention : « Descorches ne nous avance 2.000 francs qu'en nous laissant voir la crainte de n'être pas approuvé. Quand on est en France, on ne se persuade pas aisément le despotisme de tous ces agents de la République dans les cours étrangères. Celui-ci est un homme de l'ancien Régime qui ne convient nullement à sa place, et finira tôt ou tard par être dévoilé. *Vous savez que nous avions une mission d'observer les agents de la République; nous l'avons fait, et le ferons jusqu'au dernier moment.*

« Vous verrez, par les pièces envoyées, le peu d'espoir qu'on doit fonder sur les négociations de cet homme auprès de la Porte. Depuis son arrivée, nous sommes exposés plus qu'auparavant aux emportements des Turcs. Sous prétexte de douceur, on ne fait rien, ou presque rien. Descorches resterait dix ans ici que les choses ne changeraient en rien, et continueraient plutôt de se détériorer entre ses mains (2). »

Brugnières avait écrit déjà à sa femme : « Descorches donne lieu par sa conduite aux soupçons les plus désespérants (3). »

Descorches, qui ne pouvait ignorer l'intrigue ourdie contre lui, cherchait à désarmer ses adversaires en employant aussi avec eux la douceur, en se montrant conciliant. Il avait appris qu'Hénin voulait réunir une Assemblée générale de la Nation sous le prétexte d'organiser une fête le 20 septembre, anniversaire de la proclamation de la République. Mais ses propos indiquaient de mauvaises dispositions, et il avait d'autres vues en réclamant une réunion dans laquelle il se

---

(1) Constantinople, le 8 septembre 1793, l'an II de la République. Brugnières au citoyen Lamarck, membre de l'Académie des Sciences. Maison du citoyen Simon, rue Copeau, à Paris.
(2) Lettre de Brugnières, le 9 septembre 1793.
(3) Lettre de Brugnières, le 1er septembre 1793.

proposait en réalité de contester les pouvoirs de Descorches qui n'était pas encore reconnu par la Porte.

Descorches avait demandé vainement à Hénin de faire un sacrifice à l'union et de se rallier à l'idée d'un banquet réunissant tous les Français, sans distinction, à cette date du 20 septembre, et pareil à celui qui avait eu lieu le 14 Juillet précédent.

La Société populaire de Constantinople ne restait pas de son côté inactive. Elle remplissait le rôle pour lequel elle avait été créée, en adressant à la Convention une dénonciation en règle contre Descorches. On y lisait dans le préambule, sous la signature de son président Florenville, qu'elle était pénétrée d'admiration pour cet immortel ouvrage, la Constitution de 1793 que les législateurs avaient présentée à l'acceptation de la Nation française régénérée (1).

Le même jour, Hénin demandait à la Société des Sans-Culottes, à Paris, à lui être affilié et, par son intermédiaire, à être affilié à la Société mère, séant aux ci-devant Jacobins.

Parmi les pièces dénonciatrices figurait un mémoire sur les incidents survenus le 10 août, ainsi que sur le refus des membres de la Société populaire de prendre part au banquet organisé par Descorches, « pour donner une marque de désapprobation à la conduite de ce citoyen qui, depuis son arrivée à Constantinople, avait marqué ouvertement sa prédilection pour les aristocrates de l'Echelle, et avait affiché ses liaisons avec eux (2). »

On y signalait en outre l'attitude des agents du pouvoir exécutif substitués à Sémonville, et celle d'une dizaine de commerçants contre-révolutionnaires qui avaient la prétention de constituer à eux seuls la Nation sans y comprendre les 150 Français habitant Constantinople. La même situation existait sur les autres Echelles.

Dans la plainte adressée à la Convention, Descorches était formellement accusé de s'être refusé à donner suite à une

---

(1) Adresse de la Société populaire de Constantinople à la Convention, 12 septembre 1793.

(2) Pièce signée : AMIC, *secrétaire*. Collationnée sur l'original déposé aux archives de la Société.

pétition revêtue de dix-sept signatures et demandant, sur l'initiative d'Hénin, la réunion d'une Assemblée générale en vue de l'organisation d'une fête patriotique·projetée pour le 20 septembre.

« Une pareille conduite, citoyens représentants, écrivaient les plaignants, annonce que le despotisme est la base des actions de cet agent. Nous avons la triste expérience qu'en toute occasion il s'oppose au libre exercice des Droits de l'Homme, et à chaque instant il prouve qu'il n'est pas pénétré des principes sacrés de l'Egalité; il consentirait volontiers à voir le succès de notre Révolution, pourvu qu'elle puisse servir son ambition. Mais, il est clair que cet homme n'est point imbu des sublimes vérités qui doivent servir de direction aux agents de notre République. La conduite de celui-ci est un enchaînement de petites trahisons à la cause commune, en attendant que son intérêt l'engage, il faut le craindre, à trahir ouvertement sa patrie. »

Cette dénonciation n'avait pas satisfait Hénin. Il avait cru devoir y joindre un réquisitoire sévère pour le ministre des Affaires étrangères.

« Malgré ma répugnance à supposer au citoyen Descorches des sentiments antirépublicains, sa conduite me paraît de plus en plus extraordinaire et blâmable. »

Il signalait son caractère faible et timide dans les affaires, sa prédilection pour les Français suspects qui le flagornaient journellement. Descorches n'avait pas osé se loger à son arrivée dans le Palais de l'Ambassade, sur les conseils perfides des députés et des négociants aristocrates. Il s'était opposé à ce que les fêtes nationales du 14 Juillet et du 10 août fussent célébrées dans cet édifice. Il avait blâmé l'arrivée de Sémonville, s'était refusé à prendre des mesures pour la faciliter; il avait montré un air de satisfaction à la nouvelle de son arrestation.

Crime impardonnable ! Il s'était refusé à détruire dans le Palais les insignes de la Royauté. On y voyait encore une pièce appelée salle du Roi, où le portrait du dernier tyran figurait sous un dais ! Il avait souffert pendant plus d'un mois des fleurs de lys et des portraits d'aristocrates dans le

salon de la maison qu'il habitait. Il avait blâmé la destruction sur un mur du jardin de l'Ambassade d'une couronne
fleurdelysée qui y était sculptée dans le marbre. Il s'était
montré très malveillant pour Luzin, agent consulaire à
Rodosto, et tous les membres du nouveau club républicain
partageaient à son égard les sentiments de ce zélé patriote (1).

Dans un autre document où il dévoilait toute sa pensée,
Hénin écrivait encore au ministre des Affaires étrangères :
« J'ose vous dire avec toute la franchise et l'énergie d'un
vrai républicain que le citoyen Descorches doit être rappelé.
Sa présence à Constantinople nuit et nuira de plus en plus
aux intérêts de la Nation. J'irai le prouver à Paris aussitôt
que vous me permettrez d'y retourner. Ma présence est inutile ici. Il est pénible d'être spectateur impuissant d'abus
auxquels on ne peut remédier. Les affaires politiques dont
cet agent est chargé languissent entre ses mains dans un
cercle vicieux. »

Aussi Hénin avait-il favorisé l'organisation du club dont il
avait annoncé la création.

Suivant lui, Descorches était entouré de trois drogmans
inaptes aux affaires, dont l'un, Dantan, particulièrement suspect; d'un chancelier prévaricateur, Pierre Fonton, qu'il
souffrait en place; d'un secrétaire d'ambassade Gaudin,
soupçonné d'émigration et dont les sentiments étaient équivoques.

Si véritablement le citoyen Sémonville rencontrait des
obstacles qui devaient le retarder sur sa route, il était de
toute nécessité de prendre un parti pour se procurer à Constantinople un agent fidèle, et sur les sentiments duquel on
pût compter.

Hénin ajoutait modestement : « Quoi qu'il en coûte à ma
délicatesse de m'offrir pour remplacer un homme *dont je suis
par devoir le dénonciateur*, je crois cependant être obligé
de vous exposer, citoyen ministre, que vu les difficultés et les
périls qui s'opposent au passage des agents que la Répu-

---

(1) Hénin au ministre des Affaires étrangères, 3ᵉ division. Constantinople, le 12 septembre 1793. Lettre reçue le 13 frimaire.

blique jugerait à propos d'envoyer à Constantinople, il pourrait être avantageux de me confier cette mission vers laquelle je tendais depuis plusieurs années.

« Si je suis venu à bout auprès d'un Gouvernmeent hérissé de formes et de ministres politiques véritablement remplis de haine et de jalousie contre notre Révolution, si, dis-je, je suis venu à bout de leur faire agréer mes lettres de créance et souffrir l'exposition en public de l'emblème de notre République, pourquoi ne dois-je pas espérer de faire quelques progrès parmi les Turcs qui annoncent si ouvertement leur amitié pour les Français, et parmi lesquels nous pouvons professer sans aucune gêne le républicanisme le plus pur ?

« Si vous n'agréez pas ma proposition, citoyen ministre, je vous supplie de me permettre de retourner sur-le-champ à Paris; ma présence à Constantinople est inutile; il ne me convient plus de prolonger ma surveillance sur un homme dont je désapprouve hautement la conduite. Il m'en a coûté assez de faire une fois le dénonciateur.

« Je vous supplie encore, citoyen ministre, de me faire passer des fonds pour mon retour. Je suis bientôt au dépourvu et n'ai aucunes ressources à Constantinople. Vous n'ignorez pas que c'est par ordre exprès du Gouvernement que je me trouve dans le Levant. J'ai consommé plus de 15 mille livres de mon bien pour me soutenir à Venise, et si vous vous faites rendre compte des réclamations qui se trouvent dans ma correspondance de cette ville, vous y verrez avec quel indécent et injuste oubli j'ai été traité sur l'article des finances. Je n'ai rien reçu pour mes frais d'établissement. Je ne touchais que cinq mille cinq à six cents livres par an en numéraire, tandis que j'étais obligé de louer une maison, de la meubler, de tenir un ménage, de nourrir un secrétaire d'ambassade, un secrétaire particulier et des domestiques (1)... »

La République, d'après cet exposé, paraissait en effet ne pas gâter ses diplomates, sous le rapport financier !

Se voyant déjà nommé représentant de la France à Cons-

---

(1) Pièce n° 13. Constantinople, le 12 septembre 1793. Reçue le 13 frimaire, 3e division.

tantinople, Hénin énumérait les mesures que comportait ce changement de situation. Le titre de chargé d'affaires qu'il était autorisé de prendre, d'après ses instructions antérieures, ne pouvait plus lui convenir; celui de ministre plénipotentiaire devenait au moins nécessaire. Ses appointements devaient être proportionnés aux charges qu'il aurait à assumer pour la nourriture des drogmans, des secrétaires d'ambassade et du chancelier, pour son installation dans le Palais de France démeublé par Choiseul-Gouffier, pour les salaires du personnel, de l'imprimeur et *de l'aumônier*, pour ses dépenses extraordinaires. Il convenait aussi d'établir un service de poste régulier de Constantinople à Venise, au lieu d'employer des Tartares et des messagers irréguliers comme le faisait Descorches, de servir aux naturalistes, Olivier et Brugnières, les 12.000 livres d'appointements qui leur avaient été promis et qui n'étaient pas payés; de recevoir des moyens pécuniaires en numéraire à des dates fixes par le procédé qui était le meilleur, celui de lettres de crédit sur les négociants de Constantinople. Il y avait des inconvénients à leur demander directement leur concours.

Descorches avait, en effet, convoqué récemment douze des plus riches d'entre eux pour obtenir un emprunt de 12.000 piastres. Quatre seulement avaient consenti à verser 1.000 piastres chacun. Si Descorches n'avait pu trouver auprès d'eux que le tiers de sa demande, que pourrait donc espérer un ministre vraiment républicain !

Hénin réclamait encore des lettres de créance et, sous son couvert, les lettres de rappel de Descorches, un chiffre, de nouvelles instructions faisant suite à celles qui lui avaient été envoyées à Venise le 21 mai précédent. Il pensait qu'il pourrait être reconnu, ainsi qu'il s'en était rendu compte dans son entretien avec le prince Moruzzi.

Il était nécessaire d'avoir des drogmans sûrs et fidèles, *car la Porte ne donnait jamais aux ministres étrangers de réponse par écrit.*

Hénin croyait encore indispensable d'éliminer les trois drogmans choisis par Descorches ainsi que ses secrétaires, notamment Gaudin « qui avait une réputation d'aristocratie trop généralisée et qui n'était pas bien instruit dans le catéchisme des Droits de l'Homme » ; venu en compagnie d'émigrés qu'il avait fréquentés pendant longtemps, il était lui-même taxé d'émigration.

Hénin demandait comme premier secrétaire Jacob, premier secrétaire de la Légation de Venise. Il réclamait la destitution du chancelier Pierre Fonton, fils d'Antoine Fonton, ci-devant chef provisoire de la Nation. Antoine Fonton avait donné sa démission le 4 mai 1793, lorsqu'il avait appris la défection de Dumouriez et il était passé ensuite sous la protection de l'Allemagne. Son fils Pierre, envoyé en France par Choiseul-Gouffier avec l'intendant de ce dernier, Kauffer, pour dénigrer Sémonville et porter une lettre de l'ambassadeur aux Princes français, s'était arrêté à Kehl quand il avait appris les événements du 10 août et était revenu rejoindre son poste affectant un faux patriotisme ; il vivait avec ses parents, tous ouvertement hostiles. Descorches était blâmable de le conserver alors qu'il fallait des agents éclairés *et* fermes *pour servir au besoin de surveillants aux ambassadeurs.*

Il y avait aussi à examiner la conduite des consuls, à nommer un ou deux commissaires inspecteurs des Echelles, mission qu'on pouvait confier à Olivier et Brugnières qui, pour un rôle d'espionnage, se trouvaient tout indiqués par la plume d'Hénin.

Enfin, Hénin proposait le remplacement du courrier Duclos en qui il reconnaissait « les sentiments de l'aristocratie et du royalisme le plus décidé ».

Il réclamait une réponse urgente à ses demandes ou des moyens pécuniaires pour retourner à Paris. Son dernier mot était : « Je suis bientôt ici au dépourvu et sans ressources (1). »

Tel était le programme tracé par celui qui aurait dû être le collaborateur fidèle de Descorches et qui se croyait déjà appelé à recueillir sa succession.

La Société populaire de Constantinople énumérait de son

----

(1) Hénin au ministre des Affaires étrangères, 3e division. Constantinople, le 12 septembre 1793, l'an II. Lettre reçue le 13 frimaire.

côté les motifs qui la faisaient douter du patriotisme du citoyen Descorches.

Il était allé demeurer à son arrivée chez le député Beuf, signataire de l'acte contre-révolutionnaire du 8 octobre 1792, dans lequel un certain nombre de négociants réclamaient le maintien de Choiseul-Gouffier; or, le citoyen Florenville, patriote éprouvé, l'avait invité à descendre chez lui de préférence. Il s'était ensuite logé au bureau du Commerce, à Galata, dans un appartement où on pouvait voir les portraits de personnages revêtus de cordons bleus et d'autres vestiges de l'ancien régime, dont les plafonds étaient décorés de fleurs de lys et du chiffre de Louis le dernier, qu'il n'avait fait disparaître sous une couche de blanc qu'un mois après son arrivée et à la suite de plaintes répétées.

Les Français patriotes avaient protesté vainement contre les pouvoirs illégaux des députés Beuf et Pech qui s'intitulaient gérants provisoires des affaires de la République dans le Levant.

La France était plus favorisée des Turcs avant la venue de Descorches. Le mémoire rappelait des faits déjà connus : le refus de Descorches de se loger dans le Palais de l'Ambassade qu'Hénin et Sicard habitaient cependant, son élection à la Présidence de l'assemblée du 14 juillet par 56 voix contre 53 accordées à Florenville, résultat qu'il n'avait obtenu que grâce aux suffrages de ses domestiques.

Descorches ne portait pas la cocarde, fréquentait publiquement les ennemis de la France. Puis on lui faisait un grief ainsi qu'à Dantan d'avoir provoqué les reproches faits par la Porte aux patriotes accusés d'avoir détruit clandestinement dans le Palais de l'Ambassade les insignes de la royauté. N'avait-il pas aussi laissé croire que cet incident empêcherait la Porte de recevoir Sémonville ?

A propos de l'affaire des Lazaristes, Gaudin était encore pris à partie. Cet ancien officier à la suite du régiment d'Alsace avait un passé qui restait une énigme. Sorti de France lors du couronnement de Léopold, arrivé à Constantinople en 1791 avec un ou deux émigrés bien notés, il n'avait cessé d'en voir plusieurs autres tels que le comte de Luppé, Laval, la Ferté... Devenu deuxième secrétaire de l'Ambassade, aux appointements de 4.000 livres, il avait contribué à l'élection du chef provisoire Fonton, devenu depuis un traître (1).

Un incident survenu à Alep allait encore mettre Descorches en conflit avec les patriotes les plus exaltés ou ceux qui voulaient se faire passer pour tels. Plusieurs citoyens d'Alep, où existait une Société populaire, avaient déposé, le 13 septembre 1793, à la Chancellerie du Consulat général de cette ville, une protestation contre les Pères de l'Hospice de Terre-Sainte dont ils signalaient les agissements à l'envoyé de la République, ne se croyant pas autorisés à leur retirer eux-mêmes la protection de la France ni à les expulser. Ces Pères avaient commis le crime impardonnable d'avoir célébré, le 5 de ce mois, un service pour l'âme du feu Roi !

Le consul Saint-Marcel, dans une assemblée de la Nation, tenue à Alep le 11 septembre, avait, en rappelant les instructions de Descorches *au sujet de la protection qu'on devait continuer à accorder aux Etablissements religieux*, essayé de calmer les protestataires et une majorité de 19 voix contre 11 l'avait approuvé. Mais les citoyens qui composaient la Société des Amis de la Liberté et de l'Egalité, sans l'existence de laquelle cet incident ne se serait probablement pas produit, avaient protesté contre ce vote auprès de Descorches. « Depuis nos revers, disaient-ils, nous ne pouvons plus parler le langage du patriotisme sans passer pour des têtes exaltées. » Ils accusaient les Pères d'être passés sous la protection de l'Espagne, à Jérusalem, à Jaffa et dans d'autres villes. Il en eût été de même à Alep, si le représentant du roi d'Espagne n'y avait pas été un Juif. Les patriotes d'Alep demandaient que les missionnaires Lazaristes et Capucins qui y résidaient cessassent d'être reconnus comme citoyens français et protégés, s'ils se refusaient à prêter le serment civique, et que leurs propriétés fussent confisquées au profit de la nation (2).

---

(1) Pièce collationnée sur l'original aux archives de la Société populaire. Signée : AMIC, *secrétaire*. Péra, le 12 septembre 1793.

(2) Lettre des Amis de la Liberté et de l'Egalité d'Alep au citoyen Descorches au sujet de la manifestation des Pères de la Terre Sainte, signée : BUTAT, *président ;* REY, *secrétaire*, 17 septembre 1793.

Les événements de Smyrne étaient de nature à ajouter aux préoccupations de Descorches. Les négociants français s'étaient réunis, le 14 septembre 1793, à la maison consulaire, sous la présidence de Vincent Dauphin, gérant par intérim le consulat, et Rondeau, le commandant de l'escadre française dans les mers du Levant, leur avait demandé de pourvoir au ravitaillement des frégates jusqu'à la fin du mois de janvier suivant. Les négociants y avaient pourvu tant qu'ils avaient pu se couvrir de leurs créances, même avec perte; mais on ne pouvait plus négocier de traites sur la France et de plus le départ d'un convoi avait dû être suspendu en raison de l'insécurité des mers. Accablés par l'interruption du commerce, les négociants ne pouvaient aggraver leur position et demandaient que cette dépense fût supportée par l'ensemble des Echelles. Ils avaient voté seulement 12.000 piastres pour les besoins urgents des frégates jusqu'à la fin du présent mois. Ils s'étaient aussi refusé à voter des subsides pour l'hôpital français de Smyrne.

A cette occasion, Négrin, médecin-chirurgien major de cet hôpital, écrivait à Descorches cette lettre qui peignait sa détresse. « Douze mois se sont écoulés sans que j'aie retiré la moindre chose de mes appointements et il faut que je paie ceux de l'élève que j'emploie. J'ai fait des fournitures de médicaments qui nécessitent des déboursés continuels. Voilà le produit de mes sueurs, de mes dangereux et pénibles travaux ! Si l'Etat, dans cette circonstance, ne vient pas à mon secours, il faut que je passe en France pour courir après mon argent et après quelque place qui me donne à manger; autrement, je ne sais ce que je deviendrai dans mes vieux jours (1). »

Cependant Descorches, pour remplir les instructions de son Gouvernement qui lui avaient été communiquées par Hénin, s'était décidé à présenter une note à la Porte, le 12 août 1793, l'avertissant de l'arrivée prochaine de Sémonville.

Ceux des Turcs que Descorches entretenait de son départ prochain, s'il n'était pas reconnu, en exprimaient leur dou-

____

(1) Smyrne, le 17 septembre 1793.

leur et leur inquiétude et n'étaient pas loin d'accuser le ministère ottoman de corruption. Ils s'accordaient à parler du mauvais effet produit par la nouvelle de l'arrivée de Sémonville, mesure qui les étonnait et qui ne pouvait que diminuer leur confiance dans le Gouvernement français et dans la direction donnée à sa politique extérieure.

Comme Descorches n'avait reçu aucune nouvelle des résolutions de la Porte depuis sa conférence du 8 août, il fit passer le 20 une note au Reis-Effendi (1).

Il y examinait les conséquences de sa reconnaissance officielle. Si elle avait lieu, les ennemis de la France qui étaient aussi ceux de la Porte dirigeraient sans doute contre cette dernière puissance « tous les traits d'une rage d'autant plus envenimée » qu'ils verraient sans doute dans cette démarche, qui cependant ne violait pas la neutralité, un premier pas fait vers une union plus étroite. En un mot, la Porte pouvait craindre une invasion des Russes.

D'un autre côté, si Descorches n'était pas reconnu, la Porte n'avait pas à craindre que la République française lui déclarât la guerre, tant cet état de choses paraissait contre nature et répugnait à tous ses sentiments. Mais, pouvait-elle se dissimuler que plus l'amitié de la France pour elle était sincère et active, plus cette puissance serait vivement affectée de ne pas trouver du côté de l'Empire ottoman la réciprocité de ses bons procédés.

La République française n'avait reçu jusqu'à ce jour en réponse à ses propositions formelles « que des phrases déclinatoires, pas une seule de ces ouvertures qui marquent la confiance et qui la fixent ». L'Histoire dirait qu'un ambassadeur traître à son pays, Choiseul-Gouffier, avait été soutenu par la Porte même après sa destitution et que, d'autre part, un ambassadeur désigné pour le remplacer, Sémonville, avait été repoussé ; enfin qu'un envoyé extraordinaire Descorches, qui avait usé de tous les ménagements pour ne pas compro-

____

(1) Constantinople, le 1ᵉʳ septembre 1793, l'an II. L'envoyé extraordinaire au citoyen ministre des Affaires étrangères. Correspondance ministérielle.

mettre la Porte et pour ménager ses susceptibilités n'avait même pas été écouté !

Il fallait donc que la Porte fût atteinte de maux sans remède pour que la France ne pût même pas obtenir ce que la neutralité exigeait de sa justice, ce que lui dictaient ses intérêts les plus évidents.

Il fallait que ses ennemis eussent acquis sur elle un empire bien absolu ! La France finirait par se lasser. Elle n'écouterait bientôt plus que la voix de la politique et son intérêt lui commanderait de spéculer sur la décadence de l'Empire turc ! « Voilà, monsieur, disait Descorches au Reis-Effendi, le mot fatal. Il sera prononcé, n'en doutez pas. Que Dieu veuille éloigner des yeux de Votre Excellence et des miens le déchirement horrible de votre Nation, digne d'un autre sort, qui en sera la suite ! »

Si la Turquie repoussait l'alliance française, la Russie se montrerait encore plus exigeante, la voyant isolée et livrée à sa merci. L'exemple récent de la Pologne devait donner la mesure de sa générosité. La Turquie ne devait pas douter non plus des intentions du cabinet de Vienne uni par des liens étroits à la Cour de Pétersbourg. Il en était de même de la Prusse. La Suède ne pouvait seule, dans aucun cas, donner aux Turcs une assistance suffisamment efficace. L'Espagne était trop subordonnée aux autres puissances. Restait l'Angleterre. Mais la Turquie ne pouvait ignorer que cette Nation n'était plus à beaucoup près ce qu'elle avait été ; qu'une dette énorme, accrue sans cesse depuis quelque temps, absorbait plus de la moitié des revenus de l'Etat ; que cette situation financière entravait ses projets belliqueux et retenait inutile dans les arsenaux une partie considérable de ses nombreux vaisseaux. Que de difficultés en outre pour envoyer au loin des secours de quelque conséquence ! Puis, était-il bien sûr que l'Angleterre eût un intérêt assez puissant à la conservation de l'Empire ottoman pour s'exposer à tous les frais qu'entraînerait une alliance ? Son abstention dans la dernière guerre que la Porte avait soutenue contre l'Autriche et la Russie était l'indication de ses vrais sentiments.

Descorches après avoir fait ces observations sur la situation de l'Europe en concluait que la Porte ne pouvait compter sur aucune autre alliance efficace que celle de la France. Si ce projet se réalisait, il fallait alors envisager les conséquences possibles d'une invasion des Russes. Mais il était d'abord douteux que la Cour de Pétersbourg s'engageât aussi facilement qu'elle voulait bien le faire croire pour inspirer la crainte dans une nouvelle guerre. Des germes de dissolution existaient dans cet Empire.

Les hommes manquaient et il était connu que si la dernière guerre avait duré, les armées russes n'auraient pu résister à une seconde campagne; les recrues n'étaient que des enfants; une pièce de monnaie était un phénomène dans l'Empire russe; la circulation ne se faisait qu'avec un papier sans garantie et dont le crédit déjà très bas allait toujours en décroissant; personne n'était payé; le mécontentement était général.

« La tête altière de Catherine, cette femme ambitieuse commençait à se courber sous le poids des années, du travail, surtout de la débauche. Tout son art et toute sa force consistaient dans un système, conçu de bonne heure et infatigablement suivi, de corruption des hommes qu'elle craignait d'avoir contre elle (1). »

La Russie devait compter aussi avec la Suède qui avait des outrages à venger, son indépendance toujours menacée à affermir; avec les Polonais révoltés qui menaçaient ses flancs. Comment donc lui supposer raisonnablement assez d'imprudence pour courir dans ce moment les hasards d'une guerre ? En admettant même une invasion suivie de succès des Russes, pour ne rien affaiblir des risques que la Turquie pouvait courir de ce côté, elle recevrait alors une aide efficace de la France qui déploierait pour la secourir tous les moyens et les ressources immenses dont elle pouvait disposer. L'impuissance des Nations de l'Europe liguées contre la République française devait donner à la Turquie une idée de sa force. Loin de favoriser la paix, l'inertie de la Turquie l'exposait au contraire à toutes les horreurs de la guerre la plus désastreuse et peut-être même à sa ruine définitive.

---

(1) Correspondance ministérielle.

Descorches avait en outre chargé Dantan de dire au Reis-Effendi que, n'ayant reçu aucune communication du Gouvernement ottoman depuis sa dernière conférence, le moment était venu pour lui de demander un firman de route nécessaire à sa sûreté pour se retirer à Andrinople et y attendre les instructions du ministère français.

Si le Reis-Effendi n'osait pas encore recevoir Descorches, il n'en paraissait pas moins bien disposé en sa faveur. C'est ainsi que le 27 août 1793, après avoir fait retirer son entourage, il eut un entretien seul à seul avec Dantan. C'était l'heure où tous les drogmans se trouvaient à la Porte et celui d'Allemagne se rongeait les ongles dans l'antichambre pendant cette conversation. Le fait était sans précédent ; car, d'après le système adopté par la Porte, Dantan n'était admis qu'au titre de représentant des députés de la Nation et pour traiter seulement des affaires de commerce et de police. Le Reis-Effendi dit mille choses caressantes et flatteuses pour Descorches. « Saint-Priest, avait-il ajouté, qui a fini par nous trahir, était excellent quand il est arrivé. Par son talent, son zèle, il avait mérité la plus grande confiance de la Porte. Eh bien ! Descorches, c'est Saint-Priest à ses débuts. »

Descorches rapportant ces propos au ministre Lebrun s'excusait de parler aussi souvent de lui.

« Ce n'est, je vous assure, qu'avec beaucoup de répugnance ; mais il faut sans doute que je vous rende tout ce qui peut vous mettre exactement en scène », lui écrivait-il le 1er septembre (1).

Le Reis-Effendi avait dit aussi à Dantan qu'on devait être bien convaincu que si les Turcs n'allaient pas plus vite, c'est qu'ils ne le pouvaient pas, « à cause des lions qu'ils avaient sur les épaules et qui les dévoraient » ; qu'ils étaient forcés de les ménager jusqu'à ce que leurs préparatifs eussent pris plus de consistance, mais que leurs vœux, leurs désirs, leur amitié étaient tout à la France. Il n'avait pas voulu remettre

____

(1) Constantinople, le 1er septembre 1793, l'an II. L'envoyé extraordinaire au citoyen ministre des Affaires étrangères. Correspondance ministérielle.

au Grand-Seigneur la note annonçant l'arrivée de Sémonville, trouvant *déplacé* de parler à Sa Hautesse d'un nouveau ministre lorsqu'il y en avait déjà un.

Descorches mis au courant par Dantan de tous ces propos, comparait les Turcs à des gens qui naviguaient sans boussole sur une mer pleine d'écueils, saisis de frayeur à la vue des dangers et qui, au lieu de se livrer franchement et vigoureusement à la manœuvre, perdaient leur temps à invoquer tous les saints.

Ils faisaient cependant des préparatifs certains. Des troupes étaient envoyées secrètement sur les frontières; des canonniers nouvellement exercés étaient expédiés à Ismaïl et à Anapa. Les Pachas d'Asie avaient l'ordre de se tenir prêts avec des contingents de cavalerie et d'infanterie; dans les provinces maritimes, quarante mille hommes devaient se mettre en mouvement au premier signal et venir servir sur la flotte. Presque chaque jour, il y avait à la Porte des réunions de comités, de conseils. Le 29 septembre, il y avait eu un conseil auquel assistaient les ulémas, ayant à leur tête le muphti, ce qui n'arrivait que dans les circonstances les plus importantes. Les travaux de l'Arsenal redoublaient d'activité. Le Grand-Seigneur était venu les visiter et à cette occasion avait fait remettre à l'ingénieur Le Brun et aux maîtres ouvriers français une pelisse d'hermine et des bourses remplies de sequins, comme témoignage de sa satisfaction.

Le lancement des nouveaux navires se faisait toujours avec beaucoup de pompe et à l'heure donnée par les astronomes, car les Turcs croyaient encore à la bienfaisante influence des constellations.

Les Bosniaques étaient sous les armes et Descorches conseillait au Gouvernement français de les aider, en leur envoyant par Raguse ou les terres vénitiennes des renforts appuyés par une flotte afin de faire une diversion contre les Autrichiens. Des envoyés bosniaques avaient été reçus secrètement par lui. Ils étaient, disaient-ils, soixante mille bien armés, pourvus de munitions et ni la Porte, ni le Pacha, ni tous les Autrichiens du monde ne les empêcheraient de mettre à profit les circonstances pour se venger de leurs ennemis. Descorches leur avait conseillé d'envoyer des affidés en France afin de concerter une action commune.

Dans une dépêche chiffrée qu'il adressait au ministre Lebrun, Descorches traçait ce tableau du Gouvernement ottoman : « Sur le trône, un Grand-Seigneur Sélim, jeune, actif, désireux du bien de son Empire, s'en occupant, mais ignorant des moyens de le faire, voulant beaucoup, pouvant assez peu, circonvenu, enlacé de toutes parts; à la tête des affaires, des hommes élevés par l'intrigue, s'en nourrissant et tout entiers à leur cupidité; un vizir octogénaire ou plutôt une machine; le Reis-Effendi peut-être le plus impur de tous, ayant seul un vrai talent, beaucoup d'art et d'esprit, la cheville ouvrière du Gouvernement, se faisant couvrir par les délibérations du Machavère ou conseil composé d'hommes puissants par leurs relations ou leur fortune, d'ailleurs ineptes et tremblants, qu'il menait à son gré et qu'il retenait par leur intérêt commun d'éloigner des places et du ministère tous ceux qui pouvaient seconder les dispositions du Sultan et n'étaient préoccupés que des intérêts de l'Empire; enfin l'Intendant des Monnaies, point d'appui des hommes au pouvoir, possesseur d'une grande fortune, caractère insatiable, favori du Grand-Seigneur qui le croyait un grand homme parce qu'il voyait l'argent abonder dans ses coffres au moyen du désastreux artifice d'une altération continuelle des monnaies. »

Cependant l'idée qu'une guerre était nécessaire se répandait dans la Nation. Le Capitan-Pacha, qui s'y montrait favorable et qui était en opposition ouverte avec l'Intendant des Monnaies, reprenait du crédit. On parlait d'un nouveau Vizir propre à faire sortir la Porte de sa léthargie. C'était Youssouf-Pacha, vizir pendant la dernière guerre, homme vigoureux, Turc zélé et dont Descorches avait trouvé depuis Raguse le nom sur toutes les lèvres. Déjà parti pour le Gouvernement de Jedda qui équivalait à la mort et où la crainte de le revoir à Constantinople l'avait fait exiler, il venait de recevoir l'ordre de s'arrêter à Brousse pour y attendre de nouvelles instructions du Grand-Seigneur.

Tous ces symptômes indiquaient un changement peut-être

prochain dans la politique de la Turquie. Aussi Descorches conseillait-il d'user de ménagements à l'égard de la Nation turque qu'il ne fallait pas confondre avec un ministère qui allait peut-être disparaître et au sein de laquelle les Français républicains jouissaient d'une faveur que ne leur témoignait sans doute au même degré aucun autre peuple, sans en excepter les Etats-Unis.

En temporisant, on pouvait un jour se servir de la Turquie pour ébranler et faire écrouler « ce colosse du Nord dont la présence en Europe n'y laisserait jamais la Liberté exercer tranquillement ses bienfaits et sous la protection duquel le despotisme, l'aristocratie et les antilibéraux de toutes les couleurs continueraient leurs brigandages » (1).

Le commerce maritime de la France devait en outre tirer de grands avantages de ses relations amicales avec la Turquie intimement liées à sa richesse nationale. On estimait à cent millions de piastres les capitaux français, en marchandises et espèces, existant dans les Etats du Grand-Seigneur. Le mouvement du commerce était des plus importants. La France exportait de ces pays des bois, des blés en abondance et y importait les produits de son industrie. Cinq à six cents vaisseaux étaient employés annuellement à ces échanges. Plusieurs départements français ne vivaient que du commerce avec le Levant. On ne trouvait nulle part ailleurs moins de rigueurs fiscales, plus de facilités pour toutes les opérations commerciales. Qu'on ajoute à ces avantages celui du commerce à faire dans la mer Noire si la Porte s'y prêtait par le renouvellement des Capitulations avec les améliorations qu'il comporterait, on s'explique que Descorches conseillât au Gouvernement français de temporiser avec les Turcs, vieux amis, *décrépits si l'on voulait*, mais sincères et bonnes gens en vue d'obtenir leur alliance, plutôt que de s'associer à une politique de démembrement de cet Empire qui aurait pour résultat, si la France obtenait quelques bons lots dans le partage, d'en procurer aussi à ses ennemis.

---

(1) Constantinople, le 1er septembre 1793, l'an II. L'envoyé extraordinaire au ministre des Affaires étrangères. Correspondance ministérielle.

Descorches n'en reconnaissait pas moins la nécessité de
parler avec force à la Porte, de se retirer même provisoirement dans le cas où elle persisterait à ne pas le reconnaître
et de choisir pour effectuer cette retraite le moment où il serait
chargé de lui communiquer l'Acte constitutionnel sanctionné
par le peuple et qui avait dû être, ainsi qu'il l'espérait, proclamé le 10 août.

Descorches croyait aussi utile d'informer le ministre de la
vénalité du Reis-Effendi, pour le cas où celui-ci conserverait
le pouvoir, ayant eu la preuve qu'il avait reçu cent mille
piastres pour contracter l'alliance prussienne. Toutefois, il ne
conseillait pas au Gouvernement français d'employer les
mêmes procédés de corruption.

« Des vaisseaux, ajoutait-il, et encore des vaisseaux ! Voilà,
je le dirai en toute occasion, le grand ressort qui mettra tout
en jeu. Une escadre qui arriverait à Smyrne avec l'apparence
d'escorter un convoi et une frégate qui s'en détacherait pour
venir ici à ma disposition, c'est-à-dire pour me ramener dans
le cas où je ne serais pas reconnu, ou pour installer la Légation avec un plus grand appareil, ce serait infailliblement une
mesure décisive (1). »

La nouvelle de l'arrestation de Sémonville venait de parvenir à Constantinople. L'internonce impérial s'était empressé
d'en donner à la Porte l'information officielle. On racontait
qu'on avait saisi sur cet ambassadeur cinq à six millions. Le
Reis-Effendi, à qui l'on faisait sonner bien haut cette capture
dont il espérait sans doute avoir sa part, avait répondu :
« Quelle Nation pourtant que cette Nation française qui, ayant
presque toute l'Europe sur les bras, tant de frais à faire, a
encore des moyens suffisants pour qu'on trouve une somme
aussi forte sur un seul de ses agents ! »

Descorches, qui ne pouvait être mécontent de l'aventure
arrivée à Sémonville, écrivait à Lebrun :
« Je trahirais la vérité, citoyen ministre, qu'il est de mon
devoir de vous dévoiler toujours tout entière, si j'omettais

____

(1) Constantinople, le 1ᵉʳ septembre 1793, l'an II. L'envoyé extraordinaire au citoyen ministre des Affaires étrangères. Correspondance
ministérielle.

de vous dire en même temps que le ministère turc, en apprenant cette nouvelle, a manifesté d'une manière peu équivoque qu'il se sentait soulagé d'un poids qui l'importunait (1). »

Comme les Autrichiens triomphaient de papiers importants qu'ils disaient avoir saisis sur Sémonville, Descorches, bien que connaissant leur jactance, s'inquiétait néanmoins de savoir s'il était porteur d'instructions pour sa mission, s'il avait des chiffres, s'ils étaient les mêmes que ceux dont il était muni, car, dans ce cas, il eût été pressant d'y remédier.

Les bagages de Sémonville arrivaient sur ces entrefaites de Smyrne par la voie de mer, après avoir couru maintes fois le danger de tomber entre des mains ennemies. Un nuage de mémoires était venu à cette occasion fondre sur la Porte. Chalgrin et les ministres étrangers avaient conclu à les faire mettre sous séquestre en raison de l'arrestation de Sémonville et parce qu'ils devaient renfermer des bijoux et autres objets appartenant à la Couronne. Il y avait 173 caisses. On ignorait ce qu'elles contenaient et ce qui était plus étonnant encore, les deux personnes qui en avaient reçu la charge ne le savaient pas davantage ! C'était un ancien bourgmestre de Maëstricht, Pouberg, patriote hollandais fugitif, attaché à Sémonville en qualité d'instituteur de ses enfants et un médecin vénitien, Marchi. Ils ne voulaient rendre compte de leur chargement qu'à Sémonville lui-même, malgré les inquiétudes de Descorches à qui ils paraissaient être d'honnêtes gens, mais dont la sollicitude était éveillée sur le sort d'objets de valeur qui pouvaient être la propriété de la République.

Il avait aussi des soucis au sujet de sa correspondance. Il craignait, d'après certaines rumeurs qui lui étaient parvenues, sur un revirement de la République de Venise qu'elle ne fût interceptée dans cet Etat. Ses craintes étaient confirmées par Zulati, consul de France à Sebenico, qui ne recevait plus de réponse aux lettres qu'il adressait à la Légation de Venise. Aussi Descorches avait-il frété un navire à raison de mille piastres par mois qui, sous la conduite d'un marin

---

(1) Constantinople, le 10 septembre 1793, l'an II. L'envoyé extraordinaire de la République française au ministre des Affaires étrangères. Correspondance ministérielle.

connaissant parfaitement l'Archipel, devait en une quinzaine de jours porter la correspondance destinée au ministre dont il attendrait les ordres à Toulon ou à Marseille.

Léonce Trullet, — c'était le nom de ce capitaine de la marine marchande, — devait partir, déguisé en grec, sur un bateau grec bien monté et fin voilier. Mais il attendait toujours dans le port de Constantinople que Descorches pût envoyer des renseignements décisifs sur ses négociations avec le Reis-Effendi. Descorches, de son côté, attendait avec impatience des nouvelles de France; car, depuis son arrivée à Constantinople, il n'avait pas encore reçu une seule lettre du ministre des Affaires étrangères (1).

Il s'en plaignait en ces termes : « Je suis toujours, citoyen ministre, bien pauvre en matières propres à remplir mes dépêches. Je ne veux cependant pas manquer de marquer le courrier en vous écrivant, quoique j'aye lieu de craindre que les communications entre nous soient bien gênées, puisque depuis *bientôt trois mois et demi* que je suis ici, je n'ai pas reçu une seule de vos lettres. »

Le lundi 23 septembre arriva enfin le jour de cette entrevue si attendue avec le Reis-Effendi : « Il ne me connaît pas encore, M. Descorches, avait dit le ministre ottoman au drogman Dantan, en fixant cette date; il verra ce que j'ai dans le cœur pour la République et pour lui. »

Dantan vint prendre Descorches à cinq heures de l'aprèsmidi, selon l'arrangement convenu avec le drogman de la Porte, le prince Moruzzi, qui les reçut dans sa maison de campagne où ils entrèrent par une porte de derrière. De là, laissant Dantan qui, trop connu comme drogman de France, aurait pu dévoiler sa présence, Descorches fut conduit par le prince Moruzzi, à Scutari, chez le Reis-Effendi. « Soyez le bienvenu, monsieur l'Ingénieur », lui dit ce dernier, lui donnant cette qualité pour mieux cacher aux assistants l'objet de cette entrevue.

---

(1) Constantinople, le 25 septembre 1793 (le 4 vendémiaire an II). L'envoyé extraordinaire au ministre des Affaires étrangères. Correspondance ministérielle. Lettre reçue le 13 Brumaire.

On lui offrit des confitures, le café ; on lui fit les honnêtetés d'usage. Puis l'entourage se retira et avec l'assistance de Mukib-Effendi, qui avait déjà pris part comme interprète aux précédentes conférences, une conversation de trois heures s'engagea entre les interlocuteurs.

Le Reis-Effendi s'excusa de n'avoir pu recevoir Descorches plus tôt à cause de l'animosité de leurs ennemis communs, mais Musta-Bey, le commissaire déjà nommé par Sa Hautesse pour l'entendre, avait fidèlement rapporté ses déclarations qui avaient fait l'objet des délibérations du Divan. Le Reis-Effendi répéta ce qu'on avait déjà dit à Descorches. La Porte était l'amie de la France, faisait même des vœux pour ses succès ; mais la situation actuelle ne lui permettait pas de rompre son système de neutralité ni de reconnaître officiellement l'envoyé français. Elle craignait par des démarches précipitées de compromettre l'union plus intime, l'alliance utile qu'elle espérait contracter un jour avec la France. Aux représentations de Descorches qui faisait valoir l'importance des concours qu'une alliance assurerait à la Porte, le Reis-Effendi répondit qu'il ne se faisait pas d'illusion sur leur valeur réelle ; qu'ayant autant d'ennemis sur les bras, la République française ne serait pas assez sûre de réaliser ses meilleures intentions à l'égard de ses compatriotes, que les Polonais avaient prouvé dans tous les temps ce qu'ils pouvaient, qu'ils étaient trop légers pour acquérir jamais quelque consistance, que les Suédois étaient trop faibles. Puis coupant court, il ajouta : « Nous nous consumerions plus longtemps de part et d'autre en raisonnements inutiles. Il va être dressé un protocole de ce que nous avons dit. Son Altesse le Grand-Vizir, par les ordres duquel je vous ai invité à vous rendre chez moi, en prendra connaissance et me dictera les réponses ultérieures qu'elle jugera à propos de vous faire (1). »

Il parut sensible à la menace renouvelée de Descorches de se retirer et y répondit, sans se départir toutefois de ses

______

(1) Constantinople, le 26 septembre 1793, l'an II. L'envoyé extraordinaire au citoyen ministre des Affaires étrangères. Correspondance ministérielle.

déclarations précédentes, qu'il ne reconnaissait pas là le langage de l'amitié. Le sorbet, les ablutions d'eau de rose et de parfums, ces manifestations de la politesse des Turcs à l'égard de leurs hôtes terminèrent l'entretien.

Le prince Moruzzi, en tête-à-tête avec Descorches dans le bateau qui les ramenait, ne lui cacha pas que tout l'éclat fait autour de cette ambassade extraordinaire de Sémonville qu'on disait chargé de présents pour séduire et corrompre les Turcs, que l'envoi annoncé d'une flotte nombreuse destinée par sa présence à peser sur eux pour les faire sortir de leur système d'expectative avaient plutôt exercé une influence fâcheuse sur le Divan. Il s'inquiétait aussi de ces changements de généraux qui ne faisaient que passer à la tête des armées de la République, de la composition du ministère français et ne cachait pas les préventions défavorables que lui causait la mobilité des événements en France.

Descorches trouvait pardonnable à un prince grec élevé à Constantinople, courbé dès son enfance devant les Turcs, tout homme d'esprit qu'il était d'ailleurs, et même assez instruit, de se trouver un peu ébloui et troublé par les événements de la Révolution française.

Descorches avait compris, d'après le langage qui lui avait été tenu dans cette entrevue, que les Turcs n'étaient pas suffisamment fixés sur l'état intérieur de la France qu'ils ne connaissaient que par les renseignements donnés par les ministres étrangers, et que le ministère, principalement, ne leur offrait pas assez de garanties. « Avez-vous des lettres du ministre ? » Tel était le refrain qui revenait dans leurs conversations.

Aussi Descorches écrivait-il : « Je vous le demande donc, citoyen ministre, au nom de la Patrie, au nom de la pitié que vous ne pouvez refuser à un de vos malheureux agents exposé, comme je le suis ici, à tous les vents, sans aucune direction depuis trois mois et demi. Donnez vos ordres pour que notre correspondance s'organise. Vous verrez bientôt, je vous en réponds, les fruits qui en écloront (1). »

____

(1) Constantinople, le 26 septembre 1793, l'an II. L'envoyé extraordinaire au citoyen ministre des Affaires étrangères. Correspondance ministérielle.

Il écrivait encore le 10 novembre : « De l'argent et des lettres, citoyen ministre, ce sera mon refrain continuel jusqu'à ce que vos yeux et votre attention se soient portés vers nous (1). »

Il revenait à la charge dans ces termes le 24 décembre : « De vos nouvelles, citoyen ministre, et il me semble qu'il ne me restera plus rien à désirer. Je suis malheureusement toujours réduit par la rigueur des circonstances à former ce vœu, et, en attendant qu'il s'accomplisse, j'éprouve de grands embarras et des angoisses bien vives. J'éloigne au moins de moi les alarmes sur l'avenir par ma confiance dans votre sollicitude pour nous, et dans les soins que vous aurez infailliblement pris pour faire cesser cet état de choses *dont la prolongation me paraît impossible.*

Quoi qu'il en soit, citoyen ministre, il n'y aura jamais, tant que j'existerai, que les bornes de mes forces qui pourront en mettre à mon zèle et à mon dévouement pour la République (2). »

Descorches n'avait reçu qu'une instruction, datée du 8 août, et arrivée à Constantinople le 11 novembre, qui confirmait et précisait ce que la République française attendait de la Porte; il l'avait, sous forme de note, communiquée le 16 novembre au Reis-Effendi (3).

La République proposait :

1° De ne mettre bas les armes devant les ennemis communs que de concert avec la Sublime-Porte;

2° De coopérer de tous ses efforts à rétablir les frontières de l'Empire ottoman sur le pied du traité de Koutchouck-Kainardji;

3° De fournir à la Sublime-Porte des officiers expérimentés, des artilleurs et les ouvriers qu'elle jugerait utiles à son service;

4° D'assister sa flotte, s'il était nécessaire, par une escadre auxiliaire;

---

(1) Constantinople, le 10 novembre 1793, l'an II.
(2) Constantinople, le 24 décembre 1793 (ère vulgaire). L'envoyé extraordinaire au citoyen ministre des Affaires étrangères. Correspondance ministérielle.
(3) Galata, le 16 novembre 1793, l'an II. Correspondance ministérielle.

5° De contracter une alliance permanente par laquelle des secours respectifs dans le cas de besoin seraient stipulés.

Descorches faisait suivre la note des considérations suivantes : Si cette alliance était contractée, la Porte n'aurait plus à craindre de voir sacrifier ses intérêts aux embarras momentanés de la République française, d'être entraînée dans une guerre dont on lui laisserait supporter ensuite tous les dangers, ainsi que la douloureuse expérience de la perfidie de presque toutes les Cours de l'Europe ne lui donnait que trop de raisons d'en avoir l'appréhension. La France n'avait plus une Cour changeante et versatile. Son Gouvernement ne pouvait plus être que l'organe du vœu de la volonté générale, et l'on ne pouvait accuser la Nation française d'être capable de trahir l'honneur ou l'amitié.

Aussi le Gouvernement français ne pouvait-il comprendre l'attitude qu'avait eue la Porte à son égard, sa partialité marquée dans le temps pour le traître Choiseul, la protection dont l'avait couvert le Sultan, l'arrestation pendant deux mois à Trawnick de Descorches, en violation des capitulations et du droit des gens, l'obligation où il se trouvait, depuis son arrivée à Constantinople, de demeurer dans un réduit obscur, presque inhabitable, alors que la République y possédait un Palais destiné au logement de ses agents, la tolérance accordée à un Chalgrin, s'érigeant en chargé d'affaires des princes à côté de l'envoyé français, les relations continuées avec l'ancien premier drogman, Joseph Fonton, l'agent de Chalgrin, devenu lui aussi traître à son pays, l'autorisation accordée à plusieurs Français renégats de se mettre à l'abri de la protection étrangère contrairement au droit international, ce qui leur permettait de se livrer impunément à leurs intrigues et à leurs manœuvres contre la France, en faveur des ennemis de l'Empire ottoman, enfin les longs délais mis à entendre l'envoyé français qui, arrivé depuis sept mois à Constantinople, n'avait encore obtenu aucun résultat officiel dans la mission dont il était chargé.

Le Gouvernement français ne concevait pas cette espèce de stagnation de la Porte au milieu de la commotion générale que l'Europe éprouvait, et qui servait pourtant si bien ses intérêts.

En admettant que la puissance française disparût de la surface de l'Europe, comme voulaient le faire croire les sept ou huit Rois dont elle avait cependant jusqu'à ce jour repoussé les efforts, que serait ensuite le sort de l'Empire ottoman ? Est-ce dans les bras de l'Autriche ou de la Russie qu'il trouverait son salut ? Ces deux Cours impériales ne respectaient aucun droit et rien, comme elles venaient de le prouver, n'était sacré pour leur insatiable ambition. L'Autriche n'avait-elle pas violé dans Sémonville, sur un territoire neutre, la personne sacrée, dans tous les siècles et chez les peuples les plus sauvages, d'un ambassadeur envoyé à Sa Hautesse ? La Russie ne venait-elle pas d'ajouter la plus insultante ironie à l'outrage et à la violence en couvrant de ses armées un pays voisin au moment où elle lui jurait solennellement une paix inviolable, en s'emparant de ses plus belles provinces pour lui prouver sa tendre amitié, et sous le prétexte d'une alliance perpétuelle ? Mais, si la France était vraiment menacée, la Porte n'avait pas d'intérêt plus pressant que d'accourir à son secours, car, dans la situation actuelle de l'Europe, la France pouvait très bien exister sans l'Empire ottoman, mais la réciproque n'était pas vraie. Il était donc urgent d'unir les forces des deux pays, afin de ne pas donner l'avantage à leurs ennemis de les combattre séparément.

La Porte pensait-elle qu'on pourrait jamais réduire un peuple aussi puissant, aussi nombreux que le peuple français, naturellement valeureux, jaloux de son indépendance, sensible à l'honneur, à qui l'idée seule d'être subjugué par une autre volonté que la sienne était capable de faire faire des prodiges ? Les Rois qui prétendaient s'opposer à l'établissement de la République s'épuisaient en vain et ne faisaient que la consolider par l'effet ordinaire des résistances vaincues, tandis qu'ils ébranlaient leurs propres trônes.

Si la Porte s'était prononcée plus tôt, la mer Méditerranée serait restée libre et elle n'aurait pas eu à souffrir de l'interruption de son commerce. Toulon et la flotte qui s'y trouvait serviraient la cause commune. Naples n'aurait pas déclaré la guerre. Les puissances d'Italie seraient plus fermes dans leur neutralité et la sage République de Venise, qui maintenait la sienne avec dignité, malgré les menaces et les dangers qui l'entouraient, serait devenue sans doute une alliée, de même que la Suède et le Danemark qui, dans le Nord, avaient su, avec leurs propres forces, défendre leur indépendance contre l'Angleterre et la Russie. Le brigandage exercé en Pologne n'eût peut-être pas eu lieu. A l'heure actuelle, Descorches pouvait encore assurer la Turquie par la connaissance qu'il avait de la Pologne où il entretenait des relations, qu'une armée polonaise se lèverait au premier signal comme auxiliaire de l'armée turque.

Catherine vieillissait et se trouvait isolée ; l'Empereur plus qu'occupé par la France ne pouvait la seconder. Qu'aurait-elle donc à opposer à la coalition dirigée contre elle ? Des armées délabrées, mal payées, mécontentes ; des provinces qui l'étaient encore davantage et qui ne demandaient qu'à secouer un joug qu'elles ne pouvaient plus supporter ; beaucoup de papier discrédité en guise de monnaie et pas un rouble effectif.

L'objectif que les Turcs n'étaient pas prêts tombait d'elle-même devant cette considération que les ennemis mettraient aussi à profit les délais qu'ils leur laisseraient. Les provinces annexées de la Pologne allaient donner à la Russie, si on la laissait s'y consolider, des ressources immenses en hommes, en magasins, un arsenal redoutable dans la forteresse de Kaminick, des établissements militaires sur toute la rive du Dniester. Les Polonais, prêts à se soulever maintenant, seraient dans deux ou trois ans pliés sous le joug.

Il ne devait pas échapper non plus à la sagacité de la Sublime Porte qu'il restait un compte à solder entre *les trois Cours léonines,* dont deux seulement avaient pris part au dernier partage de la Pologne. Il était aisé de conjecturer de quel côté devait être offerte une compensation avec certaines provinces ottomanes convoitées depuis longtemps. Une dernière considération devait peser d'un grand poids sur l'esprit des Turcs. Si le Gouvernement français offrait l'alliance, c'est qu'il la considérait comme servant très bien en ce moment la cause commune, comme devant permettre à la République de triompher plus facilement de ses ennemis et d'établir une paix plus solide. De plus, tous les pouvoirs reposant dans la Convention nationale, la ratification d'un traité d'alliance serait vite obtenue. Mais cette alliance serait-elle aussi désirable pour la France après la conclusion d'une paix obtenue par la lassitude générale des belligérants ? Que les Russes délivrés de la crainte de la France tentent ensuite de franchir le Dniester ! La Sublime Porte sentirait alors l'utilité de l'alliance et voudrait y recourir. Mais les douceurs de la paix dont il jouirait après de si vives agitations auraient sans doute pour effet de modifier les dispositions du peuple français qui, vraisemblablement, ne voudrait pas s'engager dans une nouvelle guerre. Le moment était donc infiniment précieux et il n'y avait plus de temps à perdre sous peine de remords bien amers pour la Sublime Porte. L'éloignement des différents pays qu'il convenait de faire entrer dans le concert projeté en rendait les préparatifs urgents pour qu'il pût être réalisé avant la saison des hostilités.

On aurait pu croire qu'une déclaration conçue en termes si énergiques serait prise en quelque considération par le Gouvernement ottoman. Tout au contraire, plusieurs mois devaient s'écouler sans que le ministre français, malgré toutes ses instances, pût obtenir une nouvelle conférence.

CHAPITRE V

INCIDENTS DE LA MISSION

Atermoiements et divisions du Gouvernement ottoman. — La Porte accorde une aide financière à la France. — Arrivée à Constantinople d'un ambassadeur russe. — L'incident Roubeau risque d'amener une rupture entre la Porte et la France. — Préparatifs belliqueux des Turcs contre la Russie. — Leurs sentiments bienveillants pour la France. — L'opinion de Robespierre sur l'alliance ottomane.

Descorches n'était pas mieux partagé par son Gouvernement ! Il dut attendre jusqu'au 8 janvier 1794 pour recevoir une nouvelle lettre de Paris datée du 25 octobre précédent !

L'inaction des ministres turcs n'était pas sans faire des mécontents non seulement à la Légation de France, mais encore chez un grand nombre de leurs compatriotes. On les appelait assez hautement des traîtres, des vendus. Des mouvements séditieux aussitôt réprimés avaient déjà éclaté. On répétait qu'un changement ministériel était imminent; mais Descorches ne connaissait pas encore assez le pays pour savoir si ce bruit était fondé.

Ce qu'il y avait de certain, c'est que le Capitan-Pacha Kutchuk-Hussein avait proposé au Sultan de reprendre comme Grand-Vizir Youssouf-Pacha, le seul homme que la confiance publique et le caractère missent au niveau des circonstances. « Je suis très disposé à vous croire, lui avait répondu le Grand-Seigneur, mais des têtes vont tomber à l'arrivée de celui que vous me proposez et je vous préviens que la vôtre sera peut-être la première. « Qu'importe, avait eu la générosité de répondre le Capitan-Pacha ! Si Youssouf est l'homme que je crois et que je vous ai dit, que ma tête tombe, mais que votre Empire se relève et je serai content ! »

On attendait Youssouf à Constantinople. Il s'était démis de ses trois queues, obstacle qui l'empêchait de rentrer avec

cet insigne de son ancien rang dans la capitale. Le Gouvernement de Morée devait lui être confié, afin qu'il se trouvât à
proximité pour prendre le commandement des armées en cas
de guerre. Ce n'était pas un rappel complet, mais une tran-
saction entre le parti du Capitan-Pacha et le ministère. On
parlait aussi pour remplacer le Reis-Effendi Raschid, de
Ratib-Effendi, ambassadeur à Vienne deux ans auparavant,
ayant une culture européenne et plus qu'aucun autre Turc
bien disposé pour la France. Ces bruits de changement avaient
fait ajourner la résolution de Descorches de se retirer.

Il se produisit alors l'un des incidents les plus curieux qui
devaient marquer sa mission. Il avait déjà exposé au ministère des Affaires étrangères l'embarras extrême où il se trouvait pour subvenir aux besoins de l'hôpital français de
Smyrne qui recueillait, sans distinction de nationalité, les
marins des Echelles du Levant et à ceux des frégates qui
faisaient relâche dans ce port et qui ne pouvaient le quitter
avec un convoi qu'elles étaient chargées d'escorter par suite
de la présence signalée sur les côtes de France des flottes
anglaise et espagnole.

« Ne voyant que détresse et pas la moindre ressource
autour de moi, écrivait Descorches à Lebrun, je n'ai jugé
aucun expédient extraordinaire plus convenable sous tous les
rapports et plus probablement efficace que de m'adresser
directement au Gouvernement ottoman (1). » Ayant déjà prévenu de ses intentions le Reis-Effendi dans la conférence
qu'il avait eue avec lui, il chargea Dantan, le 23 septembre,
de remettre une note à la Porte la motivant « sur le plaisir
qu'il avait à saisir cette occasion de prouver sa confiance
dans la sincérité des sentiments du Divan et d'agir avec la
franchise et l'aisance dont la véritable amitié lui faisait un
devoir ». Pour subvenir aux besoins de l'hôpital, les four-
nisseurs, le médecin, le consul avaient déjà fait des avances
et leurs ressources étaient épuisées. Les traites tirées sur les

____

(1) Constantinople, le 26 septembre 1793, l'an II. L'envoyé extraordinaire au citoyen ministre des Affaires étrangères. Correspondance
ministérielle.

bureaux d'administration de Marseille et de Toulon ne pouvaient plus circuler par suite du blocus de ces ports par les flottes ennemies et les Français du Levant n'avaient plus à compter que sur les avances du commerce local limitées par la stagnation des affaires. C'est à ces avances que Descorches avait déjà eu recours pour ses besoins personnels.

Les frégates allaient manquer de vivres le 1er octobre; il en était de même pour l'hôpital dont le service menaçait de faire défaut tous les jours et cinquante mille piastres étaient indispensables. Descorches demandait ce prêt pour trois mois, c'est-à-dire pour le temps qui lui était nécessaire afin de recevoir des nouvelles de France et d'assurer les opérations de remboursement. Il était prêt à donner toutes les sûretés demandées telles que sa reconnaissance au nom du Gouvernement et le reçu des administrations de Smyrne.

« Je ne sais, écrivait-il au Reis-Effendi, ce que Votre Excellence pensera de l'idée que je vais prendre la liberté de lui communiquer, mais je crois ne pas me tromper en me persuadant qu'elle m'accuserait d'avoir manqué à tous les sentiments de respect et de confiance que nous devons à Sa Hautesse, si j'eusse hésité à lui exposer franchement ma position, mon embarras et l'espoir qui m'entraîne vers elle, comme la seule ressource à laquelle il convienne que je recourre et la meilleure que je puisse employer.

Je crois donc ne pas commettre une indiscrétion en priant Votre Excellence de m'accorder ses bons offices auprès de Sa Hautesse pour qu'elle veuille bien prendre en considération la situation où les circonstances locales réduisent ici le service d'une nation, sa meilleure amie. »

Le Sultan donna des ordres pour que ce prêt fût accordé. « C'est une misère, avait dit le Reis-Effendi auprès de ce que la Porte voudrait faire pour la République; » mais il demandait le secret. Malgré sa recommandation, les coalisés connurent, on ne sait par quelle voie, le prêt fait par la Porte et leurs reproches furent d'autant plus vifs qu'il devait servir à ravitailler des frégates mouillées à Smyrne dont la présence dans ces parages entravait le commerce russe et autrichien de tout l'Archipel. Aussi, ce ne fut qu'après de longues délibérations du Divan, en janvier 1794, que le versement de la somme promise fut effectué.

Le Sultan qui venait de donner ce témoignage de sa sympathie pour la France, la manifestait dans d'autres circonstances. Sur deux notes adressées au Reis-Effendi par Descorches, il avait de sa propre main tracé ces Hatts-Chérifs ou écrits sacrés du Grand-Seigneur : « Mon Vizir. Braves les Français. Je me réjouis de leurs succès. Mon Vizir. J'ai vu avec plaisir la note de notre ami Descorches; j'en suis charmé et je souhaite que les armes des Français prospèrent et qu'ils soient toujours victorieux sur leurs ennemis (1). »

Un nouvel ambassadeur russe, Koutousoff, qui avait pour mission de faire reconnaître par la Porte le récent partage de la Pologne, s'acheminait à petites journées vers Constantinople. Sa suite était nombreuse et il avait été accueilli avec toute la pompe et les cérémonies d'usage. Le ministre de Prusse avait reçu l'ordre de n'agir qu'étroitement uni à lui.

Sicard, attaché à la 1re division du ministère des Affaires étrangères et qui avait quitté Constantinople le 13 septembre pour rentrer à Paris, écrivait à son ministre de Spalato, où il subissait une quarantaine, qu'il avait rencontré sur sa route, à Andrinople, l'ambassadeur russe et sa suite.

Il faisait cette pittoresque description du cortège de ce diplomate. Ce cortège se composait d'une quantité considérable d'*arabas*, voitures du pays fournies par réquisitions. Il comprenait encore une meute de 100 chiens de toute espèce, car l'ambassadeur qui voyageait lentement s'arrêtait sur son chemin pour chasser. 800 hommes à cheval, drapeaux déployés, fournis par un Pacha, 150 hommes de la cavalerie d'Andrinople et d'autres troupes turques, canonniers, janissaires, bostandjis l'accompagnaient. Il amenait de plus avec lui 400 Russes dont plusieurs officiers chamarrés d'infanterie et de cavalerie, quelques hussards et 40 musiciens. 4 coureurs précédaient sa voiture sur laquelle se tenaient plusieurs valets galonnés et qui était entourée par des cavaliers, sabre en main. Ce faste montrait l'orgueil de Catherine.

____

(1) Correspondance ministérielle.

La veille du passage de l'ambassadeur, une ordonnance
avait défendu aux femmes turques, arméniennes et grecques
de sortir dans les rues. Les autorités ottomanes craignaient-
elles la galanterie des Russes, bien que l'ambassadeur eût
déclaré qu'il ne s'était pas aperçu de cet ordre ? Son nombreux cortège avait peut-être aussi pour but de le protéger
contre les bandes de brigands qui infestaient alors le pays
et menaçaient Philippopoli.

Accompagné de cette suite nombreuse, l'ambassadeur russe
avait fait une entrée solennelle à Andrinople en y déployant
la plus grande pompe. Mais les Turcs n'avaient donné aucun
signe d'intérêt ni de curiosité à son cortège. Une sorte de
stupeur, un morne silence régnaient dans la ville, tandis que
la suite de l'ambassadeur s'était montrée très insolente et
indisciplinée (1).

Le 7 septembre, l'ambassadeur fit son entrée dans Péra,
à 8 heures du soir, à la lueur des flambeaux, précédé par
un détachement de 160 hommes de cavalerie et de 200 hommes
d'infanterie. Les troupes russes avaient défilé le sabre sur
l'épaule, à la grande indignation des Turcs qui trouvaient ce
geste insultant. Cette troupe d'élite était revêtue de brillants
uniformes. L'ambassadeur était à cheval et entouré d'officiers
russes et de laquais richement habillés.

Pendant plusieurs jours arrivèrent des chariots et voitures,
la plupart traînés par des bœufs et apportant les bagages de
l'ambassadeur et de sa suite évaluée à 600 personnes. Chaque
jour, dans les rues, de petits détachements de troupes russes
circulaient pour relever la garde du palais de l'ambassadeur
ou faire des exercices au dehors.

Ces troupes marchaient aux sons d'une musique si bruyante
qu'elle faisait trembler les vitres de Péra. Les Turcs paraissaient étourdis de tout cet attirail et de ces oripeaux russes,
écrivait l'auteur de cette correspondance.

« Quant aux Grecs, *vils animaux*, ils semblaient séduits et
témoignaient une joie indécente qui pouvait leur coûter cher,

---

(1) Extrait d'une lettre d'Andrinople du 17 septembre. *Le Moniteur
universel*, 3 frimaire an II (samedi 23 novembre 1793), n° 63.

si le Grand-Seigneur s'avisait d'y réfléchir convenable-
ment (1). »

L'ambassadeur russe mit un certain temps à notifier son
arrivée au Grand-Vizir. Il voyait fréquemment les envoyés des
puissances chrétiennes (2).

Les missions de cet ambassadeur extraordinaire et de celui
que la Porte envoya à son tour en Russie donnèrent lieu à de
grosses dépenses. La Cour de Russie déploya la plus grande
magnificence en traitant l'ambassade ottomane. Des palais
furent mis à sa disposition. Chaque jour elle recevait des
mets de choix et 1.300 roubles en argent. On estimait que les
deux ambassadeurs coûteraient à l'Impératrice plus de deux
millions de roubles. Parmi les cadeaux du Grand-Seigneur
figurait une superbe tente dont l'intérieur était entièrement
garni de perles.

L'insolence des Russes en avait été accrue, surtout à l'égard
des Français. Ils insultaient publiquement ceux d'entre eux
qui portaient la cocarde tricolore que les Turcs voyaient avec
plaisir. Ce fut à cette époque qu'une rixe, dont les conséquences auraient pu être graves, éclata entre Russes et
Français.

Le 24 septembre, deux Français, les citoyens Roubeau et
Guérin, capitaines de navires marchands, passaient dans la
grande rue de Péra quand ils furent poussés et coudoyés par
plusieurs Gréco-Russes qui marchaient derrière eux. Des gros
mots on en vint aux mains. Des Grecs et des Russes arrivèrent au secours de leurs compatriotes et le chancelier de
la Légation russe, Freding, qui se trouvait présent, se
répandit en imprécations contre la République.

Les Français se réfugièrent dans une maison voisine. Les
janissaires de l'Ambassade française avertis accoururent à
leur secours et le voïvode envoya aussi une forte patrouille
pour protéger leur retraite dans le faubourg de Péra. Cet
incident souleva une grande indignation contre les Russes et

____

(1) Extrait d'une lettre particulière. Constantinople, le 10 octobre
1793.

(2) Constantinople, le 27 octobre 1793. *Le Moniteur universel*, n° 94,
4 nivôse an II (mardi 24 décembre 1793).

on espérait que la Porte prendrait des mesures pour qu'il ne se renouvelât pas, mais il eut, au contraire, des suites qui faillirent amener une rupture entre la Porte et la France.

Sur la plainte de l'ambassadeur russe, le voïvode de Galata, chargé de la police dans les quartiers français, avait ordonné d'arrêter le français Roubeau qui, en se défendant, avait frappé l'un de ses agresseurs et l'avait fait bâtonner au mépris des Capitulations. De là, grand émoi dans la colonie française. Les députés de la Nation avaient remis les pouvoirs dont la Porte les avait investis. Descorches voulait partir le lendemain. Dantan refusait de servir plus longtemps. Dans une assemblée générale, il fut convenu que, pour sauvegarder les intérêts des nombreux Français disséminés dans les Echelles du Levant, Descorches resterait provisoirement à son poste, mais que la Convention serait informée de cet incident envenimé à plaisir par les ennemis de la France qui faisaient courir de fausses nouvelles en répandant le bruit que Chalgrin allait être reconnu comme agent du Régent et que la Porte se déclarait contre la France. La défection de Toulon qu'on venait d'apprendre, la déclaration de guerre de Naples augmentaient encore leurs espérances. On annonçait enfin l'arrivée prochaine d'un nouvel envoyé qu'on disait être le citoyen Novère et qui devait, lui aussi, en prenant à l'exemple de Descorches la qualité de négociant, se présenter incognito comme agent secret de la République.

Tous ces bruits n'étaient pas faits pour accroître le crédit de Descorches. L'orage provoqué par l'arrivée de l'ambassadeur russe fut encore conjuré grâce à la prudence de l'envoyé français qui ne permit pas aux ministres étrangers de saisir cette occasion pour amener une rupture entre la France et la Porte. Descorches savait pouvoir compter sur l'amitié des Turcs, malgré un incident dans lequel ils avaient pratiqué leur politique habituelle qui était de donner des satisfactions pour de petites choses à leurs adversaires afin de se couvrir contre de plus grands dangers dans les questions essentielles.

Quelques jours plus tard, le Kiaya-Bey, ou ministre de l'Intérieur, connu pour être une créature russe et qui, dans cette affaire, s'était prononcé en faveur des Russes, fut destitué et remplacé par un ami du Reis-Effendi. Le voïvode de Galata, de son côté, avait été réprimandé. Descorches demandait une mesure plus sévère, mais n'espérait pas l'obtenir... « *parce que ce fonctionnaire était riche* ».

Descorches avait eu, le 15 octobre, au sujet de cette affaire, une conférence avec le prince Moruzzi. « C'est un Grec, écrivait-il. Mais, c'est toujours quelque chose de vouloir que je croie à sa sincérité (1). »

Le prince avait cherché à justifier la Porte de son attitude, assurant qu'elle n'avait voulu montrer aucune complaisance pour les Russes, mais qu'elle avait cru, au contraire, acquérir pour l'avenir des droits sur eux en punissant un Français qui leur avait été représenté comme coupable. Et, en effet, un peu après, c'était au tour d'un Russe d'être vigoureusement bâtonné pour avoir insulté des Français et avoir arraché de leurs chapeaux les cocardes tricolores dont ils étaient ornés. Les ministres étrangers ne pouvaient souffrir la vue de ces cocardes.

Le Capitan-Pacha qui venait de revenir à Constantinople avec la flotte et qui à peine de retour avait été reçu au Sérail, faveur d'autant plus remarquable que, suivant les usages de le Cour, aucun officier ne pouvait pénétrer chez le Grand-Seigneur, même appelé par lui, sans en avoir reçu la permission du Vizir, s'était empressé de son côté de faire donner au ministre de France des assurances de ses sentiments favorables à la cause commune, de sa confiance dans l'amitié des Français et de son désir d'en recevoir un nouveau témoignage par l'envoi aussi prompt que possible d'ouvriers pour fondre et laminer les feuilles de cuivre destinées à ses navires et d'un ingénieur et de plusieurs maîtres pour construire dans le port de Constantinople un bassin dont la création venait d'être décidée par le Conseil des ministres.

A la même époque, le Gouvernement français fondait encore de grandes espérances sur le succès de la mission de Descorches. Il avait fait insérer cette note dans *le Moniteur* :

---

(1) Constantinople, le 20 octobre 1793, l'an II. L'envoyé extraordinaire au citoyen ministre des Affaires étrangères. Correspondance ministérielle.

« On attend les plus grands succès de la mission du patriote
Descorches à Constantinople. Les circonstances lui deviennent d'ailleurs favorables. Il s'est élevé un différend entre le
Reis-Effendi, homme de sens et de courage, et le chargé
d'affaires de Russie au sujet des droits que paient les marchandises russes. Il en est déjà résulté des injures et des
menaces réciproques (1). »

La présence des nombreux Russes qui accompagnaient le
nouvel ambassadeur indisposait les Turcs dont le mécontentement s'accroissait tous les jours malgré les largesses distribuées par Kontousoff au nom de sa souveraine et les festins
d'étiquette offerts par les ministres ottomans. « Il n'y a point
de malédictions dont ils ne soient couverts par les Turcs de
toutes classes, écrivait Descorches, chaque fois qu'ils se
montrent. Le Capitan-Pacha et tout ce qui lui tient témoignent hautement leur être aussi contraires qu'ils nous sont
favorables (2). »

D'autre part, on cherchait à échauffer les esprits contre la
France à l'occasion de l'exécution de Marie-Antoinette que
des lettres de Vienne avaient annoncée. Voici l'opinion qu'exprimait à ce sujet Descorches, cet ancien gentilhomme, cet
ancien chevalier de Saint-Louis, comblé des bienfaits de la
Cour de France. « Les Turcs que leur phlegme sert bien
quelquefois et garantit des écarts de la passion, me paraissent
très disposés à ne voir dans cet événement qu'une très
méchante femme de moins et à ne pas comprendre que cela
puisse être un mal (3). »

Une correspondance de Saint-Pétersbourg, qui avait paru
dans le *Moniteur*, annonçait encore en ces termes l'arrivée du
nouvel ambassadeur : « L'ambassadeur russe destiné pour
Constantinople marche à petites journées ; il ne doit faire son
entrée dans la capitale de l'Empire ottoman que le même jour
où l'ambassadeur turc fera la sienne à Pétersbourg. Il paraît

---

(1) *La Gazette nationale* ou *le Moniteur universel.* Samedi 5 octobre
1793, l'an II.

(2) Constantinople, le 5 décembre, l'an II. L'envoyé extraordinaire
au citoyen ministre des Affaires étrangères. Correspondance ministérielle.

(3) *Id.*

douteux ici que la Cour voie d'un œil favorable les nouveaux rapports d'intimité que la Cour de Londres cherche à établir entre elle et la Porte ottomane. Quoi qu'il en soit, le cabinet de Saint-James a déjà su décider le Divan à nommer un ministre qui va se rendre auprès du roi de la Grande-Bretagne. Jussuf-Pacha (c'est le nouveau ministre), homme aimable et instruit, passera par la Hongrie et toute l'Allemagne. Il lui a été assigné des sommes d'argent considérables... (1) »

De Constantinople, on écrivait aussi : « L'ambassadeur extraordinaire de Russie que l'on attend incessamment, sera bien étonné de voir qu'on fait ici les préparatifs les plus sérieux pour la guerre et que, tant à la Cour que dans les provinces, ainsi que dans les chantiers, tout est dans le plus grand mouvement.

« La Porte vient d'expédier au Capitan-Pacha l'ordre positif et pressant d'abandonner le projet d'expédition contre le Pacha de Scutari et de revenir au plus tôt dans le canal. Cet ordre a été le résultat de plusieurs Conseils d'Etat tenus depuis le 26 du mois dernier et dans lesquels on a trouvé dangereux de garder les principales forces maritimes éloignées de la capitale. En outre, sept pachas, choisis parmi ceux qui jouissent dans ce pays de quelque réputation, ont eu ordre de venir ici pour assister le Conseil de leurs lumières ou plutôt pour recevoir les ordres du Sultan au sujet du commandement des différents corps d'armée qu'on rassemble sur les frontières d'Europe.

« Il est même question de rappeler le fameux Jussuf-Pacha qui a été exilé parce que le Divan ne l'aimait pas et quoique presque tous les ministres craignent sa présence, le Grand-Seigneur paraît disposé à lui accorder de nouveau ses bonnes grâces et à le mettre à la tête des affaires. Les troupes que chaque province doit fournir seront prêtes incessamment et les ordres les plus rigoureux sont donnés à cet égard. Dans tous les ports où la construction de vaisseaux est praticable, on travaille en toute diligence et ici on est de même occupé à

____

(1) Le 23 du 1er mois de l'an II (lundi 14 octobre 1793).

radouber jusqu'aux plus mauvaises caravelles qui depuis longtemps avaient été mises hors de service (1). »

Les nouvelles ultérieures confirmaient les dispositions belliqueuses de la Porte. Un correspondant écrivait de Hambourg : « Il s'est élevé une grande contestation entre la Russie et la Porte à l'occasion des douanes. Cette affaire devenue sérieuse a amené la rupture. La Porte arme sur la terre et sur mer. Elle vient d'admettre formellement le citoyen Descorches envoyé de la République française (2). »

Cette dernière information était prématurée. Mais, de Constantinople, on écrivait encore : « Le Divan a enfin ouvert les yeux sur ses véritables intérêts. La guerre paraît décidée contre la Russie. Depuis six mois, tout est dans la plus grande activité, à la Cour, dans les provinces et sur les chantiers. Le sujet de la rupture est connu. Il y a eu de sérieuses altercations et même de l'aigreur entre les ministres de la Porte et le chargé d'affaires de Russie au sujet de la manière d'acquitter le péage convenu pour le passage des navires et l'insolence de tous les agents de Catherine est partout la même; ici plus qu'ailleurs, on a des raisons de s'indigner contre les ministres de Catherine. On va dans ce moment jusqu'à dire que son nouvel ambassadeur doit, pour son arrivée, aller loger aux Sept-Tours. Les Français qui sont ici ont un bon maintien. On peut y remarquer autant de dignité que de prudence (3). »

A Smyrne, le Capitan-Pacha s'était prononcé de la manière la plus éclatante pour les Français. Il avait visité le commandant de l'escadre française à bord de sa frégate. Après avoir assisté à plusieurs manœuvres et exercices, il avait distribué 2.000 piastres aux équipages et fait acheter pour eux du vin et de l'eau-de-vie. Quand les officiers français allaient visiter les caravelles turques, le canon les saluait; cet honneur était accordé à eux seuls.

____

(1) De Constantinople, le 27 septembre. *Le Moniteur universel,* mardi 22 octobre 1793, n° 31.

(2) Extrait d'une lettre de Hambourg du 20 octobre. *Le Moniteur universel* 1re décade de brumaire an II (jeudi 31 octobre 1793), n° 40.

(3) Constantinople, le 27 septembre. *Moniteur universel,* le mardi 5 novembre 1793, n° 45.

Le Capitan-Pacha, dont toute la faveur était réservée aux Français, avait délivré des passe-ports à ceux de leurs navires qui étaient désarmés dans le port de Smyrne pour leur permettre de faire des transports de blé destiné à l'alimentation de la capitale, de Salonique à Constantinople. Il leur payait un fret convenable et par ce moyen donnait du travail à 120 ou 130 matelots dans la misère (1).

De Leipzig arrivait aussi cette information au sujet d'une guerre prochaine entre la Russie et la Porte : « On prétend que la Russie arme contre la Porte, que les notes qu'elle fait remettre au ministère ottoman sont menaçantes et soutenues par toute la hauteur des Russes à Constantinople. Il paraît en effet que les Turcs se préparent à la guerre (2). »

On constatait un changement avantageux dans les mœurs des Turcs. Les manières européennes s'introduisaient tous les jours parmi eux. Ils construisaient de grandes et belles casernes. Les nouveaux corps de bombardiers, canonniers et fusiliers s'exerçaient journellement. Le Grand Seigneur les visitait fréquemment, leur distribuait des récompenses et les encourageait. Aussi les puissances coalisées se montraient-elles inquiètes des progrès de la Turquie.

La marine ottomane se rétablissait, grâce aux soins actifs du Capitan-Pacha Kutchuck-Hussein, favori et parent du Sultan; on fondait sur lui de grandes espérances. Le Reis-Effendi, Raschid-Effendi, montrait de son côté des talents éminents en politique.

Un incident récent avait révélé de nouveau l'animosité de l'internonce d'Autriche contre les Français.

Il avait interdit l'entrée d'une auberge, tenue par un Français, à un sujet allemand qui avait ouvert un manège de voltigeurs à cheval, spectacle public encouragé par le Gouvernement ottoman.

Il voulait aussi interdire l'accès de ce manège aux Fran-

---

(1) Extrait d'une lettre de Smyrne du 2 octobre 1793. *Le Moniteur universel*, quintidi, 5 frimaire, l'an II (lundi 25 novembre 1793), n° 65.

(2) Leipzig, le 11 novembre 1793. *Le Moniteur universel*, décadi, 10 frimaire, l'an II (samedi 30 novembre 1793), n° 70.

çais porteurs de leurs cocardes. Mais les autorités turques étaient intervenues pour s'y opposer (1).

Les ministres des coalisés s'entendaient pour nuire aux intérêts de la République française. Ils recherchaient les moindres occasions de faire éclater leur zèle et d'entraver la neutralité prononcée du ministère ottoman. On prétendait que quelques effets appartenant à Sémonville étaient entrés dans le port de Constantinople sur un navire français portant pavillon ottoman. Le ministre de Russie avait aussitôt présenté un mémoire au nom des divers ambassadeurs de la coalition, et avait demandé des explications.

Le Divan avait répondu que le Grand Seigneur avait signé un firman permettant à un vaisseau français de se rendre de Smyrne à Constantinople sans mention de pavillon; que la Porte ignorait s'il portait des effets destinés à un ambassadeur ou à des négociants français.

La Turquie, puissance neutre, ne se mêlait pas des intérêts particuliers d'une nation avec qui elle n'était pas en guerre. Les décisions ultérieures de la Porte dépendraient des renseignements que l'on pourrait tirer des passeports et autres papiers du capitaine (2).

Il était aussi arrivé à Smyrne une escadre anglaise composée d'un vaisseau de guerre et de quatre frégates. Cette arrivée donnait des inquiétudes pour la liberté du commerce des nations neutres; on craignait en outre des rixes entre les matelots anglais et français (3).

Les fêtes civiques n'en continuaient pas moins à être célébrées entre Français avec enthousiasme. Mais, les rassemblements et banquets ne pouvant être publics, on se réunissait en petites sociétés où chacun participait à l'allégresse générale « qu'inspiraient à des hommes libres les principaux événements de leur glorieuse patrie (4) ».

---

(1) Extrait d'une lettre de Constantinople du 10 novembre 1793. *Le Moniteur universel*, n° 117, 27 nivôse an II (jeudi 16 janvier 1794).
(2) Constantinople, le 18 octobre 1793. *Le Moniteur universel*, n° 90, 30 frimaire an II (vendredi 20 décembre 1793).
(3) Constantinople, le 27 octobre 1793. *Le Moniteur universel*, n° 94, 4 nivôse an II (mardi 24 décembre 1793).
(4) Extrait d'une lettre de Constantinople du 20 septembre 1793.

Une correspondance de Constantinople signalait toutefois le désappointement causé par les sanctions données à la querelle survenue entre les deux Français et les Gréco-Russes qui les avaient insultés et menacés. La colonie française aurait pu espérer une autre solution de ce conflit, en raison des dispositions générales du Gouvernement et du peuple ottomans. Cette affaire s'était terminée au grand désavantage des deux Français, le voïvode, magistrat turc, ayant été corrompu par l'or des Russes.

Les Français de l'Echelle de Constantinople avaient néanmoins décidé qu'ils continueraient à porter la cocarde tricolore. Quatre d'entre eux seulement avaient recherché les moyens de s'en faire dispenser sous divers prétextes (1).

Cette autre correspondance donnait des renseignements intéressants sur l'état des esprits dans les diverses parties de l'Empire ottoman, notamment à Smyrne. « L'héroïsme, écrivait-on de cette ville, a sur l'âme des Turcs un empire assuré. Le ministre russe et les autres ministres ses complices étaient, à force d'intrigues et de calomnies, parvenus à égarer le Gouvernement ottoman en plus d'une occasion sur les égards dus à la Nation française. Le Capitan-Pacha qui ne partageait point ces erreurs l'avait en vain témoigné par quelques procédés en faveur des Français. Il y avait eu néanmoins des ordres donnés à Smyrne pour qu'une police sévère fût exercée envers les étrangers, et on en avait abusé dans ce port à l'avantage des Russes contre les Français, tellement qu'un capitaine français avait subi une punition rigoureuse pour une simple querelle avec un Russe. Ce changement subit dans les dispositions si marquées antérieurement de la part des Turcs en faveur de la France, paraissait venir de la jactance avec laquelle les étrangers, et surtout les Russes, parlaient de l'invasion de Toulon, événement fatal au crédit de la Nation française dans le Levant.

Mais la nouvelle de la reprise de Toulon est arrivée à Constantinople (2). Les Ottomans y ont trouvé un sujet digne de

____

(1) *Id.*, le 10 octobre.
(2) La ville de Toulon qui était tombée au pouvoir des Anglais, le 27 août 1793, fut reprise le 19 décembre.

leur admiration et le Grand Seigneur a soudain marqué la dignité de ce beau sentiment, universel dans sa nation, par un témoignage éclatant de son amitié qui semble en être renouvelée. Le Consul français a reçu de la part du Sultan, un cavalier chargé de lui remettre 50.000 piastres pour fournir à l'approvisionnement de quatre frégates françaises qui sont à Smyrne et dont la détresse était sans espérance. Une lettre de recommandation adressée aux autorités de cette Echelle atteste les affections généreuses du Grand Seigneur pour les Français.

Voici un passage de cette lettre :

« Ayez soin des Français comme de ma personne ; *regardez-les comme de vrais musulmans;* qu'aucun tort ne leur soit fait et que la satisfaction suive de près l'offense qui leur aurait été faite; couvrez-les de votre protection contre qui que ce soit. Si même un oiseau, par l'ombrage de ses ailes étendues, pouvait offusquer un Français, qu'un trait rapide, parti d'une main vigilante, l'abatte aussitôt (1). »

Ces démonstrations d'amitié de la Porte inquiétaient les ennemis de la France. C'est ainsi qu'on écrivait de Vienne, le 1er janvier 1794 : « Du côté de la Porte, notre cour n'a pas lieu d'être fort satisfaite, puisque, *malgré les belles promesses de la Russie qui devait disposer du Divan comme d'un de ses bureaux ministériels,* la Porte s'est formellement refusée, comme on vient de l'apprendre, aux instances réunies de l'ambassadeur russe et du nôtre qui demandaient qu'on n'accordât aucune protection aux Français. On sait même que la prise par une frégate française d'un bâtiment russe a été conduite à Smyrne, aventure qui paraît augmenter les sollicitudes de notre cabinet (2). »

Une communication venant de Prusse relatait à la même époque les inquiétudes de la coalition. On y lisait : « Deux ministres très vieux ont rendu de grands services à leurs maîtres, le prince de Kaunitz et notre Hertzberg. L'un et

---

(1) Smyrne, le 1er décembre 1793. *Le Moniteur universel,* 9 pluviôse an II (mardi 28 janvier 1794), n° 129.

(2) *Le Moniteur universel.* Lettre de Vienne, le 1er janvier 1794.

l'autre se sont mis à l'écart sans se laisser perdre de vue. Le premier se trouve considéré au milieu des erreurs et des ignorances d'une cour renouvelée; l'autre a conservé de l'estime après avoir encouru une pareille disgrâce. Ils ont beaucoup vu tous les deux. Leur expérience est quelquefois recherchée; elle a un prix tout particulier dans des Gouvernements comme les leurs, où il s'agit rarement de principes, mais d'usages, de convenances... Il ne paraît pas que *la fatale coalition contre la France* soit l'ouvrage ni de Kaunitz, ni de Hertzberg, quoique ces deux hommes, très aristocrates de fortune et de principes, soient également ennemis des Français d'aujourd'hui.

« Le baron d'Hertzberg a d'abord, comme on le sait, favorisé les premières ardeurs de la Révolution française. C'était une sorte d'hommage qu'il convenait à un philosophe de rendre au sentiment de la liberté. Mais, depuis que la noblesse a été attaquée en France, M. le baron d'Hertzberg n'a pas attendu, pour se prononcer contre les Jacobins, qu'elle ait été détruite, résultat qui n'a pas dû ramener le baron.

« Depuis le retour du roi à Berlin, Hertzberg a paru être consulté. Les personnes qui sont d'avis différent sur la guerre actuelle, ont interprété différemment l'espèce de faveur reprise par le baron d'Hertzbeg.

« Il est certain que dans le nombre des hommes éclairés qui sont à Berlin, *aucun n'a approuvé l'entrée de Guillaume dans la coalition;* mais, l'intrigue effrontée de notre cabinet actuel rend raison de tout. La faute du Roi est grande : le vol fait aux Polonais ne l'a pas expiée. Cn ne peut être sans inquiétude sur l'opinion publique à cet égard. N'importe, on suivra le sort des alliés; telle est l'intention du ministère prussien, ou du moins, rien encore ne rend probable l'opinion contraire (1). »

C'est aussi à cette époque qu'on voit Robespierre, dont l'influence était prépondérante dans le Gouvernement français, porter son attention sur les événements qui se passaient à

______

(1) Extrait d'une lettre de Brandebourg du 25 novembre 1793. *Le Moniteur universel,* 22 frimaire an II (jeudi 12 décembre 1793), n° 82.

Constantinople. Il écrivait (1) : « Les mêmes manœuvres furent employées à la Porte par Choiseul-Gouffier et son successeur. Qui croirait que l'on a établi des clubs français à Constantinople, que l'on y a tenu des assemblées primaires? On sent que cette opération ne pouvait être utile ni à notre cause, ni à nos principes; mais, elle était faite pour inquiéter et pour irriter la Cour ottomane. Le Turc, *l'ennemi nécessaire de nos ennemis*, l'utile et fidèle allié de la France, négligé par le Gouvernement français, circonvenu par les intrigues du Gouvernement britannique, a gardé jusqu'ici une neutralité plus funeste à ses propres intérêts qu'à ceux de la République. Il paraît néanmoins qu'il est prêt à se réveiller; mais, c'est le cabinet de Saint-James qui dirige le Divan; il ne portera point ses forces contre l'Autriche, notre commun ennemi qu'il lui serait si facile d'accabler, mais contre la Russie dont la puissance intacte peut devenir encore une fois l'écueil des armées ottomanes.

« Il paraît assez prouvé que Pitt lui-même est la dupe et l'instrument de la veuve de Pierre III, et qu'il joue en même temps et l'Empereur et le Roi de Prusse, lesquels ont aussi l'intention de se jouer entre eux. Du moins dans cette grande partie des escrocs couronnés de l'Europe (fripons décorés du nom de rois, d'empereurs, de ministres, de politiques), Catherine est la seule qui joue à coup sûr. En effet, tandis que ses deux puissants voisins viennent follement briser leurs forces contre le rocher inébranlable de la République française, tandis que nous nous affaiblissons nous-mêmes, du moins selon le calcul du despotisme, en écrasant nos ennemis, Catherine ménageant les siennes, augmentant chaque jour ses trésors et ses moyens, se prépare à étendre sa puissance colossale aux dépens de tous ses rivaux et à devenir la première. Après avoir partagé la Pologne avec la Prusse sans l'Autriche, elle a envoyé l'Empereur se morfondre contre les rochers de la République française. Spectatrice des que-

---

(1) Rapport fait à la Convention nationale au nom du Comité de Salut public par le citoyen Robespierre, membre de ce Comité, sur la situation politique de la République, le 27 brumaire, l'an II.

relles de l'Europe, elle promène ses regards avec une secrète joie, d'un côté sur les vastes contrées soumises à la domination du Turc, de l'autre sur la Pologne, la Suède, le Danemarck et sur tous les Etats germaniques ; d'un côté vers le commerce, de l'autre vers la conquête des fertiles contrées, qui l'environnent à l'ouest et au midi. La Russie, redoutable à toutes les puissances qui l'entourent, a beaucoup contribué à former la ligue contre la France, et s'est dispensée de fournir son contingent. Soit qu'elle puise des fonds en Suède qu'elle divise et qu'elle paralyse, *soit qu'elle veuille arracher de nouvelles provinces au Turc* qu'elle tient en échec et qui se trahit lui-même par son inaction impolitique, soit qu'elle veuille étendre son Empire aux dépens des puissances germaniques ou de la Pologne, partout elle envisage des conquêtes rapides ou des usurpations secrètes ; elle sera bientôt en état de donner la loi à la Prusse et à l'Autriche épuisées par leurs entreprises insensées et dans les partages où elle admettra les deux compagnons de ses augustes brigandages, elle pourra du moins prendre impunément la part du lion.

« Supposons la France anéantie et démembrée, le monde politique s'écroule… L'Europe entière est asservie. Les petits princes germaniques, les villes réputées libres de l'Allemagne sont engloutis par les maisons ambitieuses d'Autriche et de Brandebourg ; la Suède et le Danemark deviennent tôt ou tard la proie de leurs puissants voisins ; *le Turc est repoussé au delà du Bosphore et rayé de la liste des puissances européennes ;* Venise perd ses richesses, son commerce et sa considération ; la Toscane, son existence ; Gênes est effacé ; l'Italie n'est plus que le jouet des despotes qui l'entourent ; la Suisse est réduite à la misère et ne recouvre plus l'énergie que son antique pauvreté lui avait donnée.

« Et vous, braves Américains ? Que dis-je ! Que deviendrait l'Angleterre elle-même ? Quoi qu'on puisse dire, les véritables puissances sont celles qui possèdent la terre. Qu'un jour elles veuillent franchir l'intervalle qui les sépare d'un peuple purement maritime, le lendemain il ne sera plus… »

Il est intéressant de recueillir cette opinion de Robespierre, dans l'une des rares occasions où le Comité de Salut public, dont il était l'organe, a manifesté ses sentiments au sujet de la Turquie.

Le 8 thermidor, à la veille de sa chute, dans ce mémorable discours où il dévoilait toute sa pensée, Robespierre s'exprimait encore en ces termes au sujet de la politique étrangère : « Ce n'est ni par des phrases de rhéteurs, ni même par des exploits guerriers que nous subjuguerons l'Europe, mais par la sagesse de nos lois, par la majesté de nos délibérations et par la grandeur de nos caractères.

« Qu'a-t-on fait pour tourner nos succès militaires au profit de nos principes, pour prévenir les dangers de la victoire ou pour nous en assurer les fruits ? Surveillez la victoire ; surveillez la Belgique. Je vous avertis que votre décret contre les Anglais a été éternellement violé ; que l'Angleterre, tant maltraitée par nos discours, est ménagée par nos armes.

« Je vous avertis que les comédies philantropiques jouées par Dumouriez, dans la Belgique, sont répétées aujourd'hui, que l'on s'amuse à planter des arbres stériles de la liberté dans un sol ennemi au lieu de cueillir les fruits de la victoire et que les esclaves vaincus sont favorisés aux dépens de la République victorieuse.

« *Les relations extérieures sont absolument négligées ; presque tous les agents employés chez les puissances étrangères, décriés par leur incivisme, ont trahi ouvertement la République avec une audace impunie jusqu'à ce jour.* »

Dans la bouche de l'homme qui avait dirigé le Gouvernement, n'était-ce pas l'aveu de la complète insuffisance de sa politique étrangère ? Mais, si le 9 thermidor n'était pas survenu, combien de têtes de diplomates seraient-elles encore tombées, ainsi que le laissait présager la dernière phrase de ce discours ?

CHAPITRE VI

L'OPPOSITION D'HÉNIN

Descorches avait reçu de Leipsick la nouvelle que des mouvements se préparaient en Pologne. Il en avait averti le Reis-Effendi, lui signalant cette occasion comme pouvant être mise à profit par les Turcs. Mais, il avait senti dans les réponses qui lui avaient été faites l'homme dominé par la crainte. Cependant le Reis-Effendi avait fait des vœux pour les patriotes polonais assurant le ministre de France que la Porte continuerait de résister aux instances des cours de Russie, de Prusse et d'Autriche qui la pressaient de reconnaître le partage de la malheureuse Pologne. Il avait promis aussi à Descorches de faire respecter la neutralité des ports ottomans et d'y protéger, en cas d'apparition d'escadres ennemies, les navires français qui s'y trouvaient mouillés et dont la présence motivait les menaces des coalisés à la Porte. Il ne pouvait croire au surplus, d'après les déclarations des puissances belligérantes, « qu'il y en eût une seule qui pensât à faire à la Porte l'injure de violer sa neutralité ».

Au sujet de la Pologne, Descorches avait reçu de Bucarest d'intéressants renseignements. Son correspondant lui parlait d'établir avec ce pays des relations par Yassy, « c'est-à-dire, lui écrivait-il, que nous pourrions d'Yassy *nous servir des mêmes Juifs qui sont les espions du Prince et qui vont et viennent de la Pologne pour renseigner la Porte. Je te dirai à ce propos que l'espion du Prince d'ici est l'ambassadeur de Prusse à Vienne.* Malgré la quantité de sujets protégés russes qu'on peut voir en ville, il n'y a qu'une voix qui est pour la République française. Presque tous les négociants de Janina et d'Albanie qui sont ici sont des sans-culottes ; ils ont traduit les droits de l'homme ; tous les savent par cœur ; quelques-uns m'ont demandé les chansons que j'ai pour être traduites en grec.

« Ils s'intéressent aussi aux progrès des Polonais. L'abandon de Varsovie par les Russes et les Prussiens leur a, tout comme à moi, fait un plaisir infini.

« Tu sais depuis longtemps les troubles qu'il y a à Vienne et la sainte insurrection dont cette capitale continue d'être menacée. La Hongrie ne tardera pas, dit-on, à se soulever et en Transylvanie tous les habitants sont ouvertement pour nous ; il ne leur manque que quelque soutien pour amener l'explosion (1). »

Descorches avait poursuivi ses laborieuses négociations avec la Porte, pendant ces derniers mois de 1793, au milieu d'autres difficultés que lui suscitait l'opposition systématique de plusieurs de ses compatriotes.

Hénin, notamment, multipliait ses dénonciations. Les moindres faits étaient pour lui un prétexte pour critiquer et se plaindre. C'est ainsi que le 28 septembre, il avait signalé au ministre des Relations Extérieures que Descorches expédiait des courriers en France sans l'en avertir pour l'empêcher d'écrire, qu'il avait autorisé Dantan et Fleurat à quitter la cocarde nationale alors que le troisième drogman Pousitch continuait à la porter. Il ajoutait, faisant allusion à l'agression récente dont deux Français avaient été victimes de la part des Russes : « Cette conduite hautaine des Russes me force à dire que nous négligeons trop les avantages réels que nous pourrions avoir en nous occupant plus sérieusement de nos intérêts politiques dans le Levant. Notre cabinet pour les

____

(1) Hortolan à Descorches, le 23 vendémiaire an II.

affaires du dehors est encore dans l'enfance. Il semble que nous ne soyons pas suffisamment experts pour sentir assez vivement l'avantage d'une diversion au loin et pour venir à bout de l'opérer. On serait tenté de craindre que la proposition très raisonnable d'envoyer une ambassade en Perse et de tenter par la Tartarie une diversion contre les Russes ne fût regardée comme un rêve impraticable, tandis que de grandes vues politiques s'offrent sous un aspect favorable à notre Révolution en Turquie et en Perse. Nous nous obstinons à nous battre corps à corps contre l'Autriche, la Prusse et l'Angleterre sans songer à tirer parti des Turcs qui nous tendent secrètement les bras.

« Je suis témoin de leur haine invétérée contre les Russes qui leur en imposent et contre les Autrichiens avec lesquels ils craignent moins de se mesurer. Mais comment pouvons-nous exiger qu'ils se prononcent, si nous ne nous montrons pas dans le Levant avec une attitude imposante ?

« Une ambassade solennelle est donc absolument nécessaire de notre part. Depuis près d'un an, je la prêche. Imitons les Russes. Envoyons une flotte dans le Levant. Employons mieux nos forces navales. Les Turcs recevront sur-le-champ notre ambassadeur et la Nation française ne sera plus humiliée et flétrie à Constantinople, *ni trahie par les négociations timides et les vues étroites de l'agent entre les mains duquel nos intérêts languissent aujourd'hui* (1). »

Hénin, qui n'oubliait pas de réclamer en même temps le traitement promis par les instructions ministérielles qui lui avaient été apportées le 27 mai à Venise, signalait encore ce fait qu'il considérait sans doute comme étant d'une extrême gravité, que Descorches, malgré les avertissements qu'il avait reçus, avait célébré l'anniversaire de la proclamation de la République le 20 au lieu du 21 septembre ! Quant à Hénin, il avait pris part le 21 au banquet privé organisé par les sans-culottes. Le serment civique y avait été renouvelé devant l'arbre de la Liberté, Descorches et les députés de la Nation

---

(1) Hénin au ministre des Relations extérieures, le 28 septembre 1793. 7 vendémiaire an II.

ayant interdit toute réunion dans le Palais de l'Ambassade.

Maret, ce colonel voyageur, cet autre agent secret envoyé dans le Levant, écrivait à la même époque au Comité de Salut public qu'ayant porté à Paris en 1792 l'acceptation par Sélim de la nouvelle Constitution, il y avait été retenu par le ministère et les événements du 10 août jusqu'en 1793, époque où *le perfide* Lebrun l'avait chargé d'une lettre pour le Reis-Effendi et lui avait demandé de lui fournir des renseignements sur les blés, viandes salées et autres fournitures que la Turquie était capable de procurer. Lebrun, *dont on avait fait justice*, Roland, Pache, alors ministre de la Guerre, lui avaient demandé des mémoires, sans lui donner d'ordres positifs, ni des moyens d'exécution. Il n'avait cessé d'en réclamer, *sans jamais recevoir de réponse.*

Descorches, pour son malheur, l'avait devancé de quinze jours à Constantinople et l'avait empêché de remettre au Reis-Effendi la lettre dont il était chargé et qu'il garderait, tant qu'il plairait au ci-devant marquis de Sainte-Croix.

Faisant allusion au différend qui existait entre Descorches et Hénin, il blâmait ces disputes entre marquis et chevalier qui se déchiraient par des écrits scandaleux. Lui aussi signalait les fleurs de lys qu'on pouvait voir encore sur la porte du Palais de l'Ambassade comme en 1784, lors de son premier séjour à Constantinople. Descorches, *cet ancien danseur d'Antoinette*, s'entourait d'étrangers de toutes les Nations, d'Anglais, de Prussiens. Mais, de même qu'Hénin, Maret n'oubliait pas la question de ses appointements ni ses intérêts personnels tout en envoyant ses dénonciations. Il avait quarante-cinq ans, plus de trente ans de services. Suivant la promesse du perfide Lebrun, il aurait dû avoir 6.000 francs d'appointements, être employé en Crimée, en Bosnie, en Pologne ou au service des Turcs. On lui avait même ordonné, disait-il, de porter l'uniforme d'adjudant général pour commander le détachement militaire qui devait venir à Constantinople et il ne négligeait pas d'exécuter cet ordre en s'attribuant un grade supérieur à celui du colonel. Or, il avait vu arriver pour instruire les Turcs des officiers d'un grade inférieur au sien et, quand il avait voulu réclamer, il avait été éconduit par

M. le marquis de Sainte-Croix. Il était aigri, trouvait que les Français du Levant étaient tous jaloux les uns des autres. Il se plaignait de chansons chantées devant Descorches dans lesquelles on le plaisantait sur son uniforme et ces indécences le touchaient au cœur. Il n'oubliait pas à son tour de signaler les coups de bâton donnés à un Français sur l'ordre du voïvode de Galata et en présence d'un drogman de la République, Dantan, fait qui ne s'était pas encore produit depuis qu'il résidait dans la capitale ottomane (1).

Le ministre des Relations Extérieures s'était cependant décidé à donner signe de vie à Descorches ; mais, en raison de la distance, ses instructions ne devaient lui parvenir que plusieurs semaines après leur envoi.

Il lui écrivait, le 7 octobre 1793, pour lui accuser réception de ses dépêches jusqu'au 25 août. Il s'exprimait ainsi : « Le ton ferme avec lequel le Reis-Effendi a répondu aux menaces des ministres d'Autriche, de Prusse, d'Espagne et de Russie confirme l'opinion que nous avions déjà conçue des bonnes intentions de la Porte. J'ai tout lieu de croire que, conformément à ma dépêche du 8 août, vous aurez pris des mesures directes pour obtenir du Reis-Effendi des assurances plus positives. Il est évidemment de l'intérêt du Divan de faire le plus tôt possible une diversion en faveur de ses anciens alliés. *L'épuisement de l'Autriche*, les troubles de la Pologne, le mécontentement qui se manifeste dans plusieurs parties de l'Allemagne favorisent puissamment l'intervention de la Porte ottomane dans la guerre actuelle. Les traités d'alliance et de commerce dont, par vos instructions, vous avez été chargé de préparer la négociation sont, depuis l'arrestation de Sémonville, entièrement confiés à votre activité. Vous disposerez suivant l'intention du Conseil des présents dont vous m'avez annoncé l'arrivée. Je prendrai en outre les mesures nécessaires pour vous faire ouvrir un crédit suffisant afin d'aplanir les difficultés qui pourraient se présenter. *Ce crédit sera porté jusqu'à quatre millions, si vous parvenez à*

----

(1) Maret, colonel, à un membre du Comité de Salut public à Constantinople, le 10 vendémiaire an II.

faire déclarer la Porte contre l'Autriche. Le Conseil attend de votre patriotisme ce service le plus essentiel et le plus prompt. Employez tous les moyens qui sont à votre portée. Indiquez-nous ceux qui dépendront de nous et faites-nous connaître surtout la voie la plus sûre pour vous faire passer des fonds.

« J'approuve les mesures que vous avez prises pour maintenir la bonne harmonie entre les Français dont j'ai vu avec satisfaction le patriotisme. Quant aux Lazaristes qui paraissent jouir de quelque influence, *il serait peut-être plus utile de gagner les chefs de ces fanatiques que de commencer avec eux une guerre ouverte...*

« J'ai vu avec surprise les plaintes que vous m'avez adressées contre le citoyen Hénin. Je vous autorise à surveiller attentivement ses démarches et à prendre contre lui des mesures rigoureuses dans le cas où il traverserait vos négociations. Je compte trop sur votre patriotisme pour présumer que vous puissiez abuser de cette autorisation.

« Je vais m'occuper de la demande d'officiers faite par le Reis-Effendi ; je l'ai communiquée au Conseil.

« Vous devez ménager par tous les moyens qui sont en votre pouvoir les bonnes dispositions du Baïle de Venise. Il n'est pas douteux que cette République ne fasse secrètement des vœux pour nos succès et, dans le cas où la Porte ottomane prendrait un parti décisif en notre faveur, il ne serait pas impossible d'entraîner les Vénitiens dans les mêmes mesures (1). »

Ces dispositions du ministre eussent été excellentes, si elles avaient dû être suivies d'effet.

Confirmant ces instructions, le Comité de Salut public avait pris un arrêté qui contenait notamment les articles suivants :

2° Le ministre des Affaires étrangères fera tout ce qui dépendra de lui pour engager la Porte à mettre ses forces de terre et de mer sur un pied respectable afin de saisir le premier moment favorable pour faire une diversion conformément aux vues du traité d'alliance proposé ;

____

(1) Le ministre des Relations extérieures à Descorches, sous le couvert du citoyen Noël, ministre à Venise. Paris, le 7 octobre 1793, 16 vendémiaire an II.

3° L'agent de la République auprès de la Porte pourra disposer des présents qui auraient dû être remis par Sémonville. Il sera pris en outre les mesures nécessaires pour faire ouvrir à cet agent un crédit de quatre millions dans le cas où il parviendrait à faire déclarer la guerre par la Porte à l'Autriche;

4° Les ministres de la Guerre et de la Marine feront un choix convenable d'officiers demandés par la Porte. Le ministère des Affaires étrangères est autorisé à disposer des fonds nécessaires pour les faire partir le plus promptement possible pour Constantinople.

Cet arrêté portait les signatures de Barrère, Hérault, Billaud-Varennes, Collot d'Herbois, Saint-Just et Robespierre (1).

Le ministre Deforgues, qui avait remplacé Lebrun, renouvelait quelque temps plus tard à Descorches les témoignages de sa confiance. Il comprenait que la vérification des livres de la maison Delmas, ordonnée le 4 novembre 1792 par la Convention dans l'espoir d'y trouver les preuves des malversations de Choiseul-Gouffier, n'avait pu avoir lieu, le chef de cette maison étant passé depuis sous la protection prussienne. Il sentait la force de ses réflexions sur la baisse énorme du change et sur ses conséquences pour la situation des drogmans et autres agents de la République dans le Levant. Aussi, la Convention avait-elle décrété, le 22 août, qu'ils seraient désormais payés en numéraire et le bureau provisoire de commerce de Marseille chargé de ces paiements en avait été avisé.

Averti de la défection de la plupart des drogmans, le ministre promettait d'y remédier. Il demandait un tableau des agents employés dans le Levant avec la durée de leurs services et des notes sur chacun d'eux, et il se proposait, après avoir pris connaissance de ces renseignements, de faire augmenter le nombre des jeunes de langues en résidence à Paris.

---

(1) Extrait du registre des arrêtés du Comité de Salut public, le 20ᵉ jour du 1ᵉʳ mois de l'an II (20 vendémiaire an II).

Il avait appris avec satisfaction la célérité avec laquelle Descorches avait suspendu les consuls de Smyrne et de Salonique remplacés provisoirement par les premiers députés de la Nation. Le Conseil Exécutif avait, dès le 23 mars 1793, destitué Amoreux, consul à Smyrne. Chanderlos devait le remplacer, mais il ne pouvait encore se rendre à son poste. Consinery, consul de Salonique, serait aussi sans doute destitué. Deforgues approuvait le choix du Ragusais Ponsitch, comme drogman.

Il avait lu avec intérêt les détails de la fête du 10 août, et espérait que Descorches arriverait à concilier les membres de la colonie française. Descorches était autorisé *à prendre les moyens nécessaires* pour adoucir la situation de l'hôpital de Smyrne en attendant que, par des renseignements ultérieurs, il pût mettre le ministre à même de lui faire obtenir tous les secours que l'humanité souffrante réclamait.

Telles étaient les vagues promesses du Gouvernement français en réponse aux réclamations instantes de Descorches qui eût préféré à ces espérances dans un avenir meilleur le moindre envoi de fonds (1).

Ces témoignages de satisfaction étaient toutefois de nature à réconforter Descorches de plus en plus attaqué par d'implacables adversaires. Chénié, un ami d'Hénin, qui avait déjà écrit deux fois à Robespierre, lui signalait de nouveau comme aristocrates les négociants, drogmans et députés de la Nation. Descorches et les agents de la République étaient accusés de mollesse, d'apathie, d'impéritie à l'occasion de l'affaire Roubeau, ce Français bâtonné par les Turcs le 1ᵉʳ vendémiaire. Chénié écrivait à Robespierre au sujet de cet incident : « Je n'ose m'enfoncer dans ce dédale de fausses démarches, car je pousserais peut-être mes conjectures jusqu'à croire qu'on ne nous a ménagé un pareil affront que pour nous priver de l'alliance des Turcs. Eh, citoyen, ne serais-je pas fondé à raisonner ainsi quand j'ai vu écarter avec tant d'art par Lebrun et consorts toute communication

____

(1) **Consulats.** Deforgues à Descorches, 18 octobre 1793 (27 vendémiaire an II).

avec la Porte et que je vois ici comme agent de la République *un ci-devant marquis, un danseur d'Antoinette.* »

Les actes de Descorches paraissaient des plus suspects à Chénié. Pierre Fonton, qu'il avait maintenu jusque-là comme chancelier, avait déclaré après sa révocation qu'il prendrait les ordres de la Porte pour la remise de ses archives; il était passé sous la protection de la Russie. Pech, signataire de l'acte contre-révolutionnaire du 8 octobre 1792, par lequel les négociants prenaient les intérêts de Choiseul-Gouffier, avait été nommé consul au lieu du patriote Florenville. Descorches avait choisi comme chancelier provisoire Fleurat, déjà drogman de France, et ayant pour mère une Italienne.

Chénié avait écrit aussi aux citoyens Thuriot et Legendre. Sa lettre à Robespierre se terminait ainsi : « Citoyen, si vous ne veillez pour la République, il faudra renoncer à une diversion de ce côté (1). »

Florenville exhalait en ces termes son dépit de n'avoir pas été appelé au Consulat de Smyrne, poste que Descorches avait promis de lui faire obtenir : « Ce ne peut être qu'en raison de mes sentiments républicains que j'ai pu lui avoir déplu. Je m'applaudis de n'être plus dans ses bonnes grâces (2). »

Enfin, le chef des dissidents, Hénin, exploitait aussi contre Descorches l'affaire Roubeau due, selon lui, à la corruption du Reis-Effendi, l'ennemi de la France. Il estimait même qu'on pourrait obtenir la tête de ce haut personnage à titre de réparation, mais il ne pouvait s'étendre en ce moment sur les ressorts qu'il connaissait en partie, et qu'il était possible de faire jouer pour la faire tomber ! On aurait pu faire évader Roubeau. Les Turcs l'espéraient, *mais Descorches semblait agir de concert avec les ennemis de son pays pour le brouiller avec la Porte :* « Il est bien dur, ajoutait-il, d'être à la veille de nous brouiller avec une puissance dont les intérêts naturels se joignent aux nôtres, dont les ennemis

---

(1) Chénié au citoyen Robespierre, député à la Convention, le 18 vendémiaire an II.

(2) Florenville au ministre des Relations extérieures, 3ᵉ division, le 10 octobre 1793. Lettre reçue le 16 frimaire.

nous sont communs. La maladresse d'un agent en est la cause. »

Les moindres démarches de Descorches étaient signalées. Il avait passé le jour de la Saint-Louis à Bouyouck, chez Thoron, négociant suspect. Fonton, chancelier et son protégé, était passé sous la protection russe le 4 octobre. Depuis plus d'un mois, on le voyait enlever de la Chancellerie des sacs de papiers et d'argent. Dantan, qui avait d'abord démissionné après l'incident Roubeau, avait malheureusement repris ses fonctions sur les instances de Descorches.

Hénin signalait encore un prétendu projet d'alliance entre la Russie et l'Angleterre, connu à la Légation russe, et portant sur ces différents objets :

1° La Russie ferait expulser les Français du Levant;

2° L'Angleterre détruirait la marine de la France dans la Méditerranée et ruinerait son commerce du Levant;

3° La Russie, aidée par la flotte anglaise, poursuivrait le projet favori de Catherine II de faire de Constantinople, avant sa mort, la capitale de son Empire;

4° L'Angleterre, comme compensation, prendrait l'Egypte, avec l'appui de la Russie (1).

Quelques jours plus tard, Hénin dénonçait de nouveau Descorches comme un ennemi de la Révolution. Maret, qui en avait été informé par les Turcs, lui avait appris que Descorches avait favorisé le châtiment infâmant infligé à Roubeau.

D'après des Arméniens qui recevaient des correspondances de Smyrne, il cherchait à vendre, d'accord avec le commandant Rondeau, les quatre frégates stationnées dans ce port et une partie de la cargaison des bâtiments marchands qui devaient composer le convoi destiné pour la France. Il entretenait des relations secrètes avec l'internonce pour se ménager une retraite en Allemagne, si sa trahison était découverte.

Le comte Aksack, Polonais qu'Hénin avait connu à Venise, et en réalité espion au service de la Russie, accusait aussi

---

(1) Hénin au ministre des Relations extérieures, 10 octobre 1793 (19 vendémiaire an II) (par le courrier de Vienne).

Descorches d'avoir consenti au châtiment infligé à Roubeau, de sorte que si une rupture survenait pour ce motif avec la Porte, celle-ci ne le laisserait pas s'échapper impunément.

Il avait de plus des accointances suspectes avec le ministre de Prusse. Ainsi les imputations les plus absurdes étaient acceptées facilement par Hénin, du moment où elles servaient sa haine contre Descorches (1).

Hénin reçut à cette époque une lettre des plus curieuses, car elle jette une lueur sur les menées secrètes de l'étranger, si difficiles à établir, et qui eurent cependant une si grande influence sur les événements de la Révolution.

Elle émanait de Las Casas, ambassadeur d'Espagne près la République de Venise, et mérite par son importance d'être citée textuellement. Las Casas n'ayant pas reçu depuis long-temps de nouvelles de son ami Hénin, avec qui il avait été en relations à Venise, lui écrivait : « Sachez donc, *cher ennemi*, que dans un comité de matadors, tenu le.... septembre, Deforgues, consulté parce qu'il comptait sur des intelligences étrangères, dit que ces moyens s'affaiblissaient chaque jour, soit parce que les paiements en numéraire des agents devenaient chaque jour plus difficiles, soit parce que les gens employés au dehors volaient les fonds au lieu de s'en servir, que Mackau, Flotte, Tilly, Hénin, Jacob, Noël étaient spécialement dans ce cas-là, qu'il n'y avait peut-être que deux vrais serviteurs de la République, Barthélemy et Sou-lavie, le dernier avec du zèle sans talents, le premier avec talents, génie et zèle, qu'il lui devait la découverte de..... (cela ne vous regarde pas, donc silence), que les agents employés à fomenter des troubles en Irlande (cela ne vous regarde pas non plus)..., que malgré les friponneries d'Hénin, il lui devait la justice de dire qu'il servait fort bien à Constantinople, qu'il y était écouté des ministres, et avait un parti dans le Divan, qu'il tentait la plus hardie des entre-prises en se ménageant des amitiés dans les deux corps des Janissaires et des Ispchis, qu'il était puissamment aidé par

---

(1) Hénin au ministre des Relations extérieures, 24 vendémiaire an II (15 octobre 1793).

le drogman Fonton qui traduisait en turc toutes les instructions qu'il voulait faire glisser dans la milice ; qu'il pressait de délibérer si, malgré ses friponneries, il n'était pas convenable de l'employer sans se plaindre de ses procédés.

« Le Comité délibère : 1°..... 2° (cela ne vous regarde pas) ; 3° la continuation du travail d'Hénin, mais en portant au Tribunal révolutionnaire une dénonciation secrète, autorisée par le Comité, sur les plaintes dont Hénin est l'objet pour y valoir en tant que de besoin. Il remet à délibérer sur le reste des propositions du ministre. Après cela, Henriot entra, et dit... (cela ne vous regarde pas).

« Ceci est tiré, mon ami, *d'un protocole secret de vos plus secrètes affaires, écrit jour par jour. Comptez sur la vérité des faits.* D'ailleurs, vous n'avez qu'à remonter aux dates et examiner si votre fait se trouve juste dans ce qui regarde les affaires. Pour le reste, les coquins ne voient que leurs pareils partout, et quand même vous voleriez ces gens-là, vous feriez ce qu'il y a de mieux à faire, puisque vous êtes embarqué avec eux. Mais réfléchissez ; vous voyez que vous êtes si suspect que sans aucun doute on vous enverrait à la guillotine, si on vous tenait. On vous emploie, ainsi que vous le désirez, mais avec défiance. Mon ami, revenez à la marche que vous auriez toujours dû tenir. Vous jouez avec ces gens-là avec des tisons enflammés, et vous vous jetterez tôt ou tard sur la guillotine. Personne ne vous plaindra que moi qui vous aime et rend justice à la droiture de votre cœur, qui a été peut-être forcé à marcher contre son vœu. Croyez que mieux vous ferez, plus vous risquerez. *C'est un moyen adopté par des gens opposés à votre parti que de faire dénoncer par leurs agents secrets les patriotes qu'ils veulent perdre*, et le Comité révolutionnaire devenant à chaque instant plus féroce, jamais dénonciation n'y est vaine. *Custine ne devait pas mourir, d'après votre justice. Il y a des moyens qui font frémir. On ne peut pas tout dire.*

« *Je me crois quelquefois au fond de l'enfer, d'après les choses qui viennent à ma connaissance, et que l'agitation, la rage font naître. Sachez d'ailleurs que les amis de Sémonville ne veulent à Constantinople d'aucun de vous autres qui y est*, et qu'ils pressent pour y envoyer un homme habile pour y suivre leurs plans et projets. Tous ces moyens, réflexions et plans se trouvent en double à Paris; le dépôt est connu de mes amis.

« J'ai dit; je désire d'avoir dît assez pour vous être utile. Répondez ce que vous voudrez. Mon adresse est sous enveloppe de MM. Smitmer frères, qui sont des banquiers d'ici. Adieu, je vous embrasse (1). »

Hénin tout en protestant avec indignation de son innocence au sujet des malversations dont il était accusé, crut devoir communiquer cette lettre au Comité de Salut public, afin de dégager sa responsabilité. Certes, Las Casas pouvait, en exagérant le danger couru par Hénin, avoir pour but de le détourner de ses devoirs et de provoquer sa défection. Mais la précision des détails prouve aussi qu'il y avait à Paris, dans les Comités du Gouvernement, un traître qui livrait à l'étranger les secrets des délibérations. Quel était ce traître ? Il appartient aux chercheurs de le découvrir, s'ils le peuvent. Mais quelle impression durent éprouver les membres du Comité de Salut public, quelles défiances réciproques quand ils eurent communication de cette terrible lettre leur révélant que dans leur entourage immédiat ils étaient trahis !

Hénin avait cru devoir se disculper aussi auprès du ministre des Affaires étrangères et, en lui transmettant la lettre de Las Casas, il lui écrivait : « Je crois, en cette occasion, citoyen ministre, devoir vous donner une note historique sur l'origine de mes liaisons avec M. de Las Casas. Elles ne peuvent entacher mes sentiments à jamais républicains qui n'ont pas varié, mais qui ont été éprouvés par des menaces, des caresses, des promesses et des offres d'argent de la part de nos ennemis. J'ai tout rejeté sans effort et même avec indignation et cela dans un temps où j'étais cruellement traité à Venise sur l'article des finances par notre ministère même, dans un temps où j'éprouvais la détresse la plus accablante, dans un temps

---

(1) Vienne, le 15 octobre 1793 (24 vendémiaire an II). Copie de la lettre de Las Casas, ambassadeur d'Espagne auprès de la République de Venise à Hénin, jointe à la dépêche du 12 novembre 1793 d'Hénin au ministre des Relations extérieures.

enfin où, après avoir épuisé toutes mes ressources et mangé mon bien pour me soutenir à Venise et y faire les affaires de la République, j'ai été contraint, ne pouvant plus y tenir, d'offrir ma démission en exprimant l'intention où j'étais de reprendre mon premier métier, celui des armes, rentrer dans le rang avec tel grade que ce fût et verser mon sang pour la patrie... »

Hénin ne croyait certainement pas mériter les termes désavantageux dont Las Casas prétendait que le ministre s'était servi à son égard. Il demandait à revenir en France pour se justifier. Il n'avait jamais eu de maniement de fonds et était pauvre. Ce qu'on lui reprochait, c'était d'avoir dénoncé *un prévaricateur* qu'il avait trouvé en place à Constantinople et d'avoir fondé un Club républicain.

Il expliquait la nature de ses rapports avec Las Casas à Venise avant et après la déclaration de guerre à l'Espagne. Il s'en était ouvert à Lebrun, espérant, par ce canal, obtenir des renseignements utiles, Las Casas étant en correspondance avec les frères du Roi (1).

Quelque temps plus tard, le 23 nivôse, Hénin communiquait à Paris une nouvelle lettre que Las Casas lui avait adressée pour confirmer la première à laquelle il n'avait pas répondu. Elle présente le même intérêt historique. Le ministre d'Espagne lui faisait remarquer qu'il n'avait pas reçu de réponse à sa lettre du 15 octobre. Il l'avertissait en ces termes du gouffre ouvert sous ses pas : « Croyez à l'exactitude et à la vérité de ce qui suit : « Extrait de la séance du Comité des 9, « tenue chez Chaumette le 19 octobre. Le même ministre (c'est « Deforgues qui avait été appelé pour plusieurs objets qui « ne vous regardent pas) assura qu'à Constantinople les « affaires prenaient vraiment la meilleure tournure, mais « qu'il devait aussi prévenir que le citoyen Descorches, « le............, confidentiellement, qu'il se défiait prodi- « gieusement du citoyen Hénin, qu'il............ ne voyait « pas ou ne voulait pas voir que le ministre de Russie était le « pre......... tous les efforts pour engager la Porte à des

____

(1) Constantinople, le 12 novembre 1793 (22 brumaire an II).

« mesures hostiles, parce que sa Souveraine croyait le
« moment favorable pour se faire déclarer.......... qu'elle
« croyait assurer la ruine des Turcs ; qu'il pensait qu'Hénin
« était un homme très suspect et très dangereux. » « Hébert
soutint que si Hénin était suspect, ce ci-devant noble Descorches l'était bien davantage, qu'il fallait absolument les
rappeler tous les deux de Constantinople et y envoyer un
homme dont les patriotes fussent assurés avec tous les moyens
d'argent imaginables pour décider les Turcs à des hostilités.
Adieu, faites-vous enlever la cataracte et aimez-moi. — L. C. »

« NOTA. — D'après les dates cela doit se rapporter à l'état
de choses à Constantinople du commencement à la mi-sep-
tembre (1). »

Les lacunes du texte de cette lettre proviennent de ce que
la page sur laquelle elle était écrite était déchirée et brûlée à
moitié. La lettre fut communiquée à la Société des Jacobins et
l'original envoyé au Comité de Salut public le 18 floréal (2).

Hénin ne se contentait pas de desservir Descorches auprès
du ministre des Affaires étrangères. Il le dénonçait aussi à
son successeur à Venise, Noël, espérant qu'il cesserait toute
correspondance avec son collègue. C'est dans cette intention
qu'il lui écrivait : « Cher citoyen, je vous prie de faire passer
très promptement à notre correspondant l'avis ci-joint : « Les
« intérêts de la République sont présentement à Constanti-
« nople cruellement compromis et en danger. Pour porter un
« jugement et prendre un parti sur les événements qui y ont
« lieu, il est de toute nécessité que vous receviez de mes
« nouvelles. Elles ne tarderont pas (3). »

Florenville, de son côté, adressait au ministre les doléances
du Club républicain qu'il présidait et qui avait été fondé le
11 août, de ce Club « toujours actif à veiller sur les intérêts
de la Patrie », ce qui voulait dire toujours prêt aux dénonciations. Descorches empêchait les lettres particulières de partir

---

(1) Constantinople, le 21 nivôse an II. Hénin envoie au ministre
une nouvelle lettre datée de Vienne de Las Casas, ambassadeur
d'Espagne à Venise.

(2) Note du ministère des Affaires étrangères.

(3) Hénin à Noël, à Venise. Alla Madona de l'Arta, le 21 octobre
1793 (30 vendémiaire an II).

avec son courrier, afin qu'on ne pût être renseigné à Paris sur sa conduite, ce qui obligeait Hénin à se servir de la voie de mer. Pierre Fonton, le chancelier, qui venait d'être révoqué, recevait dans la Chancellerie Raab, chancelier de l'Empereur. Il avait écrit aux députés une lettre portant comme cachet trois fleurs de lys; les scellés n'avaient pas été apposés de suite sur ses papiers. Dantan n'arborait jamais la cocarde...

« Il est grand temps, disait Florenville, de prévenir de plus fortes trahisons. Ma position est aussi très désagréable; mais, si je souffre, je m'en console par l'idée que ma surveillance a été utile ici pour démasquer un ennemi de la République. Oh ! Patrie, chère Patrie, quelle est ta destinée ; quand viendra donc le temps où tu n'auras plus à lutter continuellement contre la trahison de tes agents infidèles et d'autant plus à craindre qu'ils voilent leurs perfides intentions sous le masque du patriotisme dont ils savent emprunter le langage ! Ils sont plus dangereux mille fois que nos ennemis déclarés parce qu'ils minent sans cesse et parce qu'ils affaiblissent insensiblement le patriotisme de ceux qui ont besoin de leur crédit (1). »

Ces attaques incessantes dont Descorches était l'objet avaient fini par émouvoir le ministre des Affaires étrangères. On trouve la trace de ces préoccupations dans une note qui fut rédigée à cette époque par l'un des chefs de service du ministère et qui dénote de la part de son auteur une grande sagacité ainsi qu'une appréciation exacte des faits basée sur l'expérience. Pourquoi ces conseils ne furent-ils pas suivis ?

L'auteur de la note constatait qu'il y avait à Constantinople une intrigue à faire cesser de suite, en rappelant Hénin, en engageant la Société des Jacobins de Paris à écrire à la Société populaire de Constantinople une lettre conforme aux principes qui voulaient l'union entre républicains.

Hénin coupable ou non devait être la victime de sa conduite, parce qu'il avait intérêt à dénigrer Descorches, son rival, parce qu'il avait éminemment le devoir de respecter la mission

_____

(1) Mémoire instructif du Club républicain sur l'agent de la République française à Constantinople, 3ᵉ division, 30 védémiaire an II. Reçu le 16 frimaire.

de l'envoyé de la République et de ménager sa personne.

Tout prouvait d'ailleurs qu'Hénin était coupable d'intrigue et il convenait de donner des preuves de confiance à Descorches que son caractère, ses travaux, ses succès en rendaient digne. Le Comité de Salut public ne l'avait-il pas exempté de la loi qui ordonnait le remplacement des fonctionnaires ci-devant nobles ?

Il fallait envoyer des agents à Descorches pour le renseigner sur la position actuelle de la République. Ces agents n'auraient pas à juger Descorches; mais ils pourraient pourvoir au changement des fonctionnaires perfides qui avaient abandonné leur poste.

L'intérêt public défendait de rappeler Descorches qui était acclimaté et en mesure de rendre des services. Les griefs allégués contre lui avaient été trouvés faux ou peu importants et susceptibles de justifications.

Il était inattaquable du côté des talents et de l'activité.

Les délégués du Comité de Salut public à envoyer par des routes différentes seraient chargés de rétablir l'union entre les Français, facilitée par l'éloignement du chef de l'intrigue, de distribuer des secours en argent aux Etablissements du Levant et aux agents dans la détresse. Descorches avait demandé lui-même que des conseillers lui fussent adjoints. Auraient-ils voix délibérative ? Plus le patriotisme de Descorches était pur et désintéressé et plus son ambition se contenterait de ce qu'après avoir arrêté des mesures en commun, il restât le seul agent ostensible vis-à-vis du Gouvernement ottoman.

Quant aux opérations politiques en projet, elles consistaient principalement à provoquer une guerre de la Turquie contre l'Autriche. La note à cet égard était ainsi conçue : « Tout annonce que la guerre contre la Russie serait bien plus facile à obtenir; elle ne conduirait point aussi directement au but, mais elle entraînerait toujours l'Autriche à soutenir la Russie ou lui attirerait son ressentiment. Elle se combinerait avec le rôle que nous destinons à la Suède et au Danemark et avec les mouvements de la Pologne. Mais il faudra toujours marquer le véritable but et ne jamais le perdre de vue. La politique simple et capricieuse des Turcs consentirait peut-être à faire la guerre à la Russie sans notre alliance. Nous promettrions des secours plus considérables en hommes, en vaisseaux et en argent, *dans le cas d'une guerre contre l'Autriche.*

« Quel que soit l'objet de sa mission, il faut empêcher, s'il est possible, le départ d'un ambassadeur turc pour Londres ou du moins son arrivée. Il ne nous convient ni qu'il aille puiser dans l'antichambre de Pitt de fausses nouvelles sur notre Révolution, *ni qu'il y aille jouer le rôle de médiateur d'une paix dont nous ne voulons pas.* Ce serait un coup de parti que de faire arriver à Paris l'ambassadeur destiné pour Londres. »

La notre recommandait encore d'obtenir satisfaction dans l'affaire Ronbeau, notamment par la destitution du voïvode de Galata, de faire lever le séquestre mis par la Porte sur les biens des Lazaristes, de punir le chancelier Fonton, la Porte qui avait chassé Choiseul-Gouffier devant aider le Gouvernement français « à faire une justice éclatante de ce brigand ». Elle promettait aussi l'envoi d'officiers instructeurs, le remboursement à l'échéance du prêt de 50.000 piastres fait par la Porte. Cette dernière affaire était de la plus grande importance. Enfin des fonds secrets devaient être remis à un personnage turc, Isaac-Bey, pour lui permettre de prouver sa reconnaissance par l'allocation d'un secours à l'ex-consul de Smyrne, Amoreux, dont il avait été l'obligé (1).

Une lettre ministérielle qui contenait les renseignements les plus intéressants sur la situation de la République devait en outre servir à Descorches pour détromper les Turcs sur les prétendus avantages des coalisés que leurs ministres faisaient valoir auprès du Divan et sur les embarras supposés du Gouvernement français.

Voici cet exposé :

« Il est évident aujourd'hui que la coalition qui s'est formée contre la France n'a jamais eu pour objet le rétablissement de l'ancienne monarchie, ni l'organisation d'un gouvernement quelconque. On n'a cherché qu'à nous diviser, qu'à fomenter

------

(1) Note sans date. Fin de vendémiaire an II.

parmi nous les haines individuelles, à soulever les départements contre la représentation nationale et à allumer les torches du fanatisme *pour faire réussir un système de partage depuis longtemps convenu* entre les tyrans coalisés. Suivant ce plan arrêté au commencement de cette campagne, la Flandre maritime et nos départements du Nord jusqu'à la Somme devaient appartenir à l'Angleterre; on donnait à l'Autriche une autre partie de ces mêmes départements, la Lorraine, l'Alsace et la Bavière; le Brabant, le Hainaut, Namur, et Luxembourg devaient dédommager la maison Palatine; on offrait à la Suisse la Franche-Comté, au roi de Sardaigne le Dauphiné et la Provence à l'exception d'une petite lisière dans les environs de Marseille et de Toulon qui était réservée à l'Angleterre; on garantissait à l'Espagne tout le territoire situé entre les Pyrénées et la Gironde. Le roi de Prusse obtenait la possession des trois Electorats ecclésiastiques et l'Impératrice de Russie la plus grande partie de la Pologne; on laissait en outre à l'Angleterre la faculté de s'emparer de toutes les îles françaises en Amérique.

Tels étaient, en mars 1793, les projets de ces défenseurs généreux de la maison de Bourbon et de la Monarchie française. Quels ont été les résultats de ce plan? A peine la France a-t-elle été légèrement entamée du côté du Nord. Dunkerque, premier salaire des secours donnés par l'Angleterre, a repoussé victorieusement l'armée des alliés.

L'effroi causé par les progrès de nos armées s'est emparé de nouveau de la Belgique et les Hollandais, fatigués d'une guerre dont ils feront en partie les frais, refusent de combattre nos troupes victorieuses.

A Maubeuge, l'armée autrichienne a été repoussée avec des pertes considérables. La frontière du Rhin est entière et offre un front menaçant; la Savoie obéit encore à la République et les armées espagnoles n'ont fait aucune impression du côté des Pyrénées.

En Amérique, l'amiral Gardner a été battu par les patriotes de la Martinique et de la Guadeloupe et la colonie de Saint-Domingue n'est pas entamée, malgré les sommes considérables que les ennemis ne cessent d'y prodiguer.

Les opérations indirectes de la coalition ont été en apparence plus heureuses. La Vendée, Lyon se sont révoltés.
Toulon s'est rendu. Ces événements ne doivent que mieux
faire apprécier les ressources incalculables de la Nation et
son énergie héroïque. Lyon vient de subir le joug. Nos forces
se porteront sur Toulon où l'armée républicaine a déjà rem-
porté des avantages considérables. Les rebelles de la Vendée
ont essuyé un échec important.

Si, sans alliés, la République française a pu répandre
l'alarme dans toute l'Europe, quelle serait l'attitude imposante de ce peuple généreux, si une diversion heureuse pouvait fixer ailleurs l'attention des puissances coalisées, si surtout la Porte ottomane, l'ancienne et la fidèle alliée des
Français, profitait du mouvement actuel pour venger les
injures et les dédains de ces mêmes puissances.

Trois objets contraires à l'intérêt du Divan sont à considérer
dans la coalition :

1° L'accroissement de l'Autriche, l'ennemie naturelle et
implacable de la Porte ottomane. Si l'Autriche s'annexait le
Duché de Bavière et le Haut-Palatinat en échange des Pays-Bas,
ses forces concentrées agiraient avec beaucoup plus de succès
contre les Turcs et les Vénitiens. La Souabe dont elle possède
déjà un tiers formerait le complément de ce nouvel Empire
qui renverserait tout le système politique de l'Allemagne ;

2° L'extension prodigieuse du pouvoir et des ressources de
la Russie dont les vues sur la possession des deux tiers de la
Pologne ne peuvent plus être équivoques. Après la paix avec la
France, l'Autriche, cette puissance ambitieuse et perfide,
n'aura rien de plus à cœur que de favoriser les vues de
Catherine II pour étendre elle-même ses domaines *du côté de
la Bosnie et de la Dalmatie;*

3° Pour prix du secours de Georges III, on est convenu de
donner à l'Angleterre quelques dédommagements dans la
Méditerranée. Ce qui le prouve, ce sont l'expédition de Toulon
et l'envoi d'une escadre beaucoup plus considérable qu'il ne
fallait pour contenir nos forces maritimes. *Depuis très longtemps, le Gouvernement britannique a ambitionné la possession de l'Egypte et la navigation de la mer Rouge pour faci-*

liter ses communications avec l'Inde. Les basses complaisances de la Cour d'Espagne pour sa nouvelle alliée la porteront vraisemblablement à consentir à cette nouvelle usurpation. L'Angleterre, solidement établie dans la Méditerranée, y agirait impunément suivant les principes tyranniques de son système commercial et elle finirait par épuiser les riches possessions de la Porte ottomane qui ont prospéré depuis si longtemps par leurs liaisons intimes avec la France.

La Suède, le Danemark, Venise, Gênes, quelques Etats de l'Empire seconderont les efforts généreux de la Porte *et le premier coup de canon tiré sur le Danube sera le signal du ralliement des puissances neutres.*

Les patriotes opprimés de la Pologne se joindront à la Turquie. L'Autriche tenue en échec par les armées de la France, la Russie inquiétée par les préparatifs de la Suède et du Danemark devront renoncer à leurs projets de conquêtes. En entrant dans ces détails avec le Reis-Effendi, *vous lui confierez, citoyen, que la Suède est sur le point de conclure avec nous une convention par laquelle elle s'engage à protéger de vive force son commerce avec la France et que nous espérons que le Danemark embrassera le même système défensif;* qu'en conséquence, il est de l'intérêt du Divan de profiter de ces conjonctures favorables pour sortir d'une inaction qui compromet la sûreté et même l'existence future de la Turquie.

Si le Reis-Effendi doute de la stabilité du Gouvernement français, présentez le tableau de la France qui, asservie, pour résister à l'Angleterre seulement a eu recours à plusieurs alliés et a essuyé des pertes considérables. Si la République cherche des alliés, c'est par humanité plutôt que par crainte de ne pas se suffire.

Loin d'être épuisée, la République compte dans ses armées plus de soldats que n'en peuvent réunir toutes les Cours coalisées; elle en entretient aujourd'hui plus d'un million et des phalanges innombrables de citoyens patriotes sont prêtes à remplacer ceux-ci; ses ressources pécuniaires sont également inépuisables, parce qu'elles se composent de toutes les richesses individuelles. Tout ce qui appartenait aux Français est à la Patrie.

Si toutes les vicissitudes de la guerre la plus sanglante que la France ait jamais soutenue n'ont pu altérer les sentiments de ce peuple généreux, avec quelle confiance une puissance amie ne doit-elle pas accueillir les propositions qui lui sont faites en son nom !

Aucun caprice, aucune intrigue de cour ne pourront désormais changer les relations que des convenances réciproques auront formées. Un mariage monstrueux ne réunira plus sous la même tente des guerriers français et autrichiens pour rompre des liaisons politiques fondées sur la nature et confirmées par la longue exéprience de plusieurs siècles. Les Français naturalisés pour ainsi dire en Turquie par leurs habitudes y chercheront toujours des amis et des alliés, *parce que les mêmes motifs indiqueront toujours les mêmes rapprochements.*

Vous devez donc assurer le Reis-Effendi dans les termes les plus positifs que, quels que soient les événements de la guerre, la République restera invariablement attachée aux principes qu'elle a juré de maintenir; que ses intérêts seront toujours intimement unis à ceux de la Porte ottomane et qu'elle fera les plus grands sacrifices plutôt que de renoncer aux liaisons politiques et commerciales qu'elle a formées avec la Porte et qu'elle se propose de consolider par de nouveaux traités. Mais vous observerez en même temps que, malgré les dispositions amicales du peuple français, il ne sera peut-être plus en son pouvoir de servir efficacement la Turquie, si le Divan continue à négliger le moment favorable qui se présente aujourd'hui pour mettre un terme à l'ambition de ses voisins, que la réciprocité des bons offices forme les liens les plus durables entre les Nations et que, d'après les sentiments que le Reis-Effendi vous a déjà manifestés, nous avons tout lieu de compter sur cette réciprocité (1). »

Ce cri de triomphe, cette assurance officielle, ce mépris de l'adversaire consigné dans un document émanant d'une source aussi autorisée sont de nature à dissiper la croyance généralement répandue jusqu'à présent que la France avait

____

(1) Le ministre des Relations extérieures à Descorches. Paris, le 23 octobre 1793 (2 brumaire an II).

été sérieusement menacée dans cette période de la Révolution. Mais, si l'étranger ne faisait pas courir un danger réel à la France, comment justifier les excès qui furent alors commis à l'intérieur et qu'on a cru pouvoir expliquer et excuser par ce prétendu péril national ?

En même temps qu'il adressait à Descorches ces importantes instructions, le ministre des Affaires étrangères lui renouvelait les marques de sa satisfaction. Il avait bien reçu ses mémoires antérieurs qui exigeaient une étude qu'il devait remettre à des temps plus calmes. « La conduite sage et circonspecte, lui disait-il, que vous avez tenue depuis votre arrivée à Constantinople vous a mérité la confiance du ministère ; elle a été appréciée par le Conseil Exécutif *et je ne puis que vous engager à éviter avec soin tout ce qui pourrait alarmer le Divan.* Nous pensons de même que vous qu'il lui importe de ménager les ministres des cours coalisées jusqu'au moment où ses préparatifs et les conjonctures lui auront permis de prendre un ton plus assuré. Nous espérons que ce moment n'est pas éloigné et qu'au moyen des ouvertures que vous êtes chargé de faire, vous parviendrez à tirer les Turcs de l'état de langueur où ils se trouvent encore.

« Si les quatre millions que le Conseil a mis à votre disposition ne sont pas suffisants, vous êtes autorisé à faire de plus grands sacrifices dont vous aurez soin de m'indiquer l'objet et l'emploi. *Le service que la Porte ottomane nous rendrait en attaquant l'Autriche est d'une si haute importance que la République ne saurait y mettre un trop grand prix.*

« D'après les nouvelles arrivées hier, la rébellion de la Vendée a été étouffée ; les forces employées dans cette contrée et à Lyon serviront contre Toulon. »

Le ministre exprimait aussi sa satisfaction à Gaudin, mais il ne pouvait lui accorder le titre de premier secrétaire dont le citoyen Hénin était revêtu. Enfin, il approuvait l'envoi d'un agent à Trawnick qui devait rendre des services particuliers sur cette partie de la frontière de Turquie (1).

____

(1) Le ministre des Relations extérieures à Descorches, 3e division. Paris, le 4 du 2e mois de l'an II (4 brumaire an II).

Cette lettre ministérielle ne donnait que des promesses. Les quatre millions n'étaient qu'annoncés et si Descorches était autorisé à faire de plus grands sacrifices, il ne pouvait se procurer à Constantinople les fonds qui lui eussent été nécessaires. Enfin, en même temps que le Gouvernement français reconnaissait l'urgence du rappel d'Hénin, il le confirmait dans son emploi de premier secrétaire !

Aussi Hénin redoublait-il ses attaques et le jour même où le ministre écrivait à Descorches, il transmettait à Paris une nouvelle dénonciation émanant du Club de Constantinople (1).

Le 11 brumaire (1er novembre 1793), il dénonçait encore Descorches au sujet d'un prétendu projet de vente de quatre frégates françaises mouillées à Smyrne et il poussait l'acharnement jusqu'à envoyer à ses frais à Paris un courrier particulier par la voie de Venise pour porter ses dénonciations, craignant que ses lettres fussent interceptées.

Cet envoyé était Dizerand, secrétaire du Club fondé par Hénin, imprimeur depuis huit ans à Constantinople, « patriote républicain à toute épreuve ». Il était en outre chargé de réclamer au Conseil Exécutif l'ordre qui avait envoyé Hénin à Constantinople et la confirmation de ses pouvoirs. Si Hénin ne pouvait plus s'occuper de diplomatie, il reprendrait le métier des armes.

C'étaient aussi Brugnières, président, et Olivier, secrétaire de la Société républicaine des Amis de la Liberté et de l'Egalité qui joignaient leurs accusations à celles d'Hénin. Arrivés depuis cinq mois et demi, ayant écrit plusieurs lettres au ministre des Affaires étrangères, ils n'avaient pas reçu de réponse.

« Nous ne doutons pas, disaient-ils, qu'un ministre plus énergique que le citoyen Descorches n'eût avancé plus que n'a fait celui-ci nos négociations avec la Porte et n'eût déjà exécuté une diversion que l'opinion publique sollicite presque aussi fortement que notre propre intérêt (2). »

Ces citoyens qui annonçaient leur intention de faire un

---

(1) Hénin au ministre des Relations extérieures, 4 brumaire an II (25 octobre 1793).

(2) Lettre du 1er novembre 1793, 11 brumaire an II.

voyage d'études dans les îles de l'Archipel et qui n'étaient pas au courant des négociations de Descorches, ignoraient aussi les difficultés de sa tâche.

Le club de Constantinople avait signalé les motifs qui le faisaient douter du patriotisme de Descorches. Il lui reprochait, entre autres griefs, d'être descendu à son arrivée chez le citoyen Beuf, député de la Nation, illégalement nommé, et signataire de l'adresse contre-révolutionnaire du 9 octobre 1792 (1).

C'était Florenville qui, ayant appris que Descorches ne le présentait plus pour le consulat de Smyrne, s'en plaignait au ministre Deforgues (2).

C'était même Noël, ministre plénipotentiaire à Venise, qui, circonvenu par son prédécesseur, ne correspondait plus avec Descorches et conseillait de donner des lettres de créance à Hénin (3).

Chénié écrivait à son ami Noyane fils, à Smyrne, que leur émissaire Mazerat avait déjà apporté à Paris les dénonciations concernant Descorches, destinées à la Convention, à la Sainte-Montagne, au club des Jacobins et aux Cordeliers. Le père de Chénié était chargé de les recevoir. Le ministre des Affaires étrangères avait dû en prendre connaissance le 12 octobre au plus tard, et Chénié espérait qu'il serait ainsi renseigné sur le compte de Descorches, *cet être impur qui osait dire qu'en Pologne on l'appelait le petit Robespierre* (4) !

Chénié écrivait encore à Noyane au sujet du refus opposé par la Société des Jacobins à la demande d'affiliation du club de Constantinople : « Cher citoyen, *frère* et ami, je vous adresse ès-mains, de *notre frère* Florenville, ma lettre que je vous prie instamment d'acheminer par Livourne en y mettant

---

(1) Rapport de la Société républicaine des Amis de la Liberté et de l'Egalité du 10 brumaire an II (31 octobre 1793).

(2) Lettre de Florenville du 20 brumaire an II (10 novembre 1793), 3ᵉ division.

(3) Noël au ministre des Affaires étrangères, 19 brumaire an II (9 novembre 1793).

(4) Chénié à Noyane fils et Cⁱᵉ, à Smyrne. Constantinople, le 13 novembre 1793 (23 brumaire an II).

l'enveloppe de Merle d'Aubigné, à Genève (1). J'ai écrit à
Robespierre et à Thuriot pour les engager à nous appuyer
auprès des Jacobins. Mais ma demande a été écartée; l'arrêté d'affiliation a été rapporté quelques jours après dans
la crainte de nous faire de nouveaux ennemis (2). »

Chénié soupçonnait Descorches, « l'homme aux lunettes »,
d'être intervenu pour empêcher cette affiliation. Néanmoins
sa lettre se terminait par cette expression de confiance :
« Ça ira. »

Le terme de *frère* dont il se servait en s'adressant à son
ami indiquait suffisamment le caractère maçonnique de la
société dont ils faisaient tous deux partie.

Dans une nouvelle dénonciation envoyée le 5 frimaire an II
à Robespierre, Chénié reprochait à Descorches la nomination
de Pech, député de la Nation, en qualité de consul à Constantinople, celle de Fleurat, comme chancelier à la place de
Pierre Fonton, le maintien de Chalgrin comme agent de
Louis XVII auprès de la Porte, sachant cependant qu'il
n'était pas du pouvoir de l'envoyé français de s'y opposer.
« Hommage et respect, écrivait Chénié à Robespierre, aux
vertus civiques que vous démontrez continuellement (3). »

Noyane fils reprochait aussi à Descorches son attitude à
propos des événements qui s'étaient passés à Smyrne les
23 et 24 mars, et au cours desquels des patriotes avaient été
maltraités par des marins de l'escadre. Il lui écrivait sur
un ton comminatoire, menaçant de s'adresser aux législateurs, au peuple souverain (4).

Les expressions dont il se servait indiquent assez l'état
d'anarchie qui régnait alors dans les relations entre certains
Français et le représentant officiel de la République.

« Je n'ajouterai rien, disait-il, sur le chapitre des attentats

---

(1) Merle d'Aubigné, banquier à Genève, était l'un des intermédiaires secrets au moyen desquels le Gouvernement français correspondait avec le Levant.
(2) Chénié à Noyane. Constantinople, le 29 brumaire an II (19 décembre 1793)
(3) Chénié à Robespierre, député. Constantinople, le 5 frimaire an II.
(4) Novane fils à Descorches. Smyrne, le 3 brumaire an II (24 octobre 1793).

commis les 23 et 24 mars contre quatre citoyens, puisque mes
mesures sont prises pour avoir justice des criminels auteurs
de ces scènes affreuses. Mais la vérité m'empêche de vous
cacher que si vous aviez tenu le langage et suivi la conduite
et le devoir d'un représentant de la République muni comme
vous l'êtes des pouvoirs les plus étendus, mes ennemis, que
dis-je, ceux de la République bien plus que les miens,
n'auraient pas montré tant d'audace et d'effronterie. J'aime
à croire, citoyen ministre, que la marche que vous avez suivie
dans cette affaire importante, puisqu'il s'agit de l'oppression
de quatre citoyens, vous a été dictée par la clémence; mais,
fonctionnaire public, délégué par la République dans ces contrées pour remédier aux maux et à la persécution que vos
concitoyens qui y sont établis éprouvent depuis si longtemps,
vous saviez sans doute avant moi que cette clémence est un
crime. Faudra-t-il, je vous le demande, parce que de votre
réponse dépend ma dernière résolution, que je m'adresse
directement en France pour avoir raison de mes oppresseurs ?
Je vous prie, citoyen ministre, de bien vous consulter sur ce
que vous pouvez et devez faire dans cette occasion, pour que
je puisse moi-même mettre la vérité toute nue, non seulement sous les yeux de nos législateurs, mais encore sous
ceux du peuple souverain. Dans ce cas, je suis sûr que ce
ne sera pas en vain, de même que je ne balancerai pas à leur
dévoiler toutes les intrigues et les menées qui n'ont point
échappé à ma vigilance.

« J'espère, citoyen ministre, que vous trouverez dans mes
expressions cette franchise et cette vérité qui sont dans mon
caractère et auxquelles vous m'avez souvent invité dans vos
conférences. »

Hénin qui avait cru devoir communiquer aux membres du
Tribunal révolutionnaire la lettre qu'il avait reçue de l'ambassadeur d'Espagne à Venise, ajoutait : « Je persiste en outre à
assurer que l'agent de la République ici trahit nos intérêts les
plus chers dans le Levant, et qu'il ne s'entoure que de gens connus par leur aristocratie et leur attachement à la royauté (1). »

____

(1) Constantinople, le 30 brumaire an II (20 novembre 1793).

Hénin espérait sans doute beaucoup de ces attaques outrées sur l'esprit des membres du terrible Tribunal. En attendant son rappel qu'il continuait à solliciter, ne voulant pas rester plus longtemps auprès du *royaliste* Descorches et déplorant de ne pas avoir reçu de lettres du ministre depuis le mois de mai, il employait ses loisirs à l'étude des langues turque et grecque dont il avait déjà des principes.

Au Comité de Salut public à qui il communiquait également la lettre de Las Casas, il écrivait : « Je crois avoir rempli ma tâche en réchauffant et ranimant le patriotisme le plus pur à Constantinople et en démasquant les traîtres, et particulièrement l'agent de la Nation. Je vous certifie de plus, d'après tous les renseignements que je me suis procuré, que les consuls français dans les Echelles du Levant et de Barbarie sont presque en totalité infectés d'aristocratie et de royalisme (1). »

Ainsi, de toutes parts, les dénonciations arrivaient à Paris pour ébranler la situation de Descorches.

Celui-ci, qui avait appris les attaques dont il était l'objet, s'était adressé à la Société des Jacobins, demandant de son côté à être traduit devant une commission d'enquête pour se justifier auprès du Comité de Salut public et du ministère. Il mettait en garde, à cette occasion, la Société mère contre le Club de Constantinople dont il avait lu l'affiliation dans *le Moniteur*. « Il a fallu, disait-il, ce paragraphe, *frères et amis*, pour nous donner aux cinq sixièmes peut-être des Français qui sommes ici une connaissance certaine de l'existence du club dont il s'agit (2). »

Cependant, dans un rapport sur Descorches où les événements paraissaient être sainement jugés, le ministre des Affaires étrangères continuait à lui accorder sa confiance. Ce rapport débutait ainsi : « Descorches a une grande réputation de patriotisme à soutenir, et il en a donné des preuves. Son caractère moral, ses biens de famille répondent de sa fidélité. Sa correspondance respire un amour ardent de la

---

(1) Constantinople, le 30 brumaire an II (20 novembre 1793).

(2) Constantinople, le 1er frimaire an II. Descorches à la Société des Amis de la Société et de l'Égalité, séant aux Jacobins, à Paris.

Liberté. L'activité qu'il a montrée prouve la chaleur avec laquelle il s'est livré aux devoirs de sa mission (1). »

Il avait été exempté par le Comité de Salut public de l'interdiction pour les nobles de remplir des fonctions publiques. Le rapport constatait toutefois que depuis l'arrestation de Sémonville, l'activité de la correspondance de Descorches s'était un peu ralentie. Mais, il avait déjà fait plusieurs démarches auprès de la Porte dont il attendait les résultats *avec les réponses aux diverses demandes qu'il avait adressées au Gouvernement.* L'affaire Roubeau était néanmoins fâcheuse, et il y avait montré de l'imprévoyance. Puis, la tardive défection du chancelier Pierre Fonton qui avait joui de sa confiance jusqu'au dernier moment, était un argument terrible à la disposition de ses détracteurs, bien qu'on dût reconnaître qu'il avait précédemment proposé Dantan pour remplacer cet agent infidèle.

Les plus ardents patriotes pouvaient par suite de la différence des situations avoir tort à Constantinople, tout en ayant mille fois raison à Paris. Du côté de l'activité, de l'expérience, des talents, il n'y avait point de comparaison à faire entre Descorches et Hénin. Il dépendait de ce dernier de prévenir l'éclat de ces funestes divisions qu'il avait visiblement fomentées, et on ne pouvait se garantir d'un sentiment d'indignation contre la présomption d'une homme médiocre qui avait compromis la chose publique (2). »

A une époque où une grande partie des destinées de l'Europe était peut-être attachée aux résolutions que prendrait la Porte ottomane, quel était le moyen de remédier à ces malheureuses dissensions ?

Il fallait une décision prompte et inébranlable. « Il existe d'abord, disait encore l'auteur du rapport, un fait incontestable, c'est que dans ce moment il n'y a à Constantinople personne sous le rapport des talents qui puisse être chargé d'une aussi importante mission que Descorches.

---

(1) Rapport sur Descorches, 3e division, 1er frimaire an II.
(2) Cet homme médiocre avait été cependant jugé digne par le gouvernement de la République de le représenter à Venise. (Note de l'auteur.)

« Mais Descorches est-il sûr ? *C'est de quoi, malgré de
fortes probalités, je ne saurais répondre.*

« Je répondrais toutefois plutôt de lui que de l'autre. Il
paraît qu'il a mis son ambition et sa gloire à réussir. Le plus
sûr moyen de se l'attacher irrévocablement serait de lui donner toute confiance. Les immenses difficultés de son remplacement, les retards qui en résulteraient paraissent des raisons
absolument déterminantes pour prendre parti. »

En conséquence, il fallait éloigner ses ennemis. On lui avait
déjà écrit de prendre au besoin des mesures contre Hénin, et
c'était un nouveau motif pour ne pas changer de système.
On examinerait plus tard les suites à donner à la malheureuse
affaire Roubeau.

Il convenait à la dignité de la France d'obtenir comme
sanction de cet incident le renvoi du Reis-Effendi et son
remplacement autant que possible par le Capitan-Pacha. Si
on voulait gagner le Reis-Effendi, il suffirait peut-être de la
destitution et de la punition exemplaire du voïvode de Galata.
Mais, pour obtenir des résultats certains, l'argent était nécessaire. Les *lamentables* lettres que Descorches avait écrites à
ce sujet prouvaient la nécessité de ne pas différer davantage
un envoi de fonds qu'il importait de faire parvenir au plus
tôt, en prévenant Descorches par un courrier extraordinaire.

L'auteur du mémoire rappelait aussi le rapprochement ino-
piné qui venait d'avoir lieu entre l'Angleterre et la Russie,
et dont le citoyen Grouvelle, ministre de Copenhague, avait
rendu compte. Cet événement devait avoir sa place dans
les combinaisons politiques à faire connaître à l'agent de la
France à Constantinople.

Descorches faisait encore le principal objet d'un rapport
du ministère des Affaires étrangères du 5 frimaire an II, sur
les agents employés dans le Levant.

A l'époque de sa nomination, en janvier 1793, il n'était,
paraît-il, plus question de Sémonville. Le rôle de simple précurseur de ce dernier ne lui avait été donné que lorsque après
avoir forcé la main à Lebrun, Sémonville avait été réintégré
dans son titre d'ambassadeur en Turquie. Il fallait à Descorches, pour ranimer son courage, de la confiance et de l'ar-

gent, et il était impossible peut-être de se passer de lui. S'il trahissait, il s'y prendrait bien tard. Il n'était pas un traître, contrairement à ce que disait Hénin, car il était resté à Constantinople après l'affaire Roubeau à laquelle, d'après une lettre de lui du 10 brumaire, il désirait que le Gouvernement français n'attachât pas trop d'importance.

Passant en revue les autres membres de l'ambassade, le rapport signalait Félix Hénin, premier secrétaire, nommé le 12 mai 1793 avec le titre de chargé d'affaires pour préparer les voies à Sémonville, comme n'ayant pas servi la chose publique en se déclarant ouvertement contre Descorches.

Gaudin, deuxième secrétaire, qui était venu dans le Levant en voyageant pour son instruction, avait joué un rôle patriotique à l'époque de la trahison de Choiseul-Gouffier. Avec le temps, — car il n'avait que 25 ans, — il pourrait obtenir le poste de premier secrétaire.

Il y avait aussi Jacques Montal, troisième secrétaire, que Descorches avait amené avec lui en qualité de secrétaire particulier, Pidoux, expéditionnaire, Sicard, arrivé avec Hénin comme secrétaire et qui venait de quitter Constantinople sans qu'on eût depuis de ses nouvelles, enfin les drogmans Dantan resté seul fidèle après la défection de ses collègues et que Descorches venait de proposer pour remplacer le chancelier Pierre Fonton, Pousitch, ci-devant drogman de la Légation de Prusse, Venture, nommé en mai 1793, lorsqu'il était encore à Paris et resté en route à Venise.

Ce Venture, malgré son âge, avait été désigné sur la demande de Sémonville pour l'accompagner. Il s'était d'abord rendu à Venise dans l'intention de se concerter avec Noël sur les mesures à prendre afin d'assurer la sécurité de son chef pendant son voyage. C'est à cette circonstance qu'il avait dû, seul de la mission de Sémonville, de n'avoir pas été fait prisonnier. Resté depuis à Venise, il avait informé le ministre Deforgues que, depuis l'arrestation de Sémonville, il avait écrit plusieurs fois au prédécesseur du ministre, à Barralier, chef du bureau des Consulats, au ministre lui-même pour avoir des instructions, pour qu'on lui fît connaître notamment s'il devait retourner en France ou continuer son voyage;

mais, suivant l'habitude qui paraissait régner à cette époque
au ministère des Affaires étrangères, il n'avait reçu aucune
réponse. Il avait entendu toutefois l'écho des attaques dirigées contre Descorches et croyant que celui-ci allait être
rappelé pour motifs graves, *il s'était proposé lui aussi pour
le remplacer*, invoquant sa longue expérience, son zèle
patriotique, la mission qui lui avait été confiée d'entamer également des négociations avec la Porte et cette raison qui lui
paraissait péremptoire qu'il avait déjà fait la moitié du
chemin pour se rendre à Constantinople ! (1).

Le rapport ministériel ne mentionnait comme jeunes de
langues attachés à l'ambassade de Constantinople qu'Amic
venu avec Brugnières et Olivier, entré comme eux dans le
parti d'Hénin et devenu l'un des plus acharnés détracteurs de
Descorches.

Ce dernier avait proposé qu'on lui adjoignît deux conseillers d'ambassade, choisis dans le corps des drogmans. Il
signalait comme meilleurs candidats Ruffin actuellement à
Versailles et que ses longs services dans le Levant rendaient
particulièrement compétent et Mourad-Cha attaché à la Légation de Suède auprès de la Porte et de tout temps ami de la
France. Mais le titre de chevalier d'Ohsson qu'il portait
paraissait au ministère des Affaires étrangères un motif d'exclusion pour le moment !

Descorches avait proposé en outre de confier la réforme de
l'Ordonnance de 1781 qui régissait l'Administration civile des
Echelles à une commission composée de deux députés de la
Nation à Constantinople et de trois députés extraordinaires,
puis de soumettre leur travail à la Convention. Mais, pour
réaliser cette œuvre considérable, il convenait aussi de laisser
passer ce moment de crise.

Enfin, dans un rapport du 13 frimaire, l'Administration des
Affaires étrangères complétait ses appréciations sur les dissensions entre Descorches et Hénin dont elle avait eu connaissance.

Les lettres apportées de Constantinople par le courrier

---

(1) 29 brumaire an II. Venise, le 19 novembre 1793. Venture, secré-
taire-interprète pour les langues orientales, au citoyen Deforgues,
ministre des Relations extérieures.

Duclos étaient toutes antérieures au 10 octobre. Une lettre de Noël du 9 novembre avait annoncé à tort le départ de Descorches pour Andrinople à la suite de l'incident Roubeau, car il était arrivé une lettre particulière de Descorches du 25 octobre, datée de Constantinople et adressée à un ami. Des lettres d'Hénin étaient arrivées aussi. On y voyait le plan systématique d'une intrigue conduite par de longues gradations jusqu'à son but. Toutes ces lettres avaient été écrites pour dévoiler Descorches et toutes dévoilaient Hénin.

On s'exprime d'abord en termes vagues, on hésite à voir le mal, puis on présente des griefs. Enfin on éclate. Descorches est représenté sous les traits d'un imbécile, d'un fourbe, d'un traître. On veut surtout de l'éclat; on prodigue les marques d'un républicanisme qui ne prouve pas toujours la réalité des sentiments et l'on finit par établir un club... Au moment où la trahison de Toulon fait chanceler le Divan, on veut que Descorches fasse tomber la tête du Reis-Effendi. *Comme à Paris, la timidité, la faiblesse, l'indulgence sont considérées comme criminelles.* On transporte les idées, les mesures de Paris à Constantinople et comme on devait être jugé à Paris, on se croyait sûr de son fait.

Hénin parle des titres, des appointements, des pouvoirs qu'il faudrait lui donner, comme si c'était une chose décidée, que Descorches n'était plus rien et qu'Hénin devait être son successeur.

A la même époque arrive de Venise la nouvelle évidemment fausse que Descorches et Gaudin étaient en route pour se rendre en France. Sur cinq lettres d'Hénin parvenues au ministère des Affaires étrangères, quatre ne parlent que des hommes. Pas un fait, pas un renseignement sur Constantinople. La seule lettre qui parle de politique donne la juste mesure d'Hénin comme négociateur.

Une ligue formidable est organisée contre Descorches. On est presque effrayé de prendre la défense d'un homme qui paraît *sous les couleurs odieuses du modérantisme si pernicieux, si justement proscrit à Paris.* Mais à Constantinople, il faut tenir compte des ministres ennemis, des séductions et des menaces exercées sur un ministère capricieux, corrompu, faible et ignorant. Si une alliance avec la Porte est désirable, sa neutralité est tout au moins nécessaire à une époque où elle voit la France dépossédée de la domination des mers, attaquée au dehors par la ligue de presque toute l'Europe, en proie au dedans à la guerre civile.

Alors on voit que sur ce théâtre, le rôle principal d'un agent fidèle à sa patrie paraît être celui de la circonspection et l'on plaint l'erreur de quelques excellents citoyens qui, entraînés par l'énergie de leurs sentiments oublient que quelquefois le courage est aussi de se contenir.

Le rédacteur si perspicace de ce mémoire ajoutait qu'il pourrait en dire davantage en s'appuyant sur *une autorité aussi respectée que respectable.*

Robespierre avait hautement blâmé les clubs établis à Philadelphie et les assemblées primaires tenues à Constantinople, foyers d'intrigues et d'intentions perfides. Il était permis de voir dans Hénin un intrigant et dans ses adhérents ou des complices ou des dupes. Jamais ils ne se laveraient d'avoir créé une scission à Constantinople et d'avoir entravé les opérations de l'envoyé de la République.

Suivait l'énumération des griefs reprochés à Hénin. A le dire franchement, il paraissait à l'auteur du rapport que Descorches n'avait pas eu assez de vertu pour regarder sa mission comme simplement préparatoire de celle de Sémonville, après être parti de Paris avec l'espérance d'être définitivement l'agent de la République pour traiter avec la Porte. Le mauvais effet que produisit auprès du ministère ottoman cette versatilité dans les mesures du Gouvernement français paraît le justifier. Il n'y avait contre Descorches que des présomptions et des soupçons, mais comment les apprécier à une distance de 700 lieues. Comme conclusion, il fallait envoyer des agents pour faire une enquête. Si Descorches n'était pas coupable, ils lui apporteraient des gages précieux et décisifs de la confiance du Gouvernement français. Hénin devait être rappelé dans toute hypothèse. Il convenait de prendre toutes les mesures possibles pour sauver les Etablissements du Levant et conserver à la France un allié utile.

Il semble qu'après avoir eu connaissance de ce rapport

dans lequel la situation était envisagée avec un bon sens bien rare à cette époque, le Gouvernement français aurait dû se décider à prendre des résolutions énergiques. Les événements ultérieurs prouveront qu'il n'en fit rien.

Pour remplacer les actes, il adressait aux quelques représentants qu'il avait à l'étranger, à Descorches à Constantinople, à Grouvelle à Copenhague, à son envoyé à Stockholm, une déclaration de principes. C'était un décret de la Convention sur les relations de la République française avec les autres sociétés politiques voté sur le rapport de Robespierre et qui pouvait être regardé, disait le ministre des Relations Extérieures, « comme le manifeste de la raison publique parmi nous et comme la proclamation solennelle de nos principes ».

Le ministre espérait que cette nouvelle preuve des sentiments de justice qui inspiraient la politique du peuple français serait appréciée par les personnes amies et même par les ennemies (1).

Le Comité du Salut public avait pris aussi un arrêté spécial à l'envoyé à Constantinople qui témoignait de ses bonnes intentions. La question était de savoir si elles seraient réalisées. Voici les principales dispositions de cet arrêté :

Le Comité de Salut public,

Considérant que son arrêté du 20 vendémiaire relatif à l'envoyé de la République à Constantinople suppose plusieurs moyens d'exécution qu'il est urgent de déterminer;

Voulant rétablir une union parfaite entre les Français résidant à Constantinople, maintenir la hiérarchie des pouvoirs, réorganiser tous les Etablissements français du Levant et leur appliquer, autant qu'il est possible, les heureuses lois de la Liberté et de l'Egalité;

Désirant donner des témoignages éclatants *d'amitié et de confiance* à la Porte ottomane, notre ancienne alliée, resserrer les liens que la lâcheté et la perfidie des ministres de la ci-devant Cour avaient presque rompus et faire cause commune avec elle contre des ennemis communs;

____

(1) Paris, le 9 frimaire an II.

Considérant que pour parvenir à ce but, il importe de punir ou d'écarter des hommes perfides ou suspects, d'entourer l'agent de la République à Constantinople de toute la confiance nationale, de toutes les lumières et de tous les moyens dont il a besoin pour agir avec succès et en connaissance de cause.

ARRÊTE CE QUI SUIT :

ARTICLE PREMIER. — Des agents seront envoyés à Constantinople pour porter au citoyen Descorches des renseignements exacts sur l'esprit et la marche actuelle de la Révolution et pour l'instruire de la nature et des vues du nouveau Gouvernement français.

ART. 2. — Ces agents pourront être employés dans les premières fonctions politiques et civiles de l'Ambassade.

ART. 3. — Ils porteront à Descorches l'assurance de la satisfaction du Comité de Salut public et du Conseil Exécutif et lui remettront l'arrêté du Comité le maintenant à son poste comme seul agent ostensible de la République.

ART. 4. — Pour rétablir l'union, Hénin, premier secrétaire, est rappelé. Descorches est autorisé à destituer et à remplacer provisoirement les agents, à charge d'en rendre compte.

ART. 10. — Il emploiera les fonds mis à sa disposition pour disposer en notre faveur les personnes de la Cour ottomane dont le caractère rendrait ce genre d'opérations nécessaire.

ART. 12. — Il présidera la commission chargée de reviser l'ordonnance de 1781.

ART. 13. — *Il ne perdra pas un instant de vue le grand objet de sa mission qui est une alliance solide de la République française avec la Porte ottomane.*

ART. 14. — Il négociera les premières bases d'un traité de commerce.

ART. 15. — Il cherchera à empêcher l'arrivée de l'ambassadeur turc nommé pour se rendre à Londres.

ART. 16. — Il engagera la Porte à continuer ses bons offices auprès des régences barbaresques, surtout celles d'Alger et de Tunis pour maintenir leur neutralité et assurer le libre parcours des vaisseaux venant des Etats-Unis en France.

Art. 17. — Il cherchera à entretenir des communications amicales avec les envoyés de la Suède, du Danemark et de Venise.

Art. 18. — Le ministre des Affaires étrangères prendra les mesures les plus promptes pour le remboursement des 50.000 piastres avancées par la Porte.

Art. 20. — Le ministre de la Guerre fera partir sous huit jours les deux officiers demandés par la Porte.

Art. 21. — Le ministre de la Marine fera partir sous quinze jours les ouvriers demandés par la lettre de Descorches du 24 octobre.

Art. 22. — Descorches sollicitera la punition et la destitution du voïvode de Galata.

Art. 23. — Il réclamera la punition et l'extradition de l'ex-chancelier Fonton.

Art. 24. — Il remettra directement les dépêches du Comité au Grand Seigneur et au Divan.

Signé au registre : Billaud-Varenne, B. Barrère, Robespierre, C.-A. Prieur, Arist. Couthon, Carnot, Robert Lindet. *Pour extrait* : Billaud-Varenne, R. Lindet, S. Carnot (1).

Dans un rapport ultérieur du ministère des Affaires étrangères, il était fait mention du décret de la Convention en vertu duquel les agents de la République en pays étranger devaient être payés en numéraire, et par un arrêté du 20 vendémiaire confirmé par celui du 26 frimaire an II, le Comité de Salut public avait mis à la disposition de Descorches une somme de quatre millions, mais payable au moyen de traites, la loi défendant l'exportation du numéraire (2).

Dans une autre note du 11 frimaire, le ministère des Affaires étrangères rappelait la nécessité d'envoyer promptement à Constantinople, à Tunis et à Alger des agents munis d'argent. Il fallait alors six semaines pour aller par mer à Constantinople. Mais cette route était périlleuse, Gênes, le

____

(1) Extrait des registres du Comité de Salut public du 26⁰ jour de frimaire an II.

(2) Rapport au sujet des fonds à faire passer en pays étrangers, et notamment à Constantinople, du 27 frimaire an II.

seul port neutre de la Méditerranée étant dominé par les Anglais. Les montagnes de la Dalmatie et de la Bosnie rendaient la voie de terre pleine aussi de difficultés. Par l'Allemagne et la Hongrie, le voyage durait trente jours. Il serait prudent de ne pas confier de fonds aux agents qu'on enverrait dans le Levant et de faire cette expédition à part. Parmi les agents à désigner, on citait Lallement, consul à Naples, « homme de beaucoup de sens, de finesse et d'expérience, et qui avait déjà été à Constantinople ».

Les instructions suivantes du ministre des Relations extérieures à Descorches complétaient l'arrêté du Comité de Salut public du 26 frimaire.

Le ministre regrettait les divisions qui existaient parmi les Français du Levant et y annonçait l'envoi d'agents. La reprise de Toulon allait ouvrir une campagne diplomatique, le Gouvernement étant décidé à agir sur les cabinets étrangers avec la même vigueur qu'à l'intérieur et sur les frontières. Mais, si d'après ses principes, la République désirait la paix, *il n'était ni de son intérêt, ni de sa dignité de la demander :* « Nous abandonnerons donc la coalition à son épuisement, disait le ministre, et à ce genre de destruction qu'elle porte dans son sein. Toutefois, nous distinguons entre nos ennemis naturels et ceux qui doivent venir chercher appui auprès de nous.

« Portons d'abord notre attention et notre affection vers les Gouvernements qui ont résisté à la coalition.

« Contre la coalition, il y a deux points d'appui à trouver dans le Nord et dans le Midi.

« La Suède et le Danemark prévoyant qu'une neutralité paisible deviendra impraticable, sont disposés à se lier avec nous. Ces deux pays paralyseront la Russie, tiendront la Baltique ouverte pour nous et, avec le temps, fermée aux Anglais. Ils pourront influer sur les mouvements de la Pologne qu'il nous paraît essentiel de seconder et sur les dispositions de plusieurs Etats de l'Allemagne qui se voient plus que menacés par la perfide ambition de la Russie et de l'Autriche.

« Du côté du Midi, l'atrocité anglaise a poussé Gênes dans nos bras. *Mais, nous comptons surtout sur la Porte. Elle* pourrait être tournée contre la Russie. Il est cependant préférable qu'elle dirige ses efforts contre l'Autriche, du côté de la Bosnie plutôt que du côté d'Oczaköw et de la Crimée. La Russie intrigue seulement et le mépris est notre vengeance. Elle ne changera sans doute pas. Mais l'Autriche est notre ennemie principale, et elle paraît étroitement liée avec l'Angleterre.

« Les Turcs auront peu à faire contre l'Autriche épuisée ; ils devraient se souvenir de la perfide agression de Belgrade. La Russie occupée en Pologne laisserait peut-être succomber son alliée qui l'a abandonnée en signant le traité de Reichenbach et qui ne l'a pas assez soutenue à la Diète de Grodno. Venise qui doit craindre l'Autriche, encouragée par l'exemple de Gênes, sortira peut-être de son inertie. Nous occuperons sur le Rhin et l'Escaut les forces principales de l'Empereur. L'Italie est ouverte à l'armée victorieuse de Toulon. Le Milanais peut succomber, et l'opération contre Trieste dont *tu nous a parlé* redeviendra bientôt praticable.

« Quels obstacles arrêtent l'alliance des Turcs ? La faiblesse cherche des appuis. Le Gouvernement turc est présomptueux ; s'il avait de l'énergie, il le serait avec raison. Les faits ont parlé aujourd'hui pour notre stabilité et le succès de notre Révolution. Nos ennemis comptaient sur Toulon et la Vendée, leurs dernières espérances ; l'une échappe déjà.

« Le Gouvernement intérieur repose sur le Comité et la Convention ; il ne pourrait souffrir d'atteintes à la Convention elle-même. Les *individus changent, mais les plans, les traditions restent les mêmes.*

« Tu diras que nous promettons beaucoup et que nous tiendrons tout. *En hommes, comme l'Europe le sait, en argent, les moyens disponibles de la République surpassent ceux de tous ses ennemis réunis.* Des vaisseaux anglais ne reviendront plus profaner le port de la Montagne. Quand la République fera la paix, elle sera maîtresse de faire la paix générale de l'Europe, et ne séparera pas ses intérêts de ceux de ses alliés.

« S'il est impossible de secouer la léthargie des Turcs, il

faudrait au moins demander la reconnaissance de ton caractère public. »

L'Angletere était la plus irréconciliable ennemie de la République à qui elle faisait une guerre atroce. Aussi, la France éprouvait-elle une juste indignation contre le premier ministre anglais, contre le caractère égoïste, insolent et usurpateur d'un peuple corrompu. Le Gouvernement français avait été surpris de voir un ambassadeur turc aller à Londres. Il ne pouvait être envoyé que pour préparer une médiation, donner des renseignements ou favoriser des vues avantageuses au commerce britannique. Cette mission ne pouvait convenir à la France, étant donné que la Porte recherchait son amitié. Il fallait empêcher l'ambassadeur de partir ou le faire venir à Paris au lieu de Londres. C'était une œuvre qu'il appartenait à l'habileté de Descorches d'accomplir pour qu'il méritât bien de la Patrie. Le ministre des Affaires étrangères doutait aussi que la Russie et la Prusse, malgré leurs efforts, pussent faire sanctionner par le Divan leur nouvelle usurpation en Pologne.

Il convenait d'empêcher cette consolidation par tous les moyens, et de chercher à Constantinople les ressorts qui pourraient faire agir les Polonais mécontents et fugitifs. Le ministre demandait encore s'il y avait beaucoup de Polonais réfugiés à Constantinople, s'ils avaient une influence sur la Porte, quels étaient leurs plans et leurs espérances ?

Depuis cinq semaines, Guys, le correspondant du ministère à Marseille, n'avait pas trouvé l'occasion d'envoyer le courrier destiné à Descorches, tellement les communications par mer étaient rares. Le Bureau provisoire de Marseille, qui remplaçait la Chambre de Commerce, avait été chargé d'acquitter toutes les traites tirées par Descorches.

Les détracteurs de Descorches à Constantinople qui ignoraient la confiance dont à Paris il était l'objet, continuaient leurs perfides attaques.

Chénié, membre de la Société populaire, rappelait à Robespierre ses lettres précédentes qui avaient dû produire leur effet. Le traître *feuillantin* Descorches ne rêvait à rien moins, selon lui, qu'à dégoûter par ses manœuvres insidieuses le ministère ottoman de l'alliance française. Il nommait partout des agents contre-révolutionnaires comme le consul Pech, Fleurat qui cumulait les fonctions de drogman et celles de chancelier provisoire. C'était un Arménien interprète de Kauffer, intendant du ci-devant Choiseul-Gouffier, qui remplaçait l'imprimeur Dizerand. « Nous semblons, disait Chénié, être abandonnés par le Comité de Salut public et par le ministère. »

Descorches n'était pas sans soupçonner toutes ces menées ainsi que l'objet réel de la mission de l'imprimeur Dizerand, envoyé par Hénin pour le desservir à Paris. Il signalait au ministre des Affaires étrangères son départ qu'il qualifiait *de désertion*. Il était parti après avoir demandé un acompte sur son traitement. On l'avait rencontré au delà d'Andrinople courant la poste vers la Bosnie et la Dalmatie, cherchant à éviter Trawnick et muni d'un passeport que Florenville lui avait procuré de Venise. Hénin restait dépositaire de ses effets et était chargé de ses intérêts (1).

Le Club de Constantinople s'était vu retirer l'affiliation à la Société des Jacobins à laquelle il attachait tant de prix. A ce sujet, Chénié réclamait de nouveau l'assistance de Robespierre. Il demandait tout au moins de pouvoir entretenir avec lui *une correspondance secrète*. Il ajoutait : « Je suis prêt à quitter mes affaires pour porter l'accusation de ce traître par devant le Tribunal révolutionnaire. Je consens par cet écrit à perdre la tête sur un échafaud, si tous les faits ne sont pas d'une exacte vérité. Un ambassadeur étant allé rendre visite à M. Descorches, la conversation tomba sur la mort d'Antoinette si justement méritée. Descorches blâma ouvertement le jugement et le parti de la bonne cause triomphant si heureusement dans notre patrie. Il plaignit amèrement les députés fédéralistes et anarchistes envoyés au Tribunal révolutionnaire. L'ambassadeur rapporta ce discours à table, et nous le tenons d'un étranger, bien sansculotte par les principes, qui y était présent, et dont nous

____

(1) Descorches au ministre des Affaires étrangères, 5 frimaire an II (2 novembre 1793).

ne pouvons dire le nom sans compromettre son existence, ses biens étant dans les Etats de l'Empereur. » Comme preuve des menées des ennemis de la République, Chénié rappelait encore les lettres de Las Casas qu'Hénin lui avait révélées. Il signalait une nouvelle émigration, celle d'un membre de la famille des Fonton, le chancelier de Smyrne qui avait remis les clefs de la Chancellerie au consul d'Allemagne ; celui-ci y avait fait mettre les scellés (1).

C'est en annonçant également la défection de ce Fonton qu'Hénin écrivait au ministre des Affaires étrangères : « Il est cruel pour moi d'ignorer si depuis le 23 juillet que je suis arrivé à Constantinople, vous avez reçu une seule de mes lettres (2). » Il n'était donc pas mieux partagé que Descorches. Il rappelait l'envoi fait le 15 frimaire d'un nouveau mémoire contre Descorches émanant de la Société populaire de Constantinople et contenant ce passage : « Nous veillons toujours pour le salut de la République une et indivisible. Nos têtes répondent de nos dénonciations. — Signé : E.-Félix Hénin, président ; Joseph Comnène, secrétaire (3). »

Le savant Lamarck lui-même mettait son influence au service des adversaires de Descorches. Il faisait passer au ministre des Affaires étrangères une lettre d'un de ses amis dont il faisait l'éloge, de Brugnières probablement, actuellement à Constantinople pour y remplir une mission du Conseil Exécutif. On y parlait des démêlés de Descorches et d'Hénin à l'avantage de ce dernier (4).

Hénin informait Noyane fils, à Smyrne, des difficultés qu'il rencontrait pour sa correspondance. La plupart des voies, sauf celles de Gênes, étaient interceptées. Descorches pour lui nuire, ainsi qu'à ses amis, avait installé comme agent à Travnick « un petit singe », Marco Bruère, fils du consul de Dalmatie.

____

(1) Constantinople, le 15 frimaire an II. Chénié, membre de la Société populaire au citoyen Robespierre, député à la Convention nationale.

(2) Hénin au ministère des Affaires étrangères, le 22 frimaire an II (12 décembre 1793).

(3) Constantinople, le 20 frimaire an II (10 décembre 1793).

(4) Lettre de Lamarck, professeur au Muséum d'Histoire naturelle, membre du Comité d'Instruction publique du département de la Seine, rue du Chemin-de-Gentilly, n° 4, près la barrière des Gobelins.

Il engageait Noyane à redoubler de dénonciations, le chargeant de nouvelles lettres pour la France et l'informant que *le Moniteur* avait déjà annoncé que Descorches était dénoncé (1).

Les adversaires de Descorches pouvaient en effet espérer que leurs efforts multipliés finiraient par être couronnés de succès. Chénié le disait à Noyane : « Il est plus que probable que Descorches est remplacé. On a dit publiquement aux Jacobins que les agents au Levant sont tous des créatures de Roland ou de Lebrun. Cela me fait singulièrement de peine pour le citoyen Hénin et les naturalistes envoyés ici par ces hommes pervers. » Il dénonçait aussi Gaudin et demandait les preuves de la trahison de cet agent et de ses fréquentations à Smyrne avec des négociants qui, dans une orgie à Bourkaba, dans les premiers jours de février 1792, avaient déployé un drapeau blanc ! (2).

Descorches se sentant menacé voulait néanmoins ignorer ses adversaires. On peut lire dans les comptes rendus des séances de la Société des Jacobins qu'il avait écrit de Constantinople avoir vu dans *le Moniteur universel* que la Société des Jacobins avait accordé l'affiliation à un club de patriotes établi dans cette ville. « Il n'y a pas, disait-il, de club à Constantinople; du reste, les Turcs sont bien intentionnés pour notre Gouvernement, et les patriotes sont accueillis par eux avec égard (3). »

Il y avait si bien un club à Constantinople que sa demande d'affiliation avait été examinée dans une séance de la Société mère, le 5 octobre 1793, ainsi que le constate le procès-verbal suivant : « Une lettre du club populaire de Constantinople demande l'affiliation. Un citoyen discute la nécessité pour notre Gouvernement de s'appuyer sur des alliés, surtout sur ceux qui sont naturellement portés d'amitié pour nous. Les Turcs furent de tout temps nos alliés; l'impéritie et la malveillance de nos agents nous les aliénèrent. L'orateur peint

---

(1) Chénié à Noyane fils, à Smyrne, le 14 décembre 1793 (24 frimaire an II).

(2) Chénié à Noyane, le 24 frimaire an II.

(3) Séance de la Société des Jacobins du 26 nivôse an II (15 janvier 1794). Présidence de Jay Sainte-Foix. V. Aulard, *la Société des Jacobins*, t. V, p. 612.

les avantages que nous pouvons tirer de leur alliance, si nous parvenons à les intéresser à notre cause. Il faut les ramener à nous, et le moyen le plus sûr est de nous attacher une société qui existe près d'eux et qui sera l'intermédiaire de notre correspondance. » L'affiliation du Club de Constantinople est accordée (1).

Quelques jours plus tard, Caraffe déclare qu'il persiste à demander l'affiliation pour la société de Constantinople. Taschereau prend alors la parole en ces termes : « On sait que les Jacobins ont juré d'exterminer tous les despotes; ce serait donc provoquer une rupture avec la Porte ottomane que de former une société à Constantinople ou de correspondre avec celle que l'on y dit établie. Les Turcs sont bien disposés en notre faveur; il faut savoir en profiter et ne pas nous priver de cette ressource qui peut devenir importante. Ce serait d'ailleurs exposer à de grands dangers les vrais Jacobins qui peuvent s'y trouver; reconnus, ils seraient infailliblement les victimes de leurs bonnes intentions. »

Moënne appuie la proposition de Taschereau : « Nous avons, dit-il, un grand commerce de grains avec ce pays; la moindre erreur peut nous enlever cette ressource. »

Chabot ajoute dans le même sens : « Les hommes qui composent ce club sont des Français et non pas des musulmans; or, on sait bien que, parmi ces Français, il n'y a pas de sans-culottes. Ce sont tous négociants, tous muscadins et parmi les agents publics toutes créatures de Roland, de Brissot, de Lebrun. De plus, des considérations religieuses empêchent les Turcs de se mêler de semblables établissements. Je demande la confirmation de l'arrêté qui retire l'affiliation. » L'arrêté est confirmé (2).

Quelle raison avait donc pu amener ce changement ? Robespierre était opposé à la création de clubs à l'étranger et son influence dut contribuer à modifier l'opinion de la Société des Jacobins.

----

(1) Séance de la Société des Jacobins du 14 au 1er mois de l'an II (5 octobre 1793). Présidence de du Barrau.
(2) Séance de la Société des Jacobins du 20 au 1er mois de l'an II (11 octobre 1793). Présidence de du Barrau.

Cet incident est l'un des plus curieux qui marquèrent la mission de Descorches, car il prouve la participation importante des Jacobins aux affaires du Gouvernement.

Alors que l'affiliation du club de Constantinople avait été accordée, Taschereau l'un des membres les plus écoutés de la société mère et dans la circonstance le porte-paroles de Robespierre avant fait observer que maintenir ce vote, ce serait livrer les patriotes du Levant à la fureur des aristocrates.

« Ressouvenez-vous, Jacobins, s'était-il écrié, qu'il y a un an que Carra et Brissot proposèrent d'accorder l'affiliation à une Société populaire de Manchester afin de donner au despote anglais une occasion de se déclarer plus tôt contre la République. Vous n'ignorez pas que la Société des Jacobins a une influence terrible au dehors, mais il ne faut pas que cette influence serve à exciter des persécutions violentes contre les patriotes. Je demande le rapport de l'arrêté qui accorde l'affiliation à la Société de Constantinople. »

L'arrêté fut donc rapporté (1).

Dans une autre séance, il fut encore question de cette affaire. La citoyenne Descorches, dont le mari avait été dénoncé par le Club de Constantinople, avait envoyé quelques lettres confidentielles qui prouvaient, disait-elle, le civisme de Descorches (2).

Cependant des renseignements détaillés avaient été fournis à la Société des Jacobins sur le Club de Constantinople par un affilié. A l'en croire, ce Club que Chabot, *induit en erreur*, disait être composé de négociants suspects, de créatures de Roland, Lebrun et Brissot, ne comprenait que d'excellents patriotes :

1° A leur tête était Hénin, ci-devant chargé d'affaires de la République à Venise, envoyé à Constantinople au mois de

---

(1) *Le Moniteur universel*, n° 22. Le 22 du 1er mois de l'an II (dimanche 13 octobre 1793). Séance du 18 du 1er mois de l'an II de la Société des Amis de la Liberté et de l'Égalité, séant aux Jacobins de Paris. Présidence de du Barrau.

(2) Séance des Jacobins du 23 du 1er mois de l'an II (14 octobre 1793). Présidence de du Barrau. *Le Moniteur universel*, n° 26. Le 26 du 1er mois de l'an II (jeudi 17 octobre 1793).

juillet 1793 par Lebrun, il est vrai, mais au moment même où, ayant des motifs de mécontentement contre ce ministre, il lui demandait d'être considéré comme démissionnaire. Sa correspondance avec le ministère des Affaires étrangères apprendrait s'il était en bons termes avec cet ancien ministre qu'il assurait n'avoir jamais vu ni connu et dont il disait avoir eu beaucoup à se plaindre pendant son séjour à Venise;

2° et 3° Puis, suivait l'énumération des autres membres du Club. On y voyait figurer les citoyens Brugnières et Olivier, médecins naturalistes envoyés dans le Levant aux frais de la République en octobre 1792 pour y faire des recherches d'histoire naturelle. Ces deux citoyens avaient été annoncés à Constantinople comme de vrais montagnards, bien qu'ils eussent reçu leurs commissions de Roland et de Lebrun;

4° Sicard était un commis du ministère des Affaires étrangères envoyé à Constantinople avec le citoyen Hénin en juillet 1793;

5° Florenville avait refusé de signer l'adresse contre-révolutionnaire du 9 octobre 1792, bien que Choiseul-Gouffier encore dans sa toute puissance l'en eût sollicité. Absent de sa patrie depuis plus de trente ans, il était père de six enfants dont l'aîné n'était âgé que de neuf ans et il avait des créances considérables dans un pays où l'on n'obtenait rien sans protection;

6° Le citoyen Noyane était un négociant de Smyrne persécuté par les royalistes. Avec trois autres habitants de cette ville, Barrier, Bronillet et Manuel, il avait essuyé de cruelles avanies à bord de *La Courageuse*, commandée par Saint-Vallier. Pendant deux heures, il avait eu avec ses compagnons *la hache sur le cou* ainsi que le relataient les procès-verbaux des 22 et 24 mars 1793;

7° Dizerand, imprimeur de l'ambassade, avait été envoyé par Hénin au ministère des Affaires étrangères en qualité de courrier. Le but de son voyage était de servir les intérêts de la République; il était porteur de pièces qui devaient faire connaître la conduite de Descorches et de son entourage;

8° Amic, beau-frère d'Olivier et déjà retourné en France, avait été envoyé dans le Levant aux frais de là République pour étudier les langues orientales;

9° Pélissier fils, joaillier;

10° Pailharès, maître de langues;

11° Chénié, joaillier;

12° Comnèné, commis du citoyen Rousseau, consul de la République à Bagdad;

13° Renaud, employé chez le citoyen Florenville;

14° Bertrand, joaillier;

15° Jannin, joaillier;

16° Venel, capitaine de navire marchand;

17° Mazeret, médecin;

18° Lizon, diamantaire;

19° Luzin, agent de la République à Radosto;

20° Paul Lejeune, commis écrivain, né à Constantinople et parti depuis peu de temps pour la France.

Sur 20 membres du club, 10 seulement résidaient alors à Constantinople. Tel était le petit clan qui, sous la direction d'Hénin, se signalait par son hostilité acharnée contre Descorches.

« Si vous nous soupçonnez de la plus légère tache d'incivisme ou de modérantisme, disait l'auteur du mémoire, frappez-nous, dénoncez-nous au Tribunal révolutionnaire, car un vrai républicain doit être au-dessus du soupçon.

« Mais non, citoyen, la haine que nous portent ici les aristocrates de l'Echelle et les modérantistes cent fois plus dangereux encore que les aristocrates nous garantit votre estime et Chabot nous rendra jutice quand il nous connaîtra et il nous retirera ce nom de muscadins que nous méritons si peu.

« Vous savez, par l'arrêté ci-joint (c'était l'arrêté de dissolution du Club de Constantinople), que nous avons tout fait pour prévenir ce qui pourrait porter préjudice aux intérêts de la République. Puissions-nous individuellement n'être pas rejetés de votre sein ni privés de votre estime ! (1). »

Cette autre pièce faisait encore allusion à la dissolution du Club de Constantinople. Elle était adressée à la Société des Jacobins à Paris. « Citoyens (nous n'osons plus dire frères et amis), la lecture des numéros 22 et 24 du *Moniteur* nous a

____

(1) Adresse du Club de Constantinople. Péra-lès-Constantinople, le 28 du 3ᵉ mois de l'an II. Bertrand, président; Chénié et Renaud, secrétaires.

engagés à dissoudre volontairement notre Société après avoir adopté la rédaction suivante et avoir arrêté que l'envoi vous en serait fait.

« Par nos statuts et pièces envoyés successivement, vous avez eu les motifs de notre fondation. La demande d'affiliation a été discutée publiquement dans une des séances des Jacobins ; il a paru alors dangereux de l'accorder. Nous ne voulons nous immiscer dans aucune opération politique, ni devenir des intermédiaires entre notre Gouvernement et celui des Turcs. Cette opinion erronée semblerait s'accréditer à la suite des rapports faits à notre sujet dans les numéros 18, 22 et 24 du *Moniteur*.

« Les patriotes de ce Club n'ont jamais fait aucune démarche qui pût compromettre ni traverser les négociations de l'agent de la République ; ils ne se sont réunis que pour *surveiller en silence* ceux que la République emploie dans le Levant, *dénoncer sans éclat* les prévaricateurs et arrêter les progrès de l'aristocratie qui lève encore dans toutes les Echelles un front audacieux enhardi par l'impunité.

« Quoique les Turcs différents des autres puissances de l'Europe soient très indifférents sur tout ce qui se passe parmi les Francs auxquels ils laissent la liberté de faire dans leurs quartiers tout ce que bon leur semble, notre Société cependant s'est toujours contenue dans les bornes les plus strictes de la réserve et du secret.

« Etablie le 10 août dernier (vieux style), elle n'a jamais été nombreuse, jamais composée de négociants ni de muscadins. Elle ne compte que 20 membres réduits à 10 seulement. Ce sont des patriotes éprouvés qui attendaient les avis et les lumières de la Société mère pour se développer. Jamais pour ses assemblées assez rares elle n'a eu de local fixe, pour ne pas éveiller les haines, ni porter ombrage au Gouvernement ottoman.

« La Société est peu connue à Constantinople. Rien, à l'exception de sa demande d'affiliation publiée par *le Moniteur*, n'en constate l'existence ; nous étions jusqu'à ce moment maîtres de notre secret.

« Cependant les réflexions du citoyen Taschereau et la révocation de l'affiliation accordée nous ont déterminé à nous dissoudre volontairement pour ne point donner prise aux ennemis de la République qui nous représentaient comme des êtres dangereux. Mais, avant de nous séparer, citoyens, nous nous sommes promis, *les larmes aux yeux, de continuer individuellement à surveiller avec le même courage les agents de la République et à dénoncer, même au péril de notre vie*, tous ceux qui trahiraient les intérêts de la patrie.

« Nous nous attendions bien, citoyens, à être calomniés, accusés. Les Jacobins eux-mêmes ne sont-ils pas calomniés ?

« On nous a accusé de tendre un piège pour nous attirer de nouveaux ennemis (voir les réflexions de Taschereau dans *le Moniteur*, n° 24). Le citoyen Moënne a dit que nous cherchions le moyen d'attirer à nous les négociations politiques (voir *le Moniteur*, n° 22). On a rappelé une proposition d'affiliation d'une société populaire de Manchester faite par Carra et Brissot. Mais ici, les Français en général n'ont aucune liaison sociale avec les Turcs, pas même avec les autres sujets du Grand-Seigneur tels que les Arméniens, les Grecs et les Juifs. Donc les Turcs ne peuvent nous suspecter de propager des principes nuisibles.

« Les Turcs ne peuvent se douter de notre existence, puisque même les Français aristocrates et muscadins qui sont ici ne savent pas précisément si nous nous sommes assemblés. Ils peuvent s'en douter, mais c'est tout, vu que ça n'a été que rarement et avec des précautions que nous nous sommes réunis.

« Chabot lui-même a attaqué notre Club dans *le Moniteur*, n° 24 en disant qu'il n'y a pas de sans-culottes parmi nous, tous muscadins, tous négociants et parmi les agents publics toutes créatures de Roland, Brissot et Lebrun.

« Or, Florenville, connu par son patriotisme, est le seul négociant de cette Echelle qui fasse partie de notre Société... (1). »

C'est aussi vers cette époque que se produisit un suggestif

----

(1) La Société populaire de Péra-lès-Constantinople à la Société des Jacobins séant à Paris. Constantinople, le 28 du 3ᵉ mois de l'an II. *Le Moniteur universel*, n° 180, jeudi 20 mars 1794.

incident au sujet des relations de la Révolution avec les autorités religieuses. Descorches en informait en ces termes le ministre des Affaires étrangères.

« La seule nouvelle de quelque intérêt que j'aie, citoyen ministre, à vous annoncer, est le mariage de Gaudin célébré par le frère du baïle de Venise, son chapelain, dans la chapelle de cet ambassadeur (1). »

Cet incident soulevé à l'occasion du mariage d'Emile Gaudin, secrétaire de la Légation de France, est intéressant à relater, car il montre l'attitude que les hommes de la Révolution affectaient à l'étranger à l'égard de la religion catholique qu'ils proscrivaient et persécutaient en France.

L'archevêque catholique de Nicomédie, vicaire apostolique à Constantinople, avait refusé à son clergé la permission de célébrer le mariage d'Emile Gaudin et d'une demoiselle Sommaripa. Il exigeait qu'auparavant Emile Gaudin abjurât le serment civique qu'il avait prêté et abandonnât ses fonctions de secrétaire de la Légation française.

Descorches lui écrivait à ce propos le 3 octobre 1793 : « Je sens avec beaucoup de regret et l'éclat et le scandale qui vont en résulter; l'éclat, puisque ce Français catholique qui a prouvé sa soumission aux lois de l'Eglise en vous adressant cette demande sera forcé de rendre constant aux yeux du public que c'est un acte arbitraire de votre part qui s'est opposé à ce qu'il accomplisse les formalités prescrites par ces lois; le scandale, puisque son union autorisée par nos lois civiles, indépendamment d'un sacrement et de formalités qui leur sont étrangères, n'en aura pas moins lieu.

« Je vous conjure, monsieur, de réfléchir sur ces inconvénients, et je crois vous donner par là, *comme catholique moi-même, un témoignage de mon zèle pour les intérêts de la Religion, comme agent du Gouvernement français, une preuve de son esprit de paix, et comme particulier les égards qu'il est dans ses sentiments de porter en toute occasion à un ministère aussi respectable que le vôtre.*

---

(1) Descorches au ministre des Affaires étrangères, le 5 frimaire an II.

« *J'ajoute que mes ordres étant de continuer à rendre ici aux Etablissements ecclésiastiques les mêmes services qu'ils ont reçus de nous dans tous les temps*, ce serait sans doute répondre bien mal à ces dispositions que d'avoir de pareils procédés; ce serait, au contraire, entretenir l'irritation des esprits qui n'a jamais produit rien de bon pour personne, animer les haines, accroître les divisions; en un mot, ne mettre que des caustiques à la place de cette onction salutaire qui rend vos fonctions si belles et si estimables (1). »

Si l'on réfléchit qu'à l'époque où Descorches tenait ce langage, les prêtres français peuplaient les prisons de la Terreur et fournissaient à la guillotine tant de victimes, les déclarations du ministre de la République paraîtront particulièrement suggestives.

L'archevêque de Nicomédie ne fut pas convaincu de l'intérêt que la Révolution française portait au catholicisme. Le refus des autorités ecclésiastiques de célébrer le mariage d'Emile Gaudin fut officiellement constaté par la pièce suivante :

« L'an mil sept cent quatre-vingt-treize, le second de la République française et le premier novembre, par-devant moi, chancelier provisoire de la Légation de France près la Porte ottomane, et les témoins ci-dessous nommés, furent présents les citoyens J. Pidoux et P.-J. Coste, lesquels moyennant serment ont déclaré et déclarent par ces présentes s'être présentés devant M. Dameno, évêque apostolique de Galata, pour lui demander son agrément en faveur du mariage du citoyen Emile Gaudin, secrétaire de la Légation de France à la Porte ottomane, ce à quoi il se refusa en donnant pour toute réponse qu'il ne pouvait consciencieusement accorder une telle permission, et pour être la vérité telle, ils ont fait la présente déclaration pour servir et valoir ainsi que de raison.

« Fait et passé dans la chancellerie de cette Légation, pré-

____

(1) Lettre du citoyen Descorches à l'archevêque de Nicomédie, vicaire apostolique. Constantinople, le 30 octobre 1793, l'an II de la République française. Correspondance ministérielle pour les consulats

sents les citoyens Michel-L. Dantan et Mathieu Pousitch, drogmans de ladite Légation, résidant en cette ville capitale, témoins requis et qui ont signé avec lesdits citoyens », suivent les signatures.

« Collationné à l'original par moi, chancelier provisoire de la Légation de France à la Porte ottomane, soussigné G.-C. Fleurat (1). »

Ainsi le Gouvernement de la République française qui affectait de rompre tous liens officiels avec l'Eglise catholique avait néanmoins la prétention de l'obliger à l'administration des sacrements. Ne pouvait-on pas se croire déjà revenu aux temps de l'Ancien Régime, à l'époque où Louis XV ordonnait la fermeture du cimetière de Saint-Médard où, à son gré, il se faisait trop de miracles !

Dans une correspondance échangée un peu plus tard avec le consul général d'Alep, Descorches manifestait les mêmes dispositions à l'égard de l'Eglise catholique. Il avait reçu du consul la lettre suivante :

« Je vous avais entretenu, citoyen, dans mes premières lettres, des missionnaires français qui résident dans cette ville. Je vous demande encore aujourd'hui si ces prêtres ou religieux (c'était des Lazaristes) doivent conserver les maisons qu'ils occupent et jouir de la protection de la République française, lorsqu'ils n'ont pas prêté le serment requis par les lois... Il serait bien à désirer qu'on statuât quelque chose sur ces établissements dans ces contrées; quelques-uns de mes concitoyens s'indignent contre la protection accordée à ces prêtres ou religieux, tandis qu'ils n'ont voulu en aucun temps prêter le serment ordonné par la loi. Les assemblées qui se tiennent à ce sujet sont toujours vives et peu décentes. Le consul y assiste passivement et comme par simple représentation. Votre concitoyen, Saint-Marcel (2). »

Les membres de la Société des Amis de la Liberté et de

____

(1) Correspondance ministérielle pour les consulats.
(2) Alep, le 2 du 6e mois de l'an II de la République française (le 21 février 1794, v. s.). Le consul général de la République française à Alep au citoyen Marie Descorches, envoyé extraordinaire de la République française à Constantinople. Correspondance ministérielle pour les consulats.

l'Egalité d'Alep avaient envoyé à Descorches une adresse qui appuyait la demande de leur consul, pour être autorisés à prendre possession des propriétés occupées par les Lazaristes et en toucher les revenus au nom de la Nation. Ils disaient notamment : « Citoyen, veillez à ce que les intérêts de la République ne soient pas compromis; dénoncer ceux qui cherchent à la rendre odieuse par des discours contre-révolutionnaires, tel est le devoir des vrais patriotes. Il est donc urgent, citoyen, de prendre des mesures pour que la République ne perde pas un capital qui lui appartient; le seul moyen de le lui conserver est l'expulsion prochaine de ceux qui le possèdent aujourd'hui; leur conduite ne laisse pas le moindre doute sur la perversité de leurs intentions. Nous ne ferons jamais à nos sages législateurs l'injure de les croire en contradiction avec des principes que depuis longtemps ils ont développés avec tant d'énergie; *non, ces hommes auxquels le sort de la France est confié, n'ont jamais voulu protéger en Turquie ces mêmes prêtres dont ils ont ordonné la mort ou la déportation des Etats de la République.* Il n'est que des Français pusillanimes ou malintentionnés qui soient capables de vous mettre sous les yeux des dangers imaginaires qui pourraient résulter de l'expulsion de ces êtres dont l'existence est partout un crime politique et un fléau moral. Si tous les moines quelconques qui sont à Alep en partaient aujourd'hui, demain personne ne se souviendrait qu'ils y ont vécu; nous réclamons donc, citoyen, l'intervention de votre autorité, et dans le cas où vous ne vous croiriez pas assez fondé à en faire un usage qui devient si nécessaire, nous vous prions de faire passer sous les yeux de la Convention nationale les motifs de nos demandes. Signé : André Raymond, président; Gilly, secrétaire (1). »

Si dans plusieurs Echelles, Descorches avait à se plaindre de la tiédeur républicaine de la colonie française et de la

---

(1) La Société des Amis de la Liberté et de l'Egalité d'Alep au citoyen Descorches, envoyé extraordinaire de la République française près la Porte ottomane à Constantinople. Du 5 ventôse, l'an II de la République française (23 février 1974, v. s.). Correspondance ministérielle pour les consulats.

trahison des consuls, il trouvait à Alep un excès contraire, et il fut obligé de prendre des mesures pour mettre un frein au zèle inconsidéré auquel ses concitoyens de cette ville se laissaient entraîner. Il écrivait à ce sujet au ministre des Relations extérieures. « J'aime à croire qu'ils n'ont pas d'autres torts, quoi qu'on prétende que nos intrigants d'ici (les ultra-révolutionnaires qui le combattaient à Constantinople) leur aient communiqué une partie de leur venin. Tant pis, si cela est, pour les uns et pour les autres; pour moi, j'ai lu mon devoir dans l'intérêt du service, dans l'esprit de vos dépêches; je ne vois et ne verrai jamais que cela (1). »

Les citoyens qui composaient la Société des Amis de la Liberté et de l'Egalité d'Alep, autrement dit les affiliés de cette Echelle à la Société des Jacobins, étaient conséquents avec les principes qui dirigeaient la politique de la République française à l'intérieur, quand ils demandaient l'expulsion des religieux, et ils ne pouvaient comprendre que l'orientation de cette politique fût différente à l'étranger. Il n'était pas facile à Descorches d'expliquer les motifs de cette différence à ses concitoyens. Aussi, dût-il employer force circonlocutions pour leur faire accepter l'attitude hypocrite de son Gouvernement. Il répondait au citoyen Saint-Marcel : « J'ai reçu une lettre de la Société des Amis de la Liberté et de l'Egalité d'Alep contenant les motifs de leurs patriotiques sollicitudes à l'égard des Lazaristes. Il est bien douloureux pour moi, pénétré comme je le suis d'estime pour leur zèle, du désir de voir toujours comme ils le devraient nos efforts concourir pour le plus grand bien du service de la République, de me trouver forcé par l'irrégularité de vos démarches communes à exercer contre elles une autorité que je ne voudrais n'employer jamais que contre les ennemis de la Patrie...

« Je dois, citoyen, vous témoigner en outre mon étonnement que, *vous ayant précédemment fait connaître les intentions du Gouvernement*, vous ayez pu oublier que vos fonc-

____

(1) Constantinople, le 2 germinal, l'an II de la République française une et indivisible (22 mars 1794, ère vulgaire). Correspondance ministérielle pour les consulats.

tions appartenaient à la République, au point de les laisser fléchir sous l'impulsion d'intentions contraires. »

Une ordonnance de Descorches jointe à cette lettre était ainsi conçue : « Informé d'une assemblée tenue dernièrement sur l'Echelle d'Alep par les citoyens français qui y sont établis où il se serait pris des délibérations suivies d'actes qui ne compètent qu'au Gouvernement de la République, l'Envoyé extraordinaire observe au citoyen Saint-Marcel, consul général, qu'il n'aurait pas dû autoriser ces délibérations par sa présence, d'autant moins *qu'il ne pouvait ignorer les intentions du Gouvernement exprimées dans plusieurs précédentes dépêches officielles*, lui recommande, autant que de besoin, d'être dorénavant plus fidèle à ses fonctions.

« Et vu l'incompétence de cette assemblée pour de pareils actes, les déclare nuls et de nul effet, ordonne que comme tels ils soient rayés et supprimés des minutes où ils pourraient se trouver déposés (1)... »

Descorches écrivait en même temps en ces termes à ses concitoyens d'Alep : « Pour l'amour de la Patrie, n'allons pas si vite et nous arriverons plus tôt !

« Je le dirai sans cesse, citoyens, parce que c'est une vérité fondamentale, parce que les intérêts de la République de même que tous les nôtres particuliers à nous, habitants du Levant, sont là, nous avons ici besoin d'une grande mesure dans toutes nos démarches. Nous devons soigneusement laisser les rênes de notre zèle entre les mains de la sagesse, éviter surtout nos divisions intérieures qui ouvrent nos flancs à l'ennemi, retardent le retour à nous des esprits qui observent les effets pour arrêter leurs jugements, nuisent ainsi doublement à notre considération, nous causent beaucoup de maux et les rendant presque tous possibles.

« Voilà, citoyens, dans notre position ce qui doit exciter bien plus nos sollicitudes patriotiques, ce qui est bien autrement important à la République que de nous battre contre des

____

(1) Constantinople, le 27 du 6e mois de l'an II de la République française (17 mars 1794). L'envoyé extraordinaire de la République française près la Porte ottomane au citoyen Saint-Marcel, consul général de la République française à Alep.

fanatiques, que de châtier quelques moines obscurs aussi loin de nous que les ténèbres le sont de la lumière, que c'est même trop honorer d'appeler insolents, auxquels nous ne devons penser que pour exercer envers eux le sentiment de pitié qu'ils méritent; indépendamment de la bienfaisance et de la générosité dont il appartient à des Républicains français, vivant au milieu des étrangers, d'infuser partout par le caractère de leurs actions le germe régénérateur, plusieurs considérations puissantes nous imposent encore ces ménagements.

« L'expulsion d'Alep de tous les moines serait, pensez-vous citoyens, sans inconvénients ? Mais, quand je l'admettrais, le point essentiel de la question n'en resterait pas moins le même, c'est-à-dire que la République n'étant pas concentrée à Alep, ce n'est pas d'Alep qu'on peut juger le plus sainement ce qui convient le mieux à la République; que telle sagacité dont les citoyens qui l'habitent soient doués, ils ne peuvent sans s'exposer à être condamnés par la raison comme par la loi, se croire assez infailliblement inspirés pour se permettre de faire des actes d'administration auxquels ils ne sont appelés par aucune fonction publique, encore moins des actes en contradiction avec la direction du Gouvernement (1)... »

On peut rapprocher de ce langage celui aussi précis qu'avait déjà tenu Descorches aux citoyens d'Alep, membres de la Société des Amis de la Liberté et de l'Egalité de cette ville, lorsqu'il leur écrivait dès le 15 octobre 1793, tout en appelant les religieux dont ils se plaignaient *les ennemis du genre humain*, comme Tacite nommait les chrétiens : « Ici nous sommes jetés sur une terre étrangère, sous l'empire d'un gouvernement qui ne nous appartient pas, sous le poids de préjugés dont la multitude qui nous entoure est profondément infectée.

« Aux dispositions de ce gouvernement, à l'action de cette

---

(1) Constantinople, le 27 du 6e mois de l'an II de la République (17 mars 1794). L'envoyé extraordinaire de la République française près la Porte ottomane aux citoyens composant la Société des Amis de la Liberté et de l'Egalité à Alep.

multitude sont attachés de très grands intérêts de la République. Le patriotisme nous commande donc des ménagements, des sacrifices de nos convenances, de nos affections personnelles, enfin le courage de vaincre jusqu'à nos plus fortes répugnances, toutes les fois que notre propre action peut amener des effets dont la chose publique souffrirait.

« Ce sont sans doute ces diverses considérations qui ont dicté le rapport dont la copie est ci-jointe, rapport adressé dans son temps par le ministre Monge, au Conseil Exécutif, et qui a fait penser à ce Conseil qu'il devait attendre des informations locales avant d'arrêter un parti définitif. Tel est le point où nous en sommes, tel est le cercle qui m'est tracé dans les instructions où sont écrits mes devoirs. Vous y lirez, citoyens, la réponse que j'ai à faire à vos demandes (1). »

Il écrivait dans le même sens à Smyrne, à Noyane fils, pour calmer son ardeur : « Il est une considération essentielle à ne pas perdre de vue dans l'application de nos principes régénérateurs. C'est qu'en France, c'est à la force à assurer leur succès. Hors de nos frontières, sous l'empire des étrangers, et peut-être plus particulièrement ici encore que partout ailleurs, la sagesse, les tempéraments, les sacrifices réciproques, la patience sont, dans notre position, de première nécessité. Oui, citoyen, *honoré lorsque j'étais en Pologne du surnom de Robespierre* par les modérantistes, je ne sais si l'on m'accusera en Turquie de professer leurs doctrines, mais fort de ma conscience et sûr de mes sentiments, jamais ni considération, ni craintes ne me détourneront de mon devoir (2). »

---

(1) Descorches à la Société des Amis de la Liberté et de l'Egalité à Alep, le 24 vendémiaire an II (15 octobre 1793).
(2) Descorches à Noyane fils, à Smyrne, le 23 octobre 1793, l'an II.

CHAPITRE VII

LES AGENTS SECRETS

Ayant enfin reçu le 8 janvier 1794 une lettre de son ministre
datée du 25 octobre précédent, Descorches s'empressait dès
le lendemain de lui en accuser réception. « Les cieux, citoyen
ministre, écrivait-il, se sont ouverts hier pour moi. J'ai reçu
votre expédition; elle n'est pas encore entièrement déchiffrée,
mais j'en sais assez déjà pour me trouver bien soulagé. Nous
gagnons du terrain du côté de la confiance, mais la timidité
domine toujours. Cependant les préparatifs des Turcs che-
minent avec autant d'activité qu'il est en eux d'en mettre.
Leur affection et leur sincérité sont constantes; il n'y a pas
moyen d'en douter sérieusement. Il ne s'agit plus que de
faire circuler le sang dans leurs veines, et ce n'est malheureusement pas le plus aisé. Vos bonnes directions, citoyen
ministre, me seconderont, j'espère, efficacement; ce qu'il y

a de sûr, c'est que je n'épargnerai pas mes efforts, et j'ai lieu de me flatter de faire le possible, car j'acquiers tous les jours des preuves touchantes de mes succès personnels dans leur esprit (1). »

Ce qui devait surtout satisfaire Descorches, c'était l'annonce qu'une somme importante dont il était bien utile qu'il fût pourvu « pour graisser, comme il le disait, les roues de notre voiture », allait être mise à sa disposition. Il se préoccupait des moyens à employer pour en avoir le plus tôt possible le montant et proposait qu'on lui ouvrit un crédit sur une maison de Gênes ou de Venise par l'intermédiaire d'une banque de Paris qui, pour mieux masquer l'opération, pourrait faire cette ouverture au nom d'une maison de commerce de Constantinople, celle du citoyen Pech.

Il lui serait encore possible de placer des traites sur la Hollande et l'Angleterre.

Deux jours avant de recevoir cette lettre du ministre, Descorches avait eu, le 6 janvier 1794, une nouvelle conférence avec le Reis-Effendi qui n'avait fait que lui confirmer ses précédentes déclarations. Contracter l'alliance, c'était amener la guerre, et la situation de la Turquie ne permettait pas encore de l'y exposer. La reconnaissance de la République était dans le vœu des Turcs. Elle existait de fait puisqu'on communiquait avec Descorches, que les affaires suivaient leur cours, comme s'il fût revêtu d'un caractère public; mais elle ne pouvait être proclamée officiellement en raison des circonstances, des dispositions des cours ennemies dont les déclarations formelles attachaient à cette condition la conservation de la paix si nécessaire encore à la Porte.

Ainsi les réponses de la Porte étaient toujours empreintes du même caractère, affectueuses dans la forme, mais absolument évasives quant au fond. Dans les diverses conférences que Descorches avait déjà eues, la même attitude était observée par les deux parties, aussi nette et concluante du côté de la France, aussi vide et évasive de la part de la Turquie.

---

(1) Constantinople, le 20 du 4e mois de l'an II de la République (9 janvier 1794, ère vulgaire). Correspondance ministérielle.

Cependant, ainsi que le faisait observer le ministre de France, les deux nations étaient entièrement d'accord sur les principes, sur la convenance de l'alliance, sur les avantages que la Turquie avait déjà tirés de la Révolution qui avait détourné l'attention de ses ennemis, sur les droits du nouveau Gouvernement français à la confiance et à l'affection de la Porte. Mais à entendre les ministres ottomans, le moment n'était pas encore venu de déclarer cette alliance, les préparatifs pour mettre les forces de l'Empire Turc en état n'étant pas assez avancés. La Turquie ne voyait donc pas, disait Descorches que le meilleur préparatif de défense pour un Etat menacé, c'était l'acquisition d'un puissant allié ! Aucune forteresse ne valait une solide alliance et beaucoup de petits Etats n'avaient pas d'autre rempart. La Turquie craignait-elle d'avoir la guerre au premier pas qu'on lui ferait faire vers la France ? D'abord, la Russie fatiguée des efforts au-dessus de ses moyens que lui faisait faire l'orgueil de Catherine pour la réalisation de ses plans gigantesques, épuisée d'hommes et d'argent, couverte de mécontents, travaillée sourdement par des intrigues, inquiétée par les armements toujours croissants des Etats du Nord, ayant à maintenir la domination forcée qu'elle avait usurpée en Pologne, occupée depuis peu à comprimer l'insurrection de ce pays, ne pouvant plus compter sur l'assistance de l'Autriche que ses défaites dans sa guerre contre la France avaient mise aux abois, n'était plus en état d'engager de nouvelles hostilités avec l'Empire turc. Si néanmoins elle voulait la guerre, son intérêt évident était de ne pas laisser la Turquie achever ses préparatifs, donc de ne pas attendre qu'elle eût un allié. La conclusion d'une alliance dans le plus bref délai s'imposait au Gouvernement ottoman, et s'il était vrai que la Russie eût encore beaucoup plus besoin de la paix que la Turquie, rien ne devait arrêter cette dernière puissance pour contracter des liens qui étaient dans ses désirs et conformes à ses principes.

Malgré la force de ces arguments, le Reis-Effendi s'était retranché, comme toujours, derrière les dangers du moment, la nécessité de gagner du temps, d'endormir les ennemis.

Aussi Descorches avait-il dû déclarer que si la Porte persistait dans un pareil aveuglement sur ses intérêts, dans des dispositions si équivoques et si peu dignes de celles que lui marquait la France, « elle devrait oublier qu'il existait des Français en Europe. »

Le Reis-Effendi avait cependant donné comme preuve de ses bonnes dispositions l'envoi d'un ambassadeur en Angleterre qui avait pour mission de découvrir les moyens d'amener une pacification entre ce pays et la France. « Si nous pouvions, avait-il dit, faire sortir l'Angleterre de la coalition, la scène changerait entièrement de face pour nous. Nous n'aurions plus de sollicitudes et nous pourrions nous livrer à l'essor de nos désirs (1). »

Or, le Conseil Exécutif devait donner comme instructions à Descorches de mettre obstacle au départ pour Londres de cet ambassadeur; il craignait que l'influence de l'Angleterre en Turquie en fût accrue, et il ne désirait pas pour le moment faire la paix. Descorches, prévenu trop tardivement, ne put empêcher cette mission d'avoir lieu, car il écrivait au ministre des Affaires étrangères, dès le 25 octobre 1793, que l'ambassadeur turc pour Londres était parti depuis huit ou dix jours. C'était Youssouf-Aghiah, frère de l'intendant de l'Arsenal, Osman Effendi. Il emmenait comme interprète un médecin de Péra, homme dévoué à l'ambassadeur anglais Ainslie (2).

Rendant compte au ministre des Affaires étrangères de la dissolution du club qu'il avait fondé à Constantinople, et dont il vantait le patriotisme, Hénin, *par délicatesse*, disait-il, avait demandé de nouveau à être rappelé, ajoutant que depuis huit mois il n'avait pas reçu une seule lettre de son Gouvernement. Etait-ce l'effet du découragement qu'il éprouvait de voir son zèle inquisitorial si méconnu ?

Il faisait aussi connaître les préparatifs belliqueux des

____

(1) Constantinople, le 25 du 4ᵉ mois de l'an II (14 janvier 1794). L'envoyé extraordinaire au citoyen ministre des Affaires étrangères. Correspondance ministérielle.

(2) Descorches au ministre des Affaires étrangères, le 25 octobre 1793 (4 brumaire an II).

Turcs. Deux cents navires russes et impériaux étaient retenus dans le port de Constantinople par crainte des frégates françaises mouillées à Smyrne.

Mais il y avait toujours à craindre l'arrivée d'une flotte anglo-hollandaise, espagnole et russe ayant pour objectif de détruire le commerce français du Levant et de menacer la Turquie. Les précautions de cette puissance s'expliquaient donc.

Hénin qui connaissait les intérêts de la République de Venise pour les avoir étudiés lorsqu'il y était chargé d'affaires, considérait qu'ils pouvaient se lier aux opérations politiques de la France dans le Levant. Venise détestait l'Autriche, et son intérêt n'était pas de voir les Turcs abattus. La position topographique de la capitale de cet Etat la mettait à l'abri d'être forcée à l'improviste de se déclarer au gré d'une flotte ennemie. Les Vénitiens avaient en cela plus d'avantages que Gênes, Livourne et Naples; ils pouvaient donc prolonger leur état de neutralité et donner à la France le temps d'agir. Mais il n'y avait pas de temps à perdre (1).

Le Gouvernement français avait aussi reçu des nouvelles de Venise par Noël qui y était alors ministre avec Jacob, chargé d'affaires par intérim. Ils faisaient habituellement parvenir leur correspondance par l'intermédiaire de Barthélemy, ambassadeur en Suisse; mais, à cause des difficultés de transport par la voie de terre, elle ne pouvait être envoyée que sous un petit volume; c'est ce motif qui avait fait ouvrir, pour en diminuer le poids, la correspondance de Descorches apportée par Sicard. Il en était de même pour celle apportée par Dizerand resté en quarantaine à Spalato (2).

Etait-ce le vrai motif de cette violation du secret des lettres, et Noël, l'ami d'Hénin, n'était-il pas heureux d'avoir ce prétexte pour connaître le contenu de la correspondance de Descorches ?

Sicard arrivé à Venise depuis le 17 frimaire, et envoyé d'abord au Lazaret de cette ville, n'avait pu encore la quitter en raison des difficultés des communications.

---

(1) Hénin au ministre des Affaires étrangères, le 4 nivôse (le 4 du 4e mois de l'an II).
(2) Noël au ministre Deforgues. Venise, le 8 nivôse.

Le comte d'Entraigues, agent du comte de Provence, était aussi arrivé depuis quelques jours à Venise. Il y intriguait de concert avec les Légations d'Espagne, d'Angleterre et de Russie pour entraver les voyages des courriers français à travers la Valteline et les Grisons, et semer sur leur route des assassins.

Enfin Venture, secrétaire interprète pour les langues orientales, se trouvait toujours à Venise où il était venu pour faciliter la mission de Sémonville.

Dès le 26 octobre 1793, il informait Deforgues qu'il avait appris par une lettre particulière, *la première depuis cinq mois qu'il avait quitté Paris*, que le ministre lui intimait l'ordre de se rendre à Constantinople. Mais il n'avait pas reçu cet ordre et il était d'ailleurs dépourvu de tout argent.

Le ministre précédent l'avait envoyé à Venise pour y prendre certains arrangements concernant le passage de Sémonville qu'il devait accompagner. Depuis, il était resté dans cette ville où tous ses pas étaient observés (1).

De Crimée arrivaient aussi des renseignements transmis par Descorches qui les recevait de son correspondant. Il y avait alors à la Cour de Russie quatre partis, ceux de l'Impératrice, du Grand-Duc, de la Grande-Duchesse et de ses fils.

Le Grand-Duc avait souvent des altercations avec sa mère. Il avait refusé d'assister à la fête donnée à la Cour pour célébrer l'élévation à la dignité de comte de Zambōw, favori de l'Impératrice. « Il ne pouvait, avait-il dit, se réjouir de voir que les sujets de l'Impératrice s'élevaient, tandis qu'elle s'abaissait. » Ce propos lui avait valu huit jours d'arrêt (2).

Descorches avait des amis à Paris qui cherchaient à le défendre et à soutenir la politique qu'il préconisait à Constantinople. L'un d'eux était Casimir La Roche, affilié vraisemblablement aux sociétés secrètes dont la franc-maçonnerie était l'un des organes et l'un de ces personnages mystérieux qui possèdent une influence dont on ignore la cause et qui, dans les temps de révolution, jouent un rôle impor-

____

(1) Venture à Deforgues. Venise, le 26 octobre 1793 (5 brumaire an II).

(2) Descorches au ministre. Rapport sur la Crimée (4 nivôse an II).

tant. Ce La Roche s'était ménagé un accès auprès de Robespierre à qui il écrivait : « Si les regards d'un représentant du peuple français repoussent les traîtres et les émissaires des despotes, ils doivent accueillir les vrais amis de la Liberté, les émissaires des victimes des tyrans; *ainsi, oser paraître devant toi sera ma seule recommandation.* »

Il se disait né à Varsovie, interprète au service de la République française jusqu'à l'envahissement de la Pologne par les brigands couronnés. Il avait conservé des relations avec les patriotes polonais restés dans leur pays et le Comité formé par les réfugiés en Saxe. Par son entremise et celle d'autres émissaires, les Polonais n'avaient cessé d'offrir leurs services à la République française. Mais ils avaient été abandonnés sous le règne du Tyran comme les autres alliés de la France et sous la dictature de Brissot, ils avaient été trahis comme les Français... Toutefois, la punition de ces traîtres leur inspirant confiance, ils offraient de nouveau de combiner leurs efforts avec ceux de la France. A cause du secret qu'ils devaient garder, ils ne pouvaient s'adresser à la Convention nationale, mais ils s'étaient mis en rapports avec le ministère des Affaires étrangères qui en avait probablement rendu compte au Comité de Salut public. Les jours et les heures étaient comptés à cause de la difficulté d'organiser des relations aussi lointaines de concert avec la Porte pour atteindre la Russie, neutraliser la Prusse, obliger l'Autriche à entretenir 100.000 hommes de plus sur les frontières de Turquie, décider la Suède et le Danemark à profiter de l'occasion qui leur était offerte de prendre des garanties contre leurs puissants voisins.

Déjà La Roche avait remis un mémoire chez Robespierre le 1er frimaire. Courtois et le ministre des Affaires étrangères en avaient eu connaissance (1).

Casimir La Roche correspondait aussi avec le ministre des Affaires étrangères. Descorches l'avait chargé de lui communiquer la copie d'une lettre qu'il avait adressée pour se

---

(1) Lettre adressée à Robespierre, le 10 nivôse an II, par La Roche, demeurant dans la maison de Payenne, 54, rue du Faubourg-Saint-Honoré.

disculper à la Société des Amis de la Liberté et de l'Egalité, et un article qu'il avait écrit pour *le Moniteur* sur la situation à Constantinople (1).

Les manifestations de civisme qu'aimait à prodiguer Descorches ne l'avaient pas préservé des attaques dirigées contre lui, tant à Paris qu'à Constantinople, par certains de ses compatriotes auxquels s'était joint Hénin, cet ancien ministre à Venise, qui avait été envoyé auprès de lui pour le seconder. Ces intrigues qui se nouaient dans l'entourage même de l'envoyé de France, avaient eu pour effet de troubler profondément la colonie française. Descorches leur attribuait une origine contre-révolutionnaire et prétendait qu'elles avaient pour but de faire échouer sa mission.

Ces menées avaient commencé dès les débuts du séjour de Descorches, mais elles avaient pris encore plus de consistance depuis l'arrivée d'Hénin. Au mois de nivôse de l'an II, un nommé Chénié, négociant à Constantinople, avait envoyé une adresse à Descorches qui s'était plaint dans un appel public des attaques dont il était l'objet. Il y faisait l'éloge de la délation et demandait à établir la preuve de ses dénonciations devant le Tribunal révolutionnaire (2).

« Et moi aussi, citoyen, écrivait-il, je demande pardon à mes concitoyens si je vais les occuper non de moi, mais de vous, citoyen, qui en avez appelé à vos concitoyens dans le Levant; car j'ai toujours pensé comme vous qu'un républicain, satisfait d'avoir rempli son devoir, devait se borner à surveiller, compter sa personne pour rien, ne la montrer jamais, laisser parler ses actions, et quand il dénonçait, donner sa tête pour garant de ses dénonciations.

« C'est ce que j'ai fait, citoyen, et je me présente comme un de vos dénonciateurs, non pour comparaître au Tribunal de l'opinion publique auquel vous les appelez, mais devant ce tribunal redoutable où ont paru tant d'hommes qui, pen-

---

(1) Casimir La Roche au ministre des Affaires étrangères, le 20 nivôse an II.

(2) Papiers de Descorches. Chénié au citoyen Descorches et à ses concitoyens dans le Levant, le 2 de la 3ᵉ décade de nivôse, l'an II, à Constantinople. De l'imprimerie de la République française.

dant un temps, couvrirent toute la France des prestiges trompeurs de leur prétendu civisme. Je vous ai dénoncé, citoyen, mais non dans l'ombre; un républicain qui dénonce n'écrit pas des lettres anonymes; j'ai donné ma tête pour garant. Mes dénonciations, si elles n'ont pas été interceptées, sont entre les mains de Robespierre l'aîné, de Legendre, de la députation de Paris, au Comité de Salut public, aux Jacobins et aux Cordeliers. Un dénonciateur n'est point comme un vil délateur qui ne signe pas ce qu'il écrit; je vous le répète, j'ai donné ma tête pour garant de mes dénonciations. Trouvez un moyen de m'envoyer en France au Tribunal révolutionnaire, je suis prêt à vous obéir; faites-moi garder dans le Palais de l'Ambassade jusqu'à ce que les ordres du Comité de Salut public arrivent; je suis prêt à m'y rendre, et je consens par cet écrit à n'en sortir que pour passer enchaîné sur les frégates de la République et être conduit devant ce Tribunal redoutable, pierre de touche du patriotisme que je ne fais pas consister dans des mots...

« Ce n'est point au citoyen Descorches, Envoyé extraordinaire de la République française près la Porte ottomane, et commissaire civil du Conseil Exécutif que j'écris, mais au citoyen Marie Descorches, mon égal aux yeux de la loi. J'ai dit ce que j'ai à dire à son égard; je sais parler à mes frères, égarés sans doute par leur amour pour le bien public, à mes frères qui semblent avoir oublié que, sans la plus stricte observance de nos saintes Lois, jamais la République ne se soutiendra. Et vous ! mes chers concitoyens, qui vous élevez avec tant de chaleur contre les dénonciateurs du citoyen Descorches, qu'êtes-vous ? Etes-vous des juges ? Vingt-cinq millions d'hommes vous ont-ils, comme le Tribunal révolutionnaire, institués pour juger les prévaricateurs de tout genre ? Ouvrez l'histoire de la Révolution; voyez-y dans tous les temps *les dénonciateurs être le plus ferme appui de la Révolution*, de cette Révolution qui doit à jamais faire le bonheur de la France; et vous voulez punir les dénonciateurs !

« Revenez, chers citoyens, revenez de votre erreur; laissez aux lois à punir les intrigants, les pervers qui se font une arme de la calomnie, du désordre un profit, et du mal une jouissance...

« Le vrai courage consiste à braver la calomnie, *à surveiller les agents de la République, à les dénoncer quand on croit qu'ils n'ont pas bien agi;* à donner sa tête pour garant de ses dénonciations, et à marcher au supplice en chantant l'hymne à la Liberté, comme ont fait les huit martyrs de Marseille, à l'époque de la révolte des intrigants de cette ville contre la Convention et la totalité des départements.

« Méfiez-vous, chers concitoyens, de vous-mêmes, ne jugez qu'après que la loi a prononcé; souvenez-vous que Brissot, Rolland, Péthion, Barbaroux et leur criminel parti, étaient presque parvenus par la calomnie à nous armer les uns contre les autres; que par leurs suggestions perfides, soixante-dix départements s'étaient fédéralisés contre Paris, contre les départements fidèles, contre la Sainte-Montagne et contre les Jacobins. Que sont devenus ces hommes qui voulaient déchirer le sein de leur patrie, qui avaient sans cesse à la bouche les mots de Liberté, de République ? Ils ont péri et leurs noms passeront infâmes à la postérité la plus reculée. Quel homme plus que Roland avait su en imposer par les dehors les plus austères ? A Toulon, n'est-ce pas en criant : *Vive la République !* que l'on reconnaissait Louis XVII, et que l'on recevait les Anglais et les Espagnols ? Apprenez à vous méfier de vous-mêmes, chers concitoyens; laissez agir les lois, le Tribunal révolutionnaire saura démêler les vrais intrigants; il les courbera sous la hache de la Loi.

« Je finis pour ne pas abuser de vos moments. J'ai répondu uniquement pour vous rappeler, mes frères, à l'observance des Lois. Le témoignage de ma conscience me suffit. Je rentre dans le silence dont je ne sortirai plus que devant le Tribunal révolutionnaire, dût la calomnie s'attacher à me persécuter dans mes actions les plus innocentes. La Liberté, l'Egalité ou la Mort, c'est la devise des républicains. Souffrir sans murmurer pour cette sainte cause, c'est le devoir des patriotes. »

En même temps que Chénié lançait cette furieuse diatribe contre Descorches, faisant des dénonciations contre les agents de la République, la base du nouveau régime, son ami Hénin, autre dénonciateur, se joignait à lui pour exhorter en bon apôtre ses concitoyens à ne pas défendre plus longtemps la cause de l'envoyé de France. Il leur faisait dans ce but parvenir cette adresse (1) :

« N'affligeons point notre Patrie par nos divisions, citoyens; n'allons pas nuire aux intérêts de la République par des discussions inutiles et dangereuses. Les citoyens qui ont convoqué l'assemblée du 23 nivôse courant sont bien intentionnés, j'en suis sûr; mais, j'en appelle à eux-mêmes. Leur appartient-il de discuter dans une assemblée la conduite d'un agent de la République ? Peuvent-ils s'ériger en juges entre lui et ses dénonciateurs ? Non, sans doute. Je leur dirai donc avec la franchise d'un frère, d'un ami qui ose tout dire à son ami, qu'une pareille démarche les expose au blâme, eux et ceux qui les suivront; *leurs noms notés leur feront courir le risque de l'exclusion de tout emploi public.* Un patriote doit respecter son ministre tant qu'il est en place. C'est se rendre coupable que d'attaquer publiquement sa réputation, de compromettre son crédit et d'altérer la considération dont il doit être environné pour la réussite de ses négociations politiques. Ce serait donc, mes chers concitoyens, commettre une faute grave que d'établir ici en public une lutte entre le citoyen Descorches et ses dénonciateurs; ce serait faire jouer à ce ministre le rôle d'un accusé auquel on ferait subir un interrogatoire; ce serait le discréditer auprès de la Puissance dont il doit être écouté; ce serait enfin faire naître des doutes bien nuisibles sur la confiance sans réserve dont il doit être investi de la part de notre Gouvernement.

« Si vous avez erré, mes chers concitoyens, je vous crois excusables. Vous avez vu dans l'imprimé du citoyen Descorches un appel au Tribunal de l'opinion publique; vous y aurez lu qu'il presse, qu'il adjure ses dénonciateurs de se faire connaître eux et leurs pensées.

____

(1) Papiers de Descorches. Hénin à ses concitoyens assemblés à Péra. De l'imprimerie de la République française, à Péra-lès-Constantinople, le 26 nivôse de l'an II.

« Je dirai que sur le premier point, le citoyen Descorches sera satisfait. Je ne céderai rien en générosité et en courage à notre frère, le citoyen Chénié, qui s'est mis à découvert. Et moi aussi, j'ai dénoncé le citoyen Descorches, et ma tête est garant de mes dénonciations; mais sur le second point je garderai le silence. Les papiers publics, il est vrai, ont trahi mon secret, mais ils ne l'ont pas divulgué, et je suis dispensé de justifier la prudence des dénonciateurs du citoyen Descorches.

« Cependant, citoyens, il eût été à désirer que cet appel du citoyen Descorches ne nous eût pas engagés à parler. Qu'avions-nous beso' de toutes les explications que cette pièce a provoquées ? Nous n'eussions pas risqué de voir éclater le désordre parmi nous. Nos ennemis n'auraient pas joui du scandale de voir quelques citoyens égarés se permettre des propos violents, des menaces même contre plusieurs de leurs frères; un excès de zèle en faveur du citoyen Descorches les excusera sans doute, mais qu'ils y réfléchissent; une pareille conduite de leur part lui nuirait plutôt que de lui être utile auprès de nos juges. Oui, mes chers concitoyens, revenez de votre erreur, ne vous exposez pas à des démarches qui pourraient un jour vous être reprochées, cessez toute poursuite contre les dénonciateurs du citoyen Descorches, dispensez-vous de convoquer des assemblées pour cet objet. A quoi pourra servir à ce ministre cette adresse de remerciement que votre zèle vous porte à voter en sa faveur et pour la rédaction de laquelle vous avez nommé quatre commissaires dans votre assemblée du 23 nivôse courant ? Ignorez-vous qu'à Paris ces sortes de certificats de civisme surchargés de signatures insignifiantes sont de nulle valeur et ne servent qu'à en compromettre les signataires ? Mes frères, mes amis, attendez plutôt en silence que la Loi prononce ! »

L'exemple donné par les dénonciateurs de Descorches trouvait des imitateurs. Hénin faisait cette allusion à une nouvelle dénonciation : « Pour m'acquiter envers un inconnu qui m'a adressé le 17 nivôse courant une lettre anonyme contre le citoyen Descorches, en me pressant assez vivement de la faire imprimer avec promesse, sous cette condition, de me procurer d'autres pièces plus décisives, je prends le parti de lui dire ici que la prudence et les égards non seulement m'empêchent d'imprimer cette pièce, mais même m'engagent à la remettre au citoyen Descorches lui-même, pour qu'il en fasse ce qu'il jugera à propos. Cet écrit, dont je n'ai pu reconnaître l'écriture, renferme des inculpations graves; mais toute lettre anonyme à laquelle l'auteur n'ose apposer son nom doit être regardée comme un libelle. Si l'inconnu est vraiment républicain, il se fera connaître. Un dénonciateur anonyme n'est qu'un vil délateur. Il ne tient qu'à cet auteur de détruire au plus tôt la mauvaise opinion que j'aurais de lui, s'il conservait plus longtemps l'incognito. »

Hénin aurait voulu que Descorches ne pût pas se défendre, et le ton de sa lettre indiquait qu'il n'était pas sans inquiétudes au sujet de l'effet que pouvait produire sur les membres du Gouvernement républicain la protestation de la colonie française contre les attaques dont était l'objet l'envoyé de la République.

Celle-ci, en effet, s'était réunie chez le citoyen Meynard, traiteur, pour discuter l'appel adressé à l'opinion publique par le citoyen Descorches, et manifester la bonne opinion qu'inspirait son patriotisme ou connaître les torts qui pouvaient lui être imputés. Elle avait décidé de répondre au citoyen Descorches que, jusqu'à nouvel ordre, les républicains français de Constantinople ne pouvaient que le regarder comme un bon patriote et un fonctionnaire public fidèle; d'adresser cette réponse à la Convention nationale et à tous les citoyens français du Levant (1).

Quant au factum du citoyen Chénié qui lui avait été communiqué, elle avait estimé qu'il ne lui fournissait aucune lumière, qu'il était gratuitement injurieux pour les membres de la Société, qu'il ne tendait qu'à compromettre la tranquillité de l'Echelle et qu'elle n'avait pas à s'en occuper.

---

(1) Papiers de Descorches. Extrait des séances de la Société réunie chez le citoyen Meynard, les 23 et 26 du 4ᵉ mois de l'an II de la République une et indivisible (12 et 15 janvier 1794), à Constantinople. De l'imprimerie de la République française.

Dans sa réunion du 26 nivôse, elle avait adopté à l'unanimité le rapport de ses commissaires et arrêté :

1° Que les trois adresses qui lui étaient présentées :

Les républicains français de Constantinople à la Convention nationale.

Les républicains français de Constantinople à leur concitoyen Marie Descorches.

Les citoyens français de Constantinople à tous leurs concitoyens du Levant, seraient signées individuellement par chacun de ses membres;

2° Qu'il en serait tiré des copies authentiques pour être enregistrées en Chancellerie;

3° Que ses commissaires en demanderaient l'impression au citoyen Descorches, que les originaux seraient envoyés à la Convention nationale, et que tous les Français du Levant en recevraient des copies imprimées.

Enfin elle autorisait ses commissaires à se concerter pour donner à ses décisions toute la publicité possible, par les moyens qui leur paraîtraient convenables.

Un des assistants prononça un discours qui reçut l'approbation de l'assemblée, et dans lequel il signalait comme un élément de désorganisation l'existence clandestine à Constantinople d'une prétendue Société populaire qui était ignorée de tout le monde jusqu'alors, et dont les intentions paraissaient suspectes, puisqu'elle n'avait pu produire qu'une dénonciation vague et calomnieuse contre l'envoyé de la République.

Quant à la lettre du citoyen Hénin, lue par le président, elle parut à l'assemblée pécher contre tous les principes et manquer d'égards pour elle. Aussi décida-t-elle de n'y répondre que par l'envoi au dénonciateur lui-même d'une épître dont il était l'auteur, imprimée en 1788, et qui présentait un contraste piquant avec le sans-culottisme qu'il affichait aujourd'hui.

L'adresse à la Convention était ainsi conçue (1) : « Penser

____

(1) Papiers de Descorches. Constantinople, le 6ᵉ jour de la 3ᵉ décade du 4ᵉ mois de l'an II de la République une et indivisible. (15 janvier 1794, ère vulgaire). Les républicains français de Constantinople à la Convention nationale. De l'imprimerie de la République française.

qu'il est besoin de solliciter la justice des législateurs courageux et fidèles dont la sévère équité vient de livrer au glaive de la loi la coupable Antoinette et les députés conspirateurs qui avaient enfanté le fédéralisme pour perdre la Liberté, serait leur faire injure, bien plus, ce serait un crime !

« Leurs lumières et leur sagesse ne permettent pas non plus de douter que l'importance des intérêts confiés à l'agent de la République dans le Levant ne fixe sur lui toute leur attention.

« Ce fonctionnaire public a été dénoncé; nous avons mis tout en usage pour découvrir les faits dont il pourrait s'être rendu coupable. Nous vous soumettons, citoyens législateurs, une réponse que nous lui avons adressée; elle est l'expression fidèle de ce que nous pensons sur son compte. La dénonciation doit être également sous vos yeux. Prononcez, mais prononcez dans le plus court délai ; l'intérêt public le demande. Quel que soit votre jugement, il sera pour nous un oracle auquel nous obéirons à l'instant. » Suivaient 108 signatures des membres de la colonie française.

Les adresses des républicains français de Constantinople à leurs concitoyens du Levant et à Marie Descorches n'étaient qu'un long éloge de la manière dont ce dernier s'acquittait de ses fonctions (1).

« Nous savons, nous voyons qu'il existe ici un petit nombre d'hommes, écrivaient à Descorches les signataires de l'adresse le concernant, qui s'élèvent contre toi, les uns pour te supplanter, les autres pour accaparer les emplois et les dignités du Levant; nous devons également leur dire qu'ils cessent de s'agiter, que nous avons démêlé leurs projets ambitieux, que nous emploierons tous les moyens qui sont en notre pouvoir pour les déjouer et nous préserver des maux que leurs intrigues, leurs vues intéressées, leur incapacité nous préparent...

« A en croire *le Moniteur* dont la véracité est connue, ta conduite a paru suspecte ou coupable à des Français de

____

(1) Papiers de Descorches. Constantinople, le 6ᵉ jour de la 3ᵉ décade du 4ᵉ mois de l'an II de la République une et indivisible (15 janvier 1794, ère vulgaire). Les citoyens français de Constantinople à tous leurs concitoyens du Levant. Les républicains français de Constantinople à leur concitoyen Marie Descorches.

cette Echelle. Nous y lisons qu'une Société populaire de Constantinople, qui jusqu'alors avait soigneusement caché son existence, t'a dénoncé aux Jacobins de Paris. Nous avons adjuré, au nom de la Patrie, les membres qui la composent de nous communiquer les faits qui prouvent ta trahison; mais ce sont des lâches et de faux frères, puisque nous sommes restés sans réponse...

« Pour nous, nous déclarons hautement que jusqu'ici tu as marché d'un pas ferme et sans dévier dans le sentier étroit du patriotisme, que dans ta conduite publique et privée tu t'es montré un bon républicain français. Lors de nos rassemblements civiques, de nos assemblées générales où tu paraissais comme administrateur, nous t'avons toujours entendu prêcher la fidélité à la République une et indivisible, l'obéissance aux Lois, l'amour de la Liberté et de l'Egalité, la reconnaissance pour les législateurs courageux et fidèles qui nous ont donné la Constitution la plus propre à maintenir nos droits, la haine de la tyrannie, l'horreur du fédéralisme; nous t'avons toujours vu pratiquer les maximes qui nous régénèrent et suivre la marche tracée par notre nouveau régime. Tu nous a fait sentir qu'ici des mouvements brusques et irréguliers sont dangereux et compromettent la chose publique; que dans ces contrées, nous devons faire chérir par notre modération et notre sagesse les bases sacrées de la République française, la Liberté et l'Egalité, de même que nos frères doivent en France les consolider par l'énergie et la force. »

Ce langage mettait au grand jour le double jeu de la politique révolutionnaire. Impitoyables à l'intérieur, les hommes de la Terreur recommandaient à l'extérieur la modération, afin de se concilier l'opinion des peuples neutres. Descorches le disait lui-même dans une lettre qu'il écrivait à la Société des Jacobins pour se disculper des accusations dirigées contre lui. « En France, c'est à la force à assurer le succès de nos principes régénérateurs; hors de nos frontières, sous l'empire des étrangers, c'est à la sagesse (1)... »

---

(1) Lettre à la Société des Amis de la Liberté et de l'Egalité séant aux Jacobins, à Paris. Correspondance ministérielle pour les consulats.

L'adresse des concitoyens de Descorches continuait ainsi : « Au milieu de l'abandon et de l'épanchement auxquels l'homme se livre dans sa vie privée, nous t'avons toujours trouvé le même; tes paroles dictées par le plus pur civisme nous ont même paru avoir un caractère de plus en plus prononcé et énergique. Tu fraternisais avec les Sans-Culottes en montrant cette franchise et cette cordialité qui n'appartiennent qu'aux âmes vraiment pénétrées des principes de la Révolution et qui savent apprécier les charmes de l'Egalité. Il ne nous appartient pas, il ne nous est pas possible de pénétrer dans ta conduite politique; c'est au Conseil Exécutif, c'est au Comité de Salut public de la juger. Il est cependant des faits qui ne nous semblent pas moins attester ton patriotisme sous ce rapport. »

L'affection que l'Empire ottoman avait toujours eue pour la Nation française ne s'était-elle pas accrue depuis l'arrivée de Descorches ? Il avait secouru les frégates françaises en station dans les ports du Levant, soutenu et restauré l'hôpital de Smyrne, tiré de la misère un grand nombre de ses concitoyens qui y avaient été plongés par la guerre et surtout l'exécrable rébellion de Toulon. Il avait usé de tous les moyens possibles pour donner dans ces contrées des notions saines, une idée juste de la Révolution française. Il avait publié les succès des armées républicaines. Aux yeux des signataires de l'adresse, le départ de Descorches serait une plaie pour la République, un triomphe pour ses ennemis, surtout si les intrigants qui avaient ourdi des trames pour le renverser venaient à le remplacer.

On s'imagine quels troubles ces divisions devaient apporter dans la colonie française ! Quelle déception aussi pour Descorches de voir que tout son zèle, ses démonstrations patriotiques, ses discours enflammés dans les fêtes révolutionnaires qu'il avait organisées avec tant de sollicitude, n'avaient d'autre résultat que de le faire accuser par une partie de ses concitoyens de tiédeur, d'aristocratie et même de trahison ! Il faisait déjà l'expérience de la Démocratie soupçonneuse et envieuse, toujours disposée à abaisser les hommes qui, par leur talent, les services rendus, s'élèvent au-dessus de la foule, et l'ancien ministre près l'évêque de Liége, l'ancien ambassadeur en Pologne, ne devait-il pas regretter quelquefois dans son fors intérieur le règne du Tyran et la protection discrète et sûre, les vieilles traditions, les relations courtoises que les diplomates de l'ancienne France trouvaient dans les bureaux des Affaires étrangères !

Robespierre entendait un autre son de cloche qu'avec Casimir La Roche, lorsqu'il recevait une lettre de Chénié, dénonçant l'appel que Descorches avait adressé en frimaire à ses concitoyens dans le Levant pour protester contre les attaques dont il était l'objet. Chénié signalait que cette pièce avait été lue chez le restaurateur Meynard, où se réunissaient les amis de Descorches « à l'heure du pharaon ». Des injures avaient été proférées contre ses dénonciateurs qu'un capitaine matador, nommé Coreit, avait traités en provençal de roués, rompus, J. F. et gredins. Descorches pour s'en faire des partisans invitait à ses dîners des marins parents des rebelles de Toulon (1).

« Citoyen, disait encore avec exaltation Chénié, nous saurons souffrir, c'est le sort des patriotes ; nous saurons mourir en bénissant la République à notre dernier moment. Là se bornera notre surveillance ; nous ne savons pas encore où se portera la rage des partisans de Descorches, mais nous sommes prêts à tout.

« Citoyen, que la Convention nous appelle au Tribunal révolutionnaire ; là, on verra quels sont les intrigants. Je garantis la vérité du contenu de la présente sur ma tête. »

Si Descorches était reconnu, c'est que les ministres ennemis étaient sûrs de lui. Chénié excusait Florenville d'avoir rendu le 12 nivôse, jour de l'an des ennemis de l'Humanité, une visite à l'évêque de Galata. Il avait eu tort, il en convenait. Mais l'évêque était un ancien ami, malade depuis deux ans. Il n'avait passé qu'une heure avec lui et était revenu aussitôt retrouver sa famille, ses enfants, *ses petits sans-culottes*. Florenville pouvait encore invoquer comme circons-

____

(1) Chénié au citoyen Robespierre aîné. Constantinople, le 14 nivôse an II.

tance atténuante auprès du terrible Robespierre, élevé, lui, par l'évêque d'Arras, qu'il habitait depuis trente ans Constantinople, à 600 lieues de sa patrie, et qu'il était excusable de ne plus avoir la mentalité complète d'un Français.

Chénié adressait la même lettre à Legendre qui devait communiquer à Robespierre une autre de ses lettres concernant la dénonciation imprimée visant Descorches qui avait été envoyée à Paris.

Enfin Chénié signalait à Robespierre un fait d'une gravité particulière qui s'était passé à Smyrne le 12 nivôse. Le consul par intérim, après s'être rendu en cérémonie *à la messe* avec le corps des négociants et les aristocrates de l'endroit, était monté à bord de *La Sybille* où il avait été salué par le commandant Rondeau de neuf coups de canon !

Telles étaient les révélations terrifiantes de Chénié qui, jugeant aussi les hommes politiques français, annonçait en post-scriptum qu'il n'écrivait plus à Thuriot, depuis qu'il avait vu *qu'il n'allait pas au pas*.

De Smyrne, Joseph Noyane fils signalait au Comité de Salut public Descorches comme l'un des principaux danseurs de la Cour de Versailles (1). C'était une histoire déjà un peu vieille.

Quant à Hénin, il se faisait l'écho de tous les potins qui circulaient dans Constantinople. Il soupçonnait Descorches d'avoir des rapports avec l'internonce pour se ménager un refuge en Allemagne en cas de découverte de sa trahison qui, pour lui, n'était pas douteuse. Il en avait cette preuve. Un Français, cuisinier à l'Ambassade de Russie et marié à la femme de chambre de l'internonce, se trouvant à 10 heures du soir chez sa femme, avait vu un homme entrer avec mystère chez le baron d'Herbert, du côté du jardin, et toutes lumières éteintes. A minuit, cet homme était reparti par une petite échelle donnant sur un cimetière turc. Quelques jours après, un Français avait dit au cuisiner, qui parlait devant lui de cet incident, que Descorches avait des relations avec l'internonce (2).

____

(1) **Smyrne**, le 13 nivôse an II.
(2) Hénin au ministre des Affaires étrangères, le 12 nivôse an II. **Reçue le 28 floréal.**

Tels étaient les sujets importants dont Hénin entretenait le ministre des Affaires étrangères !

Hénin, qui jugeait si sévèrement Descorches, avait oublié sans doute l'épître qu'il adressait naguère à Son Excellence, le comte de Châlon, ambassadeur du Tyran près la République de Venise.

Le chevalier d'Hénin y parlait de la confiance qu'il avait méritée « du plus grand et du meilleur des Rois ».

Pour l'instant, il continuait à jouer son rôle néfaste à Constantinople, prenant l'initiative de négociations dangereuses à l'insu de Descorches dont l'œuvre pouvait être ainsi entravée. Si Hénin ne lui demandait pas son assentiment pour des démarches compromettantes, il sollicitait par contre l'autorisation de personnalités sans mandat, des patriotes ses amis, Florenville, Chénié, Luzin, Comnène, qu'il mettait au courant d'une demande d'entretien qu'il avait reçue de la part du prince Obolensky, secrétaire de l'ambassadeur extraordinaire russe; il l'avait connu à Venise en 1787, et était resté lié avec lui pendant trois ans.

Une entrevue eut lieu le 15 nivôse dans l'appartement de Chénié. Obolensky, qui n'était que le mandataire de son ambassadeur Koutousöff, demanda à Hénin quelle était la nature de sa mission. Celui-ci lui ayant répondu qu'il attendait toujours les ordres de son Gouvernement, Obolensky lui parla des difficultés de sa position, de son avenir et lui reprocha d'avoir rejeté les offres que les coalisés lui avaient faites à Venise pour acheter son concours. Il l'entretint en outre des présents que Descorches aurait faits aux membres du Gouvernement ottoman, de tabatières, d'un sabre d'une valeur de 20.000 piastres offert au Capitan-Pacha. Les Turcs d'après lui n'estimaient pas Descorches, le regardaient comme un intrigant, et avaient une mince idée de ses talents comme diplomate. L'ambassadeur français aurait en outre offert un diamant de 30.000 piastres à Koutousöff et aurait reconnu avoir demandé le désarmement des frégates françaises mouillées dans le port de Smyrne. Koutousöff désirait voir Hénin. Fonton, l'ex-chancelier, était en correspondance avec Choiseul-Gouffier. Obolensky ignorait les entrevues que

Descorches aurait eues avec l'internonce, ainsi que le bruit en avait couru. Il était resté imprénétrable sur les projets de guerre de la Russie contre la Porte. Toutefois l'ambassadeur russe devait quitter Constantinople au mois de mars, et le départ de Russie de l'ambassadeur turc était fixé en février.

A ces calomnies contre Descorches, Hénin ajoutait les siennes. Sa haine lui faisait perdre toute mesure. « Il s'efforcera sans doute, écrivait-il au ministre des Affaires étrangères, de voiler ses perfides menées en essayant de brouiller la Porte avec la République; mais, j'apporterai ma tête pour prouver sa noire trahison, et je n'attends que mon rappel pour aller vous démontrer que Descorches, malgré sa perfidie, n'est qu'un pauvre intrigant sans mérite et sans talent; mais, je vous le prédis, il émigrera. » Faisant allusion à la lettre de Las Casas, Hénin ajoutait : « *Vos comités secrets seraient donc vendus à nos ennemis? Il y a plus d'un an que je l'ai dit. Plusieurs avis ont été donnés par moi à Lebrun. Mais un républicain intrépide ne se lasse jamais de veiller et de dénoncer.* »

Hénin se rappelant qu'avant la Révolution il portait le titre de chevalier, disait encore humblement : « La tache de ci-devant dont je suis atteint est à mes yeux un motif d'exclusion auquel je me soumettrai toujours. » Il renouvelait en conséquence avec instance sa demande de rappel (1).

Le 25 nivôse, il écrivait de nouveau au ministre qu'il avait reçu une lettre anonyme contre Descorches, provenant, croyait-il, de Maret qu'il dénonçait, lui aussi, comme un agent des royalistes et des émigrés dont il faisait ses fréquentations habituelles.

Descorches se serait emparé des effets de Sémonville et aurait vendu des bijoux et des diamants qui en faisaient partie.

Hénin avait à ce sujet écrit à Descorches, demandant un inventaire fait en sa présence et une mise sous scellés. Mais l'envoyé lui avait répondu dans un style tortueux qu'il

____

(1) Constantinople, le 21 nivôse an II.

n'avait de comptes à rendre qu'à la Convention et à son chef direct, le ministre des Affaires étrangères.

Ainsi qu'on l'a vu, les partisans de Descorches avaient cru devoir se réunir à leur tour pour le défendre et répondre à l'appel imprimé qu'il avait adressé le 13 nivôse à ses concitoyens, invitant ses dénonciateurs à comparaître devant le Tribunal de l'opinion publique. Hénin donnait de nouveaux renseignements sur la première réunion des amis de Descorches qui avait eu lieu le 23 nivôse, chez le citoyen Meynard, sous la présidence de Grépat, doyen d'âge de la colonie française.

L'appel de Descorches, une lettre de Chénié à Descorches et à ses concitoyens dans le Levant, datée du 22 nivôse, avaient été déposés sur le bureau. Au dire d'Hénin, la salle était remplie de marins français, parents des Toulonnais révoltés et amenés par Descorches pour susciter des troubles. Ces marins portaient l'uniforme et étaient armés de sabres et de cannes à épée; on y voyait aussi armé le cuisinier de Descorches. Hénin oubliait de dire si son arme était une broche à rôtir.

L'assemblée nomma une commission de quatre membres dont faisait partie Gaudin, l'ami intime de Descorches, pour préparer une réponse à l'envoyé français. Dans une seconde réunion, tenue le 26 nivôse, Hénin avait présenté lui aussi un factum *pour éclairer les esprits*. Mais, sur le rapport de Gaudin, une adresse en faveur de Descorches fut votée et transmise de suite à la Convention, à Descorches et à ses concitoyens dans le Levant. Pour toute réponse à Hénin, Gaudin donna lecture de l'Epître dédicatoire que le ci-devant chevalier avait adressée autrefois au comte de Châlon, ambassadeur à Venise, et dans laquelle il faisait montre de ses sentiments royalistes. Cette épître lui fut ensuite envoyée comme accusé de réception de son mémoire contre Descorches.

Ces incidents n'avaient fait qu'exaspérer Hénin qui, en les signalant, exprimait des craintes sur son sort, parlait des dangers de sa position et d'une catastrophe possible (1) !

____

(1) Lettre d'Hénin au ministre des Affaires étrangères, 3ᵉ division. Reçue le 24 germinal.

S'inquiétant toujours d'avoir des moyens de communication assurés avec la France, Descorches insistait pour que la voie des Grisons restât ouverte aux courriers français, car Noël craignait l'asservissement de ce pays à l'intrigue autrichienne. Quand lui-même était passé par Coïre, il avait vu de nombreux habitants s'affliger de l'absence d'un agent français dans cette ville où là, comme partout, la France avait des amis. Un correspondant dans la Valteline devait aussi y être très utile. C'était l'avis du baïle de Venise qui était convaincu du concours du Sénat vénitien.

Des changements avaient eu lieu récemment dans le Gouvernement ottoman. Melek-Mohamed-Pacha, Grand-Vizir, avait été remplacé par Izet-Mohamed-Pacha. Le prince Alexandre Ypsilanti, ci-devant hospodar de Valachie, avait été exilé à Rhodes. Enfin le bey Zadé Georges Moruzzi, interprète de la Porte, et avec qui Descorches avait eu ses premiers entretiens à son arrivée, avait été déposé et remplacé par son prédécesseur, le bey Zadé Callimachi. Mais ces changements dus à des causes intérieures, à ces intrigues de Palais si fréquentes en Turquie, ne devaient pas modifier les dispositions du Gouvernement ottoman à l'égard de la France qui, de son côté, restait immuable dans sa politique à Constantinople.

Un rapport rédigé à cette époque dans les bureaux du ministère des Affaires étrangères et adressé au Comité de Salut public indiquait que le retard dans la correspondance du Levant et dans l'envoi des instructions destinées à Descorches provenait de ce qu'on voulait attendre la nomination et le départ des agents qui devaient être chargés d'une enquête sur la situation des Echelles et sur les causes des divisions qui y régnaient dans la colonie française.

L'arrestation de Sémonville avait eu toutefois ce résultat que le Gouvernement français avait fait connaître au Reis-Effendi qu'il était résolu à accréditer définitivement Descorches auprès de la Porte ottomane en qualité d'envoyé extraordinaire. Descorches ayant rendu compte des conférences qu'il avait déjà eues avec le Reis-Effendi, le ministre des Affaires étrangères de la République ne pouvait s'empê-

cher de trouver un peu timides les considérations qui y
avaient été exposées de la part du Divan. Il regrettait aussi
qu'une publicité n'ait pas été donnée aux communications
de la Porte afin de montrer à ses amis et à ses ennemis
l'union qui régnait entre les deux peuples liés par de longues
habitudes et par des intérêts communs et inséparables. Il
espérait que ces difficultés auraient cessé quand sa lettre
arriverait. Il transmettait enfin les vœux du Comité de Salut
public en faveur d'une union intime avec la Porte, pensant
que « cette déclaration solennelle des sentiments de la Nation
française ne pourrait que fortifier l'amitié qui était déjà
dans le cœur de l'Empereur des Musulmans, et le convaincre
qu'un peuple régénéré, puissant et victorieux lui offrait *avec
son alliance* la plus heureuse des occasions de relever l'éclat
de l'Empire ottoman et d'assurer le succès de ses armes
contre des ennemis perfides qui ne cessaient de le menacer.
Une amitié fondée sur une habitude de plusieurs siècles, sur
les intérêts naturels et immuables des deux nations, et renouvelée dans les circonstances les plus importantes, devait
effrayer les ennemis communs, présager des succès et préparer un avenir heureux et paisible. C'est ainsi que pensaient
les Français dont les promesses ne seraient jamais vaines,
et dont le triomphe n'était pas douteux. C'est ainsi que devait
penser un ministre aussi éclairé et aussi ami de son pays que
le Reis-Effendi (1) ».

Dans une autre lettre au Capitan-Pacha, le ministre français s'exprimait ainsi : « L'amitié de la Porte ottomane nous
est si chère, et nous sommes si persuadés qu'elle attache le
même prix à la nôtre, que nous ne désirons rien plus ardemment que de voir disparaître tous les obstacles qui pourraient
s'opposer à une liaison intime et durable... »

Le ministre annonçait au Capitan-Pacha l'arrivée prochaine à Constantinople de deux agents secrets, Goujon et
Fourcade. Il le priait de les accueillir favorablement, car
l'ordre leur avait été donné de lui demander ce qu'il conve-

---

(1) Le ministre des Affaires étrangères, 3e division. Vers nivôse
an II.

nait de faire dans l'intérêt des deux pays, et de l'informer des mesures prises par le ministre de la Marine pour lui envoyer des ouvriers capables (1).

Descorches ne se contentait pas de prodiguer aux Turcs de bonnes paroles. Il employait pour les convaincre d'autres arguments, ainsi qu'on peut en juger par cet état d'emploi de fonds secrets qu'il communiquait au ministre des Affaires étrangères :

Paire de pistolets au secrétaire du Grand Seigneur, 380 piastres ;

A Musta-Bey, secrétaire de la Porte, 450 piastres ;

Au docteur Marco, acompte, 250 piastres ;

A dom Germano qui a servi auprès de la Sultane mère, 100 piastres ;

A John Humphrys, intermédiaire auprès des principaux membres de l'Uhléma, 87 piastres, 20 paras ;

Acompte sur frais de visite à un Grec accrédité auprès de plusieurs grands chefs de l'Uhléma, pour trois ans d'engagement, 3.000 piastres ;

Prêté à un cafetier pour distribution de nos bulletins, 25 piastres.

Descorches comptait sur le bon effet produit par ces largesses pour disposer favorablement les Turcs. Que ne pouvait-il obtenir le même résultat avec ceux de ses compatriotes dont les attaques ne lui laissaient aucun répit ! L'année 1794 qui venait de commencer ne devait pas voir se calmer leur ardeur.

Le 2 pluviôse, 21 janvier 1794, les amis d'Hénin s'étaient réunis pour prêter de nouveau le serment civique *en présence de leur conscience et de l'Eternel*, à l'occasion de l'anniversaire de la mort du dernier tyran, *dont le sang avait cimenté les bases de la République*.

Cette cérémonie avait eu lieu à l'entrée de la nuit, sur la terrasse du Palais de la Nation et au pied de l'arbre de la Liberté.

A Paris, les adversaires de Descorches ne désarmaient pas non plus. Méhée, témoin et auteur de *l'Histoire de la préten-*

---

(1) Le ministre des Affaires étrangères au Capitan-Pacha. Vers nivôse an II.

due Révolution de Pologne, écrivait à Deforgues qu'il connaissait des ulémas traîtres à leur pays au profit des Russes, que les Turcs devraient réclamer l'exécution toujours éludée du traité de Carlovitz et se venger des intrigues de la Russie.

Au sujet de Descorches, il s'exprimait ainsi : « Je vous dénonce encore Marie Descorches, cy-devant marquis de Sainte-Croix, qu'on a envoyé à Constantinople comme un sincère ami du Roi ou plutôt de la Royauté, comme un ami de Lebrun et du prince de Liége, comme un agent très actif et dangereux...

« Je vous dénonce enfin tous les Polonais qui vous parleront des affaires de la Turquie comme étant tous despotes par caractère, intrigants par métier, et amis de la Russie ou de la Prusse (1). »

A quel titre ce Parisien pouvait-il connaître ce qui se passait à Constantinople, et n'est-il pas permis de voir dans le mandat mystérieux qui lui avait été donné de dénigrer Descorches, une preuve de la conspiration ourdie pour faire échouer la mission de l'ambassadeur français et perdre les meilleurs serviteurs de la République ?

A Smyrne, Noyane et ses partisans avaient entrepris la même campagne qu'Hénin à Constantinople. Cette Echelle était aussi profondément troublée par leur fait.

Ils avaient refusé de reconnaître Anselme Roubaud, député de Smyrne, investi des fonctions consulaires par Descorches, après avoir demandé eux-mêmes un consul. Hénin, en chargeant Noyane de lettres pour la France, l'informait qu'Humphrys était venu récemment à Smyrne, et qu'il était aussi compromis pour complicité avec Descorches dans la délivrance d'un passe-port à un navire anglais dans lequel il avait des intérêts. Hénin réclamait de Noyane un rapport, *même de choses douteuses*, sur l'Echelle de Smyrne, mais pouvant incriminer Descorches. Il lui écrivait : « Surveille aussi et épluche Rondeau. »

A l'en croire, Rondeau, dont il avait une mauvaise opinion, nourrissait le projet de vendre les frégates qu'il com-

____

(1) Lettre de Méhée à Deforgues. Paris, 224, rue Bellechasse, le 3 pluviôse an II.

mandait aux Turcs qui n'étaient arrêtés pour conclure le marché que par la crainte de se compromettre vis-à-vis de la France. Il devait avoir vendu aussi, malgré les secours envoyés par Descorches et les prises qu'il avait faites, les marchandises d'un convoi que ses frégates avaient pour mission d'escorter. Le fait était à vérifier. On craignait enfin qu'il n'émigrât « après avoir fait sa pelote ». Quant à Descorches, il amassait des sequins au point de les faire renchérir. Il s'était emparé de huit caisses contenant les présents confiés à Sémonville (1).

« Je l'aime tant cet homme, disait Chénié à Noyane au sujet de Descorches, que je lui donnerais la main pour monter les quatre ou cinq gradins. » Chénié attendait avec impatience des nouvelles de Sicard, de Dizerand et d'Amic, envoyés à Paris pour obtenir le rappel de Descorches. S'il était confirmé dans ses fonctions, Chénié n'avait plus qu'à passer avec Noyane à Tunis ou à Gênes. Mais un incident malheureux avait mis la consternation dans le clan des conjurés. Amic n'avait-il pas laissé tomber à la mer les lettres pour Paris qu'Hénin lui avait confiées (2) !

Après l'avoir fait pour Robespierre, Chénié avait la prétention de documenter Legendre sur l'entourage de Descorches qu'il disait être composé d'étrangers. Gaudin avait été d'abord secrétaire de Fonton, chef provisoire et traître. Pousitch était passé au service de la France après avoir eu l'air de se brouiller avec Knobelsdörff, ministre de Prusse. C'était un intrigant qui avait été envoyé par les coalisés audevant de Descorches, à Trawnick. Humphrys était aussi un espion, ancien facteur de la Compagnie anglaise de la mer Rouge et du golfe Persique. Son père passait à Constantinople pour être un espion des Russes. Riche, Humphrys fils portait la cocarde, affectait des airs de patriote.

Dantan, ci-devant drogman pour le commerce, chargé des intérêts de Choiseul-Gouffier, Delmas et Cⁱᵉ, avait porté sous pavillon français des munitions de guerre aux Russes. Il

---

(1) Hénin à Noyane fils, à Smyrne, le 6 pluviôse an II.
(2) Chénié à Noyane, le 6 pluviôse.

était resté seul en place pour mieux trahir. Au contraire, de Pousitch, il ne portait pas la cocarde avant le 9 octobre 1790. Quant aux Turcs, ils étaient favorables à la France, mais plusieurs membres du Divan étaient, disait-on, pensionnés par les coalisés (1).

Descorches admettait des Anglais à sa table, malgré les décrets de la Convention. Il avait donné un passeport à un capitaine de navire anglais allant de Smyrne à Londres, et Rondeau, commandant de *La Sybille*, avait même refusé de le reconnaître comme valable. Il fallait faire connaître de suite ce fait particulièrement grave au Comité de Salut public et au ministre des Affaires étrangères. Quant à Rondeau, il avait refusé de faire tirer des salves le 22 septembre, à l'occasion de l'anniversaire de la proclamation de la République, sous le prétexte de ne pas perdre de poudre. Or, le 12 nivôse qu'il considérait comme le premier jour de l'ère nouvelle, il avait salué de neuf coups de canon la visite à son bord d'un aristocrate, Anselme Roubaud, exerçant à Smyrne les fonctions consulaires, alors que la Convention faisait commencer l'ère républicaine au 22 septembre. Les drogmans, toujours d'après Chénié, étaient tous incapables et aristocrates, et Venture qui n'était pas encore parti de Venise était représenté dans des lettres qu'avait reçues Hénin comme un républicain très tiède.

Descorches était encore signalé comme ayant assisté à des bals chez des négociants contre-révolutionnaires, Pech, Beuf et Gravier, Gaudin ainsi que Montal, ses secrétaires, y avaient joué sous ses yeux au pharaon (2) !

« Il est ici assez public, ajoutait Chénié, que le vertueux, — c'est ainsi qu'il appelait Descorches, — a des protecteurs à Paris. Qui sont-ils ? C'est ce que nous ne savons ; sûrement, ce ne sont pas de vrais amis de la chose publique. »

Qu'aurait dit Chénié, s'il avait su que Descorches devait surtout à sa femme la protection de Robespierre ! Hénin, sur le même sujet, s'était fait l'écho d'un bruit qui courait chez

____

(1) Chénié à Legendre, le 7 pluviôse an II.
(2) Chénié à Legendre, le 23 pluviôse an II.

les ministres étrangers que Chaumette protégeait aussi Descorches par considération pour Mme Descorches (1).

Ayant une confiance peut-être mal placée dans l'activité extérieure du Comité de Salut public, Chénié écrivait encore : « Nous ne nous plaignons pas de vivre dans un grand abandon; *nous croyons fermement que le Comité de Salut public s'occupe essentiellement du Levant;* cependant, nous sentons avec douleur que, s'il tarde encore un peu, il ne sera pas possible d'opérer de diversion cette année, malgré toute la bonne volonté des Turcs à notre égard. » Il pensait qu'un habile négociateur ferait chasser les membres du Divan pensionnés par les ennemis, « *car le ministre de France dans tous les temps* a toujours la plus grande influence sur le Gouvernement turc ».

Il annonçait enfin l'envoi d'une lettre de Florenville à Robespierre aîné, chargé de la remettre au Comité du Salut public. La lettre de Chénié fut déposée par Legendre au Comité le 15 prairial an II.

Hénin avait refusé un nouveau rendez-vous demandé par le prince Obolensky, attaché à l'ambassade extraordinaire de Russie. Il en informait le ministre des Affaires étrangères et accompagnait son avis de cette réflexion : « A Carthage, le Sénat rendit un décret par lequel il défendait aux Carthaginois d'apprendre à écrire ou à parler la langue grecque pour les mettre hors d'état d'avoir aucun commerce avec les ennemis, soit par lettre, soit de vive voix. »

Hénin, critiquant la faiblesse de Descorches, annonçait que deux Français avaient été assaillis et blessés par des domestiques allemands, dont l'un était le valet de chambre de M. Valenbourg, premier drogman de l'internonce. Il n'y avait eu aucune réparation. Des protégés russes avaient tiré des coups de pistolet sur des Français qui les avaient désarmés et qui avaient même porté leurs armes chez Descorches, sans que le ministre de France eût fait aucune démarche pour obtenir une répression.

------

(1) Hénin au commissaire des Relations extérieures, le 14 pluviôse an II.

Descorches était encore accusé d'être intéressé avec Humphrys dans le chargement de ce bateau anglais auquel il avait délivré un passeport.

Bien que depuis huit mois, Hénin n'eût reçu aucune lettre de France, il n'était pas découragé dans sa surveillance. « Je surveille », écrivait-il. Il avait découvert qu'Amoreux, l'ancien consul de Smyrne, arrivé depuis peu à Constantinople, portait ainsi que Chalgrin le deuil de Louis XVI (1).

Ne se contentant pas de cette importante constatation, il trouvait aussi surprenant que le baïle de Venise, Foscari, eût invité à son bal Fonton, l'ancien chancelier, et Chalgrin.

Malgré la nouvelle de la reprise de Toulon, qui avait fait une impression favorable sur le Gouvernement ottoman, le Reis-Effendi était toujours suspecté de nourrir peu de sympathies pour la France, et Moruzzi d'être vendu aux Russes.

Le Grand Seigneur, depuis près d'un an et demi, était tenu en tutelle par une sorte de Conseil des Dix, sans lequel il ne pouvait rien décider.

Faisant allusion à un prêt consenti par la Porte, Hénin disait que les Turcs se vantaient d'apaiser avec de l'argent le mécontement et les réclamations de la France, suscités par l'affaire Roubeau. Les Turcs toutefois n'en continuaient pas moins assidûment leurs préparatifs de guerre (2).

Hénin donnait encore ces détails piquants sur les habitudes religieuses conservées par Descorches, si l'on réfléchit à l'époque à laquelle ces faits se passaient. « J'ai un mot à dire sur la dévotion de notre citoyen ministre plénipotentiaire. Rien de plus édifiant sans doute que de le voir aller régulièrement à la messe. Il ne manque pas à l'entendre chaque dimanche et jour de fête, et on l'y a vu aller le jour de l'Epiphanie, *fête des Rois*, et le Jour de l'an, 1er janvier 1794. Pourquoi ne pas s'acquitter encore d'un si saint devoir les décadis de chaque mois (3) ? »

Comme devaient le faire d'autres ambassadeurs, ses successeurs, Descorches trouvait sans doute que les pratiques

---

(1) Hénin au ministre des Affaires étrangères, le 7 pluviôse an II.
(2) Hénin au ministre des Affaires étrangères, le 12 pluviôse an II.
(3) Hénin au ministre des Affaires étrangères, le 20 pluviôse an II.

religieuses étaient d'un bon exemple dans certains pays étrangers.

Le Gouvernement républicain s'était décidé à envoyer un nouvel enquêteur à Constantinople; son choix s'était porté sur Thainville, employé au ministère des Affaires étrangères. On pourra trouver que pour remplir une mission de cette importance, l'envoyé avait un grade bien modeste dans la hiérarchie administrative. Il était parti le 6 pluviôse pour Constantinople, porteur de cette lettre de Deforgues, adressée à Descorches :

« Je ne me dissimule pas, citoyen, que l'activité de ma correspondance ne correspondait pas depuis quelques mois à l'activité de la tienne; le retard des instructions et des secours que tu as sollicités aura pu te causer quelque surprise et de l'incertitude sur nos intentions. Les victoires républicaines y suppléeront. Si mes réponses ont été ajournées, c'est que le Comité de Salut public, après avoir pris pour sauver la République de grandes mesures révolutionnaires et militaires dont le succès doit t'être connu, n'a voulu pour nos relations extérieures suivre aucun système partiel, qu'il a dû pour diriger sa marche particulière, attendre que la méditation et les circonstances eussent mûri son plan général.

« Le moment d'agir, citoyen, est enfin arrivé, et c'est un beau rôle que celui qui t'est destiné. Ton autorité et tes talents vont être secondés par toute la puissance du Gouvernement. Hommes, argent, pouvoirs, rien ne te manquera, et tandis que ton action se déployera à Constantinople, elle sera puissamment aidée par nos négociations dans plusieurs cabinets et, j'ose le prédire, par la continuation de nos victoires.

« Je me borne, citoyen, à ajouter à cette lettre que *j'ai reçu à peu près toutes les tiennes*, et que n'ayant pu te faire parvenir aussi promptement que je le désirais les fonds qui t'étaient destinés, j'ai adressé à Marseille des ordres positifs et réitérés pour acquitter sur les fonds de mon département qui s'y trouvent déposés, indistinctement toutes les traites qui pourraient y arriver de ta part (1). »

---

(1) Deforgues à Descorches, le 5 pluviôse an II. Pour copie conforme : Reinhard.

Descorches continuait donc à jouir de toute la confiance du Gouvernement, et si Thainville était envoyé dans le Levant, c'était pour fournir des renseignements sur la situation et préparer, lui aussi, les voies à la politique de la République. Mais pourquoi des renseignements étaient-ils demandés à un nouvel envoyé, si ceux donnés par Descorches étaient toujours considérés comme véridiques ?

Le ministère des Affaires étrangères, désirant réaliser les promesses faites à Descorches, avait déjà, au mois de septembre 1793, ainsi qu'il résulte d'une note de l'époque, fait passer 500.000 livres à Marseille pour les dépenses des consulats du Levant et de Barbarie. Cette somme réduite en nivôse à 293.737 livres, était épuisée par les traites de Descorches.

On proposait au ministre : 1° de presser le Comité de Salut public d'approuver un projet d'arrêté du 2 pluviôse pour établir au dehors des dépôts en numéraire ; 2° de faire passer immédiatement 500.000 autres livres dans la caisse du receveur du district de Marseille (1).

Mais la Révolution avait désorganisé les services financiers du Levant. Une loi du 16 octobre 1791 avait supprimé les Chambres de commerce chargées précédemment de pourvoir aux besoins des consulats. La municipalité de Marseille avait nommé 12 administrateurs pour remplacer la Chambre de commerce de cette ville et former un bureau provisoire. Or, ce bureau venait d'être supprimé à son tour par un arrêté des commissaires de la Convention dans le Midi. Ils avaient désigné des liquidateurs qui ne pouvaient continuer à assurer les services du ministère des Affaires étrangères. Le ministre avait proposé de prendre comme représentant le receveur du district de Marseille (2).

En même temps que Thainville « chargé d'une mission secrète et très importante » quittait Paris, des instructions étaient adressées aux autorités françaises qu'il devait rencontrer sur son passage pour qu'elles lui prêtassent leur appui : à Guys, correspondant du ministère des Affaires

---

(1) **Rapport** du ministère des Affaires étrangères du 14 pluviôse an II.

(2) **Rapport** du ministre des Affaires étrangères du 2 pluviôse an II.

étrangères à Marseille, au commandant de la marine à Toulon, aux représentants près l'armée d'Italie; à Tilly, chargé d'affaires à Gênes; à Barthélemy, à Baden; à Noël, à Venise; au vice-consul Zulati, à Sebenico; à Marc Bruère, à Travnick.

Bien que Descorches parût jouir encore de la confiance de son Gouvernement, il n'en était pas absolument assuré, car une expédition des principales lettres qui lui étaient adressées devait être confiée à un second courrier, *si le Comité de Salut public ne changeait pas de système à son égard* (1).

A l'heure où Thainville partait pour Constantinople, Sicard, autre agent du ministère des Affaires étrangères, en revenait et adressait un rapport sur ce qu'il avait vu. Il avait quitté Paris le 13 mai 1793 sans instructions particulières, porteur de dépêches pour Barthélemy, Hénin, ministre à Venise, et Fonton, chef provisoire de la Nation française à Constantinople. Lebrun lui avait dit seulement qu'il devait accompagner Hénin, chargé d'une mission dans le Levant. Hénin devait insister auprès de Fonton pour que des démarches fussent faites à la Porte afin que Descorches pût quitter Travnick; il lui était en outre recommandé de passer par la Dalmatie et l'Albanie dans le but de connaître les ressources de ces contrées en grains et en armes. Hénin avait aussi reçu avant son départ une dépêche du Conseil Exécutif lui demandant de préparer les voies à Sémonville de concert avec Descorches et d'attendre son arrivée à Constantinople.

A Travnick, Sicard et Hénin apprirent que Descorches en était déjà parti. A Constantinople, ils trouvèrent Chalgrin affublé de l'uniforme des gardes d'Artois, porteur d'une cocarde blanche d'un pied de diamètre et suivi de deux janissaires et de deux laquais. Sicard, sur la demande qu'il en fit à Descorches, fut logé dans le Palais de la République, et Hénin occupa un petit pavillon auprès de la Chancellerie.

Sicard, dans le cours de son rapport, rappelait les principaux griefs d'Hénin contre Descorches qui avait vu se former un groupe de mécontents. Il ne manquait pas de signaler

____

(1) Recommandations pour Thainville, 5 pluviôse an II.

l'écusson fleurdelysé qui décorait la porte d'entrée du Palais de l'ambassadeur, ainsi que le buste du Roi figurant sous un dais dans la salle d'apparat réservée aux audiences publiques. Il énumérait encore les suspicions dirigées contre Gaudin, ancien officier au régiment d'Alsace.

Parti de Constantinople le 13 septembre 1793, il faisait sur le compte de Descorches ces réflexions qui étaient un résumé assez impartial de la situation telle qu'il avait pu la connaître : « Quoique j'aie été à même de voir souvent le citoyen Descorches pendant mon séjour à Constantinople, je n'en ai pas été plus instruit de la situation politique et de nos négociations auprès de la Porte, le citoyen Descorches m'ayant paru très réservé par caractère et ne me connaissant pas assez sans doute pour être confiant.

« Mais, je dois à la vérité de dire que je crois avoir reconnu en lui le désir de servir utilement les intérêts de la République ; j'ai cru reconnaître que son caractère coïncidait avec les circonstances difficiles où se trouvait cet agent à Constantinople.

« J'ai été témoin, dans plusieurs occasion, qu'il employait tous les moyens propres à rapprocher les partis ou les opinions égarées, et qu'il possédait un caractère conciliant, qualité bien nécessaire sur cette Echelle.

« Les Turcs m'ont paru en général avoir de la confiance en lui.

« J'ai observé que les ministres étrangers manquaient de moyens pour découvrir le fil des négociations et qu'ils cherchaient vainement à égarer l'opinion des Turcs sur son compte, et si j'ai retrouvé quelques nuances de la caste dans laquelle est né Descorches, j'ai cru reconnaître aussi qu'il a trop sainement jugé notre Révolution, la vérité et la justice de nos principes, pour ne pas servir fidèlement les intérêts de la République, lors même qu'elle lui déplairait en tout ou en partie.

« Les Turcs dont l'alliance si utile pour nous est aussi leur intérêt, ne craignaient pas un arrêt de la Révolution par suite de la guerre extérieure, mais ils s'arrêtaient avec douleur et intérêt sur nos troubles intérieurs et sur l'incertitude de notre Gouvernement qui en était une suite inévitable. »

Sicard faisait ces réflexions judicieuses sur Hénin : « Je l'ai vu à Venise et dans notre voyage. Sa conduite républicaine a contribué à la reconnaissance de notre Gouvernement par la République de Venise. Mais, je crois qu'avec de bonnes intentions, il s'est laissé séduire par quelques intrigants qui ont alimenté son ambition par des plaintes dirigées contre Descorches et qui, lui laissant entrevoir l'espoir de le remplacer, ont imprimé à sa conduite une forte nuance d'intrigue. »

Sicard donnait aussi des renseignements sur Florenville, âgé de 60 ans, fixé depuis trente ans à Constantinople, père de six enfants, ayant servi d'intermédiaire avec Mouradcha, premier interprète de la Cour de Suède, ancien secrétaire d'ambassade de ce pays et devenu agent secret, pour procurer au Gouvernement ottoman des officiers français. Florenville avait mis Descorches en relations avec Mouradcha et le Baïle de Venise, les recevait chez lui et transmettait leur correspondance secrète (1).

Sicard revenant de Constantinople était arrivé à Venise le 7 décembre 1793. Il y avait trouvé Noël, le ministre de France; Jacob, secrétaire de la Légation; Venture, toujours dans cette ville et n'ayant pas les ressources nécessaires pour se rendre par terre à son poste auprès de Descorches, enfin d'Entraigues, représentant des princes et intriguant auprès de la noblesse vénitienne peu sympathique à la Révolution.

Parti de Venise le 27 nivôse, il avait croisé sur sa route Thainville se rendant à Constantinople.

A son arrivée à Venise, Thainville annonçait au ministre des Affaires étrangères, le 26 pluviôse, qu'il allait partir pour Sebenico, voyageant comme négociant de Neufchâtel. Il n'était plus qu'à trois journées de marche de quatre officiers, ses compatriotes, le précédant de plus de vingt jours et se rendant comme lui en Turquie. « Le citoyen Barthélemy a dû te marquer, ajoutait-il, et on me confirme ici que la Légation de Constantinople est dans la plus grande détresse (2). »

____

(1) Rapport de Sicard au retour de son voyage, le 28 pluviôse an II.
(2) Venise, le 26 pluviôse an II. Thainville, agent de la République en Turquie, au ministre des Affaires étrangères.

Le 20 ventôse, Marc Bruère, agent français à Travnick, informait Deforgues que Thainville, accompagné des officiers Obert, Monnier et Mazurier, était arrivé le 16 dans cette ville, et qu'il en était reparti le 19. Le quatrième officier avait dû s'aliter pendant la route.

De Sebenico, Thainville avait déjà écrit au ministre, à la date du 6 ventôse, qu'il allait s'embarquer pour Spalato avec le fils de Jacob, par qui il avait été averti que des brigands l'attendaient en Dalmatie. C'est à 10 milles de Spalato qu'il avait rejoint, le 8 ventôse, les officiers français qui le précédaient. Ainsi qu'on peut le voir par l'avis de Marc Bruère, les craintes exprimées au sujet de sa sécurité ne devaient pas se réaliser. Thainville précédait lui-même les deux autres agents secrets, Goujon et Fourcade, qui devaient primitivement l'accompagner, mais qui n'étaient pas partis avec lui par suite de la confusion extraordinaire des ordres donnés à cette époque par le Gouvernement français.

Goujon avait été nommé, par un arrêté du Comité de Salut public du 30 pluviôse, envoyé extraordinaire et commissaire civil dans le Levant. Ses pouvoirs lui conféraient le droit de remplacer Descorches et toute l'autorité et les moyens dont celui-ci avait été investi, soit par des arrêtés du Comité, nommément ceux du 20 vendémiaire et du 26 frimaire, soit par des actes du Conseil Exécutif, soit par les instructions et dépêches du ministre des Affaires étrangères. Goujon pouvait nommer de nouveaux agents ou conserver les anciens après en avoir délibéré avec Fourcade et Thainville (1). Or, Thainville devait se rendre seul à Constantinople.

Dans un projet de mémoire daté du 6 ventôse et destiné à servir d'instruction pour les agents envoyés dans cette capitale, il était parlé des dissensions funestes provenant des désignations successives de Descorches et de Sémonville et de la nécessité de rétablir l'union parmi les Français du Levant. Les nouveaux commissaires devaient être les conciliateurs des partis. L'un d'eux irait à Smyrne, si les circons-

---

(1) Acte de nomination de Goujon par le Comité de Salut public. Signé : BARÈRE, 30 pluviôse an II.

tances le permettaient. Les membres du Comité de Salut public faisant partie de la Société des Jacobins de Paris ayant paru douter de l'utilité d'une Société populaire à Constantinople, il convenait de prendre des renseignements à cet égard, les sociétés de cette nature devant seconder les intérêts de la chose publique et les vues du Gouvernement.

Les commissaires seraient subordonnés à Descorches tant qu'il ne serait pas remplacé par eux. Peut-être avait-il une vue inexacte des succès de la République et de ses ressources à cause de l'éloignement ? Mais, des républicains sortant du foyer des lumières et mieux renseignés pourraient diriger et combiner ses démarches. Ils confirmeraient au besoin le jugement favorable que le Gouvernement portait toujours sur lui, et ils enverraient des renseignements sur les dispositions de la Porte, tant à l'égard de la France, que de l'Autriche et de la Russie, ainsi que sur les progrès de ses armements. Ils pourraient ensuite occuper les postes qui leur étaient destinés auprès de Descorches et correspondre directement avec le Comité de Salut public et le ministre des Affaires étrangères.

Rien ne montre mieux que cet arrêté signé par Barère, chargé particulièrement dans le Comité de Salut public des questions extérieures, l'anarchie et l'absence de principes gouvernementaux qui régnaient alors.

Quelle autorité Descorches aurait-il pu conserver sur des agents qui devaient lui être subordonnés, mais qui pouvaient le remplacer et qui étaient autorisés à correspondre directement avec les pouvoirs publics, et quel désordre ne devait-il pas résulter de cette immixtion de nouveaux venus et d'incompétents dans les négociations laborieuses que poursuivait l'envoyé français !

Ces instructions *approuvées par le Comité de Salut public* méritent donc une mention spéciale. On y lisait encore :

1° Le ministre des Affaires étrangères donnera les ordres nécessaires pour entamer sur-le-champ la négociation des traités d'alliance et de commerce dont les projets sont entre ses mains ;

2° Il fera surtout tout ce qui dépendra de lui pour engager la Porte à mettre ses forces de terre et de mer sur un pied respectable, afin de saisir le premier moment favorable pour faire une diversion, conformément aux vues du traité d'alliance proposé;

3° Le ministre des Affaires étrangères autorisera l'agent envoyé auprès de la Porte à disposer des présents qui auraient dû être remis par Sémonville. Il prendra, en outre, les mesures nécessaires pour faire ouvrir à cet agent un crédit de quatre millions, *dans le cas où il parviendrait à faire déclarer la guerre par la Porte à l'Autriche;*

4° Les ministres de la Guerre et de la Marine feront sans délai un choix des officiers demandés par le Reis-Effendi et le ministre des Affaires étrangères est autorisé à réunir les fonds nécessaires pour les faire partir le plus promptement possible pour Constantinople (1).

Un autre arrêté du 26 frimaire an II développait les moyens d'exécution du plan adopté par le Comité de Salut public.

Le but à atteindre était de rétablir une union parfaite entre les Français établis à Constantinople, de maintenir la hiérarchie des pouvoirs, de réorganiser les Etablissements français dans le Levant et de leur appliquer autant qu'il était possible « les heureuses lois de la Liberté et de l'Egalité ».

Des témoignages éclatants d'amitié et de confiance devaient être donnés à la Porte ottomane, l'ancienne alliée de la France, pour resserrer les liens que la lâcheté et la perfidie des ministres de la ci-devant Cour avaient presque rompus, et pour faire cause commune avec elle contre des ennemis communs.

Afin d'atteindre ce but, il importait de punir ou d'écarter les hommes perfides ou suspects, d'entourer l'agent de la République à Constantinople de toute la confiance nationale, de toutes les lumières et de tous les moyens dont il avait besoin pour agir avec succès et en connaissance de cause.

Après cet exposé, l'arrêté contenait les dispositions suivantes :

ARTICLE PREMIER. — Des agents seront envoyés à Cons-

___

(1) Arrêté du 20 du 1er mois de l'an II. Signé au registre : BARÈRE, HÉRAULT, BILLAUD-VARENNES, COLLOT D'HERBOIS, SAINT-JUST et ROBESPIERRE. Pour extrait : COLLOT D'HERBOIS, BILLAUD-VARENNES.

tantinople pour porter à Descorches des renseignements exacts sur l'esprit et la marche actuelle de la Révolution, et pour l'instruire de la nature et des vues du nouveau Gouvernement français.

ART. 2. — Ces agents pourront être employés par lui dans les premières fonctions politiques et civiles de l'ambassade.

ART. 3. — Ils assureront Descorches de la satisfaction que son activité et sa conduite ont donnée au Comité de Salut public et au Conseil Exécutif. Ils lui remettront, comme preuve de confiance, l'arrêté du Comité de Salut public par lequel il est maintenu à son poste.

ART. 4. — Il continuera à être l'agent ostensible de la République auprès du Gouvernement turc.

ART. 5. — Les nouveaux agents seront spécialement chargés de rétablir l'union entre les Français à Constantinople.

ART. 6. — Hénin, premier secrétaire, est rappelé.

ART. 7. — Descorches est autorisé à destituer les agents qui ne mériteraient pas sa confiance et à les remplacer provisoirement.

ART. 8. — Il est autorisé à suspendre et à remplacer provisoirement les consuls et vice-consuls des Echelles dont le patriotisme ou la conduite seraient suspectes, à charge d'en rendre compte de suite au ministre.

ART. 9. — Il fixera les traitements de tous les nouveaux employés.

ART. 10. — Il emploiera les fonds mis à sa disposition :

1° Pour venir au secours de tous les Etablissements français dans le Levant;

2° Pour donner des secours provisoires aux agents dans le besoin;

3° Pour disposer en faveur de la France les personnes de la Cour ottomane dont le caractère rendrait ce genre d'encouragement nécessaire;

4° Pour établir une communication régulière pour la correspondance.

ART. 11. — Il rendra compte de l'emploi des fonds mis à sa disposition et des présents.

ART. 12. — Il établira une commission pour réformer l'ordonnance de 1781. Ce projet sera envoyé au Comité de Salut public, puis soumis à la Convention nationale.

ART. 13. — *Il ne perdra pas de vue un instant le grand objet de sa mission qui est une alliance solide de la République française avec la Porte ottomane.*

ART. 14. — Il posera et négociera les premières bases d'un nouveau traité de commerce et en enverra le plus tôt possible le tableau au Comité de Salut public.

ART. 15. — Il cherchera à empêcher l'arrivée à Londres de l'ambassadeur turc.

ART. 16. — Il engagera là Porte à agir auprès des Régences de Barbarie, de Tunis et d'Alger, surtout pour affermir leur neutralité et obtenir qu'elles laissent passer librement les vaisseaux des Etats-Unis en France.

ART. 17. — Il entretiendra une communication amicale avec les envoyés de Suède, de Danemark et de Venise.

ART. 18. — Le ministre des Affaires étrangères prendra les mesures les plus promptes pour rembourser les 50.000 piastres avancées par la Porte. Le ministre de la Marine tiendra le contingent à sa charge à sa disposition.

ART. 20. — Le ministre de la Guerre est tenu de faire partir sous huit jours les officiers demandés.

ART. 21. — Le ministre de la Marine fera partir sous quinze jours les ouvriers demandés par Descorches le 24 octobre.

ART. 22. — Descorches ne négligera rien pour obtenir satisfaction de l'insulte faite à Roubeau. Il sollicitera la destitution et la punition du voïvode de Galata.

ART. 23. — Il réclamera de même la punition et l'extradition de l'ex-chancelier Fonton.

ART. 24. — Il remettra directement les dépêches du Comité de Salut public au Grand Seigneur et au Divan (1).

D'après un autre projet, le Comité de Salut public considé-

___

(1) Arrêté du Comité de Salut public du 26 frimaire an II. Signé au registre : BILLAUD-VARENNES, B. BARÈRE, ROBESPIERRE, PRIEUR, Arist. COUTHON, CARNOT, Robert LINDET. Pour extrait : BILLAUD-VARENNES, R. LINDET, CARNOT. Pour copie conforme : *Le ministre des Affaires étrangères*, DEFORGUES.

rant la difficulté d'acquérir des notions exactes sur le véritable état de la Légation française à Constantinople, et voulant éviter tout ce qui pouvait entraver ou compromettre les intérêts de la République, arrêtait ce qui suit :

ARTICLE PREMIER. — Le citoyen Goujon est spécialement chargé d'examiner conjointement avec les citoyens Fourcade et Thainville la manière dont le citoyen Descorches a rempli sa mission, soit à l'égard des Français établis dans les Echelles, soit surtout vis-à-vis du Gouvernement ottoman.

ART. 2. — Dans le cas où après un examen attentif, impartial et une mûre délibération, la conduite du citoyen Descorches leur paraîtrait telle que les intérêts de la République ne pourraient sans danger être confiés à ses mains, les citoyens Goujon, Fourcade et Thainville seront autorisés à le destituer, et le citoyen Goujon se mettra à sa place.

ART. 3. — Dans le cas contraire, le citoyen Goujon sera adjoint au citoyen Descorches de manière cependant que le citoyen Descorches reste le seul agent ostensible.

ART. 4. — Le ministre des Affaires étrangères est chargé de prendre des mesures et de donner aux citoyens Goujon, Fourcade et Thainville, des instructions conformes à cet arrêté.

Ainsi, dans un premier arrêté, le Comité de Salut public conservait à Descorches toute sa confiance, prétendait lui fournir les moyens de mener à bonne fin son importante mission, et son second arrêté détruisait l'efficacité du premier, en faisant de Descorches un suspect, et en autorisant son remplacement éventuel. Il fallait en outre supposer à Goujon une bien grande vertu civique pour qu'il n'usât pas de la faculté que lui donnait le Comité de Salut public de se mettre à la place de Descorches !

Le Comité prenait des dispositions qui avaient une apparence d'énergie, de précision et de fermeté extraordinaires, puisque ses instructions diplomatiques étaient présentées sous la forme d'un arrêté ayant force obligatoire. Malheureusement pour la politique extérieure de la France, il n'y avait chez lui qu'un semblant d'énergie, et les actes ne devaient pas répondre aux intentions.

La pensée secrète du Comité de Salut public et du ministère des Affaires étrangères se révélait dans un projet d'instructions confidentielles pour Goujon et Fourcade. On y rappelait que Descorches avait quitté Varsovie en octobre 1792, la nouvelle confédération vendue à la Russie l'ayant forcé à s'éloigner. Il était arrivé le 7 juin 1793 à Constantinople. Sémonville resté en Corse et écarté momentanément de l'ambassade de Constantinople s'était concilié les sociétés populaires de cette île et de quelques départements du Midi. En mai 1793, une nouvelle détermination avait été prise de l'envoyer comme ambassadeur en Turquie. Hénin avait été chargé de le précéder pour le faire accepter. Venture, parti de Versailles dans le même but, était resté à Venise.

La dernière conférence de Descorches avec le Reis-Effendi avait eu lieu immédiatement avant la prise de Toulon. Cependant, cet événement n'avait pas changé les dispositions de la Porte.

Au sujet de Descorches on s'exprimait ainsi : « La correspondance politique de cet envoyé est assez froide et insignifiante; elle ne présente aucune vue sur ce qu'il y aurait à faire pour mettre les Turcs en mouvement; elle ne rend compte d'aucune démarche décisive; elle n'est pas même assez instructive sur les intentions du Gouvernement ottoman; nous ignorons, par exemple, si ce Gouvernement fait des préparatifs de guerre préalable si nécessaire pour nos projets. Il est vrai que Descorches ne cesse de solliciter des instructions, et des événements que nous connaissons tous, qui ont été si glorieusement réparés, ont pu rendre le moment de négocier peu favorable. Descorches avait à marcher à travers la timidité, la lenteur et peut-être la corruption des ministres ottomans et à travers l'incertitude où le laissait le retard de notre correspondance. Environné d'ennemis, loin du foyer de la Révolution, il a dû lui-même s'entourer d'une circonspection qui ressemble à de la timidité. »

En présence des efforts multipliés de Descorches auprès de la Porte, des marques de son dévouement à la Révolution, on pourra trouver que ses chefs le jugeaient bien sévèrement. Mais, il arrive parfois que les Gouvernements, — et celui de la République française ressemblait sous ce rapport à beaucoup d'autres, — blâment et frappent leurs meilleurs agents, lorsqu'ils veulent dissimuler leurs propres fautes.

Après avoir constaté que l'arrivée d'Hénin mettait en présence deux rivaux par la nature des choses, on le représentait s'entourant de tous ceux qui espéraient un sort plus avantageux avec un nouvel ambassadeur, suivant une marche graduée et systématique dans ses attaques contre Descorches, se proposant pour remplacer ce dernier quand il apprit l'arrestation de Sémonville. Descorches était accusé par lui d'afficher un jacobinisme outré, de se montrer en bonnet rouge et déployant des drapeaux tricolores, d'avoir fait des dates du 10 août et du 21 septembre des jours de scission et de scandale à Constantinople, d'entretenir des relations avec un négociant qui avait émigré après la trahison de Toulon. On remarquait qu'avec habileté il paraissait dédaigner le parti d'Hénin. Quant aux Turcs, leurs dispositions paraissaient meilleures depuis la reprise de Toulon et les succès des armées du Nord.

Le rapport continuait ainsi : « Si Hénin a dit vrai, sa conduite prouve sa nullité; s'il a menti, sa responsabilité sera terrible, car il a plongé le Gouvernement dans l'indécision et dans l'embarras.

« Les accusations contre Descorches sont graves par leur masse, *par l'analogie de tant d'autres trahisons*, par l'impossibilité où le Comité se trouve de se convaincre de toute leur nullité, par l'influence qu'elles pourraient acquérir sur l'opinion publique. Le Comité de Salut public ne balancerait pas davantage à rappeler le citoyen Descorches dans toute autre position que celle où se trouve cet envoyé.

« *En Révolution, les soupçons ne sont pas des crimes sans doute, mais ils sont des motifs d'exclusion.* L'arrêté par lequel le Comité a maintenu Descorches à son poste, quoique né dans la classe des ci-devant nobles, prouve assez qu'un homme en faveur duquel le Gouvernement révolutionnaire fait une exception à une mesure générale ne doit point cette exception à des considérations personnelles, mais à des raisons de salut public.

« Tout paraît rendre la destitution de cet agent difficile et dangereuse; le bien qu'il a fait peut-être, le mal qu'il pourrait faire, le temps qui nous presse, la distance, l'état actuel des Etablissements français dans le Levant, l'opinion et le caractère des Turcs.

« Il n'est qu'un seul crime impardonnable par sa nature et qui doit être prévenu et vengé sur-le-champ, c'est la trahison envers la Patrie. »

Quel devait être le rôle de Fourcade et de Goujon ? Ils prendraient des précautions pour le remplir, ne remettraient d'abord à Descorches que peu d'argent, ne lui donneraient pas ses nouvelles lettres de créance avant qu'ils ne fussent fixés sur leur décision à son égard, et ne lui permettraient pas auparavant de destituer ou de remplacer des agents. L'attente d'un courrier extraordinaire qui devait les suivre serait le prétexte à fournir.

Quant à Hénin, on lui remettrait de suite ses lettres de rappel. Les ennemis de Descorches auraient déjà pu s'ouvrir à Thainville avant l'arrivée de ses deux compagnons partis après lui. Ceux-ci complèteraient ces premiers renseignements.

Quels étaient les moyens de juger Descorches ?

1° En ce qui concernait sa mission, avait-il exécuté tout ce que lui permettaient les circonstances et tout ce que lui prescrivaient ses instructions ? On avait déjà constaté que la correspondance de Descorches n'était pas absolument satisfaisante sous ce rapport.

2° Cette correspondance rendait-elle compte de tout ce qui avait été fait avec exactitude et sincérité ? Elle paraissait porter tous les caractères de la vérité.

Si le ministère turc avait de la mollesse, des tergiversations, des infidélités à reprocher à Descorches, il en ferait d'autant moins un secret qu'il chercherait à se décharger d'une grande partie de sa responsabilité sur celle de l'envoyé de la République.

Cette observation ne portait pas, car il aurait été toujours facile à la Porte de rejeter la responsabilité sur Descorches, même sans reproche, si elle avait cru devoir donner ce motif à son inaction.

Les commissaires verraient aussi le Capitan-Pacha. S'il était satisfait de Descorches, il serait extrêmement dangereux de remplacer cet agent.

Pour s'aboucher avec le Gouvernement ottoman, les commissaires rencontreraient des difficultés. Les hommes dévoués à Descorches ne pouvant servir, on ne connaissait que Venture, — qui n'était pas encore arrivé à Constantinople, — pour faciliter les pourparlers. Encore convenait-il de ne l'employer qu'avec beaucoup de circonspection.

Mourad-Cha pourrait être utile sous ce rapport. Les commissaires s'inspireraient des circonstances ! Tel était, en dernière analyse, le vague conseil qui leur était donné !

Les trois envoyés auraient douze jours, — pas un jour de plus ni de moins, — pour asseoir leur jugement définitif. Ils tiendraient un registre journalier de leurs démarches, puis se réuniraient pour consigner dans un procès-verbal leurs décisions. Si leur avis n'était pas unanime, ils s'ajourneraient à une seconde séance.

A l'expiration de la deuxième décade, ils seraient tenus de prononcer définitivement à la majorité. Si leur opinion était favorable à Descorches, ils lui remettraient de suite ses nouvelles lettres de créance. Si elle était défavorable, ils se rendraient chez Descorches accompagnés de témoins, mettraient les scellés sur ses papiers, informeraient le ministre ottoman de la mesure qu'ils avaient prise, pourraient même réunir une assemblée de la Nation française pour lui en donner communication. Le Comité de Salut public savait parfaitement que cette manière de procéder n'était praticable que dans un Gouvernement républicain où il est permis de compter sur *la vertu* des citoyens. Les commissaires pouvaient être assurés que le Comité de Salut public veillerait avec la plus grande activité et la plus grande sollicitude sur la mission importante de Constantinople. Mais ce que le Comité de Salut public ne paraissait pas savoir, c'est que les hommes sont les mêmes sous tous les gouvernements, et qu'il ne faut pas trop demander à leur vertu.

Telles étaient les instructions un peu puériles dans leur

minutie données par le Comité à ses agents secrets (1).

Il est intéressant de rappeler l'opinion favorable que le Comité de Salut public paraissait encore avoir au sujet de Descorches, de celle qui était manifestée par l'un de ses membres dans un document des plus suggestifs, un rapport de Saint-Just sur les négociations avec les puissances neutres (2).

Saint-Just, interpellant Barère à propos des comptes des ministres envoyés à l'étranger, s'exprimait ainsi : « ...Sans doute les plans qu'on nous a précédemment présentés pour la Turquie ont paru de la plus grande importance, et je vous prends tous à témoins..... Si j'ai hésité à les seconder de tous mes moyens, les dépenses ne m'ont pas effrayé, car l'utilité résultant du succès me paraissait devoir amener le salut de la République, et dès lors toute dépense est légitime.

« Eh bien ! quels ont été les résultats *de plus de 40 millions de dépenses ?* Car, je porterais le calcul à *70 millions*, si je donnais aux différents diamants employés en présents la valeur que leur ont donné les citoyens joailliers qui les ont estimés. A quoi cela nous a-t-il mené ? A rien, mais absolument à rien. Tantôt, c'est le Reis-Effendi qu'on ne peut gagner, tantôt c'est le Capitan-Pacha qu'on ne peut satisfaire, et puis ce sont les demandes de subsides et de secours, et dans le temps que nous les accordons, les choses changent. On ne veut plus des mêmes subsides ni des mêmes secours.

« L'intérêt le plus puissant de la Porte, si elle avait pu agir, était de profiter de notre alliance pour exterminer la Russie, et si elle ne pouvait agir, son intérêt était la neutralité conséquente et compagne nécessaire de l'impuissance.

« Eh bien ! on nous a promis sans cesse l'assistance de cette puissance, son alliance, et en la payant il a fallu payer à tous les prix que la cupidité peut y mettre les individus qui se disent partisans, et maintenant, suivant les probabilités, qu'aurions-nous acheté ? Une neutralité que la nature

---

(1) Projet d'instructions secrètes pour Goujon, Fourcade et Thainville, 23 ventôse an II.

(2) Extrait du rapport de Saint-Just du 11 mars 1794, 24 ventôse an II. Archives du ministère des Affaires étrangères.

des choses et l'impuissance commandent à la Turquie de la manière la plus irrésistible.

« *Deux scélérats*, deux ex-nobles, deux ministériels, deux Feuillants, deux Brissotins, Hénin- et Descorches sont nos ministres à Constantinople ; *la guillotine seule peut dignement récompenser leurs services*, et la confiscation de leurs nobles vols peut seule nous récupérer d'une petite partie de nos frais. Des disputes scandaleuses y divisent la nation réduite à cette ignominie à se partager entre un Hénin et un Descorches qui, en dernière analyse, ne sont que *deux lâches coquins* en querelle pour se partager les trésors de l'Etat.

« Voilà pourtant deux hommes que Deforgues nous assurait mériter toute notre confiance.

« Après la mort de l'extravagant Don Quichotte, du Nord, la pauvreté, la misère de notre alliée, la Suède, exigeaient la neutralité. Par quel hasard, depuis deux mois, nous propose-t-on encore de la payer ? J'espère qu'en examinant les propositions qui nous sont faites, le Comité déclarera qu'il achète des alliés et ne paie pas des neutres. Le Danemark neutre par politique, par jalousie, par besoin, est cependant venu à bout de nous arracher des subsides, et nos agents ont réussi à nous y voler avec une impudence révoltante, tantôt pour nous procurer des approvisionnements pour la marine, que nous n'avons jamais reçus, tantôt pour M. Tel, tantôt pour Mme Telle, influents de telle et telle manière, de telle sorte que si jamais la correspondance de nos agents voit le jour, et j'espère que ce moment n'est pas éloigné, on croira que nous payons nos subsides aux Rois, nos alliés ou neutres, en put..., maquereaux et fripons de toutes sortes.

« Voilà la politique de nos ministres et ses effets envers les Rois. Voyons quelle a été celle envers les Républiques ?

« Je commence cet examen par les cantons helvétiques. Notre ministre en Suisse, homme de vrai talent, est regardé par Deforgues comme le plus habile de nos négociateurs, et son travail comme le plus utile, et il est prouvé trop clairement que, sans aucune proportion, les dépenses de ce ministre sont les plus fructueuses de toutes les dépenses diplomatiques qu'a faites la République depuis deux ans.

« Pour concevoir cependant les services qu'a rendus à la
République le citoyen Barthélemy, il faut voir dans la position actuelle des cantons helvétiques quel a été son degré
d'influence pour la fixer sous tel ou tel rapport, quels obstacles il a vaincus, et pour cela il nous faut examiner quel
était l'intérêt de la Suisse dans la crise qu'a occasionnée la
Révolution, et voir si les travaux et les dépenses du citoyen
Barthélemy nous ont obtenu de ce pays des démarches que
ne lui prescrivait pas son intérêt. Car, si tout son talent est
d'avoir obtenu ce que la Suisse aurait fait sans son intervention, et si tous nos trésors n'ont été employés qu'à faire faire
aux Suisses ce qu'ils eussent fait pour leur propre intérêt,
vous conviendrez que voilà des talents et de l'argent fort
mal employés..... Après cet exposé, je laisse à penser s'il
convient d'ajouter un sou de plus *aux millions que nous avons
déjà perdus.*

« J'en viens à Gênes, et je me hâte de convenir que c'est la
moins inutile des négociations qui ont occupé le ministre,
mais elle nous a pourtant coûté un argent énorme; les trésors
de la République ont été prodigués par des projets fous,
impraticables et qui, s'ils eussent été utiles, ne nous auraient
jamais indemnisés de l'argent qu'on nous a fait dépenser.

« Je sais que l'improbité connue du fripon qu'il a plu au
ministre d'envoyer à Gênes a rendu le marché fort cher, que
cet ex-noble nous a très noblement volé, mais à ce malheur
il est plusieurs remèdes, et je connais pour le mal qui tour-
mente Tilly un typique radical.....

« Tilly est un lâche et un fripon.....

« Sous l'ancien régime, sa lâcheté lui a obtenu des coups de
bâton, sous celui de la Liberté, ses hauts faits, n'en doutez
pas, lui vaudront de nouvelles récompenses.

« Croirait-on jamais que l'insignifiante République de Venise
n'a pas laissé que de nous coûter encore quelques dépenses
assez peu considérables, si on les compare à celles déjà exposées, mais plus éloquentes encore si on en considère la nullité.

« Là comme ailleurs, on nous a abusé de rêveries politiques; comme ailleurs, Hénin devait établir la Liberté fran-

çaise. Le lion de Saint-Marc devait se coiffer du bonnet rouge et si nous en croyons ce malhabile menteur, la République de Venise a couru des dangers effrayants par les partis qu'y avait formés Hénin, et ces dangers nous avons été les seuls à les connaître, et les inquisiteurs d'Etat n'ont jamais parlé, ni eux, ni qui que ce soit au monde.

« Cet impraticable secret est sans doute impayable. Hénin pourtant nous l'a fait payer. En vérité, on ne saurait l'apprécier, car la conspiration déjouée et Hénin même éloigné, le secret a été gardé comme auparavant, et tout Venise a été prêt à s'insurger; deux cents complices étaient dans la confidence; tout a manqué et personne n'a dit mot... Quel prodige et quel homme est M. Hénin ! Après de si brillants succès, il était bien juste d'en récompenser l'auteur, et l'illustre M. Hénin fut envoyé à Constantinople... »

Le jeune homme qui gouvernait alors la France ne comprenait pas que les ministres ottomans n'exécutassent pas sur l'heure ses volontés. Volontiers, il les eût envoyés aussi à la guillotine comme les généraux qui ne remportaient pas assez vite des victoires, et il eût par décret imposé à la Turquie son alliance ! Son rapport est instructif à plusieurs égards. Il montre l'étrange mentalité qui animait les dirigeants de l'époque dans leurs appréciations sur leurs fonctionnaires, sur leurs agents à l'étranger, presque tous considérés comme traîtres, et par les menaces qu'il renferme contre Descorches et Hénin, il confirme les révélations si importantes de l'ambassadeur Las Casas. Il révèle enfin que la Révolution aurait dû faire un emploi d'énormes fonds secrets pour acheter la neutralité de celles des puissances qui ne s'étaient pas déclarées hostiles, et dont l'attitude avait paru jusqu'à ce jour être dictée par leurs sympathies pour les institutions républicaines de la France ou leur intérêt national!

Une réflexion s'impose encore. Saint-Just affirme que de grosses sommes furent mises à la disposition des agents à l'étranger qui se plaignaient néanmoins d'être laissés sans ressources. Il faut donc en conclure que sous le nouveau régime qui devait être celui de la vertu, cet argent s'égarait sur son chemin et ne parvenait pas à ses destinataires.

Si Saint-Just accusait Descorches et Hénin de prévarication, Hénin faisait le même reproche à Descorches. Protestant contre l'inventaire qui avait été fait sans garanties suffisantes des bagages de son mari, il écrivait à Mme de Sémonville.

« Je ne suis pas sans inquiétude sur le sort de ces présents, car je continue à considérer Descorches *comme un prévaricateur*, et je le soutiendrai en présence du Comité de Salut public et du Tribunal révolutionnaire (1). »

Au sujet du même inventaire, il écrivait au commissaire des Relations extérieures : « Quoique cet agent (Descorches) soit prévaricateur, je fais des vœux pour qu'il réussisse (2)... »

Mourad-Cha, cet ancien drogman de Suède, qui s'était toujours montré dévoué à la France ne trouvait pas néanmoins grâce devant lui.

Il le représentait comme âpre à l'argent et en recevant de toutes mains. Il se faisait l'écho des bruits les plus invraisemblables. Descorches avait des liaisons avec l'ambassade de Russie et l'internonce ; il avait amassé une grande quantité de sequins d'or. Hénin parlait encore d'une lettre de Lebrun à Descorches, arrêtée à Vienne, lui annonçant le projet de venir le rejoindre pour fuir avec lui en Russie. Mme Descorches écrivait en même temps qu'elle viendrait aussi à Constantinople.

Chénié dénonçait de son côté Maret, le 8 ventôse, le signalant comme ayant été envoyé par Lebrun, comme ancien ami de Choiseul-Gouffier, comme témoin du mariage de Gaudin. Il adressait plusieurs lettres de dénonciations à son père pour qu'il les fasse parvenir à Robespierre aîné (3).

Enfin, le citoyen Négrin avait écrit de Smyrne que Descorches serait arrêté et guillotiné, et Chénié s'empressait de communiquer à son ami Noyane cette bonne nouvelle (4).

Descorches, si violemment attaqué, trouvait aussi des défenseurs. Gaudin et deux autres commissaires désignés

---

(1) Le 30 pluviôse an II.
(2) Pluviôse an II.
(3) Chénié à Chénié père, rue de Thionville, 47, 12 ventôse an II.
(4) Chénié à Noyane, à Smyrne, 24 ventôse an II.

par l'assemblée de la Nation avaient adressé au ministre des
Affaires étrangères et au Comité de Salut public une protestation contre les agissements d'Hénin, accompagnée de plusieurs pièces. Ils soupçonnaient Hénin de n'être rien moins
qu'un agent de Pitt (1).

Descorches qui, à la même époque, assurait le ministre
« qu'il ne lisait son devoir que dans l'intérêt du service, dans
l'esprit de ses dépêches, qu'il ne voyait et ne verrait jamais
que cela (2) », avait reçu l'écho des bruits qui circulaient
au sujet de l'arrivée de commissaires appelés à le remplacer.
Il y faisait allusion dans le rapport suivant où il traitait avec
dédain les attaques de ses adversaires. « C'est un bruit public
ici depuis quelques temps que plusieurs Français, officiers et
autres, ont été vus à Venise à la fin de janvier, y passant
pour venir à Constantinople. J'espère que ce ne sera pas sans
fondement, quoique je n'aie personnellement reçu aucune
nouvelle de ce passage.

« La malignité, toujours prête à distiller ses poisons
contre nous, a joué son rôle ordinaire dans cette circonstance. Ce sont des commissaires, a-t-elle fait répondre ; ils
viennent demander des comptes, visiter les caisses... On voulait apparemment tenter de nouveau un ébranlement parmi
nous dans l'espoir de quelque dissension. Mais ces manœuvres
usées ont avorté ; elles ont à peine produit de légères sollicitudes dans les esprits faciles à s'effrayer. Je n'ai pas voulu
paraître attacher de l'importance à de pareils bruits pour ne
pas paraître leur en donner. Je les ai toujours traités légèrement ; mais, j'en ai dit assez pour tranquilliser entièrement.

« Ce bruit avait fait tant de chemin que j'ai été provoqué
par le ministère à m'en expliquer. Il me faut ajouter qu'il se
joindrait à moi volontiers, si je le jugeais nécessaire, pour
vous représenter, citoyen ministre, les conséquences de
mesures de cette nature dans ce pays-ci. J'ai bien assuré
que de s'arrêter seulement par le soupçon à la pensée de la

---

(1) 5 germinal an II.
(2) Descorches au ministre des Affaires étrangères. Consulats.
2 germinal an II (22 mars 1794).

possibilité de rien de semblable, *était faire injure au Comité et au Conseil.*

« Le plus grand mal de tout cela, c'est que ce soient de propres Français qui, par passion et par intrigue, oublient assez ce qu'ils doivent à la République pour être les premiers à produire et accréditer ces sortes de propos (1). »

En parlant d'injure à faire au Comité de Salut public et au Conseil Exécutif, Descorches ne croyait pas si bien dire.

Dans une autre lettre chiffrée, il donnait ces détails particulièrement intéressants sur ses plus secrètes négociations : Le ministère ottoman dominé par Youssouf-Aga, le tout-puissant intendant des monnaies, Tchlebi-Effendi, le ministre des nouveautés *et le principal éteignoir*, et la Sultane mère leur égide, ne voyait de salut que dans la stagnation, alors que les Janissaires et l'Uléma étaient partisans d'une politique belliqueuse. Descorches croyait toutefois aux bonnes dispositions du Reis-Effendi, d'un caractère particulièrement timide. Il lui avait écrit pour lui offrir un présent qu'il avait refusé en donnant beaucoup d'applaudissements à tout le contenu de la lettre sur laquelle il avait fait les plus sérieuses réflexions, « hormis, avait-il ajouté en souriant, sur un seul point ». Descorches avait éprouvé le même refus de la part du Capitan-Pacha auquel un présent avait été aussi offert sous le prétexte de le dédommager des largesses qu'il avait faites pour les équipages des frégates.

Descorches avait été informé confidentiellement par Moruzzi qu'on n'avait pas encore communiqué au Sultan une note qu'il avait rédigée à propos de l'éventualité du rappel dont il était menacé à l'arrivée de ces nouveaux commissaires qu'on attendait, parce qu'on avait craint l'impression qu'elle ferait sur ce prince, car « il est, je vous assure, avait-il échappé de dire au drogman de la Porte, aussi républicain français que vous ».

L'ambassadeur turc à Londres avait, de son côté, annoncé à la Porte que les insinuations qu'il avait faites de la part

____

(1) Descorches au ministre des Affaires étrangères, le 5 germinal an II (25 mars 1794). Lettre reçue le 10 prairial.

de Sa Hautesse au sujet du désir de ce souverain de voir la paix rétablie entre la France et l'Angleterre n'avaient pas été favorablement accueillies.

Descorches avait dit au Reis-Effendi que la France désirait combattre la Russie sur le Rhin pour dégager la Pologne et la Turquie. Ce n'était donc pas un service à lui rendre que de tenir la Russie en haleine par des préparatifs de guerre. La Porte pouvait jouer un rôle plus utile en dirigeant ses efforts contre l'Autriche. Il suffirait de lâcher la bride aux Bosniaques, sans paraître les soutenir.

Le Reis-Effendi lui avait répondu que la question de Bosnie serait toute l'année un sujet d'inquiétudes pour les Autrichiens et qu'il lui en parlerait de nouveau après une prochaine conférence avec l'internonce.

Au moment où il fermait la lettre donnant ces renseignements au ministre des Affaires étrangères, Descorches apprenait l'arrivée de Thainville, accompagné des officiers Aubert, Monnier et Mazurier.

Thainville lui apportait une lettre du ministre datée du 5 pluviôse et lui renouvelant sa confiance. Aussi, il y répondait en ces termes : « Tu as pu juger par ma correspondance si j'ai à me reprocher un seul moment d'inquiétude. Tous les actes du Comité de Salut public me donnaient trop bien la mesure de ses vues, de ses principes et de sa justice, pour que je ne comptasse pas aussi fermement sur sa confiance que j'étais sûr de ma conduite.

« ... Telle est la trempe de mon âme; il est bien satisfaisant pour moi, citoyen ministre, de pouvoir penser qu'elle lui donne des rapports avec la tienne qui ne peuvent que devenir précieux et utiles pour le service (1). »

Pour le bien de ce service, Descorches demandait qu'on lui envoyât Ruffin comme conseiller de Légation. Il se plaignait encore du bureau provisoire créé à Marseille. Il n'y avait qu'un cri, assurait-il, contre ce bureau qui ne répondait à aucune lettre et qui ne satisfaisait pas à ses traites desti-

---

(1) Lettre chiffrée de Descorches du 7 germinal (27 mars 1794).

nées au paiement des appointements des consuls, drogmans et autres agents placés sous sa direction (1).

Or, c'est au moment où Descorches aurait eu besoin auprès de lui d'un agent capable, connaissant la langue turque et les mœurs de ce pays que Venture parti pour le rejoindre et resté en détresse à Venise était rappelé à Paris !

Venture accusait en effet réception à Deforgues de l'ordre qui lui avait été donné par Thainville et les officiers français de passage à Venise en se rendant à Constantinople, de revenir à Paris. Mais, ce qui lui manquait, c'était l'argent pour faire le voyage ! De plus, il avait fait une chute en conduisant Thainville à son bateau, et il était absolument incapable de faire à pied et dans la neige les 30 lieues qu'il avait à parcourir par la route de l'Engadine. Il demandait donc qu'on lui accordât pour son retour un délai jusqu'à l'été, à moins qu'il ne fût encore autorisé à se rendre à Constantinople par mer (2).

Tout annonçait alors une rupture prochaine entre la Turquie et la Russie. Des conférences animées continuaient à avoir lieu entre les ministres des deux pays. Elles avaient porté d'abord sur des tarifs de douanes, mais des explications étaient surtout demandées sur la conduite du Gouvernement ottoman à l'égard de la Nation française. La hauteur insultante et le peu de bonne foi des Russes aigrissaient encore les rapports. Ils trouvaient devant eux une résistance raisonnée du Divan qui, de jour en jour, était mieux éclairé.

Les ministres de la Porte s'étaient exprimés avec vigueur au sujet des réclamations qui leur étaient faites et dans leurs réponses conservaient toute leur dignité. Ils poursuivaient en même temps des préparatifs de guerre considérables, surtout en Europe. Une grande activité régnait sur les confins de la Crimée et les bords du Dniester. On parlait aussi d'armer une flotte nombreuse. On s'occupait de réduire les rebelles à l'intérieur et le Divan faisait rassembler en Arabie des forces imposantes pour disperser une nouvelle secte qui avait pris

---

(1) Lettre de Descorches du 8 germinal (28 mars 1794).
(2) Venise, le 9 germinal (29 mars 1794).

les armes, ayant à sa tête Abdul-Aj-Ahah, espèce de réforma-
teur ambitieux de la religion de Mahomet.

Les Français avaient toute liberté pour se rendre chez Descorches qui avait célébré ouvertement, *en républicain*, l'anniversaire du supplice de Louis XVI (1).

De Varsovie, on écrivait également qu'on y paraissait
croire à une rupture qui ne pouvait tarder entre la Porte
et la Russie. D'importants mouvements de troupes s'effec-
tuaient dans la Podolie, l'Ukraine et la Tartarie. On ne pouvait toutefois se fier que modérément aux nouvelles qui concernaient les rapports de la Porte ottomane avec la Russie,
en raison de la surveillance russe qui ne laissait rien écrire
sur ce sujet sans sa permission (2).

Des lettres de Russie parvenues en Allemagne confirmaient
qu'un nouvel orage se préparait sur les frontières de cet
Empire et de l'Empire ottoman. Cette correspondance s'exprimait ainsi : « Catherine II ne peut plus tromper les Turcs
sur le but des armements qu'elle prépare. Son invasion en
Pologne, en la rendant maîtresse d'une partie de ce royaume
quant au territoire et du royaume en entier, quant aux forces
de la nation polonaise dont elle peut disposer, n'a fait qu'accroître son insatiable ambition. La Porte paraît intimement
persuadée qu'elle n'a pas de temps à perdre pour se mettre
en défense et se trouver en état de ne point laisser échapper
les occasions favorables.

« On regarde encore la conduite de la Porte ottomane envers
les républicains français comme un pronostic assuré des progrès qu'a faits le Divan dans la juste appréciation de la
politique européenne. La Nation française est, sans contre-
dit, la plus ancienne alliée des Turcs et d'ailleurs, comme
chez les Turcs, le nom de nation imprime un respect
inconnu à la Cour des Rois, il est naturel que les calomnies
auxquelles est en butte le peuple de France, et qui ont si
bien réussi à Vienne et à Londres, aient échoué à Constanti-

____

(1) Constantinople, le 25 février 1794. *Le Moniteur universel*, n° 182,
2 germinal an II (samedi 22 mars 1794).
(2) Varsovie, le 1ᵉʳ mars 1794. *Le Moniteur universel*, n° 188, 8 germinal an II (vendredi 28 mars 1794).

nople où ce motif s'est encore vu rehaussé par l'estime que la nation turque a pour la valeur en général, et pour le courage dont les Français n'ont jamais prodigué de plus grands exemples. Ces considérations ne doivent pas être étrangères au cabinet de Berlin qui y cherchera sans doute des raisons de plus de s'affermir dans le dessein d'arrêter, à quelque prix que ce soit, les projets ambitieux de Catherine II contre la Porte ottomane. Ce nouveau système de combinaisons défensives admet sans doute encore des moyens d'arracher l'Empereur à l'alliance de la Russie; en laissant ce despote aux prises avec un ennemi qui lui défendra à la fois de faire cause commune avec son alliée et de poursuivre les desseins de sa maison pour l'asservissement de la Germanie (1). »

Tous les moyens cependant étaient employés pour exciter les Turcs contre les chrétiens et amener ainsi une guerre. Une correspondance de Constantinople citait le trait suivant : « Les complices de la coalition viennent encore de donner ici une nouvelle preuve de l'atrocité qui les caractérise. Ils étaient déjà connus pour des hommes à qui, dans des vues criminelles, le choix des moyens est indifférent.

« Un des fréquents incendies auxquels cette ville est exposée a eu lieu dernièrement. Le Sultan que l'usage oblige de s'y trouver y étant venu, se retirait dans son bateau, lorsque plusieurs coups de fusil partirent en même temps de quelques vaisseaux, presque tous montés par des Russes. Personne heureusement n'a été blessé. Cet événement est considéré comme un nouvel attentat de la part d'une nation contre laquelle les Turcs ont déjà tant de sujets de vengeance.

« L'activité des préparatifs semble depuis ce jour s'être augmentée. On vient de lancer dans le canal une frégate de nouvelle construction, et on active l'armement d'un vaisseau de 74 canons dans un chantier de la mer de Marmara.

« Les Français ne cessent de recevoir des Turcs un accueil qui devient chaque jour plus marqué.

____

(1) Hambourg, le 26 mars 1794. *Le Moniteur universel,* n° 201, 21 germinal an II (jeudi 10 avril 1794).

« La Cour ottomane a su réprimer enfin les provocations et les injures faites par les agents de la coalition, soit aux républicains français, soit à leurs amis (1). »

« On fait sortir de cette capitale, écrivait-on encore de Constantinople au sujet des préparatifs de guerre des Turcs, tous ceux qui ne peuvent pas prouver qu'ils y ont un établissement depuis une époque déterminée. C'est une mesure à laquelle le Divan s'est vu réduit pour préserver Constantinople d'une disette générale. Le Capitan-Pacha est de retour de l'Archipel; il n'a rien perdu de son crédit auprès du Sultan, ni de sa haine pour les Russes. Il s'occupe de mettre la marine dans l'état le plus florissant. Rien n'est épargné pour ce grand dessein.

« On construit dans tous les ports de l'Empire des vaisseaux de ligne et des frégates. A cette activité sont appelés des ingénieurs étrangers parmi lesquels le Divan aime à savoir qu'il y a plusieurs Français. On apprend que la révolte de nouveaux sectaires en Arabie a fait des progrès, et que Suleiman-Pacha demande à la Porte cinquante mille hommes pour les détruire.

« On soupçonne ici qu'une puissance voisine peut tremper pour beaucoup dans cette révolte d'Arabie (2)... »

De Dresde parvenait la même note : « Les Turcs trop longtemps humiliés par la Cour de Russie, et les Polonais opprimés trop longtemps par l'ambition féroce de Catherine, sentent aujourd'hui qu'ils ont la même cause à défendre contre un ennemi commun. Aussi écrit-on des frontières de l'Empire que l'on remarque facilement depuis l'insurrection polonaise beaucoup plus d'activité dans les préparatifs de la Porte.

« Des ordres précis ont été envoyés pour rassembler le plus grand nombre possible de troupes dans la Bulgarie et dans les provinces qui avoisinent la Crimée. Il y en a déjà de réunies sur les frontières de Bosnie, vers les bords de la

____

(1) Constantinople, le 1er mars 1794. *Le Moniteur universel*, n° 219, 9 floréal an II (lundi 28 avril 1794).
(2) Constantinople, le 12 mars 1794. *Le Moniteur universel*, n° 225, 15 floréal an II (dimanche 4 mai 1794).

rivière de Sicka, qui forment un camp près de Vulkup. On dit que le Gouvernement autrichien s'apprête à envoyer de ce côté quelques bataillons. La Cour de Vienne pourra payer chèrement sa criminelle alliance avec l'ennemie principale des Turcs. On parle d'instructions que le Divan a données pour ouvrir la campagne vers le mois d'août prochain (1). »

De Vienne venaient ces renseignements qui confirmaient les précédents : « Il paraît que les insurgés polonais seront aidés par les Turcs qui ont fait de grands préparatifs sur les frontières de Moldavie et de Valachie. Ils ont renforcé la garnison de Choczim et y ont fait passer de grandes quantités de vivres (2). »

« Les ministres de Vienne ne sont pas moins alarmés des dispositions actuelles de la Porte ottomane.

« Le Divan fait marcher quatre armées, l'une vers Anapa, la seconde dans le Couban, la troisième vers les bord du Dniester, et la dernière sur Silistrie (3). »

A Constantinople, on confirmait ces indications. « Le Grand Seigneur annonce par la suite qui règne dans ses opérations, qu'il a véritablement un plan fait pour assurer l'indépendance et relever la dignité du peuple ottoman. C'est non seulement par la fermeté des résolutions et l'étendue des mesures de vigueur que l'on peut apprécier le fondement d'une telle espérance, mais encore par un meilleur esprit qui, du Divan, s'est communiqué à diverses branches de l'administration et paraît s'établir solidement sur la ruine des anciens préjugés.

« La Porte emploie en ce moment à la réparation de ses forteresses des ingénieurs étrangers. Un nommé Smith dirige les travaux de Bender, et un Français, nommé Coter, est chargé de restituer à Ismaïlow son immense force et de rendre même cette dernière place plus redoutable.

« Les troubles intérieurs sont sur le point de se calmer.

---

(1) Dresde, le 25 avril 1794. *Le Moniteur universel*, n° 241, 1er prairial an II (mardi 20 mai 1794)

(2) Vienne, le 28 avril 1794. *Le Moniteur universel*, n° 243, 3 prairial an II (jeudi 22 mai 1794).

(3) Vienne, le 17 mai 1794. *Le Moniteur universel*, n° 257, 17 prairial an II (jeudi 5 juin 1794).

Le Pacha révolté de Scutari a donné l'assurance d'une fidélité nouvelle en signant une sorte de traité, à la condition qu'il restera maître de disposer dans son gouvernement des charges et emplois, et qu'on lui adressera directement et à lui seul les ordres que le Grand Seigneur voudra faire exécuter... Le Divan a cru devoir accéder à cet arrangement (1). »

On lit dans une autre lettre : « La haine pour les Russes est vraiment nationale, et de jour en jour elle s'exaspère davantage. Le triomphe de la République française et les succès glorieux de la Révolution de Pologne ont inspiré les sentiments les plus généreux. Le peuple demande la guerre contre la Russie. Le Divan semble moins éloigné que jamais d'examiner un vœu si généreusement prononcé et que relève encore l'ardent désir du Capitan-Pacha qui, par ses talents et son aversion connue pour l'Impératrice de Russie, jouit d'un crédit remarquable.

« La Porte ottomane regarde en général le moment actuel comme favorable pour se venger des outrages qui lui ont été faits, et déjà l'ambassadeur russe a repris le chemin de Pétersbourg. Désormais, on ne recevra plus que des envoyés au lieu d'ambassadeurs à cause de la diminution de dépenses que ce changement procurera ; on donne par jour à ceux-ci 500 piastres ; on n'en donnera que 250 aux autres.

« Les officiers français venus ici pour l'instruction militaire des Turcs reçoivent les témoignages les plus marqués d'estime et d'amitié. Ils sont tous employés. *Le Grand Seigneur paraît rechercher la conversation de ces républicains. Il se plaît au récit des événements mémorables pour les Français, et mêle aux signes d'attachement pour leur nation des prévenances de politesse que d'autres étrangers ne recevraient point de sa part.*

« Le corps des Janissaires a dépêché auprès de ces officiers français pour leur témoigner aussi une grande bienveillance fraternelle et leur a fait remettre divers présents.

« Le Divan s'occupe de règlements qui attestent de plus en plus sa prudence et sa sagesse.

____

(1) Constantinople, le 14 avril 1794. *Le Moniteur universel*, 23 prairial an II (mercredi 11 juin 1794).

« Un firman qui regarde la police dans les ports ordonne que si deux vaisseaux ennemis se trouvent en même temps dans un port de l'Empire ottoman, ils ne pourront faire voile en le quittant qu'à vingt-quatre heures de distance (1). »

« L'audace et l'insolence inouïe de l'envoyé russe, écrivait-on encore de Constantinople, ont fait une grande sensation dans le Divan; aussi, la Porte se prépare-t-elle à maintenir sa dignité et à défendre son indépendance contre les attentats d'un voisin non moins pervers qu'ambitieux. Voici au surplus les trois conditions que l'agent de Catherine n'a pas eu honte de proposer :

« 1° Laisser le libre passage des Dardanelles aux Russes pour défendre les sujets de l'Impératrice des excès qui naissent de la faveur accordée aux Français.

« 2° Payer un million de piastres en dédommagement des frais de la dernière guerre;

« 3° Chasser de l'Empire turc tous les Français sans distinction et tous les Polonais qui s'y trouvent depuis l'insurrection de la Pologne.

« Le colonel Barezzi, agent secret de l'ambassade russe, a osé ajouter qu'en cas de refus l'Impératrice traitera la Porte *comme une cour conjurée*.

« Le Russe a été appuyé par l'ambassadeur autrichien; mais le Capitan-Pacha, indigné de ces excès de hardiesse, a fait à ces deux misérables une réponse conforme à la juste indignation que leur impudeur avait provoquée.

« Cet événement ayant laissé plus que jamais les esprits dans l'attente d'hostilités prochaines, le Capitan-Pacha est resté dans le canal avec une escadre d'observation composée de dix vaisseaux de ligne et d'un nombre égal de frégates. La Russie dispose ses forces dans les environs de la mer Noire (2). »

Enfin cette dernière communication de Constantinople complétait des informations auxquelles Descorches ne paraissait

---

(1) Constantinople, le 25 avril 1794. *Le Moniteur universel*, n° 271, 1er messidor, an II (Jeudi 19 juin 1794).
(2) Constantinople, le 20 mai 1794. *Le Moniteur universel*, n° 297, 27 messidor an II (mardi 15 juillet 1794).

pas étranger et d'où il résultait que la tension des rapports entre la Russie et la Turquie était arrivée à l'état aigu.

« Les différends de la Porte et de la Russie s'aigrissent plus que jamais et un espoir d'accommodement n'a jamais été si éloigné. Le ministre russe a déclaré ces jours derniers au Reis-Effendi qu'il était chargé par l'Impératrice de demander une réponse catégorique à ses propositions.

« De son côté, le Reis-Effendi a demandé à l'ambassadeur russe les motifs des rassemblements de troupes faits par la Russie sur les frontières de l'Empire ottoman et de ses armements dans les ports de la mer Noire. Il n'en a reçu que des réponses vagues. Des ordres ont été donnés en conséquence pour continuer avec la plus grande activité les travaux entrepris dans l'arsenal de Constantinople et dans ceux des autres villes de l'Empire. Le Capitan-Pacha se dispose à mettre à la voile avec sept vaisseaux de ligne, six frégates et un grand nombre d'autres bâtiments (1). »

Toutes ces nouvelles envoyées à Paris confirmaient les rapports de Descorches et concordaient pour représenter les Turcs comme les meilleurs amis de la France, et tout disposés à venger les injures qu'ils avaient reçues des Russes.

---

(1) Constantinople, le 16 juin 1794. *Le Moniteur universel*, n° 331, 1er fructidor an II (lundi 18 août 1794).

CHAPITRE VIII

SUITE DES NÉGOCIATIONS

Descorches est autorisé à disposer des bagages de Sémonville.
— Son activité auprès des puissances neutres et de la Porte. —
Ses entrevues avec le Capitan-Pacha et le prince Moruzzy. —
— Prêt de la Porte à la France. — Nouvel entretien de Descorches avec le Reis-Effendi. — Il en rend compte au ministre
des Affaires étrangères le 27 mars 1794. — Atermoiements de la
Porte. — Arrivée de Thainville et d'officiers français à Constantinople. — Répercussion des événements de Paris sur les
négociations de Descorches. — Malgré les apparences, il ne
croit pas à une guerre prochaine entre la Turquie et la Russie.

Le ministre ayant autorisé Descorches à disposer des
espèces et des présents qui accompagnaient les bagages de
Sémonville, afin de se concilier les principaux personnages
du Gouvernement ottoman, l'envoyé de la République écrivait :

« Des moyens secondaires peut-être encore plus puissants
que ceux de cette nature sont de bons officiers et des chefs
ouvriers tels qu'ils ont été demandés pour hâter ici la formation d'une armée et d'une marine exercées et organisées suivant les principes de la tactique européenne. Vous jugerez,
citoyen ministre, de toute l'instance de ce besoin, principalement en ingénieurs de terre, lorsque vous saurez que la
Porte en est réduite à se servir, pour fortifier Bender, d'un
certain Kaufer, ancien intendant de Choiseul, digne, dit-on,
par ses vices, d'un tel maître, toujours en relations avec lui,
et qui, pis est, à la solde des Russes (1) ! »

---

(1) Constantinople, le 25 du 4ᵉ mois de l'an II (14 janvier 1794).
L'envoyé extraordinaire au citoyen ministre des Affaires étrangères.
Correspondance ministérielle.

Descorches dut rappeler à plusieurs reprises l'envoi de ces secours qui se faisaient attendre malgré son insistance et les demandes réitérées de la Porte. « Le Capitan-Pacha, écrivait-il, me fait demander sans cesse si j'ai des nouvelles des ouvriers qu'il voudrait avoir. Le Grand Seigneur témoigne également beaucoup d'impatience de l'arrivée des officiers et artistes qu'il désire (1). »

Descorches ne devait pas trouver non plus dans les bagages de Sémonville les ressources que lui avait fait espérer le Gouvernement français. Il eut une grande déception quand on les ouvrit. Les cent mille écus annoncés ne s'y trouvaient pas. S'étaient-ils égarés en route ou étaient-ils restés dans une banque de Marseille, ainsi que le prétendait le maître d'hôtel qui avait accompagné cet envoi ? Les bijoux étaient loin de répondre à l'idée qu'on s'en était faite et ne représentaient pas une valeur de plus de quarante à cinquante mille écus.

L'état qui en fut dressé comprenait un poignard, une montre à répétition avec chaîne en or, une tasse de porcelaine avec sa soucoupe, une aigrette, un parfumoir, une cassolette, le tout enrichi de pierreries.

Il y avait encore un sabre et son fourreau, une paire de pistolets et un fusil garnis en or, une pendule garnie en métal doré, un grand plateau, vingt-quatre écuelles avec leurs couvercles, un pot-à-eau, une cuvette et son couvercle, le tout en vermeil, deux lunettes montées en cuivre, quatre caisses renfermant des étoffes.

Aussi Descorches, considérant que la République devait montrer sa grandeur dans ses dons, proposait-il d'offrir au Grand Seigneur une frégate ou même un vaisseau de ligne, dépense qui profiterait à la cause commune surtout « si on mettait le comble à une telle galanterie » en autorisant l'équipage qui conduirait le vaisseau à rester un ou deux ans au service de la Porte qui s'en trouverait sensiblement obligée par l'exemple et les leçons que sa marine recevrait.

____

(1) Constantinople, le 22 du 5e mois de l'an II (10 février 1794). L'envoyé extraordinaire au citoyen ministre des Affaires étrangères. Correspondance ministérielle.

L'Envoyé de la République ne s'efforçait pas seulement d'amener la Porte à une alliance. Il employait aussi son activité à chercher auprès des puissances neutres un point d'appui pour la France. Sa correspondance avec le ministre des Affaires étrangères en fait foi. « Je ne néglige aucune occasion, lui écrivait-il, de cultiver M. le Baïle de Venise, dont je n'ai toujours qu'à me louer infiniment, et il ne fait en cela, à ce qu'il paraît, que se conformer aux intentions du Sénat qui mérite ainsi, à ce qu'il me semble sous tous les rapports, que nous le cultivions avec attention. J'ai remarqué avec plaisir, citoyen ministre, dans ce que vous avez bien voulu me confier de vos vues, que vous pensiez à faire entrer cette République dans la chaîne de nos liaisons futures. Il me paraît aussi qu'elle peut s'y placer très avantageusement pour nous. »

Il écrivait encore : « J'ai reçu deux lettres intéressantes de Copenhague, du citoyen Grouvelle (1), mais dont je n'ai profité qu'à demi, étant écrites en partie avec un chiffre dont la clef me manque. Il serait bien nécessaire que nous eussions l'un et l'autre ce moyen de communiquer librement. »

Sa sollicitude s'étendait jusqu'à la Perse, ainsi qu'en témoigne la lettre suivante : « Je vous envoie, citoyen ministre, l'extrait d'une lettre que j'ai reçue de notre consul à Bagdad, qui m'a paru mériter de vous être soumise. Il me semble que les dispositions de ce Khan tout-puissant en Perse pourraient être utiles à cultiver, tant pour donner de ce côté les moyens d'opérer au besoin une diversion contre les Russes, que pour fournir à nos combinaisons commerciales de nouvelles découvertes dans un pays qu'on a, je crois, beaucoup trop négligé dans le passé. »

Bien que ne voulant pas prendre encore de résolutions au sujet de l'alliance, la Porte n'en activait pas moins ses préparatifs militaires. A la suite de conseils nombreux et répétés, des ordres pressants avaient été donnés pour accélérer l'achèvement des fortifications de la place de Bender et pour mettre l'entrée du canal de la mer Noire en état de défense. Des

____

(1) Grouvelle était ministre de France à Copenhague.

ordres étaient donnés dans tous les Pachalicks pour tenir des troupes prêtes. On armait des chaloupes canonnières, plusieurs nouveaux navires pour la flotte de l'Archipel.

Le 24 février 1794, Descorches assistait, en présence du Sultan, au lancement en grande pompe d'une frégate dans l'arsenal. De leur côté, les Russes faisaient des rassemblements de troupes sur le Dniester, établissaient des batteries sur les côtes de Crimée, procédaient à l'armement entier de leur flotte de la mer Noire.

Mais les Turcs, par leurs mesures contradictoires, paraissaient obéir à un bon et à un mauvais génie; le bon les poussant à mettre à profit les circonstances qui s'offraient à eux, le mauvais paralysant tous leurs efforts. « Ils invoquaient Dieu, se résignaient à la Providence et perdaient le temps le plus précieux (1). »

C'est ainsi que Youssouf-Pacha, cet ancien Grand-Vizir, vivement désiré par les uns, redouté par les autres, et dont le Capitan-Pacha avait obtenu la nomination en Morée pour le rapprocher du théâtre des événements, venait d'être éloigné et envoyé au Caire.

Descorches avait appris la reprise de Toulon, nouvelle « qui avait mis en joie les Turcs de tout état et de tout âge et qui avait vivement contrarié les ministres étrangers (2). » Il comptait sur l'affermissement de la République pour faire de nombreuses conversions. Ayant cru comprendre dans le « *superbe rapport* » de Robespierre, et dans les dernières dépêches qui lui étaient parvenues, que le Comité de Salut public et le Conseil Exécutif désiraient que les Turcs se portassent contre l'Empereur plutôt que contre la Russie, il donnait ainsi son opinion : « Je me conduirai autant que je le pourrai d'après cette vue, mais je me garderai de le laisser apercevoir, car la Russie seule intéresse ici. C'est là que sont tous les désirs et toutes les craintes. Les Turcs ne jettent du côté de l'Allemagne que des regards presque indif-

---

(1) Constantinople, le 6 du 5ᵉ mois de l'an II (25 janvier 1794). L'envoyé extraordinaire au citoyen ministre des Affaires étrangères. Correspondance ministérielle.
(2) Constantinople, le 22 du 5ᵉ mois de l'an II (10 février 1794).

férents. Il me semble aussi qu'en les tempérant trop à l'égard des Russes, il y aurait du danger pour le succès de l'affaire de Pologne, pourtant bien importante par ses grandes et heureuses conséquences. Au reste, si notre alliance se faisait, il suffirait bien dans les dispositions des Bosniaques, qu'on leur laissât les coudées franches, ce que je n'aurais pas, je pense, beaucoup de peine à obtenir pour donner matière à Vienne à de sérieuses réflexions (1). »

Descorches constatait à cette époque un changement de ton, une attitude moins hostile chez les ministres étrangers. Le nouveau ministre russe, M. Kotchoubey, était arrivé de Vienne dans le courant du mois de février 1794 pour remplacer, en qualité de ministre plénipotentiaire, l'ambassadeur extraordinaire Koutousoff. Il semblait animé aussi de sentiments plus conciliants. Le bruit courait même que la Porte n'attendait que le départ de Koutousoff pour reconnaître publiquement l'envoyé français.

L'attitude du ministre de Prusse, celui-là même qui avait présenté autrefois un mémoire à la Porte contre Sémonville, était devenue très différente. Était-elle due aux dispositions pacifiques que manifestait déjà la cour de Berlin ? Descorches pensait aussi que ses efforts, que « *la confiance ins-pirée par la sagesse des mesures du Comité de Salut public, si bien secondée par l'énergie de nos bons républicains,* n'étaient pas étrangers à ces résultats (2). »

Mais il craignait que son gouvernement ne se laissât endormir par l'hypocrisie des Russes. « Je crois que la moindre apparence dans ce genre, écrivait-il, nous couperait partout bras et jambes en politique. Il en est, à mon avis, du Gouvernement russe comme de la Maison d'Autriche, inconciliables à jamais avec nous (3). »

---

(1) Constantinople, le 22 du 5e mois de l'an II (10 février 1794). L'envoyé extraordinaire au citoyen ministre des Affaires étrangères. Correspondance ministérielle.

(2) Constantinople, le 7 du 6e mois de l'an II de la République (25 février 1794). L'envoyé extraordinaire au citoyen ministre des Affaires étrangères. Correspondance ministérielle.

(3) *Ib.*, le 20 du 6e mois de l'an II (10 mars 1794). Correspondance ministérielle.

Descorches fut invité vers le même temps à une entrevue secrète avec le Capitan-Pacha et eut lieu d'en être très satisfait. Le Capitan-Pacha sentait l'avantage d'une union avec la France, et comme il paraissait mieux que jamais avec le Sultan, cette démarche semblait avoir été faite de concert. L'entretien se termina par la promesse de Descorches, sur la demande qui lui en fut faite par le Capitan-Pacha, de le tenir au courant, par le canal de son drogman, de l'état des négociations.

Dans une autre conférence tenue chez le prince Moruzzy, celui-ci avait dit à Descorches en parlant du Sultan : « Eh ! le Grand Seigneur est aussi bon républicain français que vous. »

Le prince Moruzzy en revenait toujours au danger d'une guerre à laquelle la Turquie n'était pas préparée. La Moldavie une fois envahie, un découragement général s'emparerait infailliblement de la nation ottomane et creuserait plus profondément que jamais l'abîme de malheurs dont elle commençait seulement à sortir. Il importait donc aux Turcs de s'assurer avant de rien hasarder de l'adhésion d'une grande puissance à leur politique à l'égard de la France. Ils avaient pensé à la Prusse et lui avaient déjà fait faire, dans cette vue, des insinuations. Descorches ne combattait pas cette idée. Il fit même ressortir tous les motifs qu'il y avait de croire « que le cabinet de Berlin, revenu de son aveuglement, reprendrait les errements de son ancienne politique qui valait bien celle qui venait de lui faire compromettre son trésor, son armée et son honneur sur le Rhin, et qu'alors sans doute des intérêts communs rendraient très possibles des combinaisons communes ». Mais, il s'élevait énergiquement contre l'intention que semblait avoir la Porte de faire dépendre ses décisions de la réponse qui lui serait donnée par la Prusse et par les Etats neutres qu'elle voulait aussi consulter.

Ces atermoiements du ministère ottoman, ministère égoïste, plus occupé des intrigues auxquelles il devait son existence et qui le soutenaient que de l'intérêt public, et qui ne voyait de sécurité pour lui que dans le *statu quo*, paraissaient soulever un vif mécontentement dans certains milieux impatients de lui voir suivre une politique plus entreprenante.

D'après certaines confidences qui lui parvenaient, Descorches constatait une irritation qui pouvait donner lieu à une explosion prochaine dans le corps des Janissaires, et même dans celui des Uiémas, contre Youssouf-Aga, le tout-puissant intendant des monnaies, le plus hostile à toute action, contre Tchélébi-Effendi, ministre des nouveautés, et même contre la Sultane-mère, leur principal soutien. Mais ces apparences, bien que plus sérieuses que jamais, avaient déjà tant trompé Descorches, qu'il ne voulait plus ajouter foi qu'aux réalités. Le caractère timide du Reis-Effendi s'accommodait de ces hésitations.

Descorches, n'ayant pas encore reçu les subsides promis, écrivait, le 25 mars 1794 : « Pensez, je vous prie, citoyen ministre, que vous m'avez annoncé des moyens pécuniaires, mais que je reste sans en avoir aucun à ma disposition (1). » Il avait dû solliciter du gouvernement ottoman un nouveau prêt de 28.000 piastres pour les besoins urgents des quatre frégates mouillées à Smyrne, dont les équipages réclamaient deux mois de paie et demander un nouveau délai pour le remboursement des 50.000 piastres précédemment avancées. Le Reis-Effendi avait accueilli ces demandes en souriant et il avait assuré le drogman Dantan que la France devait compter sur tous les services que la Porte pourrait lui rendre. Sur la note remise par Descorches, le Sultan Sélim avait écrit de sa propre main :

« Mon Vizir,

« Que la somme demandée dans la présente note soit prêtée et, en outre, vous ferez prévenir confidentiellement Descorches qu'avec plaisir je lui en fournirai encore d'autres pour ses besoins (2). »

Le Grand-Seigneur, pénétré de la position de Descorches, avait même pensé à lui faire un présent. Descorches, prévenu par Dantan, n'avait pu s'offenser de cette bienveillance *à la Turque*, mais, dans une autre note, il avait fait savoir, avec

---

(1) Correspondance ministérielle.
(2) Correspondance ministérielle.

toutes les formes de la diplomatie, qu'il ne désirait pas de récompense personnelle, « ne connaissant pas d'autres besoins que ceux de voir prospérer les intérêts qui lui étaient confiés, c'est-à-dire les intérêts communs de l'Empire ottoman et de la République française qui étaient et seraient à jamais inséparables. »

Bien que Descorches eût déjà fait connaître à son gouvernement l'inopportunité pour la République française d'employer les moyens de corruption mis en usage par les cours étrangères, il ne voulait pas conserver sur la conscience « le poids insupportable d'avoir négligé le moindre moyen de succès à sa disposition ». Aussi, malgré son dénuement et sa répugnance et après s'être assuré le concours de quelques-uns de ses concitoyens, avait-il tenté l'approche du Reis-Effendi, la véritable cheville ouvrière des affaires politiques (1). Il lui offrait, de la part de la Répuhlique et comme un faible témoignage de son estime et de ses espérances dans les services qu'il rendrait à la cause commune, un présent de cent bourses qu'il était prêt à remettre aussitôt que le Reis-Effendi lui en aurait indiqué les moyens le plus à sa convenance (2). Descorches offrait même deux ou trois cents bourses supplémentaires, une somme plus élevée encore, si le Reis-Effendi jugeait ces sacrifices pécuniaires utiles pour aplanir les obstacles qu'il pouvait rencontrer sur sa route.

Bien que pour tranquilliser la délicatesse du Reis-Effendi et la sienne propre, Descorches lui eût expliqué que les intentions de la République étaient pures, que, malgré les prodiges de son énergie et les triomphes qu'elle lui procurait, elle ne serait « qu'une montagne de sable, si sa morale publique et privée ne reposait sur les vertus les plus austères », le ministre turc avait décliné, lui aussi, l'offre qui lui était faite. Le contenu de cette lettre, les expressions de sensibilité et les considérations politiques qui s'y trouvaient avaient fait

____

(1) Constantinople, le 7 germinal an II (27 mars 1794). L'envoyé extraordinaire au citoyen ministre des Affaires étrangères. Correspondance ministérielle.

(2) Galata, le 27 du 5e mois de l'an II (15 février 1794). Lettre de Descorches au Reis-Effendi.

l'objet de ses plus sérieuses réflexions, hormis sur un point, avait-il ajouté avec un sourire.

Descorches avait fait une tentative semblable auprès du Capitan-Pacha qu'il voulait, disait-il, remercier de ses largesses envers les frégates françaises mouillées à Smyrne. Mais il avait aussi reçu un refus de ce côté. « On ne peut être plus Français que je le suis, avait répondu le Capitan-Pacha, mais je souffre trop de la position de Descorches pour consentir à ce qu'il ajoute encore aux désagréments qu'il éprouve aucun frais pour nous. Le moment n'est pas venu. Qu'il éloigne cette idée qui nous blesse ; maintenant, c'est à nous à le soigner, et malheureusement nous ne pouvons pas faire ce que nous voudrions. »

Descorches s'adressa à la Sultane-mère elle-même, faisant luire à ses yeux une fleur de brillants qu'il voulait lui offrir. « Ce serait péché, dit-elle, de constituer ce galant homme en dépense, lorsque c'est à nous à tout faire pour lui. »

Le ministre de France ne concluait pas de ces refus que les mains devaient se fermer toujours. Mais il observait qu'en Turquie plus qu'ailleurs l'occasion gouvernait tout. Cet usage des présents étant dans les mœurs du pays, les circonstances faisaient souvent qu'ils pouvaient n'être regardés que comme des témoignages d'amitié et alors ils avaient leur utilité. Car si les Turcs avaient en général le défaut de la vénalité, on ne pouvait méconnaître qu'ils avaient aussi la précieuse qualité d'être reconnaissants pour les bons procédés et fidèles à leurs amis. Descorches se proposait donc de renouveler ses tentatives avec quelque largesse, convaincu que tout ce qui se faisait au nom du peuple français « devait se ressentir du caractère de sa grandeur (1) ».

On annonçait enfin l'arrivée des officiers français si longtemps attendus et qu'amenait Léonce Trullet, ce capitaine de la marine marchande que Descorches avait chargé d'une mission en France. Les officiers devaient être débarqués aux Dardanelles et être conduits ensuite en bateau à Constanti-

____

(1) Constantinople, le 7 germinal, l'an II (27 mars 1794). Correspondance ministérielle.

nople, dans le plus grand secret. Le navire français ne serait autorisé à franchir les Dardanelles qu'après que seraient prises ces précautions prescrites par le Grand-Vizir pour éviter les plaintes des ministres étrangers qui ne négligeaient aucun moyen d'entraver la mission de Descorches. C'est ainsi qu'avisés des départs de ses courriers ils les empêchaient d'arriver à destination. Un courrier envoyé en Vénétie au mois de janvier 1794 avait été arrêté sur le territoire ottoman par une bande de brigands. Marc Bruère, le consul français de Trawnick, venait de donner avis qu'un autre courrier avait été dévalisé sur les confins de la Bosnie, de la Croatie et de la Dalmatie par un parti autrichien (1).

Une nouvelle conversation que Descorches avait eue avec le Reis-Effendi, et dont il rendait compte au ministre des Affaires étrangères dans sa dépêche du 27 mars 1794, n'avait pas donné de résultats plus satisfaisants que par le passé (2). Etait-ce l'effet des succès de Pitt qui avait obtenu du Parlement de nouveaux crédits pour continuer la guerre et l'entretenir sur le continent, du bruit répété par tous les échos de Péra des grands préparatifs de l'Angleterre et de l'échec des démarches de l'ambassadeur turc à Londres en faveur de la paix? Descorches était tenté de le croire.

Il avait cependant représenté au Reis-Effendi que la République organisée à l'intérieur, victorieuse de ses ennemis, n'avait plus qu'à asseoir son système politique à l'extérieur et que l'alliance avec la Turquie devait en être la base. Néanmoins, ni sur ce point, ni pour ce qui concernait la reconnaissance de la République, il ne put obtenir la réponse catégorique qu'il réclamait, bien que le Reis-Effendi l'eût assuré que Sa Hautesse lui avait donné de pleins pouvoirs pour régler ces deux questions; mais il était retenu par les dangers que leur solution ferait courir à l'Empire.

La considération invoquée par le Reis-Effendi que les Turcs, par leurs préparatifs, tenaient les Russes en échec et

____

(1) Correspondance ministérielle.
(2) Constantinople, le 7 germinal, l'an II (27 mars 1794). L'envoyé extraordinaire au citoyen ministre des Affaires étrangères. Correspondance ministérielle.

servaient ainsi la cause de la République ne touchait pas Descorches qui faisait observer que les Français aimeraient mieux voir les forces russes venir se fondre avec les autres armées étrangères sur le Rhin ou sur leurs côtes, afin de les éloigner de la Pologne et des frontières de Turquie. Il pressait aussi le Reis-Effendi d'occuper les Autrichiens par une diversion favorable à la République, en laissant le champ libre aux Bosniaques au sujet de leurs réclamations sur la délimitation des frontières tracées par le traité de Sistova. Le ministre ottoman l'avait assuré que ce litige serait encore pendant longtemps un sujet d'inquiétude pour les Autrichiens et que la Porte tiendrait la main à la restitution de ses forteresses qui faisait l'objet actuellement des négociations qu'il poursuivait avec l'Internonce impérial.

L'entretien s'était terminé comme de coutume par de bonnes paroles du Reis-Effendi. Il avait dit en quittant Descorches : « L'alliance se fera, croyez-en ma prophétie. J'ai été déjà chargé d'en traiter deux avec la Suède et la Prusse. J'ai dit, dès le commencement, à leurs plénipotentiaires que nous terminerions; ils doutaient aussi, trouvaient que nous n'allions pas assez vite, me faisaient des reproches, et l'alliance a eu lieu comme je l'avais dit. » Ce même Reis-Effendi avait défini la politique traditionnelle des Turcs le jour où il avait répondu à Dantan, qui lui remettait une note pressante, que « la Porte était un éléphant qu'on ne faisait pas marcher comme un lièvre (1) ».

Descorches avait alors rappelé que, dans les grandes affaires et les grandes circonstances, il était un principe consacré par une constante expérience, c'est que les demi-mesures perdaient toujours tout, les affaires et leurs conducteurs, qu'elles ne faisaient que des mécontents, amis et ennemis. Descorches se demandait si la confiance des Turcs dans la patience du Gouvernement français venait de leurs renseignements sur ses dispositions à leur égard qui étaient de pousser la longanimité jusqu'à ses extrêmes limites, car il les soupçonnait d'avoir des émissaires en France, ou si elle

____

(1) Correspondance ministérielle.

résultait des sentiments de leur cœur et de la certitude qu'ils avaient de ne jamais démériter entièrement de la France.

Si Descorches n'obtenait pas du Gouvernement ottoman les satisfactions qu'il espérait, il trouvait tout au moins auprès de nombreux personnages turcs des encouragements et un appui. Il cherchait à multiplier et à resserrer ses liaisons avec les patriotes de ce pays et à leur faire partager ses vues. Il rencontrait notamment chez le plus accrédité des Ulémas, Abdullah-Mollah, chez le Capitan-Pacha et les principaux chefs des Janissaires, des amis tout dévoués à sa cause. Tous disaient que l'époque de la résurrection de la Turquie était arrivée. Bien que le tout-puissant Intendant des Monnaies affectât de tenir le même langage, on savait qu'il mettait obstacle à une nouvelle guerre. Le mécontentement contre lui grandissait, d'autant plus que l'altération continuelle des monnaies à laquelle il se livrait commençait à dépasser toute mesure. On parlait d'une Révolution qui devait éclater au premier jour. Les patriotes turcs devaient se servir des bandes de brigands, répandus dans la Roumélie depuis la dernière guerre, pour massacrer l'ambassadeur russe et son escorte à leur retour dans leur pays, puis se porter sur Constantinople, y exterminer les traîtres qui remplissaient le Sérail et le ministère et rendre ainsi le Grand-Seigneur libre d'exécuter les bonnes intentions dont on le croyait animé.

L'action des puissances hostiles à la France tendait au contraire à tenir la Turquie isolée, à empêcher tout rapprochement, à mettre à profit toutes les circonstances qui pouvaient contrarier les manifestations de la sympathie qu'éprouvaient l'un pour l'autre les deux pays. C'est ainsi qu'à l'occasion des rixes qui avaient eu lieu entre des soldats russes et des Français l'ambassadeur russe avait fait l'effrayé, s'était plaint de ne plus pouvoir sortir en sûreté de chez lui, de ne pas pouvoir rendre visite à l'envoyé de Prusse ! Son but n'était autre que d'obliger la Porte à indisposer la colonie française en faisant prendre contre elle des mesures de rigueur.

Descorches avait reçu un décret de la Convention concernant les relations de la République avec les autres sociétés politiques et empruntant pour la circonstance la phraséologie vide et pompeuse de l'époque; il exprimait la satisfaction que lui causait l'envoi de ce document révolutionnaire, disant « qu'il appartenait au peuple français de montrer enfin ce que c'était que la vraie politique et combien elle était bienfaisante pour les hommes, *lorsqu'elle était ce qu'elle devait être*, c'est-à-dire lorsqu'elle n'était autre chose que la morale des nations (1) ».

Un rapport de Robespierre accompagnait ce décret. « C'était, disait l'envoyé de la France à Constantinople, le manifeste de la raison publique parmi nous et comme la proclamation solennelle de nos principes. » Descorches avait communiqué *cette pièce intéressante* aux Turcs, sans s'exagérer sans doute l'influence qu'elle devait avoir sur eux, « car elle s'adressait surtout aux esprits en état de la lire ».

En attendant que l'alliance pût se faire, Descorches cherchait à servir les intérêts de la France dans les autres pays et correspondait dans ce but avec ses collègues à l'étranger. D'accord avec Noël, le ministre français de Venise, il s'efforçait de resserrer les liens d'amitié qui unissaient la Turquie à cette République. Il faisait encourager par le Gouvernement ottoman les Régences barbaresques dans leurs bonnes dispositions à l'égard de la France. Il voyait tant d'avantages à un retour du Roi de Prusse, à une politique commandée par les intérêts de sa monarchie qu'il conseillait de ne négliger aucun moyen, *de ne s'arrêter à aucun sacrifice pécuniaire* pour obtenir ce résultat.

Malheureusement, dans le coin du monde où il se trouvait isolé, bloqué en quelque sorte par la malveillance ennemie qui s'attachait à fermer les accès à tout ce qui pouvait servir ses intérêts, il ne pouvait être d'un grand secours. On avait eu soin de priver la Porte elle-même des nouvelles qu'elle se procurait par la voie des princes de Moldavie et de Valachie.

Il ne recevait plus de lettres de Grouvelle, le ministre de France au Danemark, dont les informations lui avaient été

____

(1) Constantinople, le 21 germinal, l'an II. L'envoyé extraordinaire au citoyen ministre des Affaires étrangères. Correspondance ministérielle.

des plus utiles. Il en était de même de ses correspondances avec Hambourg, Amsterdam, Leipzig, d'où cependant il aurait pu tirer des informations profitables à la cause qu'il servait.

Les officiers français demandés par la Porte étaient enfin arrivés. C'étaient Antoine-Charles Aubert, chef de bataillon d'artillerie, qui avait déjà passé, en deux missions précédentes, dix ans en Turquie; Joseph-Gabriel Monnier, chef de bataillon du génie, qui avait fait aussi un séjour de quatre ans dans ce pays; Mazurier, capitaine du génie. Un quatrième officier, Cassis, était resté malade à Venise. Ces officiers étaient accompagnés par un nommé Thainville, attaché au département des Affaires étrangères, jouissant de la confiance du ministre et du Comité de Salut public, en réalité nouvel agent de surveillance, envoyé auprès de Descorches qui annonçait, en ces termes, à la Porte le caractère de sa mission. « Le ministre l'a envoyé pour me fournir toutes les lumières qui pourraient m'être nécessaires sur l'état exact des choses en France, sur les vues et les dispositions du Gouvernement relativement aux relations étrangères de la République, pour être le consolant précurseur des moyens mis à ma disposition pour nous sortir des embarras d'administration où nous sommes restés jusqu'à présent et d'instructions définitives qui arriveront avec ce que nous attendons par mer, enfin pour me seconder ultérieurement dans la réorganisation de l'administration de nos affaires du Levant (1). »

Thainville avait reçu aussi la mission secrète, dont ne parlait pas Descorches, de faire une enquête sur le bien-fondé des plaintes qui avaient été portées contre l'envoyé de la République, et les ennemis qu'avait Descorches à Constantinople n'avaient pas manqué, dès l'arrivée de Thainville, de le desservir en le signalant comme un traître, un contre-révolutionnaire.

A leur tête figuraient Hénin, Chénié, Florenville, l'un des principaux négociants de Constantinople. Hénin faisait parade de son prétendu titre de chargé d'affaires de la Répu-

_____

(1) Galata, le 14 germinal, l'an II (3 avril 1794). Correspondance ministérielle.

blique, et cherchait ainsi à se donner une importance qui ne pouvait que nuire à la considération due au véritable représentant de la France.

Il y avait aussi dans ce complot, Maret, « favori du crapuleux Choiseul, directeur officieux de ses menus plaisirs », qui jouait un rôle à double face avec Descorches, faisant son éloge en public, le décriant dans ses conversations particulières. Il savait un peu le turc, fréquentait les Grecs et les Arméniens avec lesquels il se livrait à des tripotages. « Et c'est un colonel, écrivait Descorches au ministre, un adjudant dont il a grand soin d'étaler les signes qui devraient le faire rougir de son oisiveté ! Et tous nos frères d'armes se battent pour la Patrie ! Je te demande un ordre du ministre de la Guerre pour faire cesser cette indécence (1). »

D'après certaines relations qu'on connaissait à cette intrigue, Descorches soupçonnait qu'elle était dirigée contre la République. Il avait confiance dans Thainville qu'il avait déjà reconnu comme un bon et franc républicain pour faire justice de ses détracteurs. Tout ce qu'il avait vu et entendu de cet agent, depuis son arrivée, justifiait son impression favorable.

Descorches avait à plusieurs reprises menacé la Porte de la mettre en demeure, sous peine de rupture, de donner une réponse à ses propositions. Mais, il attendait toujours pour le faire l'arrivée des instructions qu'il avait réclamées et des crédits qui lui avaient été annoncés. « Il faudrait quelque dépense, écrivait-il, pour se procurer de bons rapports qui manquent presque absolument, même à la Porte ; pour nourrir de divers côtés, spécialement en Bosnie, des dispositions avantageuses ; pour établir des communications avec la Pologne que je regarde comme bien intéressante en cet instant, et l'on ne peut aller loin, ni bien hardiment lorsqu'on voit toujours le fond de son coffre, et qu'on sent ses ressources entre les mains du hazard (2). »

____

(1) Constantinople, le 21 germinal, l'an II. Correspondance ministérielle.

(2) Constantinople, le 6 floréal, l'an II. L'envoyé extraordinaire au citoyen ministre des Affaires étrangères. Correspondance ministérielle.

Au sujet de la Pologne, Descorches faisait allusion aux bruits qui circulaient d'une insurrection de ce pays motivée par le dernier partage et préparée par le Comité polonais établi à Leipzig.

Les événements de Bosnie qui était le théâtre d'escarmouches fréquentes avec les Autrichiens attiraient aussi son attention.

Les Bosniaques en armes avaient fait cette réponse au Pacha qui invoquait les firmans pour maintenir la paix : « Les firmans sont au Grand-Seigneur et les montagnes sont à nous! »

Le fameux favori Youssouf-Aga avait été enfin remplacé comme intendant des Monnaies, mais il avait conservé la place la plus utile à son crédit, celle d'agent de la Sultane mère. D'après des indications fournies par l'entourage du Sultan, cette modification dans le ministère devait aboutir à un changement de politique. Descorches entendait ces rumeurs sans rien garantir « apprenant tous les jours par l'expérience combien il était difficile d'asseoir solidement aucun calcul sur des gens subordonnés à tant de faiblesses, travaillés par tant d'intrigues (1) ».

Cependant, d'après une confidence faite par Abdullah-Mollah-Tatardjik-Zadé, ex-Cadilesquier, homme d'un grand poids dans les affaires par son esprit, ses connaissances, son âge et ses richesses et qui jouissait de la confiance du Grand Seigneur et de celle du Reis-Effendi, Descorches avait appris que l'alliance avait été résolue plus de quatre mois auparavant dans un Conseil, mais qu'on attendait avant de la publier que les fortifications des places du Dniester fussent un peu plus avancées pour pouvoir y jeter des troupes qui arrêtassent l'ennemi au moins pendant quelque temps, tandis que pour le moment les frontières étaient ouvertes (2).

Descorches avait insisté dans cette entrevue sur le parti que les Turcs pouvaient tirer de l'insurrection polonaise qui

---

(1) Constantinople, le 21 floréal, l'an II. Correspondance ministérielle.

(2) Constantinople, le 4 prairial, l'an II. L'envoyé extraordinaire au citoyen ministre des Affaires étrangères. Correspondance ministérielle.

venait d'éclater et de s'emparer de Varsovie. Connaissant le zèle patriotique et les talents du général Kosciuszko, il se proposait, après entente avec le Reis-Effendi, de lui envoyer une personne de confiance, afin d'établir des relations qui lui paraissaient nécessitées par la connexité si intime des événements de Pologne avec la politique qu'il poursuivait à Constantinople. Dans le dénuement de tous les genres où il se trouvait, ce n'était pas sans embarras ni sans inquiétudes qu'il songeait à employer ce moyen, mais il lui semblait que tout devait céder à un intérêt de cette importance.

La nouvelle qu'une guerre était sur le point d'éclater entre la Perse et la Russie appelait aussi sa sollicitude. Il y voyait l'occasion d'entretenir des relations utiles avec la Perse, dont les dispositions étaient favorables à la France, ainsi que l'avait fait savoir Rousseau, le consul français de Bagdad, qui connaissait ces régions dans lesquelles il pourrait se charger d'envoyer lui-même une mission pour éviter l'éclat et les dépenses. Mais encore, pour une pareille démarche, fallait-il à Descorches les instructions toujours attendues de son gouvernement.

Les événements qui se déroulaient alors à Paris, amenés par les luttes incessantes du Comité de Salut public contre les partis de la Convention avaient leur répercussion à Constantinople où ils produisaient un effet plutôt fâcheux, car ils faisaient apparaître l'instabilité du gouvernement révolutionnaire qui ne se maintenait que par des moyens violents et sanguinaires.

Les rumeurs les plus étranges circulaient dans la capitale de l'Empire ottoman; elles étaient propagées par les coalisés dont le but était de semer l'inquiétude dans la colonie française. On annonçait qu'une Révolution nouvelle avait éclaté en France, que la Convention avait été assaillie, que ses membres avaient été égorgés. Descorches préoccupé de se maintenir en faveur écrivait à cette occasion : « Le dernier courrier nous a apporté, citoyen ministre, l'importante nouvelle de l'éclatante et utile justice faite à Paris des conspirateurs contre la République. Cet événement est bien différent de celui que l'ambassadeur d'Angleterre s'était plu à

annoncer (un mouvement contre la Convention forcée d'abandonner le lieu de ses séances). Il ne se trompait pas tout à
fait. Il s'est seulement trop pressé de prendre les espérances
de son cabinet pour des réalités. Le Comité de Salut public
a heureusement de bonnes recettes pour opérer des
mécomptes. Plus d'un visage a changé de face depuis
lors (1). »

Quand il écrivait ces lignes, Descorches avait déjà oublié
sans doute les éloges qu'il décernait un an auparavant au
ministre Lebrun qui depuis avait expié sur l'échafaud ses
liaisons avec la Gironde.

Descorches avait appris aussi la suppression du Conseil
Exécutif et il s'était efforcé de rassurer le Reis-Effendi qui y
voyait une mesure préjudiciable à la continuité des rapports
avec la France.

« Avec qui traiterons-nous, disaient le Reis-Effendi et
Moruzzi, le drogman de la Porte ? Peut-on compter sur des
individus dont le pouvoir est éphémère ? »

Descorches trouvait, au contraire, que les événements de
Paris étaient plus avantageux à la République que toutes les
victoires possibles, et le Reis-Effendi se réjouissait de cette
assurance, car il avait dit à Dantan que Descorches était sa
boussole.

« Il faut que l'équipage soit mauvais, avait répondu le
ministre de France, car il ne fait pas bonne route ! »

Toutefois Descorches se préoccupait de la validité des pouvoirs qu'il tenait de l'ancien Conseil Exécutif comme agent
politique et comme commissaire civil, et il avait demandé à
son gouvernement s'ils étaient confirmés.

Il y eut un moment où Descorches crut vraiment que la
situation jusqu'alors stagnante allait prendre une tournure
plus sérieuse, et que la guerre allait éclater avec les Russes.
On était alors dans l'été de 1794 et l'époque paraissait favorable pour une entrée en campagne. La flotte ottomane avait
quitté Constantinople le 21 prairial an II (9 juin 1794);

____

(1) Constantinople, le 4 prairial, l'an II. Correspondance ministérielle.

elle était composée d'une vingtaine de bâtiments, dont quinze vaisseaux et frégates. Le bruit courait qu'une flotte française devait se réunir à la flotte turque, et entrer avec elle dans la mer Noire. « A la complaisance qu'on voyait mettre aux Turcs dans cet espoir, il était aisé de juger ce que produirait la réalité (1). »

Les officiers français nouvellement arrivés avaient reçu l'ordre de mettre en état de défense le canal de la mer Noire. Des instructions secrètes avaient été données à l'ingénieur Brun pour la prompte construction d'une certaine quantité de chaloupes canonnières. Les travaux des forteresses d'Ismaïl et de Bender étaient poussés avec activité. Du côté des Russes, on parlait de la sortie du port de Sébastopol d'une flotte formidable, de rassemblements de troupes sur la rive gauche du Dniester, toutes prêtes à le franchir pour envahir la Moldavie. On assurait que les Russes demandaient le passage de leur flotte de la mer Noire dans la Méditerranée.

Il avait dû y avoir à ce sujet un entretien dont le ton avait été très menaçant entre le Reis-Effendi et le ministre de Russie qui réclamait aussi, assurait-on, l'expulsion de Descorches. Etait-ce la nouvelle de l'insurrection polonaise qui motivait cette explosion d'hostilité de la part de la Russie ?

Ce qui avait augmenté l'inquiétude, c'est qu'on avait vu les vaisseaux marchands venant de la mer Noire et prêts à entrer dans le canal faire voile en arrière après les renseignements qu'ils avaient reçus. Tous les navires russes qui étaient dans le port de Constantinople et qui avaient pu partir l'avaient quitté. Les négociants avaient cherché, en empruntant des noms étrangers, à assurer la sûreté de leurs marchandises. Dans les milieux militaires, on faisait montre de la plus belle ardeur, mais Descorches ne partageait pas la croyance générale dans une guerre prochaine, parce qu'il ne pouvait croire à une imprudence des Russes qui, ayant une affaire aussi sérieuse sur les bras que celle de la Pologne,

----

(1) Constantinople, le 21 prairial, l'an II (9 juin 1794). Correspondance ministérielle.

ne s'exposeraient pas, par des provocations, à obliger la Turquie à unir ses intérêts à ceux des insurgés polonais.

Les Russes paraissaient vouloir, au contraire, paralyser la Turquie en lui en imposant par la crainte d'une rupture qu'ils savaient ne pas être dans les vues, dans les désirs, ni *peut-être dans les intérêts* des personnages influents du Gouvernement ottoman à la tête desquels figurait toujours en première ligne l'ancien Intendant des Monnaies, Youssouf-Aga, parti ayant pour lui les richesses, les talents, une longue existence, ayant su s'assurer le concours des hommes les plus capables et pour appuyer ces avantages, profitant de l'empire qu'exerçait la Sultane mère sur son fils. C'étaient des moyens puissants dans un pays où la raison et l'intérêt public comptaient pour si peu (1).

Le parti opposé pouvait mettre en balance les inclinations secrètes du Grand-Seigneur qui paraissait vouloir sincèrement la régénération de son Empire, les nombreux mécontents que l'avidité et la corruption des ministres avaient faits, le corps des Ulémas jaloux de se trouver sans influence, enfin, tous les patriotes turcs.

Malheureusement, le Capitan-Pacha qui appartenait à ce dernier parti, qui ne parlait à Descorches qu'avec mépris des Russes et comptait, à la tête de sa flotte, sur des succès presque assurés contre eux, qui voyait dans la guerre tout à la fois l'intérêt de son pays et sa gloire personnelle, plein de zèle pour ses fonctions, était trop jeune, avait trop peu d'expérience, de connaissance des hommes et d'aptitude aux affaires pour le rôle qu'il était appelé à jouer. Quant au Reis-Effendi, homme très adroit, il nageait autant qu'il le pouvait entre deux eaux, évitant de se compromettre.

On ne comptait que sur un nouveau Vizir pour faire pencher la balance entre les deux partis, et c'était pour ce haut emploi que se livrait le combat, le ministère voulant conserver « l'homme de bois » qui occupait la place, l'autre parti lui cherchant un successeur.

____

(1) Constantinople, le 7 messidor, l'an II (25 juin 1794). L'envoyé extraordinaire au citoyen commissaire des Relations extérieures. Correspondance ministérielle.

CHAPITRE IX

LES INTRIGUES

Attaques d'Hénin et de Chénié contre Thainville. — Dénonciations de Maret. — Rapport de Thainville sur sa mission. —
Buchot remplace Deforgues au ministère des Affaires étrangères. — L'insurrection polonaise. — Intervention de Mme Descorches auprès du Comité de Salut public. — Rapport du
ministère des Affaires étrangères sur l'ambassade de Turquie.
— Thainville se plaint de son abandon. - Le parti d'Hénin
continue à dénoncer les agents de la République par l'intermédiaire de la Société des Jacobins. — Les offres de services de
Ferrières-Sauvebœuf. — Négociations de Descorches et ses
interventions en faveur de la Pologne. — Instructions de
Buchot, le nouveau commissaire des Relations Extérieures, à
Thainville ; il s'explique sur le retard apporté à l'envoi des
agents qui devaient l'accompagner. — Son rapport au Comité
de Salut public sur la situation du Levant. — Nouvelles dénonciations d'Hénin et de Chénié contre Thainville. — Le Comité
de Salut public décide de surseoir à tout examen des affaires
du Levant. — L'incident de Miconi. — Intervention de la
Russie contre la France. — Correspondance de Thainville avec
Mme Descorches. — Thainville adresse à Buchot des renseignements sur l'état de la Légation. — Echange de lettres entre
Gaudin et Chénié. — Rapport de Buchot sur Hénin au Comité
de Salut public. — Descorches se décide à prononcer le rappel
d'Hénin.

Descorches avait informé la Porte de l'arrivée de Thainville. Mais celui-ci était à peine à Constantinople que le parti
d'Hénin cherchait à le circonvenir. Il avait reçu une note de
six de ses compatriotes : Chénié, Bertrand, Hénin, Comnène,
Jannin et Florenville, pour le mettre en garde contre Descorches qui lui avait procuré un logement chez un signataire
de l'adresse contre-révolutionnaire du 9 octobre 1792. Or, ils
savaient que Thainville était un Jacobin de 1789 et du 17 juil-

let 1791, pendant le temps où les satellites de La Fayette égorgeaient le peuple au Champ de la Fédération. Que diraient les ombres de Lepelletier, de Marat, les Montagnards, le Comité de Salut public si on le savait logé chez un fidèle sujet du dernier roi (1) !

Hénin lui écrivait qu'un matelas devait suffire à un sansculotte tel que lui. Il le prévenait de se défier de l'entourage de Descorches qu'il fréquentait trop, avec qui il avait assisté à une partie de pharaon et s'étonnait de l'éloignement qu'il paraissait avoir pour lui.

Thainville avait cherché à se disculper. Il espérait occuper sous deux jours un logement au Palais qu'on était en train d'aménager. Hénin, prévenu par lui, aurait dû en instruire les signataires de la note qui lui avait été adressée (2).

Ces explications n'avaient pas satisfait le terrible Hénin qui informait le ministre des Affaires étrangères que Thainville paraissait être parti de Paris sans avoir pu s'instruire de l'état des affaires à Constantinople (3).

Chénié, de son côté, adressait ce rapport à Robespierre au sujet de l'arrivée de Thainville à Constantinople, le 9 germinal : « Tu auras, citoyen, disait-il, tant que je serai ici, un détail exact de ses démarches ostensibles », et il profitait de cette occasion qu'il avait d'écrire à l'homme alors le plus puissant de la République pour mêler à ses dénonciations le nom de Descorches accusé *de se faire raser avec un bassin à barbe à ses armes !* Quant à Thainville, entouré et accaparé par Descorches et ses partisans, son patriotisme lui paraissait très suspect.

Il logeait, en effet, chez Perrin, signataire d'une adresse contre-révolutionnaire. Il avait rendu visite, à l'occasion de son mariage, à un autre négociant, marchand de diamants, qui s'était rendu au-devant de l'ambassadeur de Russie à son arrivée et avait figuré à cheval dans le cortège, après l'incident qui avait donné lieu à la bastonnade de Roubeau. Thain-

---

(1) Note de Péra du 14 germinal an II.
(2) Lettre de Thainville, agent de la République à Galata, le 13 germinal an II.
(3) Hénin au ministre des Affaires étrangères, le 18 germinal an II.

ville avait encore accepté une partie de campagne aux Eaux-Douces et des dîners chez des contre-révolutionnaires où la présence de jolies femmes l'avait attiré ! Il avait enfin fait un grief aux membres du club de Constantinople de leur demande d'affiliation à la Société des Jacobins, ce qui leur aurait fait du tort à Paris.

Tels étaient les commérages dont Robespierre était entretenu (1) !

Passant dans le domaine de la politique, *Chénié signalait les vues de l'Angleterre sur Suez*, idée qu'elle réaliserait si les Russes parvenaient à chasser les Turcs du Bosphore. L'Angleterre était influente auprès de la Porte et Descorches, anglomane, avait poussé à l'envoi d'un ambassadeur turc à Londres. Il fallait amener une diversion des Turcs, mais contre l'Autriche plutôt que contre la Russie. Les Turcs rassemblaient des forces sur le Dniester où ils devaient être rejoints par les Polonais des provinces déjà envahies et ceux qui obéissaient encore au roi de Pologne.

Les dîners auxquels avait assisté Thainville tourmentaient l'esprit de Chénier, car ce farouche dénonciateur terminait ainsi sa lettre : « Si nous ne donnons pas de dîners, nous n'épargnerons pas notre surveillance. »

Hénin ne voulait pas rester en retard sur les traces de Chénié. Annonçant au ministre des Affaires étrangères le départ de l'ambassadeur russe Koutousöff et de sa suite « qui n'avaient laissé après eux que des dettes et des malédictions, sauf de la part *de leurs amis les Grecs* », il croyait le moment favorable pour agir sur les Turcs; mais, pour obtenir des résultats, il fallait un ministre habile et patriote, autre, par conséquent, que Descorches. Ce dernier avait été profondément troublé par l'envoi annoncé de commissaires, au point qu'il voulait aller passer quelques jours de repos à Thérapia. Hénin se faisait aussi l'interprète de plaintes qui lui étaient venues de Smyrne au sujet de l'inaction de Rondeau. Ce commandant d'escadre n'avait pas fait, depuis un an passé que ses vaisseaux mouillaient à Smyrne, plus de deux mois

---

(1) Chénié à Robespierre aîné, le 14 germinal an II.

de croisière. Or, son armement coûtait de quatorze à quinze mille piastres par mois et il en était réduit à vendre les marchandises d'un convoi qu'il avait reçu la mission d'escorter.

Ses frégates sortaient pendant une quinzaine de jours, allaient à Scio et à Metellin, puis rentraient dans le port de, Smyrne. Il était faux que les Turcs se fussent plaints à Descorches de leur présence (1).

Thainville ne trouvait pas grâce non plus devant Hénin qui était surpris qu'il n'eût apporté aucune instruction du ministère le concernant. Il paraissait, en outre, nullement au fait de ce qui s'était passé à Constantinople avant son arrivée. Les trois autres Français qui l'avaient accompagné ne s'observaient pas davantage dans leurs fréquentations « avec la partie vicieuse de l'Echelle ». On pouvait croire que Descorches avait gain de cause à Paris, et Hénin se demandait si la multiplicité des affaires, ainsi que l'avait dit Thainville, n'avait pas empêché le Gouvernement de s'occuper des intérêts du Levant. Quant à lui, il restait depuis dix mois sans avoir de réponse à ses lettres. Dans ces conditions, il était inutile de continuer à lui payer un traitement (2).

Les plaintes d'Hénin, mécontent de l'abandon dans lequel étaient laissées les affaires du Levant, se multipliaient, et il ne manquait pas d'envoyer au Comité de Salut public le duplicata de ses lettres au ministre des Affaires étrangères. Il exprimait à ce dernier, le 23 germinal, ses regrets que le ministère ne se fût pas encore occupé efficacement de porter un remède aux maux du Levant. A propos de l'émigration de plusieurs Français de Smyrne, il attaquait Descorches et justifiait les dénonciations de ses amis de cette Echelle. Il dénonçait, en outre, Rondeau pour n'avoir encore vendu aucune de ses prises, malgré la décision du Conseil des prises, sous le prétexte qu'il attendait l'approbation de Descorches. Rondeau avait permis le débarquement de cargaisons appartenant à des émigrés et il avait suspendu celui de marchandises (3)

---

(1) Hénin au ministre des Affaires étrangères, le 6 germinal an II.
(2) Hénin au ministre des Affaires étrangères, le 21 germinal an II.
(3) Hénin au ministre des Affaires étrangères, le 6 floréal an II.

qui étaient la propriété de patriotes. Quant à Thainville, il ne paraissait pas vouloir lire les notes qu'il lui avait remises et les commerçants craignaient de trouver dans ce nouvel envoyé un commissaire venu pour exercer des représailles contre ceux d'entre eux qui s'étaient compromis par une attitude contre-révolutionnaire (1).

Ainsi Hénin constatait lui-même le mauvais effet produit dans tout le Levant par l'envoi de ces agents plus ou moins secrets, sans mandat défini et dont l'action pouvait contrarier celle des représentants officiels du Gouvernement de la République.

Thainville devait approuver la politique suivie par Descorches. Néanmoins, que devait penser l'ambassadeur de cette marque de suspicion à son égard, et la présence de ces surveillants dont il était entouré ne devait-elle pas l'irriter aussi, produire une impression fâcheuse sur ses compatriotes et sur le Gouvernement ottoman lui-même auprès duquel son crédit devait être diminué ?

Descorches signalait la panique provoquée parmi les sujets français par l'arrivée de Thainville et de ses compagnons. Sept établissements français sur les onze qui existaient à Salonique étaient passés dans le camp ennemi, et Descorches semblait devoir être la première victime (2).

Florenville n'était jamais en retard sur Hénin quand il s'agissait de dénoncer. Il avait informé le Comité de Salut public qu'il se refusait à prendre sa part des avances consenties pour les besoins de la Légation par l'Assemblée de la Nation, parce qu'il ne reconnaissait pas la légalité de cette Assemblée composée seulement de quelques négociants privilégiés. Il se plaignait des persécutions dont les patriotes étaient l'objet de la part de Descorches et de ses amis, d'hommes « *qui étaient sous le glaive* de la loi (3) ».

Maret qui, pas plus qu'Hénin, n'avait reçu de réponse à ses

---

(1) Hénin au ministre des Affaires étrangères, le 23 germinal an II.
(2) Descorches au ministre des Affaires étrangères, le 21 germinal (10 avril 1794).
(3) Florenville au Comité de Salut public, le 26 germinal an II.

lettres et qui, cependant, avait été envoyé par Lebrun à Constantinople, « pour renseigner », disait-il, exprimait aussi ses doléances. Il rappelait ses états de services. Attaché depuis dix ans à l'ambassade de Turquie comme militaire et employé dans les bureaux de la Secrétairerie, il avait rempli à deux époques différentes les fonctions de secrétaire d'ambassade. En 1786, il avait été envoyé en France, chargé d'une mission secrète et importante. En 1792, il y avait porté les lettres d'adhésion du Sultan Selim « à notre chère Révolution ». En 1793, Lebrun lui avait confié le soin de remettre au ministre des Affaires étrangères de la Porte les dépêches annonçant l'arrivée de Descorches qui l'avait précédé de quinze jours ! Empêché par Descorches, il n'avait pu remettre ses dépêches au Reis-Effendi, et, s'il avait été seul à Constantinople, la République aurait déjà été reconnue.

Le ministre des Affaires étrangères lui avait promis un emploi. Il devait commander le détachement des officiers et sous-officiers envoyés auprès de la Porte comme instructeurs. Or, il avait vu des officiers d'un grade inférieur au sien prendre ce commandement ! Il devait aussi, d'accord avec Lebrun, Pache et Roland, procurer des blés, des fournitures de viandes salées et des biscuits. Mais il n'avait pas d'ordres positifs et Thainville lui avait conseillé d'écrire au ministre à ce sujet (1).

Maret craignait d'être désavoué en raison du silence fait sur ses lettres et souffrait de son inaction. Il proposait d'expédier à Paris un courrier deux fois par mois. S'il était suspect, lui aussi attaquait Descorches auquel il reprochait d'être un danseur de cour, d'avoir conservé dans le Palais de la République les insignes de la Royauté, des fleurs de lys. Il écrivait : « Quand le Comité de Salut public dira-t-il donc : Saute, marquis (2) ! »

Cependant, Thainville le signalait, d'autre part, comme fréquentant des négociants émigrés et rappelait qu'il avait été l'intendant de Choiseul-Gouffier et de ses menus plaisirs.

Thainville donnait, de son côté, au Gouvernement français,

____

(1) Maret au ministre de la Guerre, le 20 germinal an II.
(2) Maret au ministre des Affaires étrangères, le 12 floréal an II.

ses impressions et les premiers résultats de son enquête. Son voyage avait été retardé. A son arrivée à la frontière, il avait dû se faire escorter par une forte patrouille turque qu'il avait attendue plusieurs jours. Il avait été arrêté aussi dans sa marche à Travnick. Malgré la présence de nombreux brigands en Roumélie, il était arrivé à Constantinople le 9 germinal. La grande majorité des Français faisait l'éloge du patriotisme de Descorches qui paraissait avoir la confiance du Gouvernement ottoman et l'estime des Turcs. Descorches, homme adroit, actif et entreprenant, n'en était donc que plus dangereux, si on devait voir en lui un partisan secret de la tyrannie. Si ses sentiments étaient purs, il fallait que le soupçon cessât, pour qu'il attirât la considération dont un agent public avait surtout besoin chez les Turcs, naturellement soupçonneux, et pour qu'il pût faire tout le bien que la disposition des esprits lui faisait juger possible d'opérer en très peu de temps. Thainville, qui était loin de partager l'appréciation d'Hénin sur Descorches, attendait à tout instant des nouvelles et des instructions du ministre (1).

Thainville proposait aussi l'organisation d'une correspondance régulière avec le ministre des Affaires étrangères. Dans le cours de son voyage, il s'était préoccupé du choix de correspondants dont on pouvait se servir pour la transmission des dépêches officielles. C'étaient les frères Loweris, marchands à Seign; Zulati père, à Zara, et son fils, à Spalato; à Edolo, Sinistry, négociant, qui faisait un commerce considérable avec le Milanais et qu'il était possible de se concilier « par des cadeaux à ses très jolies demoiselles qui avaient paru ne pas haïr les Français »; à Coire, où un agent était aussi nécessaire que celui de l'Autriche, le tribun Georges qui n'était pas un républicain désintéressé; à Baden, Barthélemy; à Bâle, Baker qui remettrait les plis à la poste française. Thainville rappelait qu'il était à Constantinople déjà depuis vingt et un jours, attendant avec impatience l'arrivée de ses collègues et des instructions (2).

____

(1) Thainville à Deforgues, le 21 germinal an II.
(2) Thainville au ministre des Affaires étrangères, le 30 germinal an II.

Or, son Gouvernement, malgré l'urgence, ne paraissait pas pressé de lui en envoyer. Le 2 avril, la corvette *Le Républicain*, partie de Toulon depuis trente-six jours, n'avait apporté comme instructions que de nouveaux signaux de reconnaissance pour les frégates ! Trullet, auquel le ministre de la Marine avait fait donner le commandement de *La Friponne*, l'une des meilleures marcheuses de l'escadre réunie en rade de Toulon, attendait toujours des ordres pour se rendre dans le Levant (1).

Cependant, son patriotisme n'en était pas diminué. Car, rappelant le projet d'expédition dont le ministre des Affaires étrangères lui avait fait connaître dans le temps la nécessité, il terminait sa lettre par ce cri : « Vive la République, vive le Comité de Salut public, vive la Montagne sur terre et sur mer (2) ! »

Le Comité de Salut public avait même renvoyé dans les bureaux des Affaires étrangères plusieurs projets de lettres pour Constantinople, ayant pris la résolution de suspendre cette correspondance jusqu'à nouvel ordre.

Une lettre du nouveau ministre Buchot, du 27 germinal, faisait allusion à cette décision. Le ministre des Affaires étrangères demandait s'il fallait aussi suspendre toutes relations avec la Suède et le Danemark ! Les mémoires de son prédécesseur se trouvaient toujours dans les cartons du Comité de Salut public, pendant que les peuples opprimés n'avaient pas cessé de mettre en lui leur confiance et qu'on pouvait encore espérer se concilier les Gouvernements qui avaient résisté à la tentation de faire la guerre à la Liberté.

Néanmoins, Buchot, chargé provisoirement du ministère des Affaires étrangères, remettait, le 28 germinal, au Comité de Salut public, un projet d'arrêté pour l'envoi d'ingénieurs et d'ouvriers en Turquie. Déjà un arrêté du Comité du 26 frimaire avait chargé le ministre de la Marine d'effectuer cet envoi dans le délai de quinze jours ! Or, rien n'avait été fait,

____

(1) Trullet au ministre des Affaires étrangères. Port-la-Montagne, le 23 germinal an II. Dans sa séance du 9 nivôse an II, la Convention avait nommé le citoyen Trullet capitaine d'un vaisseau de guerre.
(2) Port-la-Montagne, le 2 floréal an II.

le ministère de la Marine voulant que le département des Affaires étrangères fixât préalablement le nombre de personnes devant composer la mission. Ses bureaux se rejetaient la responsabilité des retards et aucune autre mesure efficace n'était prise, alors que, dès le mois d'octobre 1793, la Porte avait demandé le personnel nécessaire pour la construction d'un bassin.

Le 12 floréal, la Commission de la Marine et les Colonies sollicitait encore du commissaire des Relations extérieures une décision au sujet du nombre d'ouvriers à envoyer dans le Levant. Il importait que le Comité de Salut public statuât d'urgence. Buchot répondait le 13 floréal, que, depuis le 28 germinal, un rapport et un projet de décret étaient soumis au Comité de Salut public et que jamais les retards n'étaient venus de la Commission des Relations extérieures.

C'était naturellement Descorches qui souffrait le plus de l'absence d'instructions et de nouvelles. Il signalait son besoin de ressources pécuniaires pour entretenir des négociations efficaces avec la Porte, la Bosnie et la Pologne, qui faisaient alors l'objet des principales préoccupations des grandes puissances de l'Europe. Il s'exprimait ainsi à ce propos : « J'ai écrit plusieurs fois sans aucun succès au Comité de Leipzig pour qu'il travaillât de son côté à l'établissement de cette communication essentielle à présent. On prétend pourtant ici, depuis deux ou trois jours, que leur besogne marche bien et que l'insurrection est commencée. Je crois que les patriotes polonais, malgré leurs justes ressentiments contre le roi de Prusse que je n'estime pas plus qu'eux, mais qu'il leur convient de ménager plus que tout autre, doivent se tenir soigneusement en bonne mesure vis-à-vis de ce prince. » On paraissait, en effet, à Constantinople, être très attentif aux mouvements du roi de Prusse et les dernières nouvelles qu'on en avait confirmaient l'espoir de le voir abandonner la coalition (1). On croyait que ce souverain, devenu l'ami de la République française, modifierait ses vues sur la Pologne !

____

(1) Descorches au ministre des Affaires étrangères, le 21 germinal (10 avril 1794).

Au contraire d'Hénin, Descorches faisait l'éloge de Thainville qui s'était montré favorable à son égard. Il savait par la Légation de Suède que le chargé d'affaires d'Espagne était informé des événements qui se passaient à Port-la-Montagne et il en avertissait le ministre des Affaires étrangères (1).

Les événements de Pologne dont Descorches soulignait l'importance faisaient alors l'objet des délibérations du Comité de Salut public. Buchot lui avait adressé un rapport sur un agent secret de ce pays, Albert Tursky, dit le Sarmate, membre de la Diète constitutionnelle, attaché au parti de Potocki. Tursky avait dû fuir sa patrie. Arrivé en France vers la fin de 1792, il avait été accueilli par le ministre de la Guerre sur la recommandation de Descorches et nommé en février 1793 colonel adjoint à l'armée du Nord. Dans cet emploi, il avait obtenu des attestations honorables et avait quitté le service *pour des motifs connus* du Comité de Salut public. S'il devait retourner en Pologne, Buchot proposait de lui accorder un secours pour le voyage et de le charger de transmettre les témoignages d'intérêt du Comité aux insurgés polonais. A cause des difficultés de communication et pour rendre l'intervention du Gouvernement français moins apparente, il convenait en effet d'employer de préférence des Polonais ou des étrangers pour l'entretien des relations avec Kosciusko (2).

Bars, chargé de pouvoirs en France du gouvernement révolutionnaire de Pologne, adressait à la même époque, le 14 floréal, au Comité de Salut public une lettre qui fut retrouvée dans les papiers de Robespierre. Il y rappelait qu'il avait demandé une audience au Comité le 8 floréal, qu'il devait être entendu le 9, à 3 heures de l'après-midi, qu'il s'était présenté tous les jours aux heures indiquées sans pouvoir être reçu. « Je m'empresse, ajoutait-il, de vous réitérer cette demande, et c'est le sang du peuple de Pologne, armé pour la Liberté et contre nos ennemis communs, qui en fait un devoir sacré. »

____

(1) Descorches au ministre des Affaires étrangères, le 6 floréal.
(2) Rapport de Buchot au Comité de Salut public, 3ᵉ division, 12 floréal an II.

Cette lettre qui, sans le 9 thermidor, serait restée ensevelie dans les dossiers de Robespierre, montre le peu d'empressement que le Comité de Salut public mettait à aider la Pologne!

C'était encore pour rendre les comptes de son mari pendant le temps qu'il avait occupé la Légation de Pologne que Mme Descorches, rentrée en France en novembre 1792, restait à Paris, malgré le décret provoqué par les Comités de Salut public et de Sûreté générale contre les ci-devant nobles pour les éloigner de la capitale. Ne tenant même pas compte de la situation officielle de Descorches, le Comité de Salut public n'avait pas autorisé sa femme à y demeurer. Elle demandait tout au moins un passeport gratuit pour rejoindre avec ses enfants son mari, car elle ne pouvait emprunter sur ses propriétés qui étaient déjà le gage des avances faites à Descorches (1). Réclamation assez forte, écrivait le ministre des Affaires étrangères au Comité, le 3 floréal !

A cette agréable époque, Mme Descorches avait besoin d'un certificat de non détention pour toucher des rentes viagères, et Mme de Sémonville, femme d'un autre ambassadeur de la République, et sous le coup aussi de la législation concernant les ci-devant nobles, était obligée de demander un sursis pour régler des affaires d'intérêt relatives à la mission de son époux (2).

Dans une autre requête accompagnée de pièces justificatives et adressée à un membre du Comité de Salut public, « à l'un des sauveurs du peuple français libre », Mme Descorches s'exprimait en ces termes :

« Je t'envoie, citoyen, les copies ci-jointes. Ton zèle pour la Patrie me fait espérer que tu voudras bien les prendre en considération. En te les faisant passer, je remplis un devoir et fais des vœux pour qu'enfin mon mari reçoive une preuve *qu'on ne l'abandonne pas* à ses seules forces qui, heureusement jusqu'à présent, ont suffi; mais, à la longue, elles pourraient devenir insuffisantes (3).

---

(1) Pétition de Mme Descorches au Comité de Salut public, le 2 floréal an II.

(2) Lettre de Buchot du 5 floréal.

(3) Lettre de Mme Descorches. Paris, le 14 floréal an II.

Si le Comité de Salut public abandonnait à son sort la Légation de Constantinople, malgré les objurgations de Mme Descorches, il ne pouvait pas accuser le ministère des Affaires étrangères de le laisser dans l'ignorance de la situation.

Dans un long rapport, daté du 16 floréal, le ministre rappelait les événements qui s'étaient succédé concernant l'ambassade de Turquie, la nomination de Sémonville en juin 1792, la lettre de refus du Grand-Vizir, arrivée après le 10 août, la découverte des lettres de Talon aux Tuileries, le retard de Descorches retenu à Trawnik, son arrivée à Constantinople le 7 juin 1793, la seconde nomination de Sémonville à la nouvelle de l'arrestation de Descorches à Trawnik, la mission de le précéder confiée à Hénin, l'arrestation de Sémonville le 25 juillet, la confirmation de Descorches dans ses pouvoirs et la nomination d'Hénin placé sous ses ordres comme premier secrétaire, la désertion du chef provisoire, de plusieurs drogmans et consuls avant l'arrivée de Descorches, l'arrêté du 20 vendémiaire du Comité de Salut public mettant à la disposition de Descorches une somme de quatre millions destinée à faciliter ses négociations pour la conclusion d'un traité de commerce et d'alliance, les plaintes nombreuses contre Descorches provenant d'Hénin, de Florenville, de Noyane, de Chénié et d'autres, la résolution du Comité de Salut public d'envoyer des agents pour faire une enquête, son arrêté du 27 frimaire leur donnant des pouvoirs considérables et le détail des mesures qu'ils auraient à prendre.

Le premier choix du Comité s'était porté sur Ruffin, Lesseps et Fourcade. Ruffin appartenait à une famille attachée depuis longtemps au ministère des Affaires étrangères. Son père avait servi pendant trente-six ans, et lui-même pendant trente et un ans. Il était né en Turquie où il avait fait sa carrière. Malgré ses services, il avait cru devoir s'excuser d'avoir été sous l'ancien régime décoré à son insu de l'Ordre de Saint-Michel, décoration presque aussitôt abolie après sa création. Bien qu'il ne crût pas être pour ce motif sous le coup du décret du 26 germinal contre les ci-devant nobles, il désirait toutefois avant de quitter Versailles, où il demeurait, pour venir déchiffrer à Paris un manuscrit indien, attendre l'interprétation du Comité de Salut public.

Tant était grande la terreur qui régnait alors ! Ruffin avait cru devoir soumettre son cas au commissaire des Relations extérieures, son gendre Lesseps porteur de sa lettre pouvant lui apporter le manuscrit, s'il lui était interdit de venir à Paris (1).

Ruffin avait reçu, en effet, le cordon noir en 1788, à l'occasion du séjour des ambassadeurs de Tippoo-Saïb auxquels il avait servi d'interprète avec des lettres de noblesse et un don de 7.000 livres pour acquitter les frais d'anoblissement.

Cependant, vers le commencement de pluviôse, les dénonciations contre Descorches avaient redoublé, et une infinité d'incidents sur lesquels l'auteur du rapport ne s'expliquait pas rendaient la décision du Gouvernement difficile. Au moment où des instructions pour Descorches étaient prêtes et même signées, un nouveau plan avait été adopté. Thainville était envoyé le 5 pluviôse pour annoncer à Descorches l'arrivée prochaine de Fourcade et d'un autre commissaire Goujon. Sur ces entrefaites le Comité de Salut public avait arrêté, en ce qui concernait la politique extérieure, une nouvelle démarcation des attributions entre lui et le ministre, et toute correspondance avec Descorches avait été suspendue jusqu'à l'approbation d'un nouveau règlement. Puis, l'arrestation de Deforgues vers le milieu de germinal avait motivé la suspension de toute communication avec le Levant, d'après l'ordre exprès du Comité. Le rapport constatait que la correspondance d'Hénin était nulle depuis plusieurs mois pour ce qui regardait la politique, qu'elle ne contenait que des dénonciations toujours les mêmes et toutes connues du Comité, que Dizerand, parti de Constantinople le 11 brumaire, chargé des lettres d'Hénin, était arrivé vers le 10 germinal, mais qu'on ne savait depuis cette époque ce qu'il était devenu.

Le rapport envisageait la politique à suivre dans les questions extérieures. On se plaignait que Descorches ne donnât

____

(1) Ruffin au commissaire des Relations extérieures. Versailles, le **9 floréal an II.**

pas de renseignements sur la politique suivie en Turquie par l'Angleterre et la Prusse. Il avait été informé que la République préférait diriger les efforts de la Porte contre l'Autriche et cependant c'était une guerre entre la Russie et l'Empire ottoman qui paraissait inévitable, puisque la Russie semblait la vouloir. L'éloignement de la France, la difficulté d'envoyer des secours rendaient la situation de la Turquie périlleuse. Aussi, bien qu'une guerre avec la Russie dût être une diversion avantageuse, *il ne paraissait pas convenable de provoquer un conflit armé* dont l'utilité ne pouvait avoir qu'un rapport éloigné avec les intérêts actuels de la France. La guerre contre l'Autriche était plus désirable. Là était le nœud des difficultés et les négociations de Descorches à cet égard seraient la pierre de touche de sa fidélité et de son adresse.

La neutralité armée de la Suède et du Danemark devait compléter le système politique à adopter. Il convenait que toutes les puissances neutres formassent une contre-ligue pour faire mouvoir la Porte, et pour la faire mouvoir à propos il y avait lieu d'associer sa politique à celle des puissances de l'Europe qui étaient les amies de la République française. Enfin, l'intervention de la République dans les affaires de Pologne paraissait être de la dernière importance et devoir mener à tout. *Il n'y avait pas un instant à perdre pour réaliser cette idée.*

A la même époque, Grouvelle, agent de la République à Copenhague, insistait aussi sur le parti à tirer des mouvements de la Pologne. Il considérait que le moment était le plus favorable pour les Turcs de faire la guerre, surtout si, comme il le paraissait, les Anglais ne les retenaient plus. Mais, le roi de Prusse était devenu l'allié de la Russie et l'ennemi des Turcs, singulière métamorphose pour ceux qui n'avaient pas oublié les événements de 1790 !

Les Polonais avaient envoyé un négociateur à Frédéric-Guillaume. Ils semblaient vouloir le désarmer en lui garantissant les annexions qu'il avait faites lors du dernier partage de la Pologne pourvu qu'il les laissât s'affranchir de la tyrannie russe. Quant à l'Autriche, malgré sa déclaration de neutralité dans les affaires de Pologne, on était fondé à penser qu'elle favorisait la cause des insurgents (1).

Après avoir ainsi traité les principales questions de politique extérieure, l'auteur du rapport soumis au Comité de Salut public insistait sur la nécessité de rétablir l'ordre dans le Levant, d'y créer l'esprit républicain, d'épurer les fonctionnaires, d'y remplacer les consuls déserteurs ou suspects, de maintenir l'unité de vue et d'action dans la Légation, de réorganiser le commerce, de négocier un nouveau traité de commerce, de promulguer de nouvelles ordonnances conformes à l'esprit du gouvernement républicain. Un travail sur les consulats du Levant était prêt. Des agents étaient désignés pour être nommés sur place ou envoyés d'ici peu. Il importait surtout pour l'autorité du représentant de la République que Descorches fût rappelé ou confirmé dans ses pouvoirs. C'était au Comité à décider (2).

Intentions pour la plupart excellentes, mais qui étaient démenties aussitôt par le ministère des Affaires étrangères lui-même! Le 16 floréal, Buchot accueillait et envoyait au Comité de Salut public par le canal de la Société des Jacobins trois lettres d'Hénin qui, méconnaissant la hiérarchie et les pouvoirs de Descorches auquel il était cependant subordonné, proposait l'établissement d'une correspondance directe et de moyens suivis de communication. Buchot rappelait que son prédécesseur avait déjà transmis deux mémoires à ce sujet aux agents de la République en Suisse et à Venise pour établir cette correspondance par les Grisons et la Dalmatie.

Cependant, au ministère des Affaires étrangères, on se rendait compte du désarroi que son inaction devait causer dans la Légation de Constantinople.

« Thainville doit se trouver embarrassé seul à Constantinople, écrivait le commissaire des Relations extérieures au Comité de Salut public, le 21 floréal. Les agents qui devaient le suivre ne sont pas encore partis. Vous en connaissez les motifs. Par suite de ce retard, une partie du plan conçu et

____

(1) Extrait d'une lettre de Grouvelle, agent de la République à Copenhague, le 17 floréal an II.

(2) Rapport au Comité de Salut public sur la Légation de Constantinople, 16 floréal an II.

différé depuis plus de trois mois a dû transpirer. Le nœud de la difficulté doit donc être tranché ici... »

Thainville en effet écrivait de son côté, à la même date, qu'il était depuis quarante jours sans nouvelles, ni moyens promis ; que par suite sa position restait stagnante. Il signalait que des émigrés avaient assisté le 8 floréal à un bal chez le baïle de Venise qui se prétendait l'ami de la République française *et que la conjuration de ventôse avait eu ses commencements à Constantinople* (1). Il savait que dès son arrivée, il avait été dénoncé par les citoyens Hénin et Florenville. Voilà la récompense qui l'attendait après soixante-deux jours de voyage pendant lesquels, pour hâter son arrivée, il ne s'était déshabillé que deux fois (2) !

Au moment même où Thainville soupçonnait Hénin de le dénoncer, celui-ci écrivait au ministre des Affaires étrangères que Thainville étant du même pays que Descorches, ayant vu sa femme avant son départ, subissait sa funeste influence. Hénin signalait aussi Rondeau, le commandant des frégates, comme un traître fréquentant à Smyrne des maisons où il se rencontrait avec des Hollandais. La vigilance de cet infatigable inquisiteur s'étendait jusqu'à Sebenico, où Noël et Jacob, les représentants de la France près la République de Venise, n'avaient pas fait enlever les armes de Capet. Ces deux modérés ne correspondant plus avec lui avaient dû être circonvenus par Descorches (3).

Chénié écrivait aussi à Noyane : « Mille fois bénis soient Amic et Florenville de nous avoir procuré une lecture si agréable. (Il s'agissait de la répression de la dernière conspiration d'Hébert et de Danton.) Ma sœur m'informe de Paris que l'on y assure que Descorches est rappelé. »

On lui avait recommandé de ne plus correspondre avec d'autre membre du Comité de Salut pubic que Robespierre, et on peut voir dans cette indication une preuve de l'influence prépondérante qu'avait alors le dictateur.

---

(1) Thainville faisait allusion au procès des Hébertistes et des Dantonistes (mars et avril 1794).
(2) Thainville au ministre des Affaires étrangères, 21 floréal an II.
(3) Hénin au ministre des Affaires étrangères, 21 floréal an II.

C'était la Société des Jacobins qui remplissait le rôle d'intermédiaire entre le Gouvernement et les dénonciateurs de Descorches. Rousseau, archiviste et président par intérim de cette Société, envoyait le 24 floréal au Comité de Salut public l'extrait d'un mémoire de la Société populaire de Constantinople daté du 21 du troisième mois de l'an II. On y lisait :

« En présence d'étrangers, Descorches a désapprouvé formellement le supplice de la femme Capet et a ajouté que le peuple était égaré et trompé depuis quelque temps par les dénonciations contre les agents publics et les députés. Il a nommé un Arménien en remplacement de Dizerand, l'imprimeur de la Légation, et Sommaripa, jeune de langues à 30 ans ! Noyane n'a pas été écouté quand il a dénoncé le premier député Dauphin et le chancelier Fonton. Desilles et Guët, constructeurs toulonnais, au service de la Porte, qui ont dit qu'il fallait absolument un roi à la France, sont reçus par Descorches. Il empêche les lettres de ses adversaires de parvenir en France et tolère des fleurs de lys à l'entrée du Palais. Les marquis seront toujours les ennemis de l'Egalité. Constantinople a donc besoin d'un brave sansculotte pour ambassadeur. La mort seule pourrait mettre un terme à notre résistance au despotisme. »

Cette accusation venimeuse qui ne tendait à rien moins qu'à exposer Descorches à la peine capitale pour avoir blâmé le supplice de la Reine était signée de Félix Hénin, président, et de J. Comnène, secrétaire de la Société populaire.

Chénié, tenant compte de l'avis qui lui était parvenu de n'avoir de rapports qu'avec Robespierre, lui écrivait le 25 floréal : « Avant d'entrer en matière, qu'il me soit permis en remerciant la Convention et le Comité de Salut public de la vigueur avec laquelle ils ont anéanti la dernière conspiration, de te féliciter pour l'énergie et la sagesse de tes discours à la Convention et aux Jacobins dans le cours de cette procédure. » Cette conspiration, avant qu'elle n'éclatât, avait été annoncée confidentiellement à Constantinople, notamment par Ainslie, l'ambassadeur d'Angleterre.

Chénié blâmait la conduite *modérée* de Thainville qui passait presque toutes ses soirées chez le secrétaire de Légation, Gaudin, suspect d'émigration. « Il faut convenir au reste, ajoutait Chénié, que cette maison est attrayante, car ce jeune homme a épousé une des jolies grecques du pays et on ne la dit pas très farouche. (Mme Gaudin portait le bonnet de police des soldats français.) Croirais-tu que la femme de Pech, ce fidèle serviteur du Roi, que le vertueux Descorches a créé consul à Constantinople, est dans un tel point de familiarité avec le citoyen Thainville, qu'elle l'appelle *mon commissaire*, car il faut te dire que ce citoyen est venu ici sous cette dénomination.

« Il faudrait nommer un négociateur patriote et monta gnard pour surveiller Descorches; qu'on lui adjoigne comme conseillers d'ambassade sans lesquels il ne pourrait rien décider trois autres bons montagnards puisés à la source des bons principes à Paris. »

Chénié trouvait que Thainville s'endormait dans les délices de Capoue en avertissant *l'incorruptible* Robespierre qu'il mettait au courant de la chronique galante de Constantinople. Il aurait voulu aussi qu'on relevât l'indemnité parlementaire : « N'est-il pas singulier, écrivait-il, que les législateurs qui sont les pères, les régénérateurs du peuple n'aient que la moitié des appointements de ces consuls parmi lesquels je ne connais pas un patriote ? »

Il dénonçait en outre Rondeau à cause de son inaction d'autant plus coupable que les ennemis n'entretenaient aucun armement dans le Levant (1).

Il eût été heureux d'impliquer Descorches dans la conspiration de Chaumette : « Le supplice de Chaumette, annonçait-il, d'Hérault de Séchelles et consorts, l'arrestation de Deforgues ont jeté le très vertueux ministre dans la stupeur. Je te l'ai dit, il y a quatre mois; cherche dans mes lettres; tu y verras que dès lors je soupçonnais Deforgues parce qu'il écrivait à Descorches qu'il était très content de sa conduite; je t'y disais que le bruit public ici était que le citoyen Descorches s'entendait avec Chaumette, et les étran-

____

(1) Chénié à Robespierre, député à la Convention. Constantinople, le 25 prairial an II.

gers appelaient Descorches le mari de la femme à Chaumette. Je passe sur cette dernière chose qui peut n'être pas
fondée. Dois-je tenter de faire apercevoir à Robespierre la
chaîne de l'intrigue, prenant à Londres, traversant Paris et
aboutissant à Constantinople ?

« Humphrys, sujet anglais, est déguisé en Turc, chose
inouïe dans ce pays ! Nous le soupçonnons d'être l'agent
secret de Descorches auprès des Turcs qui, sans être
ministres, sont cependant des personnages marquants. »

Descorches se montrait ultra-révolutionnaire à la même
époque que la faction de Paris et alors que Deforgues com-
plimentait Descorches, Hénin n'avait pas reçu de réponse à
plus de soixante-dix dépêches !

Chénié se demandait si Thainville n'était pas aussi un
envoyé de Deforgues. Il rappelait qu'il avait été le collègue
de Noël, ce journaliste contre-révolutionnaire envoyé comme
agent secret en Hollande par Lebrun, lors des intrigues de
Dumouriez. Il signalait Tilly qui avait procuré à un émigré
de Marseille du nom de La Flèche la fourniture de blés pour
le Gouvernement français.

Ruffin fils, professeur au collège des Langues orientales à
Paris, se trouvait à Constantinople en état d'émigration,
venant de Livourne avec un certain comte Archambaud et,
en signalant sa présence, Chénié recommandait de surveiller à Paris son père qu'il savait être un effréné aristocrate.
Venture resté à Venise en était un autre, et ce n'était pas
un homme à employer à Constantinople.

Hénin, ne voulant pas se laisser dépasser par Chénié dans
les manifestations de la joie que leur causait l'échec de la
dernière conspiration, s'adressait au président de la Convention lui-même pour le féliciter d'avoir évité à la République
le danger qui la menaçait (1).

Tout en demandant à ne pas rester plus longtemps abandonné, il annonçait au Comité de Salut public qu'il renon-
çait à tout emploi « parce qu'il avait le malheur d'être né

---

(1) Hénin, chargé d'affaires à Constantinople, au président de la
Convention, le 27 floréal an II.

dans une caste qui jouissait naguère de privilèges contraires au bon sens et qu'il abhorrait à jamais ».

Le temps était loin où sous la signature du chevalier d'Hénin il envoyait au comte de Châlon, ambassaseur près la République de Venise, une épître dédicatoire où il parlait du plus grand et du meilleur des rois !

Un autre ex-noble, Ferrières-Sauvebœuf, qui avait joué un rôle en Orient dans les dernières années du règne de Louis XVI, croyait devoir aussi appeler sur lui l'attention du Gouvernement de la République.

Il rappelait avoir, au début de la Révolution, envoyé des mémoires politiques au Comité diplomatique et aux ministres des Affaires étrangères. Il avait blâmé publiquement la nomination à Constantinople de Sémonville dont la folle jactance lui était connue. Lebrun qui avait si justement subi la peine de ses crimes lui avait répondu en l'honorant de son mépris.

Bien que le hasard l'eût fait naître dans une caste proscrite, il n'en était pas moins dévoué à la Révolution. A 16 ans, il avait déjà pu concevoir en Italie l'horreur du fanatisme. Depuis l'âge de 17 ans, il n'avait pas fait moins de sept voyages en Asie, où il avait été chargé par le ministre Vergennes de missions politiques et commerciales. Il demandait à sortir de France en prenant la qualité d'émigré, de ci-devant noble, afin d'expliquer son départ et de cacher le véritable but de son voyage. Il serait muni d'argent et de cadeaux destinés à faciliter le succès de ses négociations. Il passerait par la Suisse, Venise, Raguse, sous le prétexte de faire un voyage en Grèce; il verrait le Pacha de Scutari qu'il connaissait et qui était l'ennemi le plus irréconciliable des Autrichiens. Il le déterminerait à recommencer des incursions dans le territoire de l'Epire. L'Empereur se plaindrait à la Porte qui, sur les conseils de Descorches prévenu de ce concert, répondrait avec humeur aux réclamations autrichiennes relativement aux territoires contestés et provoquerait une rupture. De là, Ferrières-Sauvebœuf irait à Constantinople; il verrait en secret l'agent de la France et des diplomates d'autres pays qu'il connaissait tous pour combiner des mesures communes.

Il passerait en Géorgie, sous le prétexte de négoce, reverrait les chefs des provinces situées entre la mer Noire et la Caspienne, puis, se faisant connaître, traiterait au nom de la République française et, comme en 1784, pourrait armer tous ces peuples contre la Russie ; il faciliterait aussi aux Tartares la reprise de la Crimée.

Les Polonais se trouveraient délivrés du joug des Russes obligés de défendre leur pays.

Le roi de Prusse, poussé par l'intérêt unique d'un partage, serait forcé de retourner ensevelir sa honte et son désespoir dans la ville de Berlin. Le voyage se ferait rapidement, Ferrières-Sauvebœuf n'était-il pas revenu en quatorze jours par terre et en poste de Constantinople !

Il avait été arrêté comme ci-devant noble. Mais, étant du même pays et camarade de collège du président du Tribunal révolutionnaire, il l'avait fait prier de soumettre au citoyen Robespierre un exposé analogue et il avait été remis bientôt en liberté. Le Comité révolutionnaire de sa section n'avait rien trouvé de suspect chez lui et n'avait pas mis de scellés sur ses papiers.

En 1789, il avait été victime de l'avant-dernière lettre de cachet du dernier tyran pour avoir osé parler de Liberté. Il ne demandait pas à rester plus longtemps à Paris, car il serait soupçonné à l'étranger d'être chargé d'une mission (1).

Si Ferrières-Sauvebœuf, arrêté par les autorités révolutionnaires après l'avoir été par celles de la Royauté, avait été logique, il aurait trouvé que la liberté du nouveau régime valait celle de l'ancien.

Descorches harcelé par ses adversaires, irrité contre Hénin dont il connaissait les dénonciations, cherchait de son côté à le prendre en faute. Il lui avait écrit le 3 floréal pour lui reprocher un dîner donné par lui l'avant-veille dans le Palais de la République ; plusieurs femmes d'une conduite douteuse y avaient pris part et avaient ainsi pénétré « dans une mai-

____

(1) Lettre de Ferrières-Sauvebœuf, domicilié : section du Nord, faubourg Franciade, n° 32, le 28 floréal an II.

son républicaine qui ne devait jamais offrir que des modèles de vertus et de bonnes mœurs ».

Hénin avait répondu le 4 floréal qu'il s'agissait d'un déjeuner chez la citoyenne Lize qui avait fait les invitations ; il n'était donc pas offert par lui. Quelques convives qui n'étaient pas attendus s'étaient joints, il est vrai, aux invités, notamment un joueur de clarinette, ce qui laisse supposer que le repas avait été suivi de danses. Il y avait parmi les convives, Florenville, père de six enfants, dont la présence devait être pour Descorches une garantie que les convenances avaient été respectées (1).

Des événements plus sérieux devaient à cette époque préoccuper Descorches. Il signalait au ministre des Affaires étrangères, le 20 floréal, l'émigration de Cousinery, consul suspendu de Salonique ; de Dauphin, l'ancien proconsul de Smyrne ; de Taitbout, consul en Morée, qui s'était qualifié consul d'Angleterre.

En raison de la situation que Descorches avait occupée en Pologne, son attention était particulièrement attirée du côté de ce pays. Il aurait voulu que la Porte se déclarât en faveur de la nation polonaise. Au sujet de l'insurrection de la Pologne qui n'était plus douteuse, il donnait au Reis-Effendi ces nouvelles qu'il croyait propres à lui faire partager ses vues. « Le général Kosciusko qui s'est fait tant d'honneur pendant la campagne de 1792, que le soussigné connaît beaucoup et qu'il garantit plein de talents, de fermeté et de sagesse, est à la tête des insurgés. La ville et la forteresse de Cracovie se trouvent en sa possession avec beaucoup de munitions. On dit que 60.000 Russes insurgés aux environs de Moscou vont se porter sur Pétersbourg. On parle de la mort de l'Impératrice, d'armements sérieux faits de concert par le Danemark et la Suède, et de la retraite déjà effectuée de l'armée prussienne.

« Pendant ce temps-là, la République française fait des préparatifs formidables. Les complots fomentés par ses ennemis n'aboutissent qu'au supplice des conspirateurs. Tout plie

____

(1) Descorches à Hénin, le 3 floréal an II.

sous l'énergie républicaine et devant les mesures admirables de la sagesse et de la vigueur du Gouvernement. »

Descorches qui donnait cette appréciation sur la politique intérieure de la Terreur et qui, tout comme Hénin d'ailleurs, devait féliciter le ministre des Affaires étrangères de l'importante nouvelle « de l'éclatante et utile justice faite à Paris des conspirateurs contre la République (1) », annonçait encore au Reis-Effendi qu'une poignée de républicains renfermés dans Bastia avait suffi pour faire échouer l'entreprise des Anglais sur la Corse, que les Français avaient pénétré en Italie pour secourir Gênes, que 100.000 hommes bien munis et pleins d'ardeur marchaient sur Lyon, que 300.000 autres étaient échelonnés depuis cette ville jusqu'à Dunkerque, que la République avait 1.500.000 hommes sous les armes, alors que l'année précédente elle n'en comptait que 6 à 700.000, que la mésintelligence régnait entre Berlin, Vienne et Londres, et que partout dans la coalition, on ne voyait que frayeur et épuisement.

« Et vous hésiteriez encore ! » ajoutait Descorches. Aussi, la Cour de Vienne faisait-elle publier dans ses feuilles « qu'on pouvait être sans inquiétude du côté des frontières turques ». Cependant le Gouvernement ottoman avait un service à rendre à la République française en Bosnie, en y protégeant ses courriers arrêtés sur les frontières (2).

Descorches rendait compte aussi au ministre des Affaires étrangères à Paris des bruits qui couraient sur l'insurrection de Pologne. Il avait écrit plusieurs fois sans succès au Comité de Leipzig : « Dieu veuille, disait-il, que l'insurrection ne soit pas encore trop précoce et que les forces russes ne la compriment avant qu'on n'ait pu réunir tous nos moyens (3) ! »

Il comptait, après une prochaine entrevue avec le Reis-Effendi qui lui ferait connaître ses intentions, envoyer un homme de confiance à Kosciusko.

---

(1) Descorches au ministre des Affaires étrangères, le 14 prairial an II.

(2) Note de Descorches pour le Reis-Effendi. Galata, le 22 floréal an II.

(3) Lettre de Descorches reçue le 14 prairial an II.

L'émigration de Taitbout, consul général de Coron, suggérait à Descorches cette réflexion, que si les décrets d'accusation qu'il avait demandés, dès le mois d'août 1793, contre l'ex-premier drogman Fonton et le ci-devant secrétaire d'ambassade Chalgrin avaient été rendus, ces scènes scandaleuses de la désertion des consuls et autres agents ne se seraient pas multipliées dans le Levant.

« Ne convenait-il pas, s'écriait-il, que la justice nationale sonnât contre des hommes aussi criminels ? »

Plein de son zèle révolutionnaire, Descorches annonçait en ces termes au ministre des Affaires étrangères la célébration des nouvelles décades :

« Il y en a eu deux jusqu'ici, assaisonnées, je t'assure, de tout ce que la Liberté, l'Egalité, la cordialité et la décence réunies peuvent avoir de charmes. La présence d'un assez grand nombre *de sœurs* en a augmenté l'agrément. »

Pour remplacer les distractions des anciens jours fériés, il émettait cette idée : « Je voudrais la communication publique ce jour-là des lois, décrets et autres actes intéressant la généralité des citoyens, suivie d'un discours de morale républicaine. Il me paraît qu'une célébration de cette espèce ne pourrait qu'influer très avantageusement sur la formation des mœurs qui nous conviennent, mœurs vertueuses qui feront notre force et notre bonheur (1). »

La lecture du *Journal officiel,* voilà ce qu'offrait Descorches à ses compatriotes pour remplacer les distractions du dimanche !

Dans le même rapport, il se disculpait de l'accusation d'avoir délivré un passeport à un navire anglais du port de Smyrne, « La Georgiana », vendu au Capitan-Pacha qui avait ensuite rompu le marché. Ce navire devait charger à Londres des marchandises destinées au Grand Seigneur.

Il donnait des renseignements intéressants qu'il avait reçus par le canal de Rousseau, consul à Bagdad, sur les affaires de la Perse gouvernée alors par l'eunuque Aga-Muhmet-Khan.

____

(1) Descorches au ministre des Affaires étrangères, le 4 prairial an II.

Rousseau avait vu à Bagdad le cheik-ul-islam d'Ispahan, gouverneur de cette ville, qui devait communiquer à Muhmet-Khan et aux grands de la Perse un mémoire écrit sous sa dictée sur la Révolution française. Mais Rousseau était comme Descorches abandonné du Gouvernement français; depuis plusieurs mois il n'avait reçu aucun pli ministériel. Il en était de même du consul d'Alep qui lui servait d'intermédiaire. L'insouciance de la France ne diminuait pas cependant le zèle de ces dévoués serviteurs ni des Français habitant ces lointains parages. C'est ainsi que l'Ile-de-France avait armé en course plus de trente corsaires et une escadre de cinq vaisseaux et frégates pour faire la chasse aux Anglais.

La correspondance de Descorches était toujours accompagnée de lettres de dénonciations de ses principaux adversaires qui arrivaient à Paris en même temps que ses rapports. Hénin accusait sans preuves Humphrys d'être l'espion du Gouvernement anglais (1).

Il était toutefois certain que Descorches employait Humphrys comme agent secret auprès de personnalités ottomanes. Une note du 5 prairial en fait foi. Elle contient l'énumération des dons faits au Dr Marco, à dom Germano, secrétaire de la Sultane-mère, au secrétaire du Grand-Seigneur, à Musta-Bey, secrétaire de la Porte, à John Humphrys, *intermédiaire* auprès des principaux membres de l'Uléma, à un grec accrédité auprès des chefs de l'Uléma, 5.204 piastres avaient été ainsi distribuées.

Dans sa folie dénonciatrice, Hénin soupçonnait même son ami Chénié, surtout depuis l'arrivée de Thainville auprès duquel il l'accusait d'intriguer pour avoir un emploi. « Il pourrait être un intrigant », disait-il.

Il avait cru devoir écrire à Thainville pour lui demander ce que devenait sa mission depuis l'arrestation de Deforgues qui l'avait envoyé (2).

Cette mission de Thainville avait été entravée par le retard

___

(1) Hénin au ministre des Affaires étrangères. Constantinople, le 5 prairial an II.

(2) Hénin à Thainville, le 6 prairial an II.

des agents qui devaient l'accompagner. Le commissaire des Relations extérieures, — tel était le nouveau titre donné au ministre des Affaires étrangères, — se rendait compte de l'embarras que Thainville devait éprouver quand il lui écrivait : « Je crois aisément que le retard de l'envoi des agents que tu espérais devoir te suivre t'aura mis dans une situation pénible. Le Comité en consolidant le gouvernement à l'intérieur, en mettant à l'ordre du jour, — *probité, vertu et victoires*, — sujet d'admiration pour l'avenir, a ajourné plusieurs opérations qui concernent les relations extérieures de la République.

« Quant à nos intérêts politiques, nous avons *l'Autriche et l'Angleterre à anéantir, et la Prusse dont nous avons dédaigné d'acheter la neutralité* sera entraînée dans leur ruine.

« La convention de neutralité armée conclue entre la Suède et le Danemark doit t'être connue. L'énergie de Polonais opprimés se déploie avec succès, et nous sommes impatients d'apprendre jusqu'à quel point la Porte peut y avoir influé et quelle part elle est déterminée à y prendre. »

Le commissaire des Relations extérieures demandait à Thainville des renseignements sur les agents du Levant, les propriétés nationales, les jeunes de langues, la réforme de l'Ordonnance de 1781. Il l'informait que toutes les traites provenant des agents diplomatiques à l'étranger devaient désormais être envoyées directement au bureau des fonds du ministère des Relations extérieures. Une lettre circulaire avait dû être communiquée à Descorches au sujet de ce nouveau changement.

Le Comité de Salut public *ne pouvait tarder* à prononcer sur les intérêts de toute espèce que la France avait à régler à Constantinople (1).

Il était singulier que le chef de la politique étrangère associât ainsi Thainville à l'œuvre confiée à Descorches, avant d'avoir pris un parti sur le maintien en fonctions de ce représentant officiel de la République auprès de l'Empire

____

(1) Le commissaire des Relations extérieures à Thainville, le 6 prairial an II.

ottoman. Il était également surprenant que de telles confidences sur la politique de la France fussent faites à Thainville, à l'insu de Descorches.

A la même époque, le chef de la 3e division du ministère des Relations extérieures adressait un rapport au Comité de Salut public pour le renseigner sur la situation dans le Levant. Il rappelait qu'au moment où il avait été chargé de cet emploi, les défiances, les dénonciations, les querelles qui remplissaient toute la correspondance du Levant nécessitaient la plus grande circonspection dans les mesures à prendre relativement à ce pays. L'opinion du ministre Deforgues était que rien ne devait être fait isolément et que tout devait être lié à l'envoi de nouveaux agents. Cet envoi avait été décidé bientôt après par le Comité de Salut public et c'était d'après ce principe qu'on avait cru devoir constamment se conduire à l'égard des affaires de Constantinople. On avait demandé à Descorches une liste des agents émigrés remplacés par lui ou à remplacer, et des mesures ne devaient être prises qu'après l'arrivée des envoyés qui avaient été désignés pour suivre Thainville (1).

Le chef de la 3e Division informait aussi le commissaire des Relations extérieures que la correspondance avec le représentant de la République à Constantinople avait été interrompue depuis très longtemps. Il faisait en outre cet aveu : « Le citoyen Descorches met à ses négociations avec la Porte *une activité qui pourrait nous mener plus loin que nous ne voudrions* ou qui, si elle était dans notre plan, ne se trouverait pas soutenue par des instructions, des pouvoirs et des moyens que Descorches attend de nous *et qu'il attend en vain*. Pour ce qui concerne nos Etablissements dans le Levant et la position des Français en général, les intrigues, les dissensions, les agitations révolutionnaires, la difficulté des communications, la stagnation du commerce, la perfidie, la lâcheté, l'égoïsme des uns, l'ardeur ou l'ambition des

---

(1) 3e division. Rapport au Comité de Salut public, le 7 prairial an II.

autres y ont produit une confusion telle qu'il pourrait en résulter des malheurs irréparables.

« Les ordres du Comité fondés sur la nécessité d'obtenir des renseignements sur nos agents et peut-être sur cette grande idée, si digne d'un peuple républicain, qu'avec douze armées victorieuses, *on peut se passer de diplomatie*, ont suspendu provisoirement l'exécution du plan conçu pour Constantinople.

« L'arrivée du citoyen Thainville peut et doit apporter quelques modifications à notre conduite. On pourrait lui écrire dans un certain sens, *sans froisser Descorches*, pour faire entrevoir les motifs du retard dans l'exécution des mesures, et diriger l'activité des agents vers des objets en tout état de cause utiles.

« La perplexité de Thainville a dû être terrible (1). »

Ce qui était terrible aussi pour la réputation du Comité de Salut public, c'était la responsabilité qui lui incombait dans cet état de choses. Non seulement la solution toujours ajournée des questions si graves pour la France qui s'agitaient à Constantinople dépendait maintenant de l'arrivée d'envoyés qui n'avaient pas encore quitté Paris, mais il résulte en outre de cette pièce accablante que le gouvernement révolutionnaire, qui a été si vanté pour l'énergie qu'il aurait partout déployée et pour son patriotisme, ne voulait ou ne savait donner aucune direction à sa politique extérieure. Insouciance et incapacité, tels sont les deux moindres griefs qui peuvent lui être reprochés ! .

Cependant Descorches n'était pas le seul à lui adresser de pressants appels. Sa femme elle-même, restée à Paris, l'engageait à ne pas différer de prendre parti en faveur de la Pologne. « Les insurgés polonais, écrivait-elle, avec qui j'ai passé deux ans, m'obligent à parler (2). »

A la même époque, Descorches devait à son tour marquer l'intérêt qu'il portait aux affaires de Pologn . Il signalait

____

(1) 3e division. Rapport au citoyen commissaire des Relations extérieures, le 11 prairial an II.

(2) La citoyenne Descorches au Comité de Salut public. Lettre reçue au ministère des Affaires étrangères, 3e division, le 14 prairial an II.

à Buchot que la flotte ottomane forte de vingt bâtiments, dont quinze vaisseaux et frégates, avait quitté le port de Constantinople. Les Turcs pressaient leurs armements en présence des agissements des Russes dont on disait la flotte sortie de Sébastopol et l'armée concentrée sur la rive gauche du Dniester pour envahir la Moldavie. « Nous savons, disait-il, Varsovie en possession *des insurgens*, mais les détails nous manquent. C'est le sujet d'une grande contrariété pour moi ,personnellement, car je me sens attaché par un bien vif intérêt au succès d'une aussi belle et bonne cause. »

Il attendait donc des nouvelles de Paris avec impatience, « car il regardait comme absolument impossible que toutes les combinaisons ne fussent pas prises pour amener à bien l'essor des Polonais qui promettait de si heureuses suites sous tous les rapports. »

Le bruit courait parmi les Turcs de l'arrivée d'une flotte française pour accompagner la leur dans la mer Noire et, à la complaisance qu'on leur voyait mettre dans cette espérance, il était aisé de juger ce que produirait la réalité (1).

Descorches devait encore écrire le 22 messidor à son correspondant et ami La Roche au sujet de la Pologne : « Les Russes et les Prussiens font beaucoup sonner un échec des insurgens dans une bataille du 6 juin où le Roi de Prusse commandait en personne. Mais ça ira... Tu as bien raison, toi et tous ceux qui partagent ma confiance, de ne pas douter de mes efforts et de ma constance pour mener à bien cette affaire. Tu sais si j'en sens tout l'intérêt, si j'en prévois les précieuses conséquences, si mon cœur s'attache aux flatteuses espérances qu'elle nous donne. Mais au nom du bien public, que je reçoive donc direction, que mes paroles soient étayées de notre puissance républicaine, que j'aie autre chose à dire que ce que je tire de mon propre fonds, que je ne reste pas livré à mes faibles moyens personnels dans tous les genres. *Telle est toujours ma cruelle situation. La marche de la Porte est lente* et nous ne faisons rien de ce qu'il faut pour la corriger.

----

(1) Descorches à Buchot, 21 prairial an II.

« Ce qu'il y a de sûr, c'est que les regards et les vœux
sont déjà fixés sur nos chers insurgens. On m'assure qu'il
y a des émissaires secrets envoyés vers eux. Nous n'avons
encore rien vu paraître de leur côté. Apparemment qu'ils ne
l'ont pas pu. Il n'est malheureusement pas vrai qu'ils aient
pu avoir des débouchés pour leurs communications en s'appuyant aux frontières turques par la possession de Kaminieck ; ce serait un point bien essentiel.

« Comme je me réjouirais d'être destiné à la mission de... !
Ce n'est pas à toi à qui je dois dire qu'elle satisferait davantage toutes mes affections. Mais, comme républicain, je
souffre qu'on en aît seulement eu la pensée, convaincu comme
je le suis que mon déplacement du poste où je suis apporte-
rait des préjudices. Et puis, après m'avoir nommé, il resterait à me faire arriver, ce qui ne serait pas facile, armés
comme nous le sommes ici..... »

Mme Descorches avait rappelé aussi dans son mémoire les
demandes de son mari au sujet de l'envoi d'officiers. Elle-
même avait désigné deux sujets de talent, encore employés
dans les bureaux des Affaires étrangères, pour accompagner
Fourcade et les deux autres commissaires choisis comme
enquêteurs depuis le 4 février 1794. Elle désirait en outre
savoir pour quel motif Thainville était parti seul.

Buchot, le commissaire les Relations extérieures, qui vantait la sagesse et la vertu des membres du Comité de Salut
public, les informait que, le 3 nivôse, deux officiers d'artillerie et deux ingénieurs étaient partis pour Constantinople.
Quant aux autres employés que recommandait Mme Descorches, aucune demande officielle n'avait été faite par son
mari en ce qui les concernait et *il était inutile d'exposer ce
qui s'était passé à l'égard des citoyens Fourcade et Thainville*. Le Comité de Salut public jugerait jusqu'à quel point
la convenance avait pu permettre à la citoyenne Descorches
de se mettre en avant dans des affaires de cette nature (1).

Mme Descorches mettait en effet une instance gênante en

____

(1) Observations du commissaire des Relations extérieures sur le
mémoire de la citoyenne Descorches.

rappelant les intérêts de la France aux puissants personnages qui la gouvernaient et auxquels elle reprochait ainsi leur indifférence !

Quelque temps plus tard, le 3 messidor, Mme Descorches envoyait à Buchot une lettre du citoyen Valentin resté en Pologne pour y surveiller les intérêts de Descorches. Elle contenait ce passage donnant des renseignements intéressants sur l'insurrection polonaise :

« Le peuple vole aux armes pour chasser les Russes. Il est impossible de vous figurer le carnage. La canonnade a duré quarante heures, et les Russes ont été obligés de se retirer.

« De 7.747 qu'ils étaient, 3.000 sont morts et 2.000 ont été faits prisonniers. Tous leurs canons ont été pris. Tout le monde ici désire et appelle *mon chef;* c'est un cri général. Je ne crois pas que les Russes soient prêts à revenir de si tôt, si la France vient au secours de ces braves gens. Il y a eu aussi une attaque des Prussiens... »

C'est à la même époque que le général Stettenhoff, dont on parlait pour prendre le commandement des Polonais révoltés, arrivait à Paris, afin de se concerter avec le Gouvernement français.

Ecrivant dans le même temps à Thainville, Buchot, tout en se montrant satisfait de l'exactitude que Descorches mettait dans ses rapports et du compte qu'il rendait de sa conduite, rappelait que le Comité s'était réservé la décision de toutes les grandes mesures qui concernaient les relations extérieures et qu'il était de son devoir d'attendre qu'il ait prononcé pour reprendre avec une activité nouvelle le fil de la correspondance (1).

Si la correspondance du Gouvernement était interrompue, il n'en était pas de même de celle des ennemis de Descorches qui redoublaient d'activité. Le conventionnel Legendre avait communiqué au citoyen Billaud-Varennes, membre du Comité de Salut public, une lettre de Chénié du 27 pluviôse. C'était la seule lettre qu'il eût reçue, bien que Chénié parlât de l'envoi des lettres antérieures (2).

---

(1) Buchot à Thainville, le 16 prairial an II.
(2) Legendre à Billaud-Varennes, le 15 prairial an II.

Legendre et Billaud-Varennes étaient alors dans les meilleurs termes, puisqu'il s'agissait de se communiquer des délations. Après le 9 thermidor, qui était prochain, ils devaient être moins amis !

La Société populaire d'Alep soumettait à la Convention pour sa justification toute sa correspondance avec Descorches.

Il eût été extraordinaire qu'Hénin ne cherchât pas *à renseigner* le nouveau commissaire des Relations extérieures Buchot en même temps que le Comité de Salut public. Il avait donc signalé l'insouciance de Deforgues au sujet des opérations intéressant le Levant et le silence que cet ancien ministre avait gardé à son égard lui avait donné des soupçons.

On était heureusement délivré, remarquait-il, du despotisme des ministres par qui les intérêts de la République avaient été trahis dans le Levant. Les ministres n'écrivaient aux agents que très rarement, et des lettres insignifiantes. Quant aux nouvelles de Constantinople, envoyées par Descorches au *Moniteur*, elles étaient pour la plupart inexactes. Thainville avait essayé d'excuser Descorches de son insouciance, et Hénin, en l'accusant d'avoir montré de la sympathie pour un ministre en état d'arrestation, espérait bien le compromettre. La conduite de ce commis des Affaires étrangères paraissant aussi suspecte à Hénin et ayant excité sa défiance, il lui avait demandé une entrevue et lui avait lu la lettre qu'il avait adressée à Paris à son sujet et dans laquelle il exprimait des doutes sur son républicanisme. Thainville s'était fâché et lui avait reproché une mauvaise foi insigne (1).

Il s'était en outre défendu par une lettre à son dénonciateur datée du 19 prairial.

Il y rappelait son passé qui prouvait son patriotisme. Capitaine de la garde nationale, il avait été chargé pendant deux ans de la correspondance des Jacobins. *Il n'y avait au*

____

(1) Hénin à Buchot, commissaire des Relations extérieures et au Comité de Salut public, le 18 prairial an II.

début que 31 affiliations à la célèbre Société. Lorsqu'en 1792 il remit le dépôt de ses archives pour entrer au ministère des Affaires étrangères, *les Jacobins étaient le centre de plus de 800 sociétés affiliées.* Tel avait été le résultat de son activité révolutionnaire.

Lors du massacre du Champ de Mars, il était resté à son poste avec 60 ou 80 Jacobins. Il avait pris part au siège des Tuileries le 10 août. Nommé le même jour représentant de la Commune de Paris, électeur de 1792, il avait été, au mois d'octobre de la même année, chargé d'une mission en Hollande où, pendant quatre mois, il avait dénoncé les trames de l'ambassadeur Maulde, ami intime du traître Dumouriez.

Au 31 mai, il avait combattu dans sa section de la Montagne les Brissotins et les Fédéralistes. A la suite de cette journée, il avait été nommé de nouveau capitaine de la garde nationale par les mêmes citoyens qui lui avaient confié ce grade le 13 juillet 1789. Peu après, ses occupations lui avaient fait refuser le grade de chef de bataillon.

Prenant à son tour l'offensive, il accusait Hénin de dénoncer tout le monde, même Chénié. Il lui reprochait le titre de chevalier qu'il portait quand il était officier de dragons, son amitié avec Las-Casas, l'hospitalité qu'il avait donnée dans le Palais de France à Venise, après leur émigration, à d'Artois et à la Polignac, les offres d'argent et de places qui lui avaient été faites par des ministres étrangers.

« Si Descorches était un traître, écrivait-il, je le précipiterais dans le Bosphore. Mais, dans ton acharnement, il y a plus d'ambition que l'amour de la Patrie. Tu ne l'as pas caché dans ta correspondance.

« Il est dangereux de rendre nos débats publics et les ministres étrangers en ont tiré parti auprès du Gouvernement ottoman.

« Pourquoi avoir cherché à détacher Pousitch en l'assurant dans le temps que tu devais remplacer Sémonville, alors que tu le traites aujourd'hui de faux patriote ? Pourquoi cette correspondance dans les Echelles qui a jeté des semences de division ? Quelques jours après mon arrivée, des lettres étaient envoyées à Smyrne et ailleurs pour me suspecter.

Cent vingts citoyens ont pris part aux pick-nicks des décades. Tu n'as assisté à aucune de ces réunions et tu as déclamé contre elles..... »

La guerre était désormais allumée entre Thainville et Hénin.

Thainville réclamait comme Descorches des instructions, entretenait dans sa correspondance le commissaire des Relations extérieures de ses griefs contre le parti d'agitateurs qui l'avait dénoncé, ainsi que l'envoyé de la République.

« Citoyen, disait-il, j'attends toujours avec une bien vive impatience les instructions qui doivent diriger ma conduite. Différentes lettres particulières annoncent la très prochaine arrivée dans le Levant de citoyens qui présumablement en seront chargés. Leur présence devient de jour en jour plus urgente. La nécessité de porter un jugement sur l'agent principal de la République, une réorganisation indispensable dans les Echelles agitées par quelques individus, la détresse de la Légation, les mesures que doit entraîner l'heureuse insurrection des Polonais qui a produit ici le plus grand effet, le désir au moins apparent des Turcs de prendre un parti qu'ils commencent à sentir commandé par leur intérêt personnel, tout concourt à rendre plus pressants les secours et les instructions du Gouvernement.

« Les Français continuent à être traités ici en frères et en amis; partout ils sont fêtés, accueillis des Turcs. On pourrait même dire *que l'amitié qu'ils nous témoignent va jusqu'au fanatisme.* »

Thainville annonçait encore que l'envoyé de Prusse avait reçu dernièrement l'ordre de presser la Porte sur les points suivants :

1° La reconnaissance du partage de la Pologne;

2° La proscription dans tous les Etats du Grand-Seigneur des couleurs nationales françaises;

3° Le renvoi des quatre frégates françaises qui croisaient dans l'Archipel.

Mais à cause de l'insurrection polonaise, il avait reçu un ordre plus récent de surseoir à ses démarches.

Enfin Thainville signalait qu'Hénin, *chef des Hébertistes*

de Constantinople, après s'être fait passer pour appartenir à la famille des princes d'Hénin, se disait actuellement le parent de Robespierre (1) !

Les correspondances de cette époque venant de Constantinople confirmaient l'appréciation de Thainville sur la faveur dont les Français jouissaient en Turquie. S'ils portaient la cocarde, les Turcs les appelaient amis, frères, expressions employées entre musulmans. Ils leur offraient du café, des pipes. « Vous êtes, leur disaient-ils, nos amis, nos meilleurs amis. Nous prions Dieu vingt fois le jour pour le succès de vos armes. »

Des émigrés étant entrés dans un café, des Turcs les avaient appelés mauvais, méchants et les avaient fait expulser. Or, sous l'ancien gouvernement, un Français passait rarement dans les rues sans être insulté (2).

L'insurrection polonaise qui éveillait alors du côté français toutes les espérances avait motivé, après les rapports de Descorches et de Thainville, une lettre de Chénié à Robespierre. Il constatait que ce soulèvement avait forcé la Russie à prendre un ton moins menaçant, alors que Descorches s'applaudissait déjà d'une guerre inutile avec ce pays, si elle n'était pas accompagnée d'hostilités contre l'Autriche. Descorches traînait en langueur les négociations au lieu d'obtenir une alliance offensive et défensive qui devait provoquer une guerre contre l'Autriche. « Il y a juste un an, écrivait-il, que pour le malheur du Levant, ce royaliste est arrivé ici, lui qui avait écrit à Noyane, à Smyrne, qu'à Varsovie on l'appelait *le petit Robespierre.* »

Chénié attaquait aussi Thainville arrivé le 9 avril et accusé de vouloir se faire nommer secrétaire d'ambassade comme Gaudin, « cet officier à la suite du régiment d'Alsace, sorti de France en 1790 à l'époque du couronnement de Léopold et habitant Constantinople depuis les premiers mois de 1791. Pourquoi n'était-il pas rentré en France pour obéir aux

---

(1) Thainville à Buchot, commissaire des Relations extérieures, le 21 prairial an II.

(2) Extrait d'une lettre de Constantinople du 23 prairial, sous le timbre de Genève.

décrets sur l'émigration, n'étant ni diplomate, ni commerçant ? » Les autres membres de la Légation n'échappaient
pas aux critiques de Chénié. Montal, secrétaire de l'envoyé,
n'était qu'un tout jeune homme, parent de la citoyenne Descorches. Pidoux, secrétaire-copiste, était le fils d'un domestique de confiance de Choiseul-Gouffier. Romer, l'imprimeur,
avait émigré après avoir donné plusieurs signes d'aliénation
mentale.

Chénié conseillait de consulter Le Bas, ancien secrétaire
de Saint-Priest, au sujet des mesures à prendre pour protéger
les intérêts du commerce français dans le Levant où « *tout
dépendait des Juifs* (1) ».

A la même époque, un autre membre du Club de Constantinople, Amic, écrivait en ces termes au Comité de Salut
public pour se plaindre également de l'abandon dans lequel
le Gouvernement français laissait le Levant.

« Depuis notre sainte Révolution, tous les Français qui ont
été constamment fidèles à leur patrie, souffrent dans le
Levant de l'espèce d'oubli dans lequel ils semblent se trouver.
Les traîtres sont soutenus par presque tous les Européens
et les Grecs, *nos ennemis naturels* (2). »

Cette opinion sur les Grecs était partagée par Magallon,
consul au Caire, qui les appelait « les vils esclaves des
Turcs (3) ».

Pendant qu'on était dans l'attente d'une ouverture d'hostilités entre les Russes et les Turcs, et que le bruit courait
même en Russie de l'arrivée d'une flotte française pour
secourir ces derniers, les Anglais avaient signalé leur présence dans l'Archipel par une prise que Descorches appelait
« un nouveau brigandage à venger contre l'abominable Gouvernement britannique et les dignes satellites d'un Roi qui
se faisait un jeu de toutes les violations (4). »

------

(1) Chénié à Robespierre aîné, le 22 prairial an II.
(2) Amic (Jean-René) au Comité de Salut public. Smyrne, le
29 prairial an II.
(3) Magallon, consul au Caire, à Descorches, le 2 messidor an II.
(4) Constantinople, le 22 messidor an II de la République française.
L'envoyé extraordinaire à la Commission des Relations extérieures.
Correspondance ministérielle.

« La Sublime Porte, écrivait-il encore dans une note au Reis-Effendi, pourra rassembler dans un même tableau les traits de la conduite de nos ennemis et de la nôtre et prononcer dans son impartialité de quel côté sont les brigandages (2). »

Un événement fâcheux pour le prestige des Français venait, en effet, de se produire à Miconi. Rondeau avait informé Descorches qu'il avait été attaqué le 22 prairial, sur la Sybille, par un vaisseau anglais et trois frégates, alors qu'escortant des navires marchands, il se trouvait dans les eaux turques, protégé par le firman du Grand-Seigneur qui interdisait toutes hostilités à trois milles de distance des côtes. Les premiers coups de canon tirés par les Anglais lui avaient fait perdre six pièces d'artillerie et trente hommes d'équipage, et avaient décidé de l'issue du combat.

Il avait été fait prisonnier avec son état-major et vingt-sept hommes relâchés trois jours après. S'il n'avait pas fait sauter son bâtiment, c'est qu'il y avait quatre-vingt blessés à bord et que l'explosion aurait détruit la ville de Miconi. Il conservait l'espoir de rentrer en possession de son navire capturé contre le droit des gens, les traités internationaux et le firman du Grand-Seigneur défendant aux belligérants de se battre dans les eaux de l'Empire ottoman. Il avait obtenu, ainsi que son état-major, l'autorisation de rester à terre auprès des blessés (2).

Roubaud, proconsul provisoire à Smyrne, avait averti de son côté Descorches, le 5 messidor, que deux frégates anglaises étaient entrées dans le port de cette ville avec le convoi capturé à Miconi et mouillaient à côté de la corvette française, *la Sardine*. Roubaud avait demandé aux autorités turques qui paraissaient insouciantes de protéger les intérêts lésés de la France et de mettre le séquestre sur les navires marchands indûment capturés. Ce que n'avait pas dit Rondeau dans son rapport, c'est que presque tout l'équipage de *la Sybille* avait lâché pied pour fuir à terre, dès la première alerte.

---

(1) Galata, le 11 messidor, l'an II (29 juin 1794).
(2) Rondeau à Descorches. Miconi, le 3 messidor an II.

Descorches avait protesté énergiquement auprès du Reis-Effendi dès qu'il avait reçu la nouvelle de cette agression. Il lui avait adressé une note le 11 messidor, réclamant la restitution de *la Sybille* ainsi que des vaisseaux marchands qu'elle escortait, et la réparation des dommages causés. Il demandait, comme garantie, la mise sous séquestre de propriétés anglaises de cette Echelle jusqu'à ce que le Gouvernement turc pût régler cet incident. Mais les Turcs, toujours temporisateurs, n'étaient pas plus pressés de donner sur ce point satisfaction à la France qu'en ce qui concernait l'arrestation sur leur territoire par les Autrichiens de plusieurs courriers envoyés par Descorches. Ils exprimaient toutefois des regrets et promettaient, lorsqu'ils seraient avisés à l'avenir du passage de courriers, de les préserver de nouvelles vexations. Les Anglais profitèrent des lenteurs de la Porte pour emmener leurs captures à Livourne, sans que les Turcs y missent obstacle (1).

Pour donner une compensation au ministre français, la flotte turque, sur l'ordre du Grand-Seigneur, avait fait le simulacre de mettre à la voile et avait salué le pavillon républicain au moment où Descorches se rendait à bord d'un navire français pour y célébrer l'une de ces fêtes patriotiques qui se renouvelaient si fréquemment dans le cours de la période révolutionnaire. C'était reconnaître ostensiblement la République et les ministres étrangers ne s'y étaient pas trompés, car ils avaient adressé aussitôt des mémoires à la Porte pour se plaindre de cette manifestation, « alors que rien de semblable n'avait encore été fait dans aucun pays neutre (2) ».

Le 17 messidor (5 juillet 1794), Descorches envoyait une nouvelle note, s'étonnant que l'ambassadeur d'Angleterre n'eût pas encore reçu d'avis officiel au sujet de cet événement, alors que la nouvelle lui en avait déjà été apportée par

----

(1) Galata, le 2 thermidor, l'an II (20 juillet 1794). Note à la Porte. Correspondance ministérielle.
(2) Constantinople, le 22 messidor, l'an II. Correspondance ministérielle.

un courrier de Smyrne arrivé en même temps que celui expédié par Roubaud.

La Porte avait prescrit, d'après Dantan, au Capitan-Pacha, de prendre des informations bien inutiles, puisque tout l'archipel retentissait du bruit de cet incident ! Descorches se plaignait des autorités de Smyrne qui n'avaient pas voulu intervenir pour empêcher les Anglais de faire sortir du port les bâtiments marchands dont ils s'étaient emparés.

Cependant le Reis-Effendi avait fait intervenir l'ambassadeur ottoman à Londre, Youssouf-Aghiah, pour réclamer une réparation. Les autorités de Smyrne reçurent aussi l'ordre de se saisir provisoirement des navires capturés et de demander une caution à la colonie anglaise.

Le gouvernement français savait dès cette époque présenter les nouvelles sous la forme la moins défavorable et même faire de ses échecs des succès pour ne pas effrayer l'opinion publique. C'est ainsi que *le Moniteur universel* rendit compte de l'incident de Miconi : « Il est arrivé à Smyrne et dans les ports des îles une flotte anglo-hollandaise servant d'escorte à un convoi. Cette flotte a attaqué une frégate française *qui s'est défendue avec une bravoure extraordinaire* et est parvenue à se mettre en sûreté dans le port de Miconi (1). »

Cette agression des Anglais n'était pas la seule que Descorches eût à leur reprocher. Un citoyen de Marseille venait d'arriver à Constantinople sur un navire grec après avoir dû, dans le cours de la traversée, détruire les dépêches dont il était porteur pour le ministre de France afin d'éviter qu'elles ne tombassent entre les mains de l'équipage de deux frégates anglaises qui s'était livré à une visite du vaisseau qui le transportait.

Ainsi, sur terre comme sur mer, Descorches éprouvait les mêmes difficultés pour correspondre avec la France. Il se plaignait qu'on n'établit pas les communications qu'il n'avait cessé de demander par la Suisse et Venise. Il en était réduit

---

(1) Constantinople, le 10 juillet 1794. *Le Moniteur universel*, n° 340, 10 fructidor, l'an II (mercredi 27 août 1794).

aux nouvelles que lui apportait le courrier de Vienne et que l'Internonce impérial, après en avoir pris connaissance, retenait pendant plusieurs jours au départ et à l'arrivée !

Quatre ou cinq mois s'étaient aussi écoulés pour prendre des renseignements sur l'enlèvement d'un courrier par les Autrichiens aux frontières de Bosnie. Enfin Descorches attendait depuis plus de deux mois la conférence toujours ajournée qui lui avait été promise par le Reis-Effendi. Il était fatigué de ces atermoiements.

Il avait d'autant plus le désir d'obtenir satisfaction dans l'affaire de Miconi que les Français étaient alors l'objet à Constantinople de mesures peu bienveillantes de la part des autorités turques. Sous le prétexte de réprimer des rixes amenées par les mauvais traitements exercés sur un enfant par un cocher allemand et la manifestation d'un groupe de Français qui s'étaient portés, le 12 messidor, devant le Palais de l'Internonce, la Porte, inspirée par le voïvode de Galata, avait fait paraître un firman défendant aux Français de sortir armés et de s'assembler sous peine d'être poursuivis et emprisonnés. Elle les obligeait à se faire inscrire pour être protégés et à verser un cautionnement. Tous ceux qui ne se soumettraient pas à ces obligations et qui ne seraient pas commerçants seraient renvoyés dans leur pays.

Descorches avait protesté, le 13 messidor (1er juillet 1794), dans une lettre au Reis-Effendi contre ce firman qui était une violation des Capitulations.

Les Français de Constantinople n'étaient pas seuls à donner des embarras à Descorches. Il était peu secondé par le Corps consulaire qui, dans son ensemble, n'était pas favorable au nouveau régime. Aussi, conseillait-il, pour plaire à Djezzar, pacha de Damas, de remplacer Renaudot, consul de cette ville, qui s'était réfugié à Jaffa. Il pensait pour ce poste à Bermond, vice-consul des Dardanelles. Il demandait le remplacement de Taitbout, consul en Morée, qui s'était qualifié consul d'Angleterre et de France. Roussel, vice-consul de Naples, de Romanie, s'était alors proclamé consul de la République sans en faire part à Descorches et avait investi de sa propre autorité le député de Coron, des fonctions consulaires. Descorches, pour se renseigner, envoyait sur les lieux Bermond, vice-consul des Dardanelles.

Astier à Chypre, Laydet à Tripoly de Syrie, Cousinery à Salonique, déjà suspendu et émigré, devaient être aussi destitués. Amoreux, de Smyrne, était passé sous la protection étrangère ainsi que Dauphin, ex-proconsul de cette Echelle.

Astier avait cependant donné une preuve récente de son civisme. Il avait demandé au Père Antonin, de Castel San Giovanni, gardien du couvent de Terre Sainte de Larnaça, de faire célébrer une grand'messe à l'occasion de la reprise de Toulon ! Il s'était heurté à un refus assez naturel. C'était une nouvelle et bizarre manifestation de cet esprit révolutionnaire qui se réclamait à l'étranger d'un culte proscrit en France (1). Astier était passé peu après sous la protection de Naples.

Descorches s'efforçait de maintenir l'harmonie profondément troublée par ces désertions et par les querelles des Français. Il avait envoyé une proclamation à Smyrne pour y rétablir l'ordre et la paix dans les esprits et il avait fait imprimer l'Acte Constitutionnel et le Calendrier Républicain pour les distribuer dans toutes les Echelles (2).

A Alep, Saint-Marcel, consul général, Deval, second drogman, plusieurs négociants étaient passés aussi sous la protection étrangère et Descorches déplorait le parti que les ennemis de la France en tiraient pour étayer leurs calomnies et impressionner les gens du pays (3).

Hénin rappelait cet autre incident malencontreux qui s'était produit à bord d'un navire apportant à Descorches la correspondance du ministère des Affaires étrangères. Ce bâtiment ayant été rencontré par des frégates ennemies, le capitaine, qui était Grec, avait fait jeter le courrier à la mer. Cet événement était une occasion pour Hénin d'accuser de nouveau Descorches. Il s'étonnait que les malles de Descorches, repré-

---

(1) Astier, consul de Larnaca, à Descorches, le 15 prairial an II (3 juin 1794).

(2) Descorches au commissaire des Relations extérieures, le 20 floréal an II.

(3) Descorches à la Commission des Relations extérieures. Constantinople, le 7 messidor an II (25 juin 1794).

sentées aux Anglais comme celles d'un marquis émigré et épargnées pour ce motif, n'eussent pas suivi le même chemin que le courrier ministériel. Elles portaient cependant son adresse inscrite sur des plaques de fer-blanc. Il avait reçu de plus des lettres d'amis, des journaux. Il était soupçonné en outre de prendre connaissance de lettres particulières.

Hénin rendant compte des banquets patriotiques organisés à l'occasion des décades, racontait que Descorches avait porté des toasts à la guillotine et qu'on y avait entendu une chanson en l'honneur de cet instrument de supplice.

Descorches entretenait la division, favorisait les complots contre ses dénonciateurs. Thainville était accusé d'entretenir une trop grande intimité avec lui ainsi qu'avec le proconsul Pech et d'être trop sensible aux charmes de Mme Gaudin (1).

La difficulté de communiquer avec Constantinople, dont la capture du courrier de Descorches était une nouvelle preuve, inspirait à Buchot ces réflexions : « A quoi sert d'envoyer régulièrement comme nous le faisons chaque jour des Gazettes, des Bulletins de la Convention et des Lois, si tout est intercepté. Quelques dépenses en Suisse et à Venise nous garantiront une communication sûre et rapide. *Mais cette mesure dépend encore de l'exécution de toutes celles dont la détermination est réservée au Comité de Salut public* (2). »

Buchot insistait donc pour l'établissement de cette correspondance indispensable, dont les bases avaient été déjà indiquées par Descorches et d'autres agents et que l'inaction seule de l'autorité ayant qualité pour prendre une décision n'avait pas encore permis de créer.

Buchot rencontrait, pour la solution des autres questions pendantes, la même inertie de la part du Comité de Salut public. Il la constatait quand il lui écrivait : « Il paraît enfin que l'insurrection polonaise fait à Constantinople l'impression à laquelle on devait s'attendre. Que sera-ce, lorsque la République française donnera, par son intervention puis-

---

(1) Hénin au commissaire des Relations extérieures, le 7 messidor an II.

(2) Buchot au Comité de Salut public, le 5 messidor an II.

sante, à ce grand événement la consistance et le caractère qui pourront le rendre terrible aux despotes et si utile à la libération universelle ? »

Buchot ajoutait, au sujet de relations à établir pour combattre en Orient la Russie et l'Angleterre : « *Aussitôt que j'aurai reçu vos ordres*, je mettrai sous vos yeux le tableau de tous les intérêts que votre sage et bienfaisante autorité est appelée à régler à Constantinople (1). »

Pendant ce temps, Descorches avait, à défaut du Reis-Effendi, une entrevue d'une durée de six heures, par l'intermédiaire d'Humphrys, avec un personnage influent, Abdullah-Mollah-Tatardgikrade, ex-cadi-lesquier. Il avait passé en revue avec lui les questions intéressant la Turquie et la France et annoncé son intention d'envoyer un homme de confiance auprès de Kosciusko, dès que le Reis-Effendi aurait fait part des dispositions de la Porte à l'égard de la Pologne. Il n'est pas étonnant que ces atermoiements aient empêché la France de jouer un rôle efficace pour aider l'insurrection polonaise. Les agents secondaires comme Buchot et Descorches faisaient leur devoir. Les chefs du Gouvernement seuls ne remplissaient pas le leur.

La correspondance de M*me* Descorches porte aussi la trace des préoccupations que ces retards lui causaient pour la chose publique.

Elle informait Buchot, le 8 messidor, que le citoyen Barère l'ayant invité à faire passer par ses mains les observations qu'elle destinait au Comité de Salut public, elle les lui transmettait en le priant d'en conférer avec lui. Barère avait reçu copie des pièces qu'elle déposait dans le bureau de Buchot. Elle avait déjà remis, le 16 prairial, une note au Comité et lui avait communiqué des lettres de Trullet et de Descorches.

Le 9 messidor, Buchot faisait parvenir au Comité de Salut public la lettre de la citoyenne Descorches, en y ajoutant ces observations :

« On conçoit, citoyens, que la citoyenne Descorches, portée par son intérêt à placer la diplomatie, et celle de Constan-

____

(1) Buchot au Comité de Salut public, le 12 messidor an II.

tinople en tête, au premier rang des augustes fonctions du
Comité de Salut public, s'étonne de l'abandon où son mari
se plaint qu'on le laisse et qu'elle accuse soit d'insouciance,
soit de malveillance ou de perfidie ceux qu'elle suppose
chargés de lui donner des directions et des moyens. Je ne
crois pas même, qu'attendu la position où elle se trouve, on
puisse trouver mauvais que, femme, elle se mêle de choses
qui ne paraissent pas être de son ressort. »

C'était donc sciemment que le ministère des Affaires étrangères abandonnait à son malheureux sort Descorches, qui
représentait à ce moment les intérêts de la France.

Buchot rappelait toutefois qu'il avait déjà signalé à plusieurs reprises au Comité la situation de la Légation de
Constantinople, notamment dans un rapport du 15 floréal et
dans ses observations jointes à un premier mémoire de la
citoyenne Descorches du 18 prairial.

Tout travail sur le Levant ayant été suspendu, *d'après les
ordres du Comité*, Buchot attendait des décisions sur les
personnes et les intérêts politiques, civils et commerciaux
de ce pays.

« Convaincu, écrivait-il, d'avoir fait mon devoir en vous
transmettant avec la plus scrupuleuse exactitude tout ce qui
pouvait éclairer votre sagesse, je respecte les motifs qui vous
ont fait ajourner plusieurs opérations importantes relatives
à nos relations extérieures. Vous seuls pouvez connaître le
moment de la maturité qui sera aussi celui du succès. »

Quelques jours plus tard, Buchot devait recevoir des nouvelles officielles de Constantinople qui lui étaient transmises
par la Suisse (1).

Elles annonçaient que la Russie avait réclamé :

1° Une satisfaction éclatante pour la décapitation de l'hospodar de Valachie, exécuté comme traître à la Porte et ami
des Russes;

2° L'expulsion de tous les Français établis dans les îles de
l'Archipel et de la Grèce, ainsi que de leurs navires;

____

(1) Note de Buchot du 25 messidor an II.

3° L'autorisation du passage des détroits pour la flotte russe de la mer Noire;

4° Une déclaration de la Porte promettant de ne pas se mêler des affaires de Pologne.

La Porte avait, dès le lendemain, répondu, ainsi qu'il suit, à ces exigences :

1° Aucune puissance étrangère ne pouvait se mêler de l'Administration intérieure de la Turquie qui devait être libre de juger, sans consulter personne, ceux de ses sujets qu'elle croyait criminels;

2° L'expulsion des Français violait les principes de neutralité qu'elle voulait observer;

3° Le passage de la flotte russe à travers les détroits était contraire aux stipulations du dernier traité de paix avec la Russie et à la neutralité de la Porte;

4° Le Gouvernement ottoman ne pouvait encore publier de déclaration au sujet des affaires de Pologne. Il annoncerait ses intentions selon que les circonstances le lui feraient juger nécessaire.

Le ministre des Affaires étrangères devait être renseigné aussi sur la situation intérieure de la Légation par Thainville, qui lui faisait connaître ses premières impressions depuis son arrivée à Constantinople.

En même temps que Thainville adressait à Buchot un rapport officiel, il indiquait dans une lettre privée l'esprit dans lequel il avait commencé son enquête. Cette lettre, envoyée à une amie qu'il avait laissée en France et qui n'était autre que Mme Descorches, était ainsi conçue : « Rappelle-toi ce que je t'ai dit en quittant Paris, aimable citoyenne. J'arriverai à Constantinople, dépouillé de tout esprit de parti, embrasé du seul amour de la Patrie, prêt à précipiter Descorches dans le Bosphore, s'il est traître...

« J'ai suivi ton mari dans tous ses mouvements, j'ai vu ses adversaires; j'ai reconnu dans celui-là fidélité à ses serments, républicanisme dans toutes ses actions; dans ceux-ci, immoralité, ambition, intrigue. J'ai dit au Gouvernement sur les uns et les autres la vérité avec la franchise qui ne cessera de me caractériser.

« Salut, aimable citoyenne ; courage, santé. La République ou la mort (1). »

Dans une autre lettre dont le nom de la destinataire n'est pas donné, Thainville disait encore : « J'attends de tes nouvelles, ma belle amie, avec bien de l'impatience. Écris-moi, ma belle amie, je t'aime de toute mon âme ; l'absence ne fait qu'ajouter à l'excès des sentiments que tu m'as inspirés ; je colle sur ce billet un million de baisers les plus ardents (2). »

Quelques jours plus tard, le 22 messidor, Thainville écrivait à la même personne. Il se plaignait de n'avoir pas reçu depuis quatre mois quatre lignes de France. Signalant les agissements du parti d'Hénin, il reprochait à ces Hébertistes de Constantinople de faire consister le civisme dans le port des cheveux bien gras et bien noirs, alors que peu de temps auparavant ils étaient tous muscadinisés ; ils se montraient maintenant plus patriotes que ceux qui, à son exemple, avaient renversé la Bastille. Thainville indiquait comment il fallait lui écrire, en mettant les lettres dans une première enveloppe au nom de Merle d'Aubigné, négociant à Genève, puis dans une seconde au nom de Pech et Cie, négociants à Constantinople, enfin, dans une troisième à son propre nom.

Ces lettres intimes qui nous montrent le cœur enflammé de Thainville revoient le jour après avoir été ensevelies pendant plus d'un siècle dans la poussière des cartons du ministère des Affaires étrangères où elles avaient trouvé un asile discret. Il est une de ces lettres tout au moins où les effusions sentimentales se mêlent, suivant le goût de l'époque, à la politique, qui révèle les relations d'amitié que Thainville entretenait avec Mme Descorches.

Elles ne pouvaient que disposer le commissaire de la République à se montrer, dès son arrivée, favorable à Descorches. De plus, les dénonciations d'Hénin devaient l'encourager à persévérer dans une disposition d'esprit dont fait foi le rapport suivant qu'il adressait à Buchot (3).

---

(1) Thainville à une aimable citoyenne, le 7 messidor an II.
(2) Autre lettre de Thainville du 7 messidor an II.
(3) Thainville à Buchot, le 7 messidor an II.

Il y rappelait les difficultés qu'il avait éprouvées dans le cours d'un voyage qui avait duré soixante-deux jours. Il avait rejoint à dix milles de Spalato les officiers français qui le précédaient et l'indiscrétion qui avait fait connaître à Constantinople, avant son arrivée, l'envoi de commissaires investis de pouvoirs illimités était due à l'imprudence de ces officiers qui, à leur passage à Genève, avaient été annoncés et présentés en cette qualité à la Société populaire.

Il représentait Descorches comme un homme habile, actif, entreprenant. « En arrivant ici, écrivait-il, j'ai pensé que Descorches, né dans une caste dont un si petit nombre d'individus a servi sincèrement la cause de la Liberté, homme adroit, présentant toutes sortes de formes agréables, était plus difficile à définir qu'un autre ; je l'ai suivi dans tous ses mouvements ; j'ai tâché de pénétrer les motifs de ses adversaires et quelque prévention qui s'élève toujours malgré moi dans mon esprit contre un ci-devant noble, je dois dire avec la vérité qui ne cessera de me caractériser que celui-ci, doué de beaucoup de talent, paraît servir la République avec activité, zèle, courage, franchise, et si Descorches pouvait être un traître, il serait un conspirateur bien adroit, car je n'ai vu qu'énergie et sagesse dans toutes ses démarches, républicanisme dans ses paroles, intérêt de la Patrie dans toutes ses actions, quand, dans ses adversaires, je n'ai reconnu qu'immoralité, intrigues, ambition, colorées, masquées d'un amour exagéré de la Patrie... »

Thainville faisait ensuite cette réflexion : « Ce sera sans doute une chose assez singulière à recueillir dans l'histoire de notre Révolution qu'à Constantinople, au fond de l'Asie, le drapeau tricolore ait été respecté et vu avec plus d'intérêt que dans aucun autre pays, à l'instant même où une partie des despotes de l'Europe, *à la tête de leurs vaillantes troupes*, se liguaient contre une seule nation armée pour se défendre. »

Hénin, qui savait dès le 10 germinal que Thainville avait pris la décision d'aller habiter le Palais de l'Ambassade de France, lui avait cependant écrit le 12 pour l'y engager. Hénin était, au dire de Thainville, un homme dangereux, qui avait tenu jusque là, à Constantinople, la conduite tout à la fois la plus suspecte et la plus crapuleuse; il était toujours hors des bornes.

On assurait que Florenville était protégé secrètement par l'Angleterre. C'était un ambitieux qui regrettait de ne pas avoir été nommé au consulat de Smyrne. Sa maison était le rendez-vous de tous les conciliabules contre Descorches. Chénié était venu peu de temps auparavant de France avec le seul but d'obtenir un emploi dans le Levant. Il était lié avec Hénin qui le détestait cependant et qui l'avait peint à Thainville comme un autre ambitieux. Il avait toutefois plus de moyens que la plupart des hommes de son parti et était le principal rédacteur de la correspondance envoyée à Paris.

A Smyrne, Noyane, Négrin, Manuel étaient les correspondants habituels de Florenville. Buchot, informé par Thainville de ce qui se passait à Constantinople, était aussi renseigné par Hénin, mais dans un sens contraire. Hénin se plaignait de Thainville qui l'aurait desservi auprès de Descorches et de Gaudin en leur révélant les conversations qu'ils auraient eues sur leur compte. Ayant réclamé son traitement à Descorches et lui ayant demandé des renseignements sur le firman récent de la Porte astreignant les Français à certains règlements de police, celui-ci avait répondu dans ces termes sévères : « Ton traitement ne me regarde pas. Je te l'ai déjà dit assez clairement plusieurs fois pour que tu n'eusses pas dû l'oublier. Tu me fais par cette lettre des questions qui ne peuvent également que m'étonner beaucoup. Te dissimulerais-tu que ta conduite ici, qui me semble infiniment répréhensible, comme homme, comme agent du Gouvernement, comme républicain, a rompu toute espèce de lien entre nous et que tu as perdu le droit de me demander ce que tu ne peux attendre que de mon estime et de ma confiance ? »

Hénin, dans sa réplique, protestait contre l'attitude de Descorches à l'égard de Pailharès, commis de la Chancellerie; il l'accusait de persécuter sa vieillesse. Pailharès avait été congédié par le chancelier Fleurat et Descorches, après l'avoir expulsé du Palais national, voulait lui faire quitter un modeste logement qu'il lui avait donné dans le bâtiment occupé par les jeunes de langues. « D'après la lettre inju-

rieuse et non provoquée que tu m'as écrite, ajoutait Hénin,
que ne dois-je pas attendre pour moi-même ! »

Hénin accusait aussi ce capitaine de navire qui, ayant été
rencontré par les Anglais, avait fait jeter à la mer la correspondance de Descorches. Il portait à cette occasion ce jugement sur les Grecs : « Rossi, qui véritablement est Grec de
naissance, ne dément pas le goût de sa nation pour la four-
berie et les mensonges, sans en avoir cependant toute la
finesse. »

Enfin, il signalait une nouvelle tentative de corruption faite
auprès de lui. M. de Boulini, ministre d'Espagne, lui avait
proposé, par l'intermédiaire d'un nommé Ferdinand, tailleur
piémontais, une entrevue secrète. Il voulait le prévenir d'un
grand danger qui le menaçait, peut-être de son arrestation
qui ne pouvait être que la conséquence des manœuvres de ses
ennemis (1).

Le malheureux incident de Miconi ne pouvait manquer
d'être exploité par les adversaires de Descorches. Florenville
avait envoyé à Marseille des détails à ce sujet. *La Sybille*
portant 40 canons, montée par 400 hommes d'équipage et
convoyant trois navires marchands, avait été capturée par
une frégate anglaise qui n'avait à bord que 260 hommes.
Comment expliquer l'inaction des trois autres frégates françaises, *la Sardine, le Rossignol* et *la Sensible*, alors que les
forces de la division anglaise ne comprenaient qu'un vaisseau
de 50 canons, deux frégates de 36 et une corvette de 24 ?

C'était aussi une occasion pour Florenville de signaler les
menées de certains négociants, de Pech notamment, consul
provisoire à Constantinople, chez qui se préparaient les
complots contre les bons patriotes et de Descorches, l'ami de
tous les contre-révolutionnaires. « Mais les foudres de la
Sainte-Montagne, écrivait Florenville, ne tarderont pas à
tomber sur la tête des agents infidèles dont le Levant est
encore infesté. » Il envoyait une copie de sa lettre au Comité
de Salut public (2).

---

(1) Hénin au commissaire des Relations extérieures, rue de Grenelle.
Faubourg Germain, le 19 messidor an II.
(2) Lettre de Florenville du 22 messidor an II.

A l'exemple de Florenville, Hénin entretenait Buchot de la perte de *la Sybille* et à ce propos, instruit par Noyane, il incriminait aussi la conduite de Rondeau, le commandant de l'escadre française. Rondeau parti de Smyrne le 10 prairial pour aller croiser sur les côtes de Morée, était allé à la Canée pour prendre sous son escorte trois bâtiments marchands. Obligé par un violent vent du Nord de relâcher à Miconi le 27 prairial, il avait vu, le 29, paraître un navire anglais qui l'avait attaqué, malgré le firman du Grand-Seigneur défendant aux belligérants d'opérer des prises dans les ports de son empire et à moins de trois mille des côtes. Le capitaine anglais ayant déclaré qu'il ne connaissait que les ordres de son maître avait fait tirer une première bordée. Le combat avait duré une heure et quart. Les Français avaient perdu 25 morts, dont le lieutenant en second, et 60 blessés. Les Anglais avaient eu 18 morts et 50 blessés. Les bâtiments français capturés avaient été amenés depuis dans le port de Smyrne. Ils s'y trouvaient à côté de navires de guerre anglais et de la frégate française *la Sardine*. *Le Rossignol* et *la Sensible*, dont le capitaine Martin avait pris le commandement après l'affaire de Miconi, mouillaient dans le voisinage sans inquiéter la flotte anglaise ni les bâtiments de commerce anglais et hollandais qui circulaient librement. Quant à la Porte, elle avait envoyé par le Valachie un courrier à son ambassadeur à Londres, Youssouf-Aghiah, au sujet de l'affaire de Miconi. Elle avait aussi adressé des représentations à l'ambassadeur anglais à Constantinople et des ordres avaient été donnés au Capitan-Pacha pour surveiller l'escadre anglaise et retenir au besoin, dans le port de Smyrne, les bâtiments français dont elle s'était indûment emparée (1).

Mais ces mesures de la Porte devaient être peu efficaces, car, le 26 messidor, le proconsul Anselme Roubaud informait de Smyrne Descorches que les navires français, malgré ses protestations auprès des autorités turques, avaient été emmenés par les Anglais à Livourne, croyait-on.

Pendant ce temps, la lutte entre amis et ennemis de Des-

____

(1) Hénin à Buchot, le 22 messidor an II.

corches, entretenue par l'inaction du Gouvernement de Paris, devenait chaque jour plus aiguë, ainsi qu'on en peut juger par ces extraits de la correspondance de Gaudin et de Chénié.

Gaudin écrivait à Chénié le 28 messidor qu'il était le plus infâme coquin et un lâche calomniateur s'il ne pouvait produire de témoignage prouvant qu'il se serait fait donner le titre de chevalier. Si, en 1791, il n'arborait pas de cocarde sur son uniforme, c'est que Choiseul-Gouffier était encore ambassadeur. Que pouvait-on dire alors de Florenville qui avait fait tirer en l'honneur de ce dernier un feu d'artifice, dont l'une des pièces portait cette inscription : « Vive Choiseul ! »

Chénié répondait par cette lettre *au vertueux* Gaudin, le 29 messidor : « J'ai toujours devant les yeux que, tandis que Robespierre parlait à la Convention pour abréger la procédure du tyran, en débarrassant la terre de ce monstre, des citoyens égarés demandaient sa tête sur la terrasse des Feuillants. Adieu, homme vertueux, adieu patriote ! »

Cependant le commissaire des Relations extérieures se décidait à prendre une mesure énergique contre Hénin, le principal instigateur de ces déplorables divisions. Il en informait ainsi Thainville : « Tu demandes des instructions, citoyen, sur la nature des services que le Gouvernement de la République attend de ton zèle. Ma dernière lettre, en te chargeant de recueillir des informations sur les hommes et sur les choses, a assigné une sphère assez étendue à ton activité. Tu dois, au reste, te regarder comme le coopérateur du citoyen Descorches jusqu'à ce que le Comité de Salut public donne à sa mission un objet plus déterminé.

« Il est temps de parler du citoyen Hénin. Tu connais, citoyen, l'arrêté du Comité de Salut public qui le rappelle. *Ce rappel ne lui a pas encore été signifié, parce qu'il paraissait tenir à d'autres mesures qui n'ont point encore été exécutées.* Mais il paraît aujourd'hui qu'il serait contraire à la dignité de la République que cet homme pût se flatter plus longtemps d'en avoir jamais imposé. C'est au citoyen Descorches, qui a été autorisé à prendre contre lui, en cas de besoin, des mesures de rigueur, à juger de l'époque où il doit agir conformément à cette instruction (1). »

En même temps qu'il écrivait à Thainville, le commissaire des Relations extérieures adressait au Comité de Salut public ce rapport sur Hénin : « Jamais, j'en suis convaincu, cet homme n'a eu assez d'adresse pour en imposer par son caractère et sur ses intentions. *Mais un homme, même méprisable, pouvait servir à surveiller un autre homme qui ne paraissait pas digne de jouir d'une confiance aveugle.* Lorsque son rappel sera annoncé, son masque tombera. Un ennemi acharné, un dénonciateur de métier, un dénonciateur universel a même cessé d'être un surveillant incommode pour Descorches. Si cet envoyé était capable de trahir la République, il aurait sans doute combiné un plan, de manière que la surveillance de son adversaire ne pût en troubler l'exécution. On pourrait même dire que ce plan se trouverait dérangé par le rappel de son adversaire (2). »

Il résulte de ce document que, si le commissaire des Relations extérieures accusait la maladresse d'Hénin, il n'en continuait pas moins à admettre comme excellent le motif qui l'avait fait envoyer à Constantinople pour y surveiller Descorches. Telle était la mentalité du Gouvernement d'alors !

Mais Descorches, sans attendre ces nouvelles instructions du commissaire des Relations extérieures, n'allait pas tarder, usant de la faculté qui lui avait été accordée, à prendre une mesure de rigueur contre Hénin.

Il lui écrivait le 4 thermidor dans ces termes qui la faisaient prévoir : « C'est toujours, citoyen, le sujet d'une vraie affliction pour moi de voir la position où tu t'es mis. Tu recueilles les fruits inévitables de l'indignation et de la mésestime générales que tu as élevées contre toi. Tu ne peux t'en prendre qu'à toi-même. La vérité, la franchise et la bonne foi sont-elles donc devenues incompatibles avec toi ? Que tu es malheureux !

---

(1) Le commissaire des Relations extérieures à Thainville, le 3 thermidor an II.

(2) Rapport sur Hénin du commissaire des Relations extérieures au Comité de Salut public, 3 thermidor an II.

« Apprends le vrai patriotisme... Tu pratiqueras alors avec simplicité, avec assiduité les vertus républicaines au lieu de nous montrer, comme tu l'as fait jusqu'ici, que des grimaces et des vices. »

Comme Hénin s'était plaint de pierres jetées dans ses carreaux, de menaces de ses adversaires qui, dans une réunion, avaient parlé d'en faire « de la chair à pâté », Descorches ajoutait : « Quant à la sûreté de ta personne au Palais, je crois pouvoir te répondre qu'elle dépend entièrement de toi (1). »

C'étaient sans doute les vertus républicaines dont la pratique était recommandée par Descorches qui engageaient à la même époque la municipalité de Sainte-Croix, en Normandie, à s'assurer de la personne de Mme Descorches et de sa famille, si, dans le délai de quinze jours, il n'était pas prouvé que Descorches était employé à l'étranger par le Gouvernement.

Ces paysans normands avaient saisi une lettre chiffrée de Descorches et y avaient vu aussitôt une preuve de son émigration. Mme Descorches était obligée de s'adresser au commissaire des Relations extérieures pour éviter d'être arrêtée (2).

A la lettre comminatoire de Descorches à Hénin avait succédé, le 6 thermidor, une pétition de plusieurs citoyens français demandant l'expulsion de Chénié, de Florenville et d'Hénin logé abusivement dans le Palais de France. Lors de la fête du 14 juillet, une manifestation s'était aussi produite contre les adversaires de Descorches.

Le 11 thermidor, Hénin avait de son côté fait consigner à la Chancellerie une protestation contre les bruits calomnieux répandus sur son compte.

C'étaient les signes précurseurs de la mesure à laquelle devait se décider Descorches qui, le 12 thermidor, sommait Hénin de se rendre en France pour y comparaître devant la Commission des Affaires extérieures. Il devait faire la traversée sur un navire turc, la Porte s'étant procuré auprès

---

(1) Descorches à Hénin, le 4 thermidor an II.
(2) Marie Descorches au commissaire des Relations extérieures, le 6 thermidor an II.

des ministres étrangers les passeports nécessaires aux Français qui s'embarqueraient avec lui. Sans occupation à Constantinople, bien loin d'y être utile, il était devenu un agent
de division. Son séjour était une cause d'irritation pour les
esprits et pouvait amener à chaque instant des éclats funestes.

Mais Hénin ne l'entendait pas ainsi, et il répondit le 14 thermidor à Descorches qu'ayant une mission indépendante de la
sienne, il attendrait pour partir les ordres du Gouvernement.

Le 15 thermidor, Descorches lui renouvelait sans succès la
même injonction en le rendant responsable de son refus de s'y
soumettre.

C'était donc Descorches qui décidait l'exécution d'une
mesure qui aurait dû être prise depuis longtemps par le
Gouvernement de la République et dont le but était de mettre
fin à une situation devenue intolérable.

CHAPITRE X

LA SOCIÉTÉ DES JACOBINS

Descorches et la Société des Jacobins. — Nouvelles attaques dont il est l'objet. — Adresse de la colonie française en sa faveur. — Intervention de Mme Descorches auprès de la Société des Jacobins et du Comité de Salut public. — Plaintes de Descorches sur l'abandon dans lequel il est laissé. Les lettres du capitaine Trullet. — La politique extérieure du Comité de Salut public jusqu'au 9 thermidor. — Conférence de Descorches avec le Reis-Effendi du 11 thermidor an II. — Promesses toujours vagues de la Porte. — Descorches rend compte de cette entrevue à la Commission des Relations Extérieures et renouvelle ses demandes et plaintes antérieures. — Changements dans le Gouvernement ottoman. — Le Reis-Effendi Raschid est remplacé par Duri-Effendi. — Note de Descorches destinée au Sultan.

Toutes les marques de confiance et de sympathie données à Descorches par la colonie française du Levant n'auraient peut-être pas suffi à le préserver des effets des dénonciations portées contre lui, s'il n'avait pris la précaution de s'adresser pour sa défense à la véritable puissance de l'époque. Ce ne fut pas à la Convention, ni au Comité de Salut public, ni à la Commission des Relations extérieures, ni à ses chefs directs qu'il crut devoir d'abord faire appel, mais à l'organisation qui dominait le Gouvernement, au Club des Jacobins.

En reconnaissant la toute-puissance de la Société maconnique, en invoquant sa protection, il employait le procédé le plus sûr pour se mettre à l'abri des attaques dont il était l'objet.

Dès le mois de novembre 1793, il informait le ministre des Affaires étrangères qu'il allait lui soumettre une lettre qu'il croyait devoir écrire à la Société des Jacobins à l'occasion de l'affiliation que quelques intrigants cherchaient à obtenir pour un Club de Constantinople « qu'ils avaient décoré du nom respectable de Société populaire », cette demande n'étant que le prétexte d'une dénonciation dirigée· contre sa personne (1).

Il s'adressait en même temps à ses concitoyens du Levant pour les mettre au courant de cette intrigue. Il le faisait avec une grande répugnance, car il pensait « qu'un homme public doit être tout entier à ses fonctions, ne compter sa personne pour rien, ne la montrer jamais, ne laisser parler que ses actions ».

Mais dans les circonstances révolutionnaires où l'on se trouvait, au milieu des pièges et des trahisons, dans un temps où la défiance était si légitime, la surveillance si nécessaire, il était utile, dans l'intérêt de la chose publique, de faire la lumière sur la conduite des agents du Gouvernement.

Or, des papiers publics annonçaient qu'il avait été dénoncé en France. Il ignorait l'objet de la dénonciation, mais il adjurait ses concitoyens de faire connaître leurs griefs. Il était le premier à provoquer les dénonciations, car il y voyait une des sauvegardes de la Liberté républicaine. Il fallait toutefois qu'elles fussent discutées, approfondies. Elles devaient appeler la juste vengeance des lois sur la tête des fonctionnaires coupables, mais aussi démasquer l'homme pervers, l'intrigant se faisant une arme de la calomnie et rendant suspect l'innocent sans apporter ses preuves.

Aussi faisait-il appel « au Tribunal respectable de l'opinion publique » en communiquant à ses concitoyens la lettre qu'il avait écrite « à la Société des Amis de la Liberté et de l'Egalité séant aux Jacobins de Paris » et qui était ainsi conçue :

« Citoyens, frères et amis, j'apprends par les lettres qui nous arrivent de Paris que j'ai été dénoncé au milieu de vous ; j'ignore par qui, je ne sais pourquoi, mais il me suffit d'être informé que ma conduite est inculpée à vos yeux de

______

(1) Constantinople, le 5 du 3e mois de la 2e année de la République française. L'envoyé extraordinaire au citoyen ministre des Affaires étrangères. Correspondance ministérielle pour les consulats.

quelque manière que ce soit, pour que je m'empresse d'abord de m'en féliciter, parce que la vérité si précieuse et si utile à connaître gagne toujours à ces explications, ensuite de vous demander avec toute la force des droits d'un accusé devant des hommes justes, toute l'instance d'un cœur patriote qui sent vivement le besoin de votre estime, de désigner une Commission chargée de recueillir au Comité de Salut public et au Département des Affaires étrangères tous les renseignements propres à fixer votre opinion, je ne dirai pas seulement sur la mission qui m'a conduit ici et sur la manière dont je l'ai remplie jusqu'à ce moment, mais encore sur ma vie entière dont je ne crains pas, citoyens, d'invoquer tout le cours en témoignage de la pureté de mes intentions, de la rectitude de mes actions, d'un dévouement sans bornes à la Patrie, accompagné de tout ce que la tyrannie mérite de haine, la Liberté d'amour et les Droits naturels de l'homme de respect. »

Ainsi se manifestait la confusion des pouvoirs créée par un fonctionnaire public qui, au lieu d'en référer à ses chefs, allait prendre le mot d'ordre dans une association n'ayant aucun caractère officiel, sans responsabilité ni mandat, exemple suivi à d'autres époques, quand le Gouvernement de la France, par la faute des institutions ou des hommes qui les appliquaient, a été livré à l'anarchie.

Le Moniteur ayant annoncé que, dans sa séance du 14 du 1er mois de l'an II, la Société des Jacobins avait reçu une lettre d'un club populaire de Constantinople demandant l'affiliation qui avait été accordée, Descorches croyait devoir mettre la Société mère en garde contre ce groupement dont l'existence était jusqu'alors ignorée des cinq sixièmes des Français qui habitaient la capitale de l'Empire ottoman. Il pensait que les difficultés qu'il rencontrait dans sa mission, que les attaques dont il était l'objet de la part des contre-révolutionnaires avaient une relation directe avec la création d'une association dont le caractère mystérieux lui paraissait suspect. Il exprimait en outre cette opinion que l'affiliation accordée pourrait présenter de grands inconvénients à l'étranger et il se réservait d'en faire connaître les raisons au ministère.

Les adversaires de Descorches faisaient alors circuler sur son compte les bruits les plus invraisemblables. Ils disaient que l'on ne tarderait pas non plus à le voir passer dans le camp des émigrés, qu'il faisait le pauvre, mais qu'il était venu de Paris avec plusieurs centaines de milliers de piastrès, qu'il était en relations secrètes avec l'Internonce. La grande majorité de la colonie française le défendait contre ces calomnies si peu croyables et qui avaient pour but de diminuer son crédit (1). Les chefs de la faction adverse, Hénin, Chénié, Florenville, n'avaient pas osé se montrer dans la réunion qui avait eu lieu pour rédiger une adresse en sa faveur. Ils s'étaient contentés d'envoyer un mémoire qui n'avait pas contribué à leur rallier des partisans (2).

On trouve encore un écho de ces divisions dans une adresse qui fut remise à Descorches le 6 thermidor an II par plusieurs de ses partisans et qui fut publiée par les soins de l'Imprimerie de la République française à Constantinople (3).

« Citoyen envoyé, lisait-on, il existe parmi les Français de cette échelle des hommes que les bons citoyens ne peuvent plus voir sans indignation... Loin de nous toute passion particulière; la seule qui nous anime est l'amour de la Patrie. Qu'ils paraissent peu pénétrés de ce sentiment sublime ceux que nous attaquons ici; ils te sont tous parfaitement bien connus. Nous t'épargnerons donc cette dégoûtante nomenclature et nous nous bornerons à te désigner ceux contre lesquels nous avons à articuler des faits et à invoquer ton autorité.

« Ils nous ont mis dans leur secret, ces hommes aussi maladroits que mal intentionnés, ces soi-disant patriotes, les membres de cette prétendue Société populaire de Constantinople; ce sont, ou nous nous trompons bien, de vils intrigants

---

(1) Constantinople, le 22 du 3e mois de la 2e année de la République française (12 décembre 1793, ère vulgaire). L'envoyé extraordinaire au ministre des Affaires étrangères. Correspondance ministérielle pour les consulats.

(2) Constantinople, le 25 du 4e mois de l'an II de la République française (14 janvier 1794, ère vulgaire). *Id.*

(3) Papiers de Descorches. Pétition de l'envoyé extraordinaire de la République française près la Porte ottomane et sa réponse. Constantinople, le 6 thermidor, l'an II de la République française une et indivisible. De l'imprimerie de la République française.

dont tous les mouvements perfides ont pour ressort l'ambition ou la cupidité.

« Ils parlent de parti ; ils disent : le parti Descorches, les hommes vendus à Descorches... Eh ! non, hommes pervers, il n'y a point de parti ; s'il y en avait un, ce serait votre association scandaleuse qu'il faudrait qualifier ainsi... C'est vous qui, comme les hommes de parti, comme des êtres de ténèbres, machinez, écrivez, compilez, dénoncez dans l'ombre ; vous qui, profitant des leçons désorganisatrices que nous a données la défunte clique hébertiste, entassez calomnies sur calomnies, absurdités sur absurdités pour faire croire que la République est trahie dans le Levant par les principaux agents qu'elle y a. C'est vous aussi qui, par votre conduite crapuleuse, voulez avilir ici les républicains français et faire croire la régénération de nos mœurs impossible. Vous oubliez sans doute qu'on regarde aujourd'hui les vertus privées que vous ne connaissez pas comme la mesure des vertus publiques que vous connaissez encore moins. C'est vous, enfin, qui, dans toutes les réunions que vous souillez de votre présence, faites naître des discussions inutiles auxquelles vous avez soin de mettre tout le feu dont vous êtes capables pour avoir la perfide satisfaction de nous conduire à des excès, de nous diviser et de grossir votre triste phalange des débris de notre bonne union. »

L'adresse signalait les principaux meneurs, le ci-devant chevalier, aujourd'hui citoyen Hénin, Chénié, Florenville, « ces ennemis de la République ». Elle demandait qu'ils fussent expulsés tous les trois des réunions de la Nation, que le traitement d'Hénin fût supprimé et que le poids de la justice, par l'organe de Descorches, tombât enfin sur leurs têtes coupables.

Descorches avait répondu le 17 thermidor aux signataires de l'adresse qu'Hénin étant un agent du Gouvernement pourvu d'un traitement de 12.000 livres, il ne pouvait pas le lui supprimer, tant qu'il ne serait pas informé de sa révocation, mais que, s'il avait manqué à son devoir, comme il le croyait, il en serait sans doute puni.

« Je vais faire déposer, ajoutait-il, la pétition à la Chancel-

lerie et en faire avertir les citoyens qui y sont désignés afin
qu'ils puissent prendre connaissance des sentiments qu'ils se
sont attirés de la part des signataires et qu'ils doivent s'attendre à en éprouver partout où ils se rencontreront avec eux.
Je ne sache pas pour moi quelle peine plus rigoureuse la
justice nationale pourra jamais leur infliger ; je ne négligerai
pourtant pas, soyez-en tous bien convaincus, de fournir à
celle-ci les nouvelles lumières qu'elle pourra puiser dans votre
opinion et vos vœux par l'envoi à la Commission des Relations extérieures pour être communiquée au Comité de Salut
public d'une copie authentique de votre pétition (1). »

La colonie française avait fini par s'émouvoir des attaques
dirigées contre l'envoyé de la République par ce groupe qui
avait fondé à Constantinople un club, ramification de la
célèbre Société des Jacobins. Ces dissidents se disaient plus
patriotes que Descorches, l'accusaient d'être un noble, de ne
pas remplir sa mission et de trahir la République.

Les signataires de la pétition envoyée à Descorches lui
avaient demandé de la faire imprimer avec sa réponse. « Il
nous paraît important, lui disaient-ils, qu'il soit publiquement
connu qu'à Constantinople comme en France, la justice, la
vertu et le désintéressement sont à l'ordre du jour pour l'immense majorité des républicains français. En vain, l'intrigue,
l'immoralité et toutes les passions funestes à la société
s'agitent et trament contre le bien public ; ici, comme en
France, que les hommes coupables qui les mettent en jeu
sachent que nous sommes insurgés entre eux, que nous les
combattrons de toute la puissance, de toute l'énergie de nos
âmes républicaines et qu'enfin, ici, nous les terrasserons
comme leurs semblables en France ont été terrassés. Com-
mençons par attacher à leurs noms le mépris public, avant-
coureur de la vengeance populaire ; dépouillons-les du vernis
patriotique dont ils avaient recouvert leurs vices et leurs

____

(1) Papiers de Descorches. Le 17 thermidor, l'an II de la République
une et indivisible. L'envoyé extraordinaire de la République française
près la Porte ottomane aux citoyens signataires de la pétition en
date du 6 thermidor à Constantinople. De l'imprimerie de la République française.

intentions perverses, afin qu'ils ne puissent pas séduire des esprits faibles, afin qu'ils inspirent une juste horreur à tous les cœurs honnêtes et que leur châtiment commence (1). »

Mme Descorches, de son côté, montrait, ainsi qu'on l'a déjà vu, le plus grand dévouement à son mari, ne se contentant pas d'intervenir auprès du Comité de Salut public, mais s'adressant aussi, comme il l'avait fait lui-même, dès qu'il s'était senti menacé, à la Société des Jacobins. C'est ici que se place l'épisode non moins curieux des relations de Mme Descorches avec la célèbre Société où se faisait l'opinion publique. Elle avait écrit la lettre suivante au président des Jacobins dès le 16 vendémiaire an II : « La citoyenne Descorches apprend par le journal du matin des Amis de la Liberté et de l'Egalité que le Club de Constantinople dénonce son mari à la Société (2).

« Paisible dans sa retraite, toute occupée de l'éducation de ses enfants, jouissant dans ce moment du plaisir qu'elle venait d'éprouver à la lecture de la lettre de son fils aîné âgé de 15 ans qu'elle avait envoyé à Toulon pour y servir sur les vaisseaux de la République, d'après les intentions de son père, et qui, dans l'impossibilité de s'y rendre, vu le désastre de cette ville, lui mande qu'il a pris parti dans l'armée révolutionnaire du Midi, elle n'aurait pas songé à occuper la Société d'elle, si elle ne croyait de l'intérêt de la chose publique bien plus que celui de son mari, de démasquer la calomnie et l'intrigue. Elle ne peut mieux faire qu'en envoyant au citoyen président de la Société mère plusieurs lettres confidentielles de son mari, et elle espère qu'elles prouveront victorieusement par leurs détails les sentiments invariables de patriotisme et de vrai républicanisme que son mari a manifestés depuis la Révolution et dont il a donné dans tous les moments les preuves les plus évidentes, aux dépens même de la fortune de ses enfants.

---

(1) Papiers de Descorches. Extrait des minutes de la Chancellerie de la Légation de France auprès de la Porte ottomane à Constantinople, le 25 thermidor de l'an II de la République française une et indivisible. De l'imprimerie de la République.

(2) Journal des Amis de la Liberté et de l'Egalité du 5e jour de la seconde décade du 1er mois de l'an II, n° 881.

« Elle prie le citoyen président et demande de sa justice qu'il fasse part de ces lettres à la Société assemblée; elle croit remplir son devoir de citoyenne en dénonçant à la Société les intrigues qui, sous le masque du patriotisme, ne s'étudient qu'à anéantir la chose publique (1). »

Dans une note jointe à cette lettre, Mme Descorches expliquait que son mari, en partant pour Constantinople, n'avait reçu du ministre Lebrun que 24.000 livres pour ses frais de voyage, somme qui lui avait suffi, n'ayant emmené avec lui qu'un domestique attaché à son service depuis douze ans et un jeune secrétaire, Jacques Montal, délaissé de tous les siens à cause de son amour pour la Liberté.

« Il n'avait reçu de bijoux que pour la valeur de 12.000 livres en assignats qui avaient été payés au citoyen Minière. Ils consistaient en bagues, boussoles et lorgnettes qu'il avait ordre d'offrir aux secrétaires des consuls dont il pouvait avoir besoin pendant sa route. La citoyenne Descorches avait cousu ces bijoux dans sa ceinture et il ne les avait même pas gardés, n'en ayant pas trouvé l'emploi. Ce n'était donc pas Descorches qui était parti, il y avait un an, avec de nombreux présents, mais bien Sémonville à qui le ministre Lebrun avait confié tous les bijoux destinés à la Porte ottomane, lesquels, déposés à Marseille, lors du retour de Sémonville en France, avaient été expédiés à Smyrne où ils se trouvaient, ainsi que l'indiquait la correspondance remise par Mme Descorches. Ces bijoux n'étaient donc pas tombés aux mains des Autrichiens qui n'avaient pu s'emparer que des effets de Sémonville lors de sa capture et de ceux de sa nombreuse suite. »

Il faut croire que cette justification de Descorches avait produit une bonne impression sur les Jacobins, car, quelque temps après, Mme Descorches réclamait ses lettres à l'archiviste de la Société : « Je vous prie, citoyen, lui écrivait-elle, de me renvoyer les pièces justificatives de la conduite de mon mari à Constantinople. Elles vous deviennent inutiles à

---

(1) Papiers de Descorches. Lettre de Mme Descorches au président de la Société des Jacobins.

présent que la Société a su apprécier la dénonciation faite
contre le citoyen Descorches et j'en aurais besoin aujourd'hui
pour en extraire des notes indispensables pour ma correspondance. Recevez, au reste, mes remerciements du zèle que vous
avez mis à me seconder pour démasquer l'intrigue... Je suis
très fraternellement votre concitoyenne Marie Descorches (1). »

Les amis de Descorches à Constantinople avaient félicité
Mme Descorches de son intervention. Ils lui avaient écrit le
8 pluviôse qu'ils ne s'adressaient pas à la femme du ministre
de France en Turquie, mais à une citoyenne qui avait su dire
la vérité : « Nous sentons le titre d'épouse, mais le premier
devoir est l'amour de son pays, le second, celui dé l'objet
auquel on est uni par les liens du mariage (2). »

Pour leur répondre, la ci-devant marquise faisait cet
emprunt au style révolutionnaire si cher à cette époque et
qui nous paraît aujourd'hui si démodé :

« En démasquant l'intrigue aux yeux de la Société mère et
en éclairant du flambeau de la vérité la conduite du citoyen
Descorches, j'ai rempli mes deux devoirs les plus chers, celui
de citoyenne et celui d'épouse et de mère. S'il était quelqu'un
qui n'eût vu dans ma démarche que l'intérêt personnel, je le
plaindrais; vous m'avez mieux devinée et la justice que vous
m'avez rendue est ma récompense la plus précieuse. Les
hommes libres chez lesquels brûle le feu sacré du patriotisme
s'entendent d'un pôle à l'autre. La Liberté, fille de l'Eternel,
doit seule régner comme lui sur ce globe, et bientôt son
empire, en dépit de tous les tyrans expirants de rage et de
honte, n'aura plus d'autres bornes que celles de l'Univers.

« J'ai lu, citoyens, à mes enfants assemblés, les témoignages que vous avez rendus de la conduite de leur vertueux
père; leurs jeunes cœurs en ont senti le prix; les larmes de
l'innocence dont j'ai été délicieusement baignée me sont

______

(1) Papiers de Descorches. Lettre de Mme Descorches à l'archiviste
de la Société des Jacobins (27 brumaire, l'an II), le 7 de la 3e décade
du 2e mois de l'ère républicaine.

(2) Papiers de Descorches. Lettre d'une Société de républicains français, formée chez le citoyen Meynard, à la citoyenne Descorches.
Constantinople, le 8 du 5e mois de l'an II de la République française
une et indivisible (27 janvier 1794, ère vulgaire).

garantes de la promesse qu'ils m'ont réitérée de marcher sur ses traces et de l'imiter. Mon unique étude sera de la leur rappeler en veillant à leur éducation et de les rendre dignes de notre commune Patrie. Recevez-en le serment que je fais en vos mains en vous offrant mon attachement fraternel. Salut et fraternité en la République. Votre sœur et concitoyenne Marie Descorches (1). »

Descorches avait donc un précieux auxiliaire dans sa femme qui, restée à Paris, ne négligeait aucun effort pour lui venir en aide et entretenait avec les hommes politiques de l'époque une correspondance curieuse où elle énumérait les sujets de plaintes de son mari. N'obtenant pas de réponse satisfaisante, elle avait résolu, en désespoir de cause, de s'adresser directement au Comité de Salut public. Mais il n'était pas facile, même sous un régime démocratique, d'approcher les hautains et puissants personnages de ce Comité que leurs propres collègues de la Convention, toujours sous le coup d'un arrêt de proscription, n'abordaient qu'avec crainte.

Dans une note dont l'original fut remis à Buchot, le 16 prairial an II, et dont une copie avait été envoyée à tous les membres du Comité de Salut public, Mme Descorches écrit qu'il est de son devoir de mettre sous les yeux de *nos sages législateurs* un relevé sommaire de la conduite et de la situation malheureuse dans laquelle se trouve un des plus ardents républicains et des plus zélés défenseurs de sa Patrie, pour lequel chaque sacrifice devient une jouissance.

Sans l'insurrection polonaise qui est un motif pressant pour la faire intervenir, elle n'aurait pas songé à attirer l'attention du Comité *sur un individu qui trouve son bonheur dans son devoir et dont la modestie égale les talents.* Elle fait appel à la justice du Comité, à ses lumières, à sa sensibilité pour apprécier les communications qu'elle croit nécessaires de lui faire. Elle rappelle que, par l'effet d'une intrigue, Descorches, avant d'arriver à Constantinople, fut retenu à Trawnick pendant trois mois qu'il passa dans une cahute en

---

(1) Papiers de Descorches. Lettre de Mme Descorches du 15 germinal an II envoyée le 19 mai 1794 (v. s.).

bois de douze pieds carrés, couchant sur des planches ainsi que ses compagnons enveloppés dans leurs manteaux. Depuis dix-huit mois, il n'avait d'autre logement à Constantinople que le bureau d'Assemblée de la Nation, mangeant à 50 sols par tête, ne pouvant disposer que de deux chambres pour lui, son secrétaire et deux domestiques, ou plutôt deux amis par le dévouement qu'ils lui avaient toujours témoigné. Ses compagnons ainsi que lui-même ne possédaient d'autres effets que ceux qu'ils avaient pu apporter sur eux, dans une route longue et pénible dont ils avaient été obligés de faire la plus grande partie à pied. Descorches, notamment, était parti presque sans linge, avec sept chemises et le faible trousseau que lui avait préparé sa femme avant son départ, ne voulant pas se charger de bagages pour arriver plus facilement au terme de son voyage. Cependant, il n'avait pas reçu depuis de secours et la plupart de ses lettres étaient restées sans réponse. Mme Descorches, dans une lettre adressée à Lindet quelque temps plus tard, le 7 messidor, en lui envoyant un mémoire pour Barrère, fait allusion aux entraves qu'elle rencontre pour être entendue (1). Elle y parle de ses démarches faites *au cimetière* des Relations extérieures dirigées par Buchot qui dit lui-même qu'il ne peut joindre Barrère, qu'il ne peut pénétrer qu'avec difficultés jusqu'au Comité, malgré les fonctions importantes dont il est revêtu. La porte *du sanctuaire* étant fermée, elle doit se servir d'un intermédiaire pour faire parvenir ses lettres, et elle choisit Lindet, son compatriote, qui était originaire de Bernay.

« Ton billet, lui écrit-elle, a produit le même effet que la manne dans le désert. Il existe donc une âme sensible et aimant assez son pays pour venir au secours de celui qui veut le défendre... Je reviens de chez Buchot convaincue de sa bonhomie ainsi que de son impuissance. Barrère, auquel j'ai trouvé juste de remettre la responsabilité qui ne doit plus peser sur mon mari non plus que sur Buchot, mais bien sur lui, me fait dire de lui faire passer par ce dernier les

---

(1) Papiers de Descorches. Lettre de Mme Descorches à Lindet en lui envoyant un mémoire par Barrère, le 7 messidor an II (25 juin 1794, v. s.).

observations que je pouvais avoir à lui communiquer. Je lui ai adressé la note que je joins ici et soumets à tes lumières. Salut, bonheur, santé et fraternité à celui qui mérite l'estime de tout vrai républicain. »

Dès le 25 juin 1793, Descorches avait demandé des meubles « pour réparer les vols effroyables commis par le ci-devant ambassadeur Choiseul » dans le Palais de l'Ambassade de France qui était à l'état d'abandon. Tout en avait été enlevé, jusqu'aux tables scellées dans les murs. Il avait proposé de faire venir sur une frégate un nouvel ameublement pris dans les anciennes maisons royales. On lui avait répondu seulement au mois de février 1794 de choisir dans les bagages de Sémonville les objets dont il pourrait avoir besoin, « chose presque impraticable, écrivait Mme Descorches, pour l'homme pur qui ne veut avoir rien à démêler avec ceux qu'il méprise. D'ailleurs, les effets magnifiques de Sémonville ne peuvent convenir au genre simple que Descorches a toujours affecté, même sous l'ancien régime, et que son ménage est trop vieux pour changer. »

Mme Descorches énumérait les demandes de son mari restées sans réponse.

Le 25 juillet 1793, il avait sollicité l'envoi d'officiers de terre, dont deux officiers généraux, quatre brigadiers, huit colonels pour être employés à la solde des Turcs. A défaut d'autre officier général, il réclamait la présence de Stetenhoff, dont les talents, la connaissance qu'il avait des Turcs devaient les servir utilement. On ne lui envoyait, au mois de février suivant, que quelques officiers pris dans les grades inférieurs (1).

Le 10 septembre 1793, Descorches réclame la création d'une banque à Marseille pour les opérations commerciales avec le Levant (2). « Il est d'autant plus pressant, écrivait-il, que l'on prenne les arrangements que je propose pour Marseille, *que ma position devient affreuse;* on me laisse dans l'agréable situation de travailler comme un galérien et de ne pas rece-

---

(1) Papiers de Descorches. Lettre à Mme Descorches, 25 juillet 1793.
(2) *Id.* Lettre du 10 septembre 1793.

voir une seule ligne de direction, ni de soulagement. A Venise même, notre Légation ne se donne pas la peine de me tranquilliser sur la réception des paquets que je lui fais passer... C'est bien amer, et ce qui me désole le plus encore, c'est de voir mes efforts impuissants pour que le service public n'en souffre pas.

Les négociants ont appris pour surcroît d'embarras, par le dernier courrier, que le Bureau provisoire de Marseille, sur lequel j'ai fourni des traites pour les fonds qu'ils m'ont faits ici, n'avait pas été accepté. Si elles reviennent à protêt, voilà des dettes au lieu de secours ! Voilà les vivres absolument coupés et la marche du service arrêtée puisque je n'aurai plus de crédit ! Dans tout cela, il ne s'agit pas de moi, mais de la chose publique, et je ne devais pas m'attendre *à l'abandon affreux* où on me laisse, qui menace à chaque instant tout mon ouvrage de destruction. Que l'on fasse de moi ce que l'on voudra, envoyé, ambassadeur, secrétaire, rien, peu importe ; mais que les grands intérêts de la République ne restent pas flottants au gré des hasards par des négligences *impardonnables !* »

Le 25 octobre, Descorches demande un secrétaire interprète, la totalité des drogmans ayant déserté la Légation. Il en est réduit au brave et digne Dantan qui, seul de tous les drogmans « a résisté au séduisant appas de l'or des Russes (1). » Le citoyen Ruffin, homme de mérite, ayant déjà servi pendant de nombreuses années à Constantinople où il a gardé des relations avantageuses pour le service public, a bien été désigné dès le mois de janvier 1794 pour remplir ce poste, mais il n'a pas encore quitté la France, et Mme Descorches ignore pour quel motif il n'est pas parti.

Le 25 novembre 1793, sur la demande du Reis-Effendi, Descorches réclame l'envoi de deux lamineurs pour la préparation des plaques de cuivre destinées aux navires en construction, d'un ingénieur des bâtiments civils, d'un appareilleur, d'un maître maçon, d'un maître charpentier, d'ouvriers

---

(1) Papiers de Descorches. Lettre à Mme Descorches du 25 octobre 1793.

dont le Capitan-Pacha a besoin pour creuser un bassin; ils pourraient venir par Venise; les frais de voyage leur seraient payés et ils seraient largement rémunérés par les Turcs (1). Bien que le Département de la Marine en ait reçu l'ordre, aucun envoi n'a encore été effectué.

Descorches avait recommandé à sa femme de s'assurer par elle-même, en allant au Ministère de la Marine, que ses demandes étaient bien parvenues et de prendre acte, s'il y avait lieu, qu'aucune suite n'y avait été donnée. C'est ce qu'elle n'avait pas manqué de faire. Elle avait même écrit le 26 floréal au citoyen d'Albarade une lettre restée sans réponse dans laquelle elle rappelait que depuis six mois Descorches attendait toujours l'envoi des ouvriers promis (2).

Elle écrivait le même jour au commissaire des Relations extérieures (3) : « Descorches, citoyen, demanda au mois de janvier des constructeurs de bâtiments, tels que lamineurs, charpentiers, contremaîtres... Le citoyen d'Albarade assura en février que la chose avait été faite avec soin et qu'ils étaient partis. Il n'en est rien. Descorches, avec raison, s'en affecte vivement. Leur arrivée satisferait les Turcs à qui on prouverait que l'agent de la Nation française ne les trompe point. Il est d'autant plus essentiel de ne pas laisser plus longtemps Descorches livré à ses propres forces que l'on peut, par la confiance qu'il a su inspirer, avoir occasionné une commotion. Mais, pour la prolonger et l'alimenter, il faut au moins qu'une partie de ce que l'on a été autorisé à promettre et à annoncer se réalise. Les armements russes, les dispositions des Anglais pour envoyer une division de leur flotte dans la Méditerranée, afin d'enlever les frégates françaises qui se trouvent dans le Levant, enfin les préparatifs des Turcs, tout annonce qu'il est temps de ne pas abandonner et laisser sans moyens les agents de la République qui se trouvent près d'une

---

(1) *Id*. Lettre du 25 novembre 1793.

(2) Papiers de Descorches. Lettre de la citoyenne Descorches au citoyen d'Albarade. Paris, le 26 floréal, l'an II de la République française une et indivisible.

(3) *Id*. La citoyenne Descorches au citoyen commissaire des Relations extérieures, le 26 floréal.

nation disposée à nous seconder contre nos ennemis, dès l'instant qu'elle se verra soutenue. »

Descorches, qui se plaignait d'être desservi par Hénin, ce collaborateur qu'il appelait « une vipère réchauffée dans son sein » et auquel il ne pouvait se confier, réclamait aussi l'envoi d'agents du ministère des Affaires étrangères pour l'aider dans les travaux dont il était surchargé et pour remplir au besoin des missions auprès des puissances voisines. Or, le citoyen Thainville avait reçu seul un ordre de départ le 4 février 1794.

Il n'était donc pas surprenant qu'aigri par l'insuccès de ses démarches Descorches exprimât déjà son découragement par cette lettre du 11 décembre 1793 : « Je suis toujours sans un mot du ministre; les événements extraordinaires se multiplient; il faut que je prenne tout sur moi, que je tire tout de ma minerve, même de mon crédit personnel l'aliment pécuniaire de cette vaste machine; enfin, il faut que mes moyens individuels suffisent à tout. Cette tâche n'est sûrement pas au-dessus de mon zèle, mais je crains à chaque instant qu'elle ne se trouve au-dessus de mes forces. Point encore de courrier cette fois-ci. Voilà comme le temps se passe pour moi, de doléance en doléance. C'est terrible. Je crois en vérité que ma philosophie succomberait, si l'amour de ma Patrie ne lui prêtait des forces. »

Toutes les demandes de Descorches avaient été rappelées à son arrivée en France par Trullet, cet audacieux capitaine de la marine marchande qui se chargeait pour le Levant des transports que lui confiait le Gouvernement français. Trullet avait reçu des promesses qui, pas plus que les précédentes, n'avaient été suivies d'effet.

Mme Descorches avait écrit aussi cette lettre au Comité de Salut public (1) : « Dénué de tout secours, toujours vivant d'espoir qu'alimentaient seules les correspondances particulières qu'il avait avec deux amis fidèles restés en France et avec sa femme, Descorches n'en a pas moins bien servi son

---

(1) Papiers de Descorches. Lettre de Mme Descorches au Comité de Salut public du 16 prairial, l'an II (5 juin 1794).

pays. Il n'a pas laissé languir infructueusement les liens qu'il avait su établir en Danemark et en Suède, mais, il faut le dire, isolé, sans ressources et paralysé dans tous ses moyens, il ne pourra soutenir l'essor que son génie et l'estime qu'il a su inspirer viennent de faire prendre aux deux nations dont la confiance entière en ses paroles les rendrait victimes de leur bonne foi et de leur désintéressement. *Car on peut comparer Descorches au sans-culotte Jésus; nouveau missionnaire en Démocratie.* il a su rendre nulles les offres séduisantes de l'or des tyrans que l'on versait à flots à Constantinople et en Pologne. Si le Comité ne veut pas prendre une détermination qui confirme et approuve par des secours promptement envoyés la besogne de Descorches, son refus et la continuité de cette stagnation ne priveront pas du moins l'homme vertueux du seul bien qui lui restera, la satisfaction d'avoir fait son devoir. »

Mᵐᵉ Descorches ne se contenta pas de cette note qu'elle avait fait remettre le 16 prairial aux membres du Comité de Salut public. Elle revint à la charge et rédigea un second mémoire qui fut confié à Buchot et qui était destiné à Barrère (1). « Je te remercie, écrivait-elle, de m'avoir procuré la découverte de celui qui dirige les travaux de ceux qui sont dans la carrière politique, ainsi que les moyens d'arriver jusqu'à toi. Puisque tu veux bien être leur organe au Comité, je commence à me flatter qu'ils ne crieront plus dans le désert.

« Ton activité, ton zèle pour la Patrie me font apercevoir enfin le terme de ces longueurs éternelles, criminelles peut-être puisqu'elles anéantissent jusqu'aux certitudes et à la volonté des étrangers d'être nos amis. Tu m'as fait dire de t'envoyer mes observations. Je te satisfais et demande l'exécution de toutes celles faites par mon mari et renouvelées par moi dans la note remise au Comité le 16 prairial. En déposant entre tes mains la responsabilité dont Descorches ne doit

____

(1) La citoyenne Descorches au citoyen Barrère, représentant du peuple, membre du Comité de Salut public. Remis au citoyen Buchot le 7 messidor, l'an II (25 juin 1794, v. s.). Barrère s'occupait plus particulièrement au Comité de Salut public des questions concernant la politique étrangère.

plus être chargé, il est nécessaire et même de toute justice que je te fasse passer la note ci-jointe. »

Elle rappelait dans ce mémoire les premiers déboires que Descorches avait éprouvés en Pologne, alors que de Lessart, Montmorin et Dumouriez avaient la direction des Relations extérieures. Envoyé dans ce pays en mai 1791, il y avait déjà été abandonné pendant dix-huit mois, ainsi que pouvait le prouver sa correspondance déposée au ministère des Affaires étrangères. Les lenteurs, l'insouciance, la perfidie même qu'il avait rencontré chez ceux qui devaient le seconder avaient paralysé ses efforts. Il avait dû quitter de lui-même un pays que les ennemis de la France surent ensuite asservir, mettant à profit les circonstances qui l'empêchaient d'agir. Mme Descorches rappelait à l'occasion de cette mission les pertes que son mari avait éprouvées; en femme prévoyante, elle ne négligeait pas les intérêts matériels du ménage. Descorches, en quittant la Pologne, avait dû vendre à vil prix un mobilier considérable qu'il y avait transporté; il n'avait même pas pu en tirer une somme suffisante pour liquider les dettes qu'il avait contractées au service du Gouvernement.

Se trouvant à Constantinople dans les circonstances les plus pénibles, ne recevant aucune réponse à ses demandes réitérées, mais n'écoutant que son zèle, il avait, comme en 1791, obtenu, en donnant pour garantie le peu de fortune qui lui restait, les avances nécessaires au service de la Légation. Si ses dettes en Pologne n'étaient pas encore remboursées, quel serait le sort de celles qu'il avait contractées à Constantinople ! Lui fournirait-on le moyen de les acquitter et de ne pas exposer le patrimoine de ses enfants par de nouvelles dépenses qui leur enlèveraient le peu des ressources qui leur restaient pour subsister ? Mme Descorches espérait que l'exposé de ces faits mis sous les yeux de Barrère l'amènerait à défendre la cause de son mari auprès du Comité de Salut public et à prendre des mesures urgentes pour remédier à une situation aussi critique; elle promettait de lui faire parvenir toutes les lettres qu'elle recevrait de Descorches dans l'avenir, ne voulant pas garder pour elle la responsabilité d'un tel état de choses.

Elle adressait aussi à Barrère des lettres du capitaine Trullet auquel Deforgues, le ministre des Affaires étrangères, avait, pour se conformer aux ordres du Comité de Salut public, fait donner le commandement de la frégate *la Friponne* qu'il devait conduire à Constantinople. Il était urgent de faire partir au plus tôt ce navire après y avoir fait charger les meubles réclamés pour le Palais de la Légation et embarquer les ingénieurs et ouvriers depuis si longtemps attendus.

Cette correspondance donne la note du patriotisme ardent qui régnait alors dans tous les cœurs ; elle est, à ce titre, intéressante à citer.

Trullet écrivait le 24 prairial à Mme Descorches cette lettre datée de Port-la-Montagne : « Les besoins sont urgents de l'expédition de Constantinople près de votre mari. Je le vois d'ici dans de grandes peines, eu égard aux circonstances. Il a à présent besoin plus que jamais des secours qu'il demande depuis tant de temps. Les ateliers et officiers surtout qu'il a sollicités au nom du Capitan-Pacha deviennent absolument nécessaires à cet amiral au moment où il ne tarderait pas à déclarer la guerre à mon avis, car cet homme que je connais particulièrement n'a rien négligé pour la faire déclarer par le Grand-Turc et il parviendra facilement dans ce moment à remplir ce désir contre les Russes... »

Trullet avait confirmé au Gouvernement l'urgence de son départ pour Constantinople par une lettre remise le 26 floréal au chef de la Commission des Affaires extérieures (1). Il y disait notamment : « Ce n'est que sur la connaissance que l'expérience m'a donnée et la nécessité que je persiste à t'engager à démontrer au Comité de Salut public le bien et le besoin de l'expédition de la frégate à Constantinople, et quoique les ennemis soient sur nos côtes, la marche de la frégate, l'ardeur de l'équipage *résolu de périr avant de céder*, ainsi que la précaution que je prendrai dans des lieux qui me sont très bien connus, m'assurent la réussite et le succès. »

Il écrivait encore à Mme Descorches ces lettres toutes pleines

____

(1) Papiers de Descorches. Au Port-la-Montagne, le 26 floréal, l'an II de la République une et indivisible. Léonce Trullet au chef de la Commission des Affaires étrangères.

des passions de l'époque, des sentiments dont s'inspiraient alors les défenseurs de la Patrie, de cette ardeur patriotique qui fit accomplir des prodiges à nos armées et sauva la France de l'invasion étrangère, malgré les causes de dissolution qui la menaçaient, malgré l'incapacité et l'incurie des hommes qui la gouvernaient.

« Les Anglais continuent de se promener sous nos yeux d'une manière bien insultante pour nous. Cette manœuvre de nos lâches insulaires n'est qu'un aiguilllon au courage des marins montagnards, et quand on désirera sortir du port où nous sommes, nous ferons encore trembler ces vils assassins qui ne fondent leur espoir que sur la trahison et la bassesse. Je crève du désir de la vengeance... Je ne me croirai guéri que quand j'aurai abreuvé une bande de ces scélérats dans le bassin de Neptune. Je donnerais avec tant de plaisir une carmagnole à ces fripons d'Anglais... Que la nécessité de l'expédition de Constantinople devienne donc une vérité pour le Comité. Si l'un de ses membres pouvait être ici, il s'en convaincrait par ses propres yeux (1). »

L'arrivée du général Stetenhoff de Tomsky à Paris lui causait une grande satisfaction. Il espérait que ce général rendrait des services très importants aux Turcs et à la République lorsqu'il dirigerait la marche des troupes ottomanes qui, jusqu'ici, n'avaient trouvé que des traîtres et des ambitieux parmi les étrangers qu'elles avaient employés à leur service, et il y en avait même encore que Choiseul avait fait placer et qui n'agissaient que dans un sens contraire au bien des Turcs.

Trullet était alors au golfe Juan, à portée de Port-la-Montagne, où il pouvait se rendre au premier signal et « passer là où il faudrait, sans crainte ni aucune difficulté ». Il était temps, selon lui, de secourir le Levant : « Les Turcs ont besoin de nous et nous d'eux, écrivait-il, et il est positif que des secours étant arrivés à Constantinople, la Turquie sera à la disposition de la République. »

De Trullet encore cette lettre sur l'utilité de son prompt

____

(1) Papiers de Descorches. Extrait d'une lettre de Léonce Trullet à Mme Descorches, en date du 5 messidor, au golfe Juan.

départ à Constantinople (1) : « Je vois les nouvelles de Pologne et de Constantinople qui correspondent bien aux présages et à l'idée que j'en ai donnés lorsque j'ai été interrogé sur notre ami commun qui sait si bien conduire sa besogne. Mais sortez donc de votre inaction à solliciter pour qu'on m'expédie. N'oubliez pas que nous sommes ici dans l'inertie et que je puis être d'une utilité importante à ma Patrie dans la mission de Constantinople qui est très urgente et indispensable. Là, aucune difficulté apparente n'arrête vos sollicitations parce que j'irai et je passerai toujours sans risques. Rappelez-vous bien de cette vérité; une frégate n'est rien dans une escadre où il y en a plusieurs autres et une frégate est tout pour l'expédition de Constantinople où il n'est besoin que d'une pareille force pour protéger l'agent et les républicains qui y sont à la discrétion des esclaves coalisés et elle ferait un grand bien en portant un grand coup au commerce de nos ennemis. J'ai déjà rendu un bon service dans l'escadre. Je ne serai pas content que je n'aye eu les moyens de me peigner à la sans-culotte avec ces fripons d'Anglais. »

A ces lettres de Trullet, toutes communiquées au Comité de Salut public, Mme Descorches en avait ajouté plusieurs autres de son mari. Dans cette correspondance qui avait un caractère plus intime que les rapports officiels adressés au Gouvernement, Descorches s'épanchait en termes encore plus amers. Il désirait ardemment, lui aussi, l'arrivée de Trullet, et il faisait part de son impatience à sa femme dans cette lettre du 21 germinal : « Thainville est arrivé et que Trullet arrive donc aussi et nous nagerons en pleine eau... Il n'y a qu'une seule ombre dans tout cela, c'est qu'on me parle comme si l'on voulait m'aiguillonner; ceux-là ne me connaissent pas. Ce que l'amour de la Patrie, le sentiment de mon devoir, l'impulsion de ma conscience ne me feront pas faire, c'est qu'il est impossible que je le fasse (2). »

----

(1) Papiers de Descorches. Extrait d'une lettre de Léonce Trullet en date du 11 messidor, l'an II. Trullet avait été reçu par le Comité de Salut public à son arrivée de Constantinople.

(2) Papiers de Descorches. Lettre à Mme Descorches du 21 germinal an II.

Descorches confirmait l'état d'esprit dans lequel il se trouvait par cette seconde lettre du 22 germinal : « Je sais que Trullet a été vu passant à Marseille le 28 février (vieux style); il ne tardera donc pas à paraître. Qu'il sera, ce brave homme, tendrement pressé dans mes bras ! Tu sais aussi bien que moi-même tout ce que je peux dire. Ferme à mon poste jusqu'à la mort, ainsi qu'un rocher contre lequel les vagues et le vent viennent se briser, tout à notre chère République d'âme et d'esprit, rien qu'à mes devoirs dans tous les genres, assez indifférent sur tout le reste, avec cette clef on peut tout expliquer (1). »

Dans cette autre lettre du 8 floréal, Descorches donne libre cours au mécontentement qu'il éprouve de voir ses avis si peu écoutés; il parle de s'adresser directement à la Convention.

« Je ne conçois plus rien à l'abandon dans lequel on me laisse. Je vois clairement le mal et je n'aperçois aucun bien. J'ai déjà été tenté plusieurs fois de dresser un mémoire pour la Convention... Si j'aimais l'éclat, j'aurais beau jeu assurément. J'interpellerais bien des responsabilités; peut-être même en embarrasserais-je quelques-unes. Mais j'ai cru que la patience était encore plus utile à la chose publique et je suis résolu à toujours tout lui sacrifier jusqu'au dernier moment de ma vie. J'ai gardé et garderai vraisemblablement le silence.

« Malheur à qui ne remplit pas exactement ses devoirs. Nous sommes dans un temps où la vérité perce promptement et où la justice est prompte. L'estime et l'amitié plus touchantes que je ne puis l'exprimer que l'on m'accorde ici m'ont fait vaincre jusqu'à présent tous ces obstacles avec mes propres forces. Que serait-ce, *si j'eusse reçu celles que l'on pouvait et devait me donner !* Ce sont, au reste, peut-être des inconvénients inséparables des circonstances qui nous promettent assez de bien pour leur pardonner beaucoup de torts (2)... »

---

(1) Papiers de Descorches. Lettre a Mme Descorches du 22 germinal an II.

(2) Papiers de Descorches. Lettre à Mme Descorches du 8 floréal an II.

Le 21 floréal, il accentue ses plaintes : « Nous vivons sans aucunes ressources. Si nous ne savions à travers toutes ces entraves que la chose publique marche et s'affermit, il y aurait de quoi se dessécher d'impatience... Les espérances qu'on m'a fait naître ne serviront-elles donc qu'à accroître le supplice de ma position. On veut de la besogne et les mois s'écoulent sans que je reçoive les outils qui me sont indispensables. Je suis bien loin pour cela d'accuser personne. Je sens ce qu'il faut attribuer aux circonstances. L'agonie des intrigants ne peut être sans quelques convulsions. Mais quelqu'en soit la cause, l'effet n'en est pas moins désespérant pour l'homme qui aime sa Patrie, qui se trouve en mesure de la servir utilement et qu'on laisse dénué du plus nécessaire... Il y a cinq ou six jours que nous devrions avoir le courrier qu'on attend. Voilà ce que c'est que de rester dans la dépendance de son ennemi. Je ne conçois pas qu'une considération aussi puissante n'ait pas encore fixé l'attention du Gouvernement sur le projet de correspondance que j'ai fourni, que je sollicite depuis mon arrivée et après lequel tout le Levant soupire comme une dévote après le Paradis. Il est indubitable qu'il faut commencer par établir les moyens de s'entendre, si l'on veut agir de concert (1). »

Cette agonie des intrigants auxquels Descorches attribuait l'abandon dans lequel le laissait le Gouvernement révolutionnaire était celle des nombreuses victimes dont le sang, selon l'expression de Barbey d'Aurevilly, tombait alors comme d'un arrosoir sur la place de la Révolution. Mais ces complots, même ceux qui, à cette époque la plus sombre de la Terreur, étaient inventés par les Comités de Salut public et de Sûreté générale, paraissaient sérieux à Descorches, vivant à l'étranger, loin de sa patrie, sans renseignements exacts sur les événements qui se passaient en France et pour qui les hommes au pouvoir avaient le mérite de sauver la République.

Il n'était pas surprenant, d'autre part, qu'il ne pût obtenir aucune direction sur la conduite qu'il devait suivre. Lors-

---

(1) Papiers de Descorches. Lettre à Mme Descorches du 21 floréal an II.

qu'on lit les rares discours prononcés par les hommes de la Terreur sur la politique extérieure, on ne peut que constater le vide de leur pensée, l'absence de toute idée, de toute conception tant soit peu pratiques et raisonnables. Ce sont des déclamations comme celles que faisait entendre Robespierre dans son rapport sur l'institution des fêtes décadaires votées le 18 floréal an II, contre les tyrans de l'Europe, particulièrement contre l'Angleterre : « C'est par la force de ses principes, dit-il, que le peuple français doit triompher de ses ennemis et établir dans le monde entier le règne de la raison. »

Lorsque Barrère fait dans la séance du 3 mai 1793 un rapport à la Convention sur l'état militaire et diplomatique de la République française, il déclame lui aussi contre les hordes étrangères, l'astuce de Vienne, la corruption de Saint-James. Parlant de la coalition des despotes contre la France, il n'y voit qu'un épouvantail diplomatique qui ne doit pas se soutenir longtemps, la Liberté seule pouvant avoir des amis.

Il parle vaguement des entraves que peuvent apporter à cette coalition les peuples du Nord et de l'Orient, mais il n'indique aucun moyen d'amener une entente avec ces nations et on ne voit pas surtout percer chez lui le désir de s'assurer leur concours effectif. Il dit au contraire : « La France libre ne sollicitera pas des alliances à la manière des Gouvernements royaux. Assez de puissances sentiront l'avantage des alliances à former avec une grande nation qui accueillera toujours celles qui sont fondées sur l'intérêt réel, base des contrats durables. La France s'élevant fièrement au rang des nations libres attire vers elle, comme dans un centre de gravitation, toutes les puissances secondaires qui, sans son appui, ne seraient que de faibles barrières aux usurpations armées du Nord ou à l'astuce profonde et corruptrice des insulaires voisins. »

Le même orgueil préside à toute la politique extérieure du Comité de Salut public. Il fait des déclarations de principes solennelles et platoniques, mais ne tente rien de sérieux pour nouer des alliances, ainsi que le prouve la conduite qu'il tient avec son envoyé à Constantinople.

Faisant allusion aux événements tragiques qui se dérou-

laient en France, Descorches écrivait encore à sa femme à la
date du 5 prairial cette lettre d'un flatteur qui était de nature
à plaire au Comité de Salut public, dont elle approuvait entièrement la politique :

« Les intrigants sont donc en déroute. Leurs têtes conspi-
ratrices ont roulé au pied de la statue de la Liberté en expia-
tion de leurs criminelles pensées. Voilà l'essentiel. »

Ses soupçons au sujet de Noël, le ministre de France à
Venise, avaient été confirmés après la lecture qu'il avait faite
du rapport de Saint-Just sur l'affaire de Danton. Il l'accusait
de participer avec Hénin, dont il avait tant à se plaindre, à
une vaste intrigue dirigée non pas contre sa personne, mais
contre sa mission, afin de la faire échouer et de desservir
ainsi les intérêts de la République. L'esprit public était heureusement trop bon pour ne pas déjouer tant de perfidie,
malgré l'art avec lequel cette conspiration était ourdie :
« Je trouve, ajoutait Descorches, la marche du Comité
sublime et tenant de ces miracles que l'on ne voit que dans
les Républiques. Il va d'un pas à nous procurer bientôt la
paix. Ma seule crainte maintenant c'est que mes pauvres
paralytiques ne puissent pas arriver à temps, quelque action
que je donne au frottement électrique que j'exerce sur eux,
malgré le peu de moyens que j'ai reçus jusqu'à présent, raison qui contribue à servir de prétexte à leur engourdissement.
Tant pis pour eux au demeurant et pour ceux qui auraient dû
me secourir à temps (1) ! »

Enfin, à la date du 22 prairial, cette dernière lettre de Descorches résumait ses plaintes antérieures en les accentuant
encore : « Toujours même antienne, puisque c'est toujours
le même supplice. Trois mois écoulés sans nouvelles de toi ni
de personne. » Par surcroît de contrariétés, un navire marchand porteur des lettres de Mme Descorches et d'une malle
d'effets qu'elle envoyait à son mari avait été rencontré par
des frégates ennemies qui avaient visité la cargaison. Le
capitaine, qui était grec, avait dû jeter les papiers à la mer.

---

(1) Papiers de Descorches. Lettre à Mme Descorches du 5 prairial
an II.

Pour sauver la malle, il avait dû déclarer qu'elle contenait des effets qu'une marquise envoyait à son mari émigré. On lui avait demandé de prêter serment qu'il disait la vérité, « ce qui, pour un Grec, était plaisanterie », et la malle n'avait pas été confisquée.

« Il faut espérer pourtant, écrivait encore Descorches, que Trullet, dont la prochaine arrivée est annoncée ici par plusieurs lettres particulières, m'apportera ce dont j'ai tant besoin à tous égards. J'en suis de même à me consumer de désirs sur ce qui se passe en Pologne.

« Thainville et moi de nous lamenter sur cette pénible position qu'il m'aide pourtant à supporter par le point d'appui qu'une âme honnête trouve toujours dans une autre de sa trempe. C'est un excellent homme, un vrai Républicain, tel qu'il nous les faut tous. Car, hors la probité et la vertu, point de salut dans la République (1). »

C'est avec cette correspondance de Trullet et de son mari, mise par ses soins sous les yeux des membres du Comité de Salut public, qu'elle appelait « les sauveurs de la Patrie », que Mme Descorches espérait attirer leur attention sur les affaires du Levant et leur faire prendre enfin des décisions si longtemps attendues. Elle avait pris le soin d'envoyer des copies de ces lettres à tous les membres du Comité qui se jalousaient et aimaient à connaître les informations données à leurs collègues.

C'est ainsi qu'elle avait cru nécessaire de s'attirer, en le flattant, la bienveillance de l'homme le plus puissant de l'époque, de celui qui, par son influence, dominait la Convention et les Comités et tenait dans ses mains tous les fils du Gouvernement. Elle écrivit le 8 messidor à Robespierre avec qui, d'après une tradition de famille, elle entretenait des relations suivies : « Ayant soumis à tes lumières et à ta justice le mémoire remis au Comité le 16 prairial, j'attache du prix à te tenir au courant de tout ce qui peut avoir trait à cette affaire. Le citoyen Barrère, lors de la remise du premier

____

(1) Papiers de Descorches. Extrait d'une lettre du citoyen Descorches à Mme Descorches le 22 prairial an II.

mémoire, m'ayant fait dire de lui faire passer les observations
nouvelles par le citoyen Buchot, c'est à lui que j'ai adressé
cette dernière note. Je me contenterai à l'avenir d'envoyer
l'extrait des lettres de mon mari, ne devant plus me permettre
aucunes réflexions, après celles qui sont faites dans l'exposé
comparatif ci-joint (1). »

Le 23 messidor, elle lui écrivait encore : « Je recommande
à ton esprit de justice et à ton amour du bien public la suite
de la correspondance que je te fais passer (2). » Et le 6 thermidor, trois jours avant la chute du Tyran, elle ajoutait :
« Citoyen, j'espère que tu ne me sauras pas mauvais gré de
continuer de te tenir au courant des démarches que ma position exige. Ci-joint donc la copie de l'envoi fait au Comité.
Mon opinion sur ta justice me dicte cette conduite à ton égard.
Salut et fraternité ! — Marie Descorches (3). »

Elle demandait à Barrère de communiquer ses lettres au
Comité, « vu la nécessité de venir promptement et efficacement au secours de malheureux qui crient dans le désert (4). »

Elle écrivait de nouveau à Lindet : « Voilà l'extrait d'une
nouvelle élégie du malheureux expatrié que j'ai transmise au
Comité. Si quelqu'âme sensible ne vient à son secours, la
République ne recueillera pas les fruits de ses travaux
pénibles. Quels reproches ceux qui pouvaient faire mouvoir
ces lourdes machines n'auront-ils pas à se faire ! Je me prive
du plaisir que j'aurais à aller chercher des consolations près
de celui dont le temps est trop précieux pour ne pas devoir
être respecté (5). »

Craignant que Saint-Just, envoyé en mission, n'eût pas reçu
ses communications antérieures, elle lui envoyait un exemplaire des deux mémoires remis au Comité le 16 prairial et

______

(1) Papiers de Descorches. Lettre de Mme Descorches à Robespierre,
le 8 messidor, l'an II.

(2) *Id.*, le 23 messidor, l'an II.

(3) *Id.* Copie de la lettre envoyée à Robespierre, le 25 juillet 1794
(v. s.). Paris, le 6 thermidor, l'an II de la République une et indivisible.

(4) Papiers de Descorches. Copie de la lettre envoyée à Barrère, le
22 juillet 1794 (v. s.). Paris, le 3 thermidor, l'an II.

(5) *Id.* Copie de la lettre envoyée à Lindet, le 23 messidor, l'an II.

le 7 messidor et les accompagnait de la lettre suivante : « La citoyenne Descorches craignant que les deux mémoires relatifs à la besogne de Constantinople, que les circonstances l'ont forcée de remettre au citoyen Barrère pour être transmis au Comité de Salut public, ne soient pas parvenus à la connaissance du citoyen Just quoiqu'elle en ait fait remettre à sa porte les copies *fidelles* pendant son séjour à l'armée, attache trop de prix à l'opinion du citoyen pour ne pas lui en expédier de nouvelles pour le mettre plus à portée de prononcer sur des opérations dont il paraît que le Comité veut sérieusement s'occuper (1). »

Hélas ! le Comité ne devait pas s'en occuper. Des préoccupations plus graves à ses yeux que le souci des intérêts français à l'étranger, les rivalités de ses membres, les conspirations qui se tramaient contre lui dans la Convention, reténaient toute son attention et la Révolution de thermidor allait le désorganiser, entraînant dans le néant son chef Robespierre, dont Mme Descorches, la veille encore, implorait la toute-puissance !

Quant à l'expédition sollicitée et si longtemps attendue, elle ne fut pas envoyée à Constantinople, et, en l'an III, le capitaine Trullet était encore en France, ainsi qu'en témoigne cette lettre : « La citoyenne Descorches se confiant dans les bontés que le citoyen d'Albarade lui a toujours témoignées les réclame pour l'instant et se flatte qu'il voudra bien donner la préférence pour l'envoi qui doit avoir lieu dans le Levant à Léonce Trullet qu'il a déjà obligé en lui accordant le commandement de la frégate *la Friponne*. La connaissance parfaite qu'il a de tous les parages de cette contrée peut être un motif plus décisif que toutes les recommandations. Aussi tout mon espoir est dans la justice et les lumières du citoyen d'Albarade qui, connaissant parfaitement les sujets employés pour le service de la République, sait les choisir.

« J'attends donc de son obligeance de me faire dire ses intentions. Ma discrétion sera un des premiers hommages de

---

(1) Papiers de Descorches. Copie de la lettre adressée par Mme Descorches à Saint-Just, le 23 messidor, l'an II.

ma reconnaissance. Il n'ignore pas quel est l'intérêt dont il est pour moi d'être avertie à l'avance du départ des voyageurs destinés pour le Levant. — Marie DESCORCHES (1). »

Les hommes avaient changé, mais Mme Descorches, bien qu'employant toujours la flatterie au service de sa cause, n'obtenait pas plus de succès auprès des Thermidoriens qu'elle n'en avait eus avec l'*Incorruptible*. Elle ne parvenait pas à vaincre l'indifférence, pour ne pas dire l'incapacité, des hommes qui avaient la charge de la politique extérieure de la Révolution, de même qu'elle ne pourra préserver son mari des effets funestes pour lui de la journée du 9 thermidor.

Thainville, dont Descorches ne cessait de faire l'éloge, attendait de son côté depuis trois mois les instructions qui devaient le suivre quand il avait quitté la France. Ne voyant rien venir et sa présence devenant inutile à Constantinople, il parlait de faire un voyage circulaire dans les Echelles, à Smyrne, en Syrie, en Egypte, afin d'y soutenir les intérêts français et d'occuper ainsi utilement ses loisirs.

« Je ne reçois toujours rien, absolument rien, écrivait Descorches impatienté, et m'en afflige beaucoup. Que l'on soit cependant bien convaincu que, tout en gémissant de cette rigueur des circonstances, mon zèle ne peut en être altéré et que le dévouement à la République de mes facultés morales et physiques n'aura jamais d'autres bornes que celles de la nature (2). »

Toutes les nouvelles du théâtre de la guerre avaient aussitôt leur répercussion à Constantinople. C'est ainsi que le bruit d'un échec considérable qu'avaient fait éprouver les Prussiens à la cause polonaise en s'emparant de Cracovie, après avoir battu l'armée de Kosçuisko, celui rapporté avec complaisance par les ministres étrangers de la prise par l'amiral Howe de six vaisseaux français dans l'affaire d'Ouessant, paralysaient les bonnes dispositions des Turcs qui se mon-

---

(1) Papiers de Descorches. Lettre de Mme Descorches à d'Albarade du 8 pluviôse, l'an III.

(2) Constantinople, le 22 messidor an II. L'envoyé extraordinaire à la Commission des Relations extérieures. Correspondance ministérielle.

traient très affectés de la défaite des Polonais et augmentaient leurs hésitations, malgré la situation critique des coalisés dans les Pays-Bas, en Italie, sur les Pyrénées.

On parlait toutefois d'un désaccord entre les cours de Vienne et de Pétersbourg. « S'il faut s'étonner de quelque chose, disait à ce propos Descorches, c'est que la Cour de Vienne ait pu être aussi longtemps la dupe de l'autre dont les démarches et les vues n'offrent aux yeux des plus prévenus qu'un tissu d'astuce, de perfidie, d'égoïsme et de prépotence (1). »

Descorches répétait à Paris ce qu'il y avait déjà écrit : « Tant que les événements ne feront pas arriver jusques à ces gens-ci des effets sensibles de notre puissance républicaine, tant qu'un essor digne de notre énergie et de nos moyens ne nous aura pas rendu dans la Méditerranée la place et le rôle qui nous appartiennent, tant que l'action du Gouvernement de la République ne se montrera pas aux yeux des Turcs par des rapports réguliers et suivis avec ses agents dans le Levant, je serai vraisemblablement condamné au dégoût de n'avoir toujours à présenter que le tableau des flasques mouvements de nos bons et pauvres amis (2). »

Il continuait aussi ses efforts pour entretenir des relations avec les Etats neutres dont le concours pouvait être utile à la République. Il aurait voulu voir paraître à Constantinople un émissaire secret *de l'estimable* ministre danois Bernstorff. Il en avait écrit à Grouvelle qui avait fait à ce sujet des démarches restées sans résultat. Il espérait que la Commission des Relations extérieures agréerait les soins qu'il mettait à lier les divers postes diplomatiques qui, par leurs communications, pouvaient se rendre des services réciproques. Mais, pour ces rapports, il avait besoin d'un chiffre qui lui faisait défaut.

Il s'affligeait enfin de n'avoir pu encore établir des rapports directs avec les Polonais. Il en cherchait les moyens. « Mais

---

(1) Constantinople, le 6 thermidor, l'an II. L'envoyé extraordinaire à la Commission des Relations extérieures. Correspondance ministérielle.
(2) *Id.*

le nerf de tout me manque, écrivait-il. Je suis menacé de nouveau de toutes les horreurs de la misère et les prêts turcs restent à rembourser ! On me mandait de Smyrne par le dernier courrier que les ressources pour faire vivre les frégates et substanter l'hôpital s'épuisaient. Je ne sais de quel bois nous allons faire flèche (1). »

Le Reis-Effendi avait fait promettre à Descorches une nouvelle conférence qui avait été maintes fois annoncée et toujours ajournée sous différents prétextes. Elle eut lieu enfin le 11 thermidor dans la maison de campagne du Reis-Effendi et dura de huit heures du soir jusqu'après minuit. Les mêmes propos que dans les entrevues précédentes y furent tenus.

Descorches constatait qu'il approchait du but, *mais à pas de tortue* (2). Il espérait que la force des choses serait supérieure à la mauvaise volonté et aux intrigues du ministère turc et que là comme ailleurs elle finirait nécessairement par faire plier tout ce qui était assez mal intentionné et assez imprudent pour oser lutter contre elle.

Le Reis-Effendi avait fait connaître à Descorches les succès remportés par les armées françaises; il les avait appris lui-même à l'arrivée d'un courrier de Valachie, avec les apparences d'une grande joie. Les Français avaient pris Charleroi, menaçaient Bruxelles et les Autrichiens désespéraient de pouvoir défendre les Pays-Bas. Enfin un convoi d'Amérique était entré à Brest sain et sauf.

En remerciant le Reis-Effendi, Descorches lui fit observer que ces événements lui semblaient être une conséquence de la justice de la cause de la France, de sa puissance et de l'énergie de sa volonté républicaine; que le moment paraissait donc venu pour la Porte de lier ses destinées à celles de la République française.

Toute l'Europe, répondit le Reis-Effendi, connaissait l'in-

---

(1) Constantinople, le 6 thermidor an II. L'envoyé extraordinaire à la Commission des Relations extérieures. Correspondance ministérielle.

(2) Constantinople, le 12 thermidor an II. L'envoyé extraordinaire à la Commission des Relations extérieures. Correspondance ministérielle.

clination et l'attachement de Sa Hautesse et de la nation ottomane pour la France qui ne devait pas être le seul pays à en
douter. Il insista de nouveau sur les embarras de la Porte,
les écueils qui l'entouraient, la nécessité où elle s'était trouvée
jusqu'à présent *d'endormir* ses ennemis.

Cependant, elle engageait, ce qu'elle n'avait jamais fait
jusqu'alors, des dépenses énormes sur terre et sur mer pour
relever ses forces abattues par une longue suite de trahisons
et de malheurs, pour les porter au niveau de la dignité d'un
grand Empire et pour marquer ainsi à la France ses dispositions véritables. Toutes les mesures prises pour la sûreté des
frontières, la mise en état des forteresses d'Ismaïl et de Bender touchaient à leur terme. Le moment approchait où la
Turquie allait pouvoir prendre une part réelle et active aux
affaires générales et contracter avec la République française
des liens qui étaient dans son cœur et que ses intérêts commandaient.

Ce langage, qui était la répétition de déclarations antérieures, ne satisfaisait pas Descorches. Il fit remarquer que,
si les sentiments du Gouvernement turc étaient sincères, si
l'intérêt particulier ne dominait pas, comme il le craignait,
dans le ministère ottoman l'intérêt public, ses communications à l'envoyé français seraient plus sincères et plus fréquentes. Il récapitula ses griefs, rappela les conférences précédentes si difficilement obtenues, toujours vagues et impré-
cises, le mystère gardé longtemps sur les instructions données
à l'ambassadeur envoyé en Angleterre, l'absence de renseignements sur les tentatives qui avaient dû être faites à la
cour de Berlin pour l'amener ainsi que celle de Londres à un
rapprochement avec la France, le manque complet d'indications sur la situation du Gouvernement turc vis-à-vis des
Russes. En ce moment même, le Reis-Effendi ne laissait
paraître que dans une perspective vague des résolutions qu'il
considérait cependant comme conformes à l'intérêt de l'Empire ottoman. Or, pendant que la Porte tergiversait, les événements allaient la devancer ; la conclusion d'une paix générale était déjà peut-être décidée dans les conseils de la coalition épuisée dans ses moyens, aux abois de toutes parts.

La Porte, n'ayant pas voulu prendre parti, resterait étrangère aux accords qui suivraient nécessairement la paix, à l'établissement d'un nouveau système politique en Europe et la France, désabusée sur l'état moral de l'Empire ottoman, abandonnerait l'idée qu'elle avait eue d'une politique dont le rétablissement et la prospérité de la Turquie devaient former les bases.

Le Reis-Effendi confirma sur la situation l'opinion que les représentants de la Porte n'avaient cessé de manifester dans les entrevues qu'ils avaient eues avec Descorches et qui était le résumé de longues et fréquentes délibérations du ministère. Dès le premier moment, la proposition d'une alliance avait été accueillie *avec transport* et elle était plus solide par la sanction que les cœurs lui donnaient que par tous les traités du monde. Mais la manifestation publique de cette alliance aurait pour l'instant plus d'inconvénients que d'avantages parce que la Russie, quoique occupée par les Polonais, avait à la connaissance des Turcs des liaisons avec les Puissances maritimes ainsi qu'avec la Prusse, telles qu'ils devaient croire qu'ils seraient aussitôt attaqués, qu'ils auraient à résister seuls à ce premier choc vraisemblablement sur terre et sur mer et que de ce côté ils auraient affaire tout à la fois aux coalisés dans l'archipel et aux Russes dans la mer Noire. Or, dans l'état d'imperfection où étaient encore leurs moyens de défense, malgré leurs prodigieux efforts, le découragement de leurs troupes leur offrirait l'horrible tableau des mêmes échecs qu'ils avaient essuyés pendant la dernière guerre. Il était donc plus prudent de persévérer dans une neutralité apparente tout en consolidant des préparatifs qui servaient mieux la cause commune que si on la compromettait par quelques pas précipités.

La Porte faisait connaître à l'envoyé français tout ce qui pouvait être utile qu'il sût. Si elle s'était tue sur la mission de son ambassadeur en Angleterre, c'est que les pourparlers n'avaient pas eu d'effet; sur ses négociations avec la Prusse, *c'est que les offres de subsides de l'Angleterre avaient prévalu sur ses ouvertures pacifiques.* La Porte cependant conservait l'espoir de voir la Prusse se rapprocher de ses vues, lorsque était survenue l'insurrection polonaise qui devait avoir pour effet de faire pencher de nouveau la Prusse vers la Russie.

A l'égard des conférences qu'il avait eues avec le ministre de cette dernière puissance, le Reis-Effendi s'était contenté d'indiquer à Descorches la plus récente comme particulièrement mémorable, parce qu'il supposait que ce serait lui dire assez le ton qu'il y avait pris. Le ministre russe ne pouvait pas douter aujourd'hui que ses menaces ne détourneraient pas les Turcs de faire ce qui conviendrait à leurs intérêts.

Descorches demanda au Reis-Effendi des réponses précises sur les quatre points suivants :

1° Quand la Sublime Porte se proposait-elle de recevoir ses lettres de créance ?

2° Quand pensait-elle commencer les négociations pour le traité d'alliance ?

3° Assisterait-elle les insurgés polonais et comment ?

4° Quelles étaient ses dernières résolutions pour obtenir satisfaction des violations du droit des gens commises par les Anglais à Micony et à Smyrne ?

Aux deux premières questions, le Reis-Effendi avait répondu qu'il ne pouvait déterminer de moment précis puisqu'il dépendait entièrement des événements. En ce qui concernait la Pologne, l'existence et la prospérité de cette République avaient toujours été chères à la Porte qui, pendant la dernière guerre, avait essayé en vain de nouer une alliance entre les deux pays. Cet accord n'avait échoué que par l'incapacité et le défaut de sincérité de ceux qui avaient alors la direction des affaires de Pologne et particulièrement du personnage envoyé à Constantinople pour le réaliser. Mais la Porte n'en gardait pas rancune aux Polonais; elle avait déjà pris des mesures pour faire parvenir l'assurance de ses bonnes dispositions aux insurgés qui l'intéressaient, d'autant plus qu'elle leur croyait des relations intimes avec la France. Le système de neutralité qu'elle suivait ne lui permettait pas pour le moment des démarches ostensibles en leur faveur, mais elle ferait volontiers secrètement tout ce qui dépendrait d'elle pour les servir.

Sur le dernier point, les satisfactions à exiger de l'Angleterre pour la capture de navires français mouillés dans les eaux turques, le Reis-Effendi s'expliquait ainsi. Son Gouvernement avait dépêché pour cette affaire deux courriers consécutifs à l'ambassadeur de Turquie à Londres. Celui de cette cour à Constantinople avait désavoué le capitaine anglais et promis la restitution des navires. C'était un délit particulier à l'officier anglais qui ne pouvait exhiber un ordre de ses chefs et qui avait cru ainsi venger la domination que depuis plus d'un an les frégates françaises du port de Smyrne faisaient peser dans l'Archipel sur le commerce de toutes les nations. Après les déclarations de l'ambassadeur britannique, la Porte n'avait pas cru devoir mettre sous séquestre, à titre de garantie, des propriétés appartenant à des Anglais, ainsi que l'avait demandé Descorches.

L'acte du commandant anglais était si révoltant qu'il n'était pas douteux que le roi d'Angleterre n'accordât des réparations pour l'outrage fait personnellement à Sa Hautesse. S'il en était autrement, ce serait le Grand Seigneur lui-même qui pourvoirait provisoirement à l'indemnité due à la France.

Descorches, pour amener le Reis-Effendi à prendre des engagements plus précis, insista encore sur l'état politique de l'Europe, sur les avantages incalculables que la Turquie pouvait tirer de l'insurrection polonaise, sur la nécessité pour les puissances amies de la paix et de la justice d'opposer une digue à l'ambition insatiable, à l'avidité, aux vues perturbatrices d'autres nations.

Le moment n'était-il pas propice pour les pays qui avaient une navigation à protéger de se joindre à la contre-ligue que la prévoyante sagesse et le sentiment de leur indépendance des cours de Stockholm et de Copenhague venaient de nouer dans le Nord pour se préserver du danger qui commençait à devenir transparent à tous les yeux « de la politique profondément perverse suivie par la plus perfide des puissances, l'Angleterre qu'on reconnaissait maintenant assez générale-

ment comme se livrant beaucoup moins à sa passion contre
la France qu'à l'espoir de réaliser enfin son système favori
du despotisme des mers ».

Le Reis-Effendi confia en secret à Descorches que le Divan
avait déjà agité cette idée, qu'il l'avait goûtée et qu'il y avait
eu des pourparlers pour la réaliser. Descorches indiqua les
Vénitiens, les Régences barbaresques comme pouvant entrer
dans cette ligue qui serait créée dans la Méditerranée à
l'instar de celle du Nord et pour agir de concert avec elle.
Comme le Reis-Effendi ne paraissait pas avoir grande confiance dans les Vénitiens, Descorches s'offrit pour faire faire
auprès d'eux les démarches préliminaires.

Telle fut cette conférence dans laquelle beaucoup de sujets
furent traités sans aboutir plus que par le passé à aucun
acte définitif. Dans le compte rendu que Descorches donnait
à la Commission des Relations extérieures (1), il constatait
que si les populations musulmanes étaient toujours des mieux
disposées pour la France, il n'en était pas de même, à l'exception des Juifs, des rayas ou sujets chrétiens du Grand
Seigneur, qui, « fanatisés par leurs prêtres », desservaient,
autant qu'ils le pouvaient, les intérêts français, et ils ne
manquaient pas d'occasions auprès d'hommes aussi pares-
seux que les Turcs qui abandonnaient presque toutes leurs
affaires, même celles d'intérêt personnel, aux intrigants
d'autre race que la leur, qui voulaient s'en occuper. Telle
était, dans le Levant tout au moins, l'une des conséquences
de la politique antireligieuse de la Révolution française.

Descorches, en réclamant avec impatience des instructions
« pour faire cesser l'inconvenance à tous égards de sa position », faisait observer comme conclusion de son rapport
que les choses en étaient arrivées au point que certains événements pourraient leur donner tout à coup une impulsion
définitive, tels que par exemple la supériorité de la France
rétablie dans la Méditerranée, quelques avantages marquants
sur les Anglais, dont le Roi de Prusse qui commençait à se

---

(1) Constantinople, le 12 thermidor an II. L'envoyé extraordinaire
à la Commission des Relations extérieures. Correspondance ministérielle.

détacher de la coalition, s'offusquait principalement, l'ordre
qui lui serait donné de demander dans un délai fixé une
réponse expresse et catégorique au sujet de l'alliance, sous
peine de regarder sa mission comme terminée et de n'entretenir avec la Porte que des relations commerciales, enfin la
formation d'un nouveau ministère.

Descorches espérait que la Commission des Relations Extérieures ayant sous les yeux l'ensemble de sa conduite depuis
qu'il était à Constantinople lui rendrait justice et reconnaîtrait son zèle attentif à saisir les moindres circonstances
susceptibles de favoriser les intérêts de la France. Mais elle
devait sentir aussi combien son assistance lui était indispensable, car ses besoins devenaient chaque jour plus urgents.

Il lui fallait des instruments, un drogman pour la politique, afin de suppléer Dantan « dont l'incapacité pour ce
genre de fonctions était au-dessus de toute expression ». Descorches était obligé d'avoir recours à des étrangers, à l'Amé-
ricain John Humphrys et *à un médecin juif polonais, Marco
Kalman, qui était entré dans l'intimité de la mission.* Mais
tous deux n'avaient suffisamment ni la connaissance de la
langue turque, ni l'aptitude aux affaires pour remplir le service auprès de la Porte et ne pouvaient guère être employés
que pour entretenir des relations avec des amis particuliers.
Le choix d'un bon drogman exigeait, il est vrai, des sacrifices
pécuniaires qui seraient largement compensés par les avantages qu'on en retirerait.

Descorches avait en outre besoin d'informations exactes
sur l'état des affaires générales, de directions pour le tenir
au courant des intentions du Gouvernement français, enfin
d'une correspondance suivie et indépendante, car les Turcs
ne savaient que penser au milieu de nouvelles vagues et contradictoires, toujours rapportées avec malveillance dont l'intrigue ennemie les inondait. Descorches lui-même, en l'absence d'informations officielles, devenait un autre aveugle
incertain de ses pas. Il avait cependant indiqué à plusieurs
reprises les moyens d'établir cette correspondance, et ayant
vu les lieux de ses propres yeux, il savait que rien n'était plus
facile que de faire passer les dépêches du Gouvernement par

les Grisons et la Valteline, sinon au moyen de courriers connus, tout au moins avec le concours de gens du pays qu'on
pouvait avoir à sa disposition avec peu de dépense. Il y avait
déjà un courrier suisse allant jusqu'à Coïre. Il ne restait
donc qu'à relier ce point avec Edolo où on arrivait chez les
Vénitiens qui procureraient toutes les facilités voulues, ainsi
qu'ils l'avaient déjà prouvé en Dalmatie.

Mais rien ne pouvait se faire sans ressources pécuniaires,
« afin de ne pas laisser le service exposé aux hasards de
moyens de fortune, aux incertitudes du sort, ni les agents
de la République en proie aux horreurs de la détresse et aux
angoisses plus cruelles encore de ne savoir ce que l'avenir
leur préparait ». Le Gouvernement français devait déjà à la
Porte soixante-dix-huit mille piastres qui auraient dû être
remboursées depuis plusieurs mois. D'autre part, la nouvelle
législation révolutionnaire empêchait l'émission de traites,
car elle mettait obstacle au retrait des dépôts de fonds; elle
paralysait ainsi tout commerce entravé en outre par la difficulté des communications.

Descorches s'adressait donc à la Commission des Relations
extérieures pour obtenir les satisfactions qu'il ne cessait de
réclamer et parmi lesquelles figurait encore la demande d'officiers, d'ingénieurs et d'ouvriers dont l'état avait été envoyé
à diverses reprises et que le Grand Seigneur, ainsi qu'il
l'avait fait dire lui-même, désirait impatiemment voir arriver.

Le désir qu'on prêtait aussi au Sultan de régénérer son
Empire et de pratiquer une politique plus active, plus conforme aux intérêts de la Turquie, se manifesta par un changement important dans le ministère et par une de ces révolutions de Palais si fréquentes dans l'histoire de ce pays. Plusieurs personnages considérables, appartenant notamment
au corps de l'Uhléma, furent exilés. Parmi eux figurait l'ex-
Cazilesquier-Abdullah-Mollah-Tatar-Djik-Zadé, jusqu'alors
très influent, homme d'esprit et de talent, mais fourbe à ce
qu'on disait et qui, malgré les protestations d'amitié qu'il
faisait à Descorches, servait, paraît-il, les intérêts russes.

Le prince Moruzzi, drogman de la Porte, « démissionnaire
pour conjurer la foudre qui menaçait sa tête », fut remplacé

par son prédécesseur Callimachi, homme déjà éprouvé dans les emplois de prince de Moldavie et de drogman qu'il avait précédemment occupés. Son frère, le prince de Valachie, était destitué et devait peut-être être décapité. Tous deux passaient pour Russes. « En ce cas, le drogman est un grand fourbe, écrivait Descorches, ce qui n'est pas difficile à un Grec, car il paraissait mettre du soin à se montrer ami de notre cause (1). »

Enfin, le Reis-Effendi Raschid était remplacé, et cette mesure avait provoqué un grand étonnement, car « son expérience, ses talents et son habileté le rendaient depuis longtemps l'âme des affaires (2) ». Le bruit se répandait que l'état de sa santé lui avait fait obtenir sa retraite et qu'il devait continuer à assister aux conseils.

Il était remplacé par Duri-Effendi, troisième plénipotentiaire au Congrès de Sistova, homme très estimé qui, depuis la paix, vivait retiré à la campagne où était venu le chercher le désir du Grand Seigneur de composer son ministère d'hommes purs et fidèles.

Cet événement avait produit une grande sensation, donné lieu à bien des commentaires et tenait les représentants des puissances attentifs sur les effets extérieurs et intérieurs qu'il faisait présager.

Il était certain que la voix publique ne désignait pas les personnages disgrâciés comme des hommes d'un caractère prononcé ni d'un grand zèle pour les intérêts de l'Empire, et qu'il en était tout autrement de ceux dont on annonçait le choix pour les premiers rôles dans la nouvelle scène qui s'ouvrait. Toujours était-il que les ministres étrangers avaient paru pour la plupart contrariés des destitutions de Raschid et du prince Moruzzi. Descorches devait donc s'en réjouir. De plus, l'ancien ministre passait généralement pour vénal et comme il pouvait tout en politique, sa conduite envers la

----

(1) Constantinople, le 21 thermidor an II. L'envoyé extraordinaire à la Commission des Relations extérieures. Correspondance ministérielle.

(2) Constantinople, le 8 fructidor an II, *id.* Correspondance ministérielle.

France, dictée par la timidité ou par la corruption, avait prouvé depuis longtemps à Descorches qu'il n'était pas l'homme qu'il fallait à cette place.

Le successeur de Raschid jouissait au contraire d'une réputation de probité, mais sa capacité restait à prouver. Quant au nouveau drogman Callimachi, Descorches, qui avait déjà eu une entrevue avec lui, l'avait trouvé tel qu'on le lui avait représenté, peu brillant, mais d'aplomb, pénétré de ses devoirs, parlant raisonnablement, mettant dans ses réponses le caractère de la sagesse et de l'attachement à la Porte.

Depuis ce changement dans le ministère, les accès étaient devenus plus faciles pour les affidés de Descorches dans l'intérieur du Sérail. Le ministre français, par l'intermédiaire de son ami John Humphrys, avait eu deux conférences longues et intéressantes avec l'un d'eux, Caffedji-Bachi, dans la confiance intime du Sultan, jouissant d'une grande réputation de fidélité, de zèle pour son maître et d'intégrité.

Comme il n'était pas douteux que ces entretiens n'avaient eu lieu qu'avec l'autorisation expresse du Grand-Seigneur, Descorches comptait arriver par cette voie à quelques résultats. Le Sultan lui avait fait demander par cet intermédiaire une note circonstanciée sur toutes les négociations qui avaient eu lieu avec le dernier ministre des Affaires étrangères, dans l'intention de traiter lui-même de l'alliance à l'insu de son ministère. C'était un renouvellement de la diplomatie secrète de Louis XV. Descorches espérait enfin approfondir la pensée secrète du Grand-Seigneur et augurait mieux de l'avenir.

Mais l'absence de nouvelles précises continuait à le mettre dans un grand embarras, tandis que les ministres étrangers ne cessaient de colporter des bruits tendancieux et de nature à influencer les Turcs en leur faveur, comme la prise de Varsovie par les Russes, la soumission de la Lithuanie, la répression totale de l'insurrection polonaise (1).

Pour diminuer l'importance des victoires des armées fran-

---

(1) Constantinople. le 21 thermidor an II. L'envoyé extraordinaire à la Commission des Relations extérieures. Correspondance ministérielle.

çaises en Belgique, les coalisés faisaient valoir la supériorité de l'Angleterre sur mer.

Descorches écrivait à cette époque à la Commission des Relations extérieures : « J'éprouve toujours la douleur très cuisante de n'avoir à accuser à la Commission aucune expédition de ses nouvelles. Rien non plus de Pologne, rien d'Italie. Les lettres de Grouvelle m'ont manqué depuis deux courriers. C'est une cruelle position. Mon courage et mon zèle ne s'en altèrent et ne s'en altéreront pas certainement, mais il est impossible qu'il en soit de même de ma besogne et c'est ce qui m'affecte (1). »

Il attendait toujours aussi l'arrivée d'une escadre française dans l'archipel, car il lui semblait impossible que le Comité de Salut public, « *dans ses vastes et grandes combinaisons* », eût envisagé avec indifférence l'insurrection polonaise ! Comment la laisserait-il s'évanouir ! Comment ne verrait-il pas dans la Turquie son principal point d'appui et ne sentirait-il pas, à cette occasion, les heureuses conséquences du mouvement à imprimer aux Turcs qui agiraient au point où ils en étaient, lorsqu'ils verraient la France les aider autrement que par les paroles, quelque pressantes qu'elles fussent, *d'un pauvre agent abandonné à lui-même !* Il lui semblait impossible également « qu'un Comité doué de lumières et de vertus, qui avait produit de si grandes merveilles, ne mit au nombre de ses devoirs envers l'Humanité, envers l'Europe et envers la France, l'écroulement facile de ce colosse hideux de la puissance russe que tous ceux qui voulaient le bien trouveraient toujours et partout sur leur chemin et dont l'influence putride, faite de la corruption qu'elle avait l'art exécrable de porter dans les autres pays, ne cesserait, tant qu'elle subsisterait, d'infecter l'Europe. » Il fallait écraser l'Angleterre et la Russie pour que cette Europe vit le retour de beaux jours.

L'Histoire a des revirements et la diplomatie française en 1794, comme on peut en juger par cet extrait de la correspondance de Descorches, était loin d'éprouver le goût qu'elle

____

(1) Constantinople, le 15 fructidor an II, *id.*

devait ressentir plus tard pour l'alliance russe et l'entente cordiale avec l'Angleterre.

Descorches, à la nouvelle de l'insurrection polonaise, avait cru aussi que le moment était venu pour les Suédois de prendre une contenance plus ferme. Il s'en était ouvert avec M. d'Asp, ministre de Suède à Constantinople, et l'avait engagé à sortir un peu de sa réserve, à avoir avec lui des entretiens en faisant quelques promenades éloignées. Les réponses du ministre suédois avaient été celles d'un homme dont les vues correspondaient aux siennes, mais ses pas restaient enchaînés, avait-il dit, par ses instructions qui étaient encore celles du feu Roi.

Dans une note que Descorches avait préparée pour être remise secrètement au Sultan, il résumait le langage qu'il n'avait cessé de tenir depuis son arrivée à Constantinople, qui remontait à plus de quinze mois. Il rappelait que, dès le mois de janvier 1794, il avait fait savoir à la Porte que si elle persistait dans un pareil aveuglement sur les intérêts de l'Empire, dans des dispositions si équivoques et si peu dignes de celles que lui marquait la France, « elle devrait oublier qu'il existait des Français en Europe » et que cependant, malgré cette déclaration si énergique, il avait dû attendre plus de six mois pour obtenir une nouvelle audience du Reis-Effendi !

La note de l'envoyé français qui était destinée à être mise sous les yeux du Grand-Seigneur concluait ainsi (1) : « Notre position respective est telle que, ne voyant dans tous les détails de la conduite officielle de ce gouvernement à notre égard, ni le sentiment de la dignité d'un grand Empire, ni l'énergie nécessaire pour opérer son rétablissement, mais au contraire des traces sensibles de l'influence étrangère et ennemie, nous aurions rejeté depuis longtemps comme une chimère l'idée qui nous est pourtant bien chère de votre restauration; que, le cœur navré de laisser une aussi bonne nation, un aussi

---

(1) Note demandée par le Sultan Galata, le 26 thermidor an II (13 août 1794).

Constantinople, le 15 fructidor an II. L'envoyé extraordinaire à la Commission des Relations extérieures. Correspondance ministérielle.

beau pays, des amis qui nous intéresseront toujours, livrés
à la merci de ceux qui se sont plus d'une fois déjà partagé
leurs dépouilles dans leurs projets de brigandage, j'eusse fui
une terre vendue par la trahison à la cupidité, si je n'avais
eu en même temps la consolation d'entendre chaque jour
l'opinion publique se prononcer plus fortement pour tout ce
qui doit faire le salut de l'Empire; si je n'avais su qu'au-
dessus de ce ministère il existait un Prince sage, ami du
peuple, attentif aux affaires de l'Empire, encourageant sans
cesse toutes les institutions salutaires; que ce Prince avait
quelques serviteurs fidèles et zélés; que la vérité ne pouvait
manquer de trouver accès auprès de lui; qu'échauffée par ses
bonnes intentions elle y germerait bientôt; qu'elle ferait
nécessairement changer la scène affligeante que l'état de ce
pays offrait encore à ses sincères amis et que, secondé enfin
par des instruments dignes de lui, nous reverrions l'Empire
ottoman, ce que ses immenses et excellents moyens moraux
et physiques l'appellent à être, jouer dans les affaires générales le rôle qui lui convient, nous faire goûter et partager
avec nous les douceurs d'une amitié féconde et éternelle. »

Traçant le tableau des avantages que la Turquie devait
retirer du succès de sa mission et des inconvénients qui résulteraient pour elle de son échec, Descorches signalait l'impression défavorable que son Gouvernement devait ressentir de
l'attitude de la Porte à son égard et le changement qui pourrait être apporté dans ses dispositions jusqu'alors bienveillantes. En outre, la rapidité des événements et la vigueur des
coups que la République française portait tous les jours à ses
ennemis faisaient approcher à grands pas l'époque du règlement des affaires générales de l'Europe et il était à craindre
que la paix étant conclue sans la participation de l'Empire
ottoman, le Gouvernement français ne fût forcé d'adopter un
autre système d'équilibre européen que celui dont il désirait
actuellement poser les bases de concert avec la Porte. Cette
alliance étant manquée, la Turquie resterait isolée comme par
le passé, sans système fixe, exposée aux chances versatiles
des événements et les circonstances si favorables qu'elle n'aurait pas su mettre à profit ne serviraient qu'à lui laisser des

regrets. Les efforts que le Gouvernement ottoman faisait, les mesures qu'il prenait pour rallier diverses parties de l'Empire mal rattachées continueraient à être contrariés par ses puissants voisins qui convoitaient ses dépouilles et redoutaient sa prospérité. En admettant que la Russie, qui paraissait arrivée au terme de sa décadence, ne fût plus en état de rien entreprendre contre les Turcs, les causes intérieures de dissolution qui menaçaient cet Empire étaient suffisantes pour qu'elle s'effectuât d'elle-même.

Au contraire, en s'unissant intimement à la République française, dont on pouvait présager l'influence future en Europe, par cela seul qu'au milieu des circonstances les plus difficiles elle avait triomphé par ses propres forces de dix Etats coalisés contre elle, la Turquie liait ses intérêts à ceux de la France. La prospérité des deux pays, leur avenir se confondaient. Leurs adversaires seraient les mêmes et n'oublieraient probablement pas de quelque temps ce qu'il en coûtait de s'attaquer aux Français. Les ennemis que la Porte avait à l'intérieur deviendraient aisés à soumettre dès que le Gouvernement turc, tranquille du côté de l'extérieur, libre de ses mouvements, ayant l'assistance de la France, pourrait consacrer tous ses efforts à son développement.

Les Etats secondaires du Nord, la Pologne dont la France et la Turquie pouvaient d'un commun accord favoriser efficacement la résurrection, les Etats-Unis, Venise et plusieurs autres Etats intéressés au maintien de l'ordre et de la paix prêteraient leur concours à une politique destinée à arrêter les vues ambitieuses des grandes puissances dominatrices de l'Europe. Les dispositions de quelques-unes de ces nations étaient déjà connues. Ainsi la Turquie et la France pourraient remplir le rôle de régulateurs de l'Europe que leur attribuaient leur situation respective et leur position géographique.

Il convenait donc de ne plus tarder à réaliser une alliance dont les effets devaient être si favorables aux deux pays et ne pas perdre plus longtemps un temps précieux. Descorches proposait qu'un secret impénétrable fût gardé sur les préliminaires de l'alliance. Ils pourraient consister dans un simple projet qui serait ensuite converti en traité selon la réponse du Gouvernement de la République; moins de personnes prendraient part à la rédaction de ce projet et mieux le secret en serait gardé.

Il était donc suffisant que Sa Hautesse donnât de sa propre main et à l'insu de qui que ce fût, à une personne de confiance, les pouvoirs nécessaires pour arrêter avec l'envoyé de la République française un projet de traité. Descorches proposait même de se rendre déguisé, s'il le fallait, dans un lieu convenu, n'ayant pour drogman que l'intermédiaire zélé et fidèle par lequel son mémoire devait être communiqué au Sultan. Le projet de traité étant arrêté et agréé par Sa Hautesse serait transmis aussitôt au Gouvernement français et, après sa réponse, Sa Hautesse ferait aux membres de son ministère telles communications qu'elle jugerait convenables. Elle pouvait compter sur la discrétion absolue du ministre de la République.

Cette démarche faite directement auprès du Grand-Seigneur allait-elle modifier l'attitude de la Sublime Porte ? Ces avances si pressantes de Descorches ne parurent pas, malgré le changement apporté dans le ministère ottoman, exercer plus d'influence que les précédentes sur la Porte, ni la décider à sortir de sa prudente réserve.

D'autre part, aux premières instructions données au ministre français à l'époque de son départ avait succédé l'abandon le plus complet causé sans doute par l'état d'anarchie et la désorganisation qui régnaient en France pendant la Terreur. Aussi la correspondance de Descorches tant diplomatique que privée est-elle remplie de ses doléances motivées non seulement par l'indifférence de la Porte, mais aussi par celle de son propre Gouvernement qui le laissait sans indications ni encouragements d'aucune sorte !

TABLE DES MATIÈRES

Les Presses Universitaires de France, 49, boulevard Saint-Michel, Paris.

LIBRAIRIE FÉLIX ALCAN

REVUE HISTORIQUE

BIMESTRIELLE

Dirigée par Ch. BÉMONT et EISENMANN

ABONNEMENT : France et Colonies : 90 fr.

Tarif extérieur n° 1 : 105 fr. — Tarif extérieur n° 2 : 120 fr.

Le numéro : 2 fr.

REVUE

DES

SCIENCES POLITIQUES

Publiée avec la collaboration des Professeurs
et anciens Élèves de l'École libre des Sciences politiques.

Paraît tous les trois mois
(43° année, 1927).

Rédacteur en chef : **Maurice CAUDEL,**
Professeur à l'École libre des Sciences politiques.

ABONNEMENT : France et Colonies : 40 fr.

Tarif extérieur n° 1 : 45 fr. — Tarif extérieur n° 2 : 50 fr.

Le numéro : 12 fr.

9077. — Coulommiers. Imp. PAUL BRODARD. — 5-27.